東洋古典譯註叢書 97

譯註 韓非子集解 2

著者 韓非 集解 王先愼

책임번역 許鎬九 공동번역 鄭東和 權津鈺

전통문화연구회

國譯委員

責任飜譯　許鎬九
共同飜譯　鄭東和 權津鈺
潤　　文　朴勝珠 李孝宰
校　　訂　郭成龍 金曉東
出　　版　金主賢 金曉東
管　　理　咸明淑
普　　及　徐源英

東洋古典譯註叢書를 발간하면서

우리의 古典國譯事業은 민족문화 진흥의 기초사업으로 1960년대부터 政府 支援으로 古文獻 現代化 작업을 추진하여 많은 成果를 거두었다. 당시 이 사업 추진의 先行課題로 東洋古典이라 일컬어지는 중국의 基本古典을 먼저 飜譯하여야 한다는 學界의 주장이 있었음에도 불구하고 우리 고전이 아니라는 일부의 偏狹한 視角과 財政 事情 등으로 인하여 배제되어 왔다.

전통적으로 중국의 기본고전은 우리 歷史와 함께 숨쉬며 각종 교육기관의 教科書로 활용됨은 물론이고 지식인들의 必讀書가 되어 왔으며, 우리 文化의 基底에 자리잡고 거의 모든 방면의 體系와 根幹을 형성하여 왔다. 그래서 학문연구의 기본서 역할을 해 왔을 뿐만 아니라 오늘날에도 우리의 國學徒 및 東洋學 研究者들에게 같은 역할을 하고 있음은 주지의 사실이다. 그럼에도 불구하고 中國古典은 우리 것이 아니라 하여 專門機關의 飜譯對象에 포함하지 않음으로써, 대부분 原典에서의 직접 번역이 아닌 重譯이나 拔萃譯의 방식이 주를 이루면서 教養水準으로 出版되어 왔다.

오늘날 東洋 三國 중에서 우리의 東洋學 연구가 가장 부진한 이유는, 東洋基本古典에 대한 폭넓은 이해의 부족과 漢文古典 讀解力의 저하에 기인함을 우리는 솔직히 인정하여야 한다. 따라서 이들 중국고전에 대한 신뢰할 만한 國譯이 이루어지는 것이 한국학 연구를 촉진시키는 시급한 先行課題라 할 수 있다.

이에 韓國學 및 東洋學의 연구와 古典現代化의 基盤構築을 위해서는, 전문기관으로 하여금 동양고전을 단기간에 각 분야의 專門 研究者와 漢學者가 상호 협동하여 연구번역하여 飜譯의 傳統性과 效率性, 研究의 專門性을 높일 수 있도록 政策的 配慮가 있어야 한다.

이에 本會에서는 元老 및 中堅 漢學者와 斯界의 專攻者로 하여금 協同硏究飜譯하여 공부하는 사람들이 믿고 引用하거나 깊이 있는 註釋 등을 활용할 수 있게 하고, 知識人들의 敎養을 증진시켜 줄 수 있는 東洋古典의 國譯書 간행을 지속적으로 추진해 왔다. 근래에 다행히 이 사업에 대하여 각계 지도층의 폭넓은 이해와 지원에 힘입어 2001년도부터 國庫補助를 받아 東洋古典譯註叢書를 간행하게 되었다. 이를 계기로 우리 先學의 註釋과 見解를 반영하는 등 국역사업의 內實을 기하게 되었음을 이 자리를 빌어 衷心으로 감사드리며, 아울러 國譯에 參與하신 관계자 여러분의 勞苦에 깊은 謝意를 표한다.

끝으로 우리의 이러한 작업은 오랜 역사 위에 축적된 先賢들의 業績과 現代學問을 이어주는 튼튼한 架橋와 礎石이 되어 진정한 韓國學과 東洋學 발전에 기여할 것을 굳게 믿으며, 21세기를 우리 文化의 世紀로 열어 가는 밑거름이 되도록 우리의 力量을 本 事業에 경주하고자 한다. 江湖諸賢의 부단한 관심과 지원을 기대해 마지않는다.

社團法人 傳統文化硏究會 會長 李啓晃

凡 例

1. 본서는 ≪譯註 韓非子集解≫의 제2책이다.
2. 본서의 底本은 ≪韓非子集解≫(王先愼, 中華書局, 1998)로 하되, ≪韓非子新校注≫(陳奇猷, 上海古籍出版社, 2000), ≪韓非子今注今譯≫(邵增樺, 臺灣商務印書館, 1983), ≪韓非子全譯≫(張覺, 貴州人民出版社, 1992), ≪新譯韓非子≫(傅武光·賴炎, 三民書局, 2007) 등을 참고하였다.
3. 본서는 원전의 傳統性과 번역의 現代性을 구현하기 위해 노력하였다.
4. 原文에는 우리나라 전통방식의 懸吐를 하였다.
5. 原文은 저본의 體制에 따라 단락을 구분하고, 각 단락마다 일련번호를 부여하였다.
6. 飜譯은 原義에 충실하게 하되, 이해가 어려운 부분은 意譯 또는 補充譯을 하였다.
7. 飜譯文은 한글과 漢字를 混用하였으며, 맞춤법과 띄어쓰기는 한글 맞춤법과 표준어 규정을 따르는 것을 원칙으로 하였다.
8. 譯註는 校勘, 異說, 인용문의 出典, 故事, 역사적 사건, 전문용어, 難解語, 人物, 制度, 官職 등에 관한 사항을 밝혔다.
9. 校勘은 원문의 誤字, 脫字, 衍字, 倒文 등을 대상으로 하였다.
10. 각 篇마다 간략한 해설을 달아 독자의 이해를 돕고자 하였다.
11. 圖版은 地圖, 人物, 故事, 器物 등을 수록하였으며, ≪增像全圖東周列國志≫, ≪三才圖會≫, ≪五經圖彙≫, ≪新定三禮圖≫, ≪中國歷代人物像傳≫, ≪萬古際會圖像≫ 등을 참고하였다.
12. ≪韓非子集解≫에서 諸家들이 참고한 書目의 略稱과 槪要는 다음과 같다.
    - 乾道本 : 南宋 乾道 改元(1165)에 黃三八郎이 印刊한 본이다. 현재 추론할 수 있는

≪韓非子≫의 가장 오래된 판본이지만 원본은 전하지 않는다. 현존하는 乾道本은 모두 원본을 새로 影印한 本이거나 倣刻本이다.

- 迂評本 : 明 萬曆 6년(1578)에 無門子라고 자칭한 吳郡 사람 兪氏가 何犿의 ≪韓非子≫ 주석본을 입수하여 訂正하고 評注한 본이다. 모두 53편으로 구성되어 있으며, ≪韓子迂評≫이라는 이름으로 판각하였다.
- 道藏本 : 道家經傳의 總集 가운데 하나로서 明 正統 10년(1445)에 판각되었다. 비교적 이른 시기의 판본으로서 가치가 높으며, 모두 53편이 수록되어 있다.
- 趙用賢本 : 明 萬曆 10년(1582)에 趙用賢이 처음으로 완결본인 55편의 宋本 ≪韓非子≫를 입수하여 교감・교정한 뒤에 출간한 것이다. 趙本이라고도 한다.
- 張榜本 : 明나라 張榜의 刻本이다. 趙用賢本을 토대로 節錄하여 萬曆 39년(1611)에 ≪韓非子纂≫ 2권으로 간행한 것이다.
- 張本 : 張鼎文本을 말한다. 張鼎文은 明나라 사람으로, 嘉靖 37년(1558)에 간행한 潁東書院本이 있고, 가정 44년(1565)에 간행한 본이 있다.
- 凌本 : 凌瀛初本을 말한다. 凌瀛初는 明나라 말기 書籍出版業者 가운데 한 사람이다. 盧文弨가 ≪韓非子≫를 校勘할 때 凌瀛初가 雕版하여 印出한 본을 사용하였다.

13. ≪韓非子集解≫에서 王先愼이 인용한 주요 註釋家는 다음과 같다.
    - 李瓚 : 생몰년 미상. ≪韓非子集解≫ 舊注를 지었다. 唐나라 李宗閔의 아들로 ≪舊唐書≫ 권176에 벼슬이 한림학사에 올랐다는 기록이 보인다. ≪新唐書≫ 권174와 ≪唐語林≫ 권6에도 관련 내용이 보이나, 자세한 일기는 전하지 않는다.
    - 盧文弨(1717~1795) : 淸나라의 校勘學者이자 藏書家이다. 학문을 좋아하여 戴震・段玉裁 등과 친하였으며 漢字에 전념하여 古籍의 校勘으로 크게 이름을 알렸다. 그가 교감한 고적으로는 ≪逸周書≫・≪孟子音義≫・≪荀子≫・≪呂氏春秋≫・≪韓詩外傳≫・≪春秋繁露≫ 등이 있고, 著書에는 ≪抱經堂集≫・≪禮儀注疏詳校≫・≪鍾山箚記≫・≪龍城箚記≫・≪廣雅釋天以下注≫ 등이 있다.
    - 王念孫(1744~1832) : 淸나라 江蘇 高郵 사람으로, 자는 懷祖, 호는 石臞이다. 戴震에게 수학하였다. 工部主事, 永定河道 등의 벼슬을 지냈다. 音韻學, 文字學, 訓詁學에 조예가 깊었으며, 校勘을 잘하였다.

- 王引之(1766~1834) : 王念孫의 아들로, 자는 伯申, 호는 曼卿이다. 嘉慶 연간에 進士가 되어 宣宗 때 工部尙書까지 지냈다. 부친의 학통을 이어받아 訓詁學의 높은 경지에 이르렀고, ≪經義述聞≫·≪經傳釋辭≫ 등을 저술하였다.
- 顧廣圻(1766~1835) : 淸나라의 유명한 校勘學者이자 藏書家이다. ≪說文解字≫·≪禮記≫·≪儀禮≫·≪國語≫·≪戰國策≫·≪文選≫ 등 많은 서적을 교감하여 乾隆 嘉慶 연간에 盧文弨와 함께 최고로 일컬어졌다.
- 張文虎(1808~1885) : 淸나라의 經學家이자 校勘學者이다. 그가 교감한 책으로는 ≪守山閣叢書≫ 18종과 ≪續藝海珠塵≫·≪千癸集≫·≪小萬卷樓叢書≫ 등이 있다. 저서에는 ≪舒藝室雜著≫·≪鼠壤餘疏≫·≪周初朔望考≫·≪懷舊雜記≫·≪索笑詞≫·≪舒藝室隨筆≫·≪古今樂律考≫·≪春秋朔閏考≫ 등이 있다.
- 兪樾(1821~1907) : 淸나라 말기 文學·經學·古文字學·書法 등에 저명했던 학자이다. 道光 30년(1850) 進士에 급제하여 翰林院 編修를 지냈다. 經學을 학문의 기본으로 삼았으나 諸子學·史學·訓詁學 및 戲曲·詩詞·小說·書法 등에도 두루 통하였다. 저서에 ≪群經平議≫·≪諸子平議≫·≪茶香室經說≫·≪書疑義擧例≫·≪春在堂全書≫ 등이 있다.
- 王先謙(1842~1917) : 淸나라 말기의 經學家이자 考證學者이다. 同治 연간에 進士에 급제하였다. 曾國藩에게 師事하여 당시 學界의 泰斗로 칭송받았고, 國子監 祭酒를 역임하였다. ≪續皇淸經解≫·≪十朝東華錄≫·≪續古文辭類纂≫ 등을 編刊하였고, 저서에는 ≪漢書補注≫·≪水經注合箋≫·≪後漢書集解≫·≪荀子集解≫·≪莊子集解≫·≪詩三家義集疏≫·≪虛受堂詩文集≫ 등이 있다.

14. 본서에 사용된 주요 符號는 다음과 같다.

“ ” : 對話, 각종 引用

‘ ’ : “ ” 안에서 再引用, 强調

「 」 : ‘ ’ 안에서 再引用, 强調

( ) : 원문에서는 讀音이 특수한 글자나 僻字의 音
번역문에서는 간단한 譯註

〔 〕 : 번역문과 뜻은 같으나 音이 다른 漢字나 句節, 譯註에서 인용한 原文.

《 》: 書名

〈 〉: 篇章名, 作品名, 補充譯

○ : 저본에 사용된 李瓚의 舊注와 王先謙의 集解 구분 표시 適用

15. 본서의 校勘에 사용된 符號는 다음과 같다.

( )〔 〕: (저본의 誤字)〔교감한 正字〕

〔 〕: 저본의 脫字 補充

( ): 저본의 衍字

參考書目

◇ 底本

- ≪韓非子集解≫, 王先愼, 中華書局, 1998.

◇ 底本 관련자료

- ≪韓非子集釋≫, 陳奇猷 校注, 河洛圖書出版社, 1974.
- ≪韓非子校注≫, 依田利用 著, 汲古書院, 1980.
- ≪增訂韓非子校釋≫, 陳啓天 著, 臺灣商務印書館, 1994.
- ≪韓非子新校注≫, 陳奇猷 校注, 上海古籍出版社, 2000.
- ≪韓非子校注≫, 周勳初 著, 鳳凰出版社, 2009.
- ≪韓非子校疏析論≫, 張覺 撰, 知識產權出版社, 2011.
- ≪韓非子譯注≫, 張覺 撰, 上海古籍出版社, 2012.
- ≪韓非子正宗≫, 馬銀琴 著, 華夏出版社, 2014.

◇ 經部

- ≪經傳釋詞≫, 王引之 撰, 黃侃・楊樹達 批本, 岳麓書社, 1982.
- ≪經典釋文≫, 陸德明 撰, 文淵閣四庫全書, 臺灣商務印書館, 1986.
- ≪廣雅≫, 張揖 撰, 文淵閣四庫全書, 臺灣商務印書館, 1986.
- ≪論語集註大全≫, 朱熹 集註, 胡廣 等 編, 朝鮮 內閣本, 影印本, 學民文化社.
- ≪大戴禮記詳解≫, 王聘珍 撰, 中華書局, 1989.
- ≪大學章句大全≫, 朱熹 集註, 胡廣 等 編, 朝鮮 內閣本, 影印本, 學民文化社.
- ≪孟子集註大全≫, 朱熹 集註, 胡廣 等 編, 朝鮮 內閣本, 影印本, 學民文化社.

- ≪書傳大全≫, 蔡沈 集傳, 胡廣 等 編, 朝鮮 內閣本, 影印本, 學民文化社.
- ≪說文解字≫, 許愼 撰, 文淵閣四庫全書, 臺灣商務印書館, 1986.
- ≪說文解字注≫, 段玉裁 撰, 文淵閣四庫全書, 臺灣商務印書館, 1986.
- ≪詩傳大全≫, 朱熹 集傳, 胡廣 等 編, 朝鮮 內閣本, 影印本, 學民文化社.
- ≪禮記集說大全≫, 陳澔 集說, 胡廣 等 編, 朝鮮 內閣本, 影印本, 學民文化社.
- ≪玉篇≫, 顧野王 撰, 文淵閣四庫全書, 臺灣商務印書館, 1986.
- ≪儀禮注疏≫, 鄭玄 注, 賈公彦 疏, 北京大學出版社, 1999.
- ≪爾雅注疏≫, 郭璞 注, 邢昺 疏, 北京大學出版社, 1999.
- ≪周禮注疏≫, 鄭玄 注, 賈公彦 疏, 北京大學出版社, 1999.
- ≪周易傳義大全≫, 程頤 傳, 朱熹 本義, 胡廣 等 編, 朝鮮 內閣本, 影印本, 學民文化社.
- ≪中庸章句大全≫, 朱熹 集註, 胡廣 等 編, 朝鮮 內閣本, 影印本, 學民文化社.
- ≪集韻≫, 丁度 等 編, 上海古籍出版社, 1985.
- ≪春秋穀梁傳注疏≫, 范寧 註, 楊士勛 疏, 北京大學出版社, 2000.
- ≪春秋公羊傳注疏≫, 何休 註, 徐彦 疏, 北京大學出版社, 2000.
- ≪春秋左氏傳注疏≫, 杜預 註, 孔穎達 疏, 北京大學出版社, 2000.
- ≪韓詩外傳≫, 韓嬰 撰, 文淵閣四庫全書, 臺灣商務印書館, 1986.
- ≪孝經注疏≫, 唐 玄宗 注, 邢昺 疏, 北京大學出版社, 1999.

◇ 史部

- ≪舊唐書≫, 劉昫 撰, 中華書局, 1975.
- ≪國語≫, 左丘明 撰, 文淵閣四庫全書, 臺灣商務印書館, 1986.
- ≪史記≫, 司馬遷 撰, 中華書局, 1999.
- ≪史記索隱≫, 司馬貞 編, 文淵閣四庫全書, 臺灣商務印書館, 1986.
- ≪史記正義≫, 張守節 撰, 文淵閣四庫全書, 臺灣商務印書館, 1986.
- ≪史記集解≫, 裵駰 撰, 文淵閣四庫全書, 臺灣商務印書館, 1986.
- ≪水經注≫, 酈道元 撰, 文淵閣四庫全書, 臺灣商務印書館, 1986.
- ≪新唐書≫, 歐陽脩・宋祁 撰, 中華書局, 1975.

- ≪晏子春秋≫, 晏嬰 撰, 文淵閣四庫全書, 臺灣商務印書館, 1986.
- ≪戰國策≫, 劉向 撰, 高誘 注, 文淵閣四庫全書, 臺灣商務印書館, 1986.
- ≪漢書≫, 班固 撰, 中華書局, 1962.
- ≪後漢書≫, 范曄・司馬彪 撰, 中華書局. 1965.

◇ 子部

- ≪古今事文類聚≫, 祝穆 撰, 文淵閣四庫全書, 臺灣商務印書館, 1986.
- ≪孔子家語≫, 王肅 注, 文淵閣四庫全書, 臺灣商務印書館, 1986.
- ≪管子≫, 管仲 撰, 文淵閣四庫全書, 臺灣商務印書館, 1986.
- ≪括地志輯校≫, 李泰 撰, 中華書局, 2005.
- ≪群書拾補≫, 盧文弨 撰, 中華書局, 1985.
- ≪群書治要譯注≫, 魏徵 等 撰, 中國書店出版社, 2012.
- ≪老子≫, 王弼 注, 文淵閣四庫全書, 臺灣商務印書館, 1986.
- ≪論衡≫, 王充 撰, 文淵閣四庫全書, 臺灣商務印書館, 1986.
- ≪讀書雜志≫, 王念孫 著, 江蘇古籍出版社, 2000
- ≪墨子≫, 墨翟 撰, 文淵閣四庫全書, 臺灣商務印書館, 1986.
- ≪白虎通義≫, 班固 撰, 文淵閣四庫全書, 臺灣商務印書館, 1986.
- ≪說苑≫, 劉向 撰, 文淵閣四庫全書, 臺灣商務印書館, 1986.
- ≪世說新語≫, 劉義慶 撰, 文淵閣四庫全書, 臺灣商務印書館, 1986.
- ≪尸子≫, 尸佼 撰, 文淵閣四庫全書, 臺灣商務印書館, 1986.
- ≪新書≫, 賈誼 撰, 文淵閣四庫全書, 臺灣商務印書館, 1986.
- ≪新序≫, 劉向 撰, 文淵閣四庫全書, 臺灣商務印書館, 1986.
- ≪愼子≫, 愼到 撰, 文淵閣四庫全書, 臺灣商務印書館, 1986.
- ≪申子≫, 申不害 撰, 文淵閣四庫全書, 臺灣商務印書館, 1986.
- ≪揚子法言≫, 揚雄 撰, 李軌・柳宗元 注, 文淵閣四庫全書, 臺灣商務印書館, 1986.
- ≪呂氏春秋≫, 呂不韋 編, 高誘 注, 文淵閣四庫全書, 臺灣商務印書館, 1986.
- ≪列子≫, 張湛 注, 文淵閣四庫全書, 臺灣商務印書館, 1986.

- ≪藝文類聚≫, 歐陽詢 撰, 文淵閣四庫全書, 臺灣商務印書館, 1986.
- ≪日知錄≫, 顧炎武 撰, 文淵閣四庫全書, 臺灣商務印書館, 1986.
- ≪莊子集釋≫, 莊周 撰, 郭象 注, 陸德明 釋文, 成玄英 疏, 郭慶藩 輯, 中華書局, 1961.
- ≪諸子平議≫, 兪樾 著, 中華書局, 1954.
- ≪太平御覽≫, 李昉 等 撰, 文淵閣四庫全書, 臺灣商務印書館, 1986.
- ≪淮南子≫, 劉安 撰, 高誘 注, 文淵閣四庫全書, 臺灣商務印書館, 1986.

◇ 集部

- ≪文選≫, 蕭統 撰, 文淵閣四庫全書, 臺灣商務印書館, 1986.
- ≪二程文集≫, 程頤・程顥 撰, 文淵閣四庫全書, 臺灣商務印書館, 1986.
- ≪楚詞補註≫, 洪興祖 撰, 文淵閣四庫全書, 臺灣商務印書館, 1986.

◇ 硏究論著 및 飜譯書

〔韓國〕

- ≪한비자≫, 성동호 역, 홍신문화사, 2008.
- ≪한비자 : 난세 리더십의 보고≫, 신동준 역, 인간사랑, 2012.
- ≪한비자≫(전2권), 이운구 역, 한길사, 2012.
- ≪한비자≫(전5권), 임동석 역, 동서문화사, 2013.
- ≪한비자 정독≫, 김예호 역, 삼양미디어, 2014.
- ≪한비자 : 군주론과 제왕학의 고전≫, 김원중 역, 휴머니스트, 2016.

〔中國〕

- ≪圖解韓非子≫, 崇賢書院 釋解, 黃山書社, 2015.
- ≪新譯韓非子≫, 傅武光・賴炎元 譯, 三民書局, 2009.
- ≪韓非子全譯≫, 張覺 撰, 貴州人民出版社, 1992.
- ≪韓非子全譯≫, 陳明・王靑 譯, 巴蜀書社, 2008.
- ≪韓非子今注今譯≫, 邵增樺 注譯, 臺灣商務印書館, 1983.

〔日本〕

- ≪新釋漢文大系 韓非子≫, 竹內照夫 著, 明治書院, 1984.
- ≪新譯韓非子≫, 西野廣祥 著, PHP研究所, 2008.
- ≪新釋韓非子≫, 守屋洋 著, PHP研究所, 2015.
- ≪全釋漢文大系 韓非子≫, 太田方 著, 集英社, 1983.
- ≪超譯韓非子≫, 中島孝志 著, 知的生きかた文庫, 2015.
- ≪韓非子≫, 金谷治 注, 岩波書店, 1994.

◇ 硏究論著 및 飜譯書

- 한국고전종합DB (http://db.itkc.or.kr).
- 동양고전종합DB (http://db.cyberseodang.or.kr).
- 尙友千古 (http://www.s-sangwoo.kr).
- 電子版 文淵閣四庫全書, 上海古籍出版社.

目 次

第十二 說難篇 제12편 유세의 어려움

신하가 군주에게 유세하는 어려움, 유세할 때 경계해야 할 점 등을 말한 다음 성공적인 유세를 위해서는 어떻게 해야 하는지를 자세히 열거한 篇이다. 유세의 어려움은 군주의 마음을 알아서 자신의 유세가 합당하게 만드는 데에 있다. 예컨대, 군주가 높은 명예를 원하는데 후한 이익으로써 유세한다면 비천하다고 여겨 멀리 내버려둘 것이고, 반대로 군주가 후한 이익을 원하는데 높은 명예로써 유세한다면 세상 물정에 멀다고 받아들이지 않을 것이다.

유세를 하면서 경계해야 할 것이 있는데, 비밀을 잘 지켜야 하고, 군주에게 과오의 단서가 있다고 해서 잘못을 들추어내면 안 되고, 군주가 계획을 얻어 스스로 공적으로 삼고자 하는데 미리 그것을 알아차려도 안 되고, 할 수 없는 일을 억지로 시키거나 멈출 수 없는 일을 그치게 해서도 안 되니, 이와 같은 경계를 소홀히 하면 유세하는 자의 신변이 위태롭게 된다.

유세하는 말에서도 방법이 있으니, 말을 생략하면 군주는 자신을 무시한다고 여기고, 세세한 문제를 널리 변설하면 장황하게 겉치레에 힘쓴다고 여기고, 일을 간략히 말하고 뜻만 진술하면 겁을 먹어 빠짐없이 말하지 못한다고 여기게 된다. 무릇 유세할 때 힘쓸 것은 군주가 자랑스러워하는 것을 꾸며주고 군주가 부끄러워하는 것을 없애주는 것이다. 예컨대, 군주가 지혜와 능력을 자랑하고 싶어 하면 그를 위해 다른 일 가운데 같은 부류를 거론하여 그렇게 할 수 있는 경지를 칭찬해주고, 군주에게 똑같이 오점이 있다면 그것이 해가 될 게 없다고 크게 꾸며주고, 똑같이 실패한 경우가 있다면 그것이 과실이 되지 않는다고 밝게 꾸며준다.

군주가 스스로 능력을 자랑스럽게 여긴다면 어려운 일을 가지고 막아서는 안 되고, 스스로 결단하는 것을 용맹스럽게 여긴다면 대등한 경우를 가지고 화나게 해서는 안 되고, 스스로 계책을 지혜롭게 여긴다면 실패한 경우를 가지고 굴복시켜서는 안 된다. 군주가 매우 화를 내고 있는데도 거스르는 것이 없고 자신이 말을 할 때 속박되는 것

---

*) 본서는 王先愼의 ≪韓非子集解≫에 수록된 諸家의 설을 번역하였으나, 原文의 번역은 왕선신의 견해를 適用하지 않고 역자의 판단에 따라 번역하였음을 밝혀둔다.

이 없고 난 후에야 지혜와 변설을 마음껏 발휘할 수 있다.

夫說(세)者는 有逆順之機니 順以招福하고 逆而制禍라 失之毫釐면 差之千里하리니 以此說之所以難也라 ○顧廣圻曰 史記列傳에 有라 索隱云 然此篇亦與韓子微異하니 煩省(생)小不同이라하니라 今按各依本書者는 不悉著라

舊注 : 유세는 거스르고 거스르지 않는 기미가 있으니, 거스르지 않으면 복을 불러오고 거스르면 화를 만든다. 털끝만큼 어긋나면 천 리의 차이가 생길 것이니 이 때문에 유세가 어려운 것이다.

○顧廣圻 : ≪史記≫ 〈韓非列傳〉에도 이 내용이 있다. ≪史記索隱≫에 "그러나 이 편은 또한 ≪韓非子≫와 약간 차이가 나니 상세함과 간략함이 조금 다르다."라고 하였다. 지금 살펴보건대 각기 本書에 의거한 것은 다 기록하지 않는다.

12-1 凡說(세)之難은 非吾知之有以說之之難也요

무릇 유세하는 어려움은 자신의 지식으로 유세하기가 어렵다는 것이 아니요,

不知而說면 雖忠이라도 見疑라 故曰 非吾知之說之難也라하니라 ○顧廣圻曰 當依史記不重之字라 按此文首三句三吾字는 皆吾說者也니 與下文所說相對라 言在吾者之非難하야 所以起下文在所說者之難也라 在吾者必先知之有以說라야 然後辯之能明吾意하고 又然後敢橫佚而能盡이라 三者相承하니 舊注全誤라 史記正義所解亦未諦하니 今正之라 此句之義는 與下文云則非知之難也[1]同이라 先愼曰 舊注固失이요 顧說亦未爲得也라 凡說之難四字總挈一篇이요 非吾三句는 又別說難本意하야 再以凡說之難引起正文이라 此言知其事理면 則能說其是非하니 此非吾所難也라 又案注吾知之의 之는 當作其라

舊注 : 알지 못하고 유세하면 비록 충성하는 말이라도 의심을 받게 된다. 그러므로 '내가 아는 것을 가지고 유세하기 어렵다는 것이 아니다.'라고 한 것이다.

○顧廣圻 : 응당 '之'자가 중복되지 않은 ≪史記≫에 의거해야 한다. 살펴보건대 이 글의 첫 세 句에 있는 세 개의 '吾'자는 모두 유세하는 자신이니, 아래 글의 '所說(유세하는

---

1) 則非知之難也 : 본서 19쪽 12-5에 보인다.

대상)'와 서로 짝을 이룬다. 〈여기서는〉 유세하는 자신에게 어려움이 있는 것이 아니라고 말하여 이것으로 아래 글의 유세하는 대상에게 어려움이 있음을 환기시킨 것이다. 〈그러므로 유세란〉 유세하는 자신이 반드시 먼저 알고서 유세를 한 뒤라야 변론으로 자신의 뜻을 밝힐 수 있고, 또 그렇게 한 뒤라야 거침없이 유세하여 말을 다 할 수 있다는 것이다. 이 세 가지가 서로 이어지니 舊注는 전부 잘못되었다. ≪史記正義≫에서 풀이한 것 또한 제대로 살피지 못한 것이니 지금 바로잡는다. 이 句의 뜻은 아래 글의 '아는 것이 어려운 것이 아니다.〔則非知之難也〕'와 같은 뜻이다.

王先愼 : 舊注는 본디 잘못되었고 고광기의 설 또한 옳지 않다. '凡說之難' 네 자는 한 편을 총괄한 것이고, '非吾' 세 句는 또 유세가 어렵다는 본뜻을 구별하고서 재차 '凡說之難'으로 본문을 이끌어 일으킨 것이다. 이는 사리를 안다면 능히 시비에 대해 유세할 수 있으니 이것은 자신에게 어려운 것이 아니라고 말한 것이다. 또 살펴보건대 舊注의 '吾知之'의 '之'자는 응당 '其'가 되어야 한다.

12-2 又非吾辯之能明吾意之難也요

또한 자신의 변론으로 능히 자신의 뜻을 밝히는 것이 어렵다는 것이 아니요,

吾雖不自辯數라도 則能明吾所說之意라 如此者萬不失一하야 有所以(則)〔明〕爲難也라 ○盧文弨曰 辯之下에 史記韓非傳有難字니 衍이라 注所以則爲難也의 則은 當作明이라 先愼曰 此言辯論能令吾意明晰은 又非所難也니 舊注非라 趙本注에 脫失字라

舊注 : 자신은 비록 변론하지 않더라도 능히 자신이 유세하려는 뜻을 밝힐 수 있다. 이처럼 하기를 만에 하나라도 실수가 없이 하여 자신의 뜻을 밝히는 데에 어려운 점이 있는 것이다.

○盧文弨 : '辯之' 아래에 ≪史記≫ 〈韓非列傳〉에는 '難'자가 있으니 衍文이다. 舊注의 '所以則爲難也'의 '則'은 응당 '明'이 되어야 한다.

王先愼 : 이는 변론으로 능히 자신의 뜻을 밝게 드러내는 것은 또한 어려운 것이 아니라고 말한 것이니, 舊注는 잘못되었다. 趙本의 舊注에는 '失'자가 탈락되었다.

12-3 又非吾敢橫失(일)而能盡之難也라

또한 자신이 거침없이 유세하여 능히 다 말하는 것이 어렵다는 것이 아니다.

吾之所說 其不可循理면 非敢橫失이니 能盡此意도 亦復難有라 ○盧文弨曰 史記索隱曰 韓子橫失作橫佚이라하니 此作橫失은 疑後人依史記改之라 顧廣圻曰 失은 當依索隱引此作佚이어늘 史記作失이라 案佚失은 同字라 故史記以失爲佚이라 劉伯莊說及正義讀失如字하고 又於橫失斷句者는 非니 當十二字爲一句라 下文云然後極騁智辯焉[2]이 卽此句之義也니 舊注亦誤라 先愼曰 張榜本에 橫失作橫佚이어늘 據索隱改也라 橫失二字는 顧謂極騁智辯이라하니 是라 索隱云 陳辭發策하야 能盡說情이 此雖是難이나 尙非難也라하니라

舊注 : 자신이 유세하는 것이 이치를 따르지 않으면 감히 거침없이 유세할 수 없으니 능히 이 뜻을 다 드러내더라도 다시 어려움이 있는 것이다.

○盧文弨 : ≪史記索隱≫에 "≪韓非子≫에 '橫失'이 '橫佚'로 되어 있다."라고 하니, 여기서 '橫失'이라고 한 것은 아마도 후인이 ≪史記≫에 의거하여 고친 듯하다.

顧廣圻 : '失'은 응당 ≪사기색은≫에 이 글을 인용하면서 '佚'이라고 한 것에 의거해야 하는데, ≪사기≫에는 '失'로 되어 있다. 살펴보건대 '佚'과 '失'은 같은 글자이다. 그래서 ≪사기≫에서는 '失'을 '佚'로 여겼다. 劉伯莊이 ≪史記正義≫의 이 부분을 언급하면서 '失'자는 본음대로 읽고 또 '橫失'에서 句를 끊어야 한다고 한 것은 잘못되었으니, 응당 열두 자(又非吾敢橫失而能盡之難也)가 한 句가 되어야 한다. 아래 글에서 "그러한 후에야 지혜와 변설을 마음껏 발휘할 수 있다.〔然後極騁智辯焉〕"라고 한 것이 곧 이 句의 뜻이니 舊注가 또 잘못되었다.

王先愼 : 張榜本에 '橫失'이 '橫佚'로 되어 있는데, ≪사기색은≫에 의거하여 고쳤다. '橫失' 두 자는 고광기가 "지혜와 변설을 마음껏 발휘한다.〔極騁智辯〕"라고 했으니 옳다. ≪사기색은≫에 "말을 늘어놓고 계책을 내어 능히 사정을 다 말하는 것이 비록 어려운 일이긴 하지만 진정 어렵다고 여길 바는 아니다."라고 하였다.

12-4 凡說之難은 在知所說之心하야 可以吾說當之니라

무릇 유세하는 어려움은 유세하는 대상의 마음을 알아서 자신의 유세가 합당하게 만드는 데에 있다.

旣知所說之心이면 則能隨心而發唱이라 故所說能當이라 ○盧文弨曰 注唱字는 誤

2) 然後極騁智辯焉 : 본서 37쪽 12-38에 보인다.

從口旁이라 先愼曰 張榜本에 知誤之라

舊注 : 이미 유세하는 대상의 마음을 안다면 능히 그 마음을 따라 주장하므로 유세하는 대상에게 합당하게 된다는 말이다.

○盧文弨 : 舊注의 '唱'자는 잘못하여 口旁을 따랐다.

王先愼 : 張榜本에 '知'가 '之'로 잘못되어 있다.

12-5 所說出於爲名高者也어늘 而說之以厚利면 則見下節而遇卑賤하야 必棄遠矣리라

유세하는 대상이 그 뜻이 높은 명예를 위하는 데에서 나왔는데 후한 이익으로써 유세한다면 지조와 절개가 낮은 자로 여겨서 비천하게 대우하여 반드시 버려두고 소원하게 대할 것이다.

所說之人이 意在名高어늘 今以厚利說之면 彼則爲己志節凡下라하야 而以卑賤相遇하고 亦旣賤之하면 必棄遺而疏遠矣리라 ○盧文弨曰 注爲己當作謂己라 先愼曰 爲謂는 字同이라 此如李克治中山할새 苦陘令上計而入多[3]之類니라

舊注 : 내가 유세하는 사람(유세하는 대상)이 그 뜻이 높은 명예에 있는데 지금 후한 이익으로써 유세한다면 저 사람은 내(유세하는 사람)가 지조와 절개가 용렬하고 낮은 자라고 여겨서 비천하게 대우할 것이고, 또 이미 비천하게 대한다면 반드시 버려두고 소원하게 대할 것이다.

○盧文弨 : 舊注의 '爲己'는 응당 '謂己'가 되어야 한다.

王先愼 : '爲'와 '謂'는 같은 글자이다. 이는 李克이 中山을 다스릴 때 苦陘 현령이 회계를 보고하면서 거두어들인 재물이 늘어난 것과 같은 따위이다.

12-6 所說出於〔爲〕[4]厚利者也어늘 而說之以名高면 則見無心而遠事情하야 必

---

3) 李克治中山 苦陘令上計而入多 : 李克이 中山을 다스릴 때 苦陘 현령이 회계를 보고했는데, 거두어들인 재물이 늘어나 있었다. 그러자 이극이 말하기를 "말이 시원스러우면 듣는 자가 기뻐하지만 정의에 맞지 않으면 허황된 말이라 하며, 산과 숲 그리고 못과 골짜기에서 생긴 이익이 없는데도 세입이 많은 것을 허황된 재화라고 한다. 군자는 허황된 말을 들어주지 않으며, 허황된 재화를 받아들이지 않는 법이니, 너를 면직한다."라고 하였다.(≪韓非子≫ 〈難二篇〉)

4) 〔爲〕 : 저본에는 '爲'가 없으나, 위아래 글의 구문에 의거하여 보충하였다.

不收矣리라

유세하는 대상이 그 뜻이 후한 이익을 위하는 데에서 나왔는데 높은 명예로써 유세한다면 무심하여 세상 물정에 어둡다고 여겨서 반드시 받아들이지 않을 것이다.

所說之人이 意在厚利어늘 今以名高說之면 此則爲己無相時之心하야 而闊遠事情矣라하니 如此則必見棄而不收矣리라 ○盧文弨曰 注爲己當作謂己라 先愼曰 此商鞅說秦孝公以帝王하야 故怒而不用[5]이니 是也라

秦君이 商鞅의 變法을 시행하다
(≪增像全圖東周列國志≫)

舊注 : 유세하는 대상이 그 뜻이 후한 이익에 있는데 지금 높은 명예로써 유세한다면 이 사람은 유세하는 사람이 시대를 살피는 마음이 없어서 세상 물정에 우활하다고 여길 것이니, 이와 같다면 반드시 버림을 받아 받아들여지지 않을 것이다.

○盧文弨 : 舊注의 '爲己'는 응당 '謂己'가 되어야 한다.

王先愼 : 이는 商鞅이 秦 孝公에게 帝王의 법도로써 유세하였기 때문에 진 효공이 화를 내어 등용하지 않은 것이니, 이에 해당한다.

12-7 所說陰爲厚利하고 而顯爲名高者也어늘 而說之以名高면 則陽收其身하고

5) 商鞅說秦孝公以帝王 故怒而不用 : 商鞅은 전국시대 刑名家이다. 秦나라 총신인 景監을 통해 秦 孝公을 만났는데, 첫 번째 만남에서 제왕의 도에 대하여 유세하였더니 진 효공이 꾸벅꾸벅 졸았다. 이에 경감이 나와서 상앙을 꾸짖자 다음 만남에서는 임금의 도에 대해 말하였으나 이 또한 듣지 않았고, 다음에는 패자의 도에 대하여 말하자 차츰 관심을 보였다. 마지막으로 强國에 대하여 말하자 효공이 매우 좋아하였다.(≪史記≫ 〈商君列傳〉)

而實疏之하며 **說之以厚利**면 **則陰用其言**하고 **顯棄其身矣**리라

유세하는 대상이 마음 속으로는 후한 이익을 위하고 겉으로는 높은 명예를 위하는 자인데, 높은 명예로써 유세하면 겉으로 유세하는 자를 받아들이는 척하고 실제 소원히 대하며, 후한 이익으로써 유세하면 몰래 유세하는 자의 말을 이용하지만 겉으로는 유세하는 자를 버릴 것이다.

齊나라를 떠나는 孟子를 宣王이 利로 유혹하다(≪孟子全圖≫)

所說之人이 內陰爲厚利하고 外陽爲名高어늘 今見其外하야 說以名高면 彼雖陽收其身이나 內實疏遠하리라 若察知其內하야 說以厚利면 私用其言이나 外明棄其身하야 以飾其名高也라 ○盧文弨曰 注私用其言上에 有則字脫이라 先愼曰 陽收其身이나 而實疏之는 如齊宣王欲中國而授孟子室[6]之類요 陰用其言이나 顯棄其身은 如晉文公行爵先雍季而後舅犯[7]之類니라

6) 齊宣王欲中國而授孟子室 : 齊 宣王이 떠나는 孟子를 만류하기 위해 國中에 집을 지어주어 제자를 양성하게 하고 만종의 녹봉을 지급하겠다고 말한 것을 가리킨다.(≪孟子≫ 〈公孫丑 下〉)

7) 晉文公行爵先雍季而後舅犯 : 晉 文公이 楚나라와 싸우기 위해서 舅犯에게 자문을 구하였는데, 구범은 "저는 '조그만 일에 대해서는 군주가 모름지기 충실과 성실을 다하지만, 전쟁에서는 사정없이 상대방을 기만하는 술책을 써라.'라는 말을 들은 적이 있습니다. 그러므로 군주께서는 적을 기만하는 수밖에 다른 수가 없습니다."라고 대답하였다. 다음으로 雍季에게 자문을 구하였는데, 옹계는 "사냥을 하는데 숲에 불을 놓아 앞일을 생각할 것 없이 짐승을 잡는다면, 나중에는 산에 짐승이 없어질 것입니다. 앞일을 생각하지 않고 백성을 속여 당장의 이익만을 올리게 되면, 앞으로는 다시 그런 일을 할 수 없게 될 것입니다."라고 대답하였

舊注 : 유세하는 대상이 마음속으로는 후한 이익을 위하고 겉으로는 높은 명예를 위하는데 지금 그 겉만을 보고 높은 명예로써 유세한다면 저 사람은 비록 겉으로 유세하는 자를 받아들이는 척하지만 마음속으로 실제 소원하게 여길 것이다. 만약 그 마음속을 살펴서 후한 이익으로써 유세한다면 몰래 유세하는 자의 말은 이용하지만 겉으로는 유세하는 자를 버린다는 것을 드러내어 자신의 높은 명예를 꾸밀 것이다.

○盧文弨 : 舊注의 '私用其言' 위에 '則'자가 탈락되었다.

王先愼 : '겉으로는 유세하는 자를 받아들이지만 실제는 소원히 대한다.〔陽收其身 而實疏之〕'는 齊 宣王이 國中에 孟子의 집을 지어주려고 한 부류와 같고, '몰래 유세하는 자의 말을 이용하지만 겉으로는 유세하는 자를 버린다.〔陰用其言 顯棄其身〕'는 晉 文公이 論功行賞을 할 때 雍季를 먼저 하고 舅犯을 나중에 한 부류와 같은 것이다.

12-8 此不可不察也라

이것을 살피지 않으면 안 된다.

12-9 夫事以密成하고 (語)〔亦〕以泄敗니라

무릇 일은 비밀로 지켜지면 성공하고 또 누설되면 실패한다.

○盧文弨曰 語는 史作而[8)]라 先愼曰 御覽四百六十二引語作亦이요 敗作禍라

○盧文弨 : '語'는 ≪史記≫에 '而'로 되어 있다.

王先愼 : ≪太平御覽≫ 권462에 이 글을 인용하면서 '語'는 '亦'으로 되어 있고 '敗'는 '禍'로 되어 있다.

12-10 未必其身泄之也어늘 而語及所匿之事면 如此者身危니라

〈유세하는 대상〉 자신이 〈마음속의 생각을〉 누설하려고 기필하지 않았는데 〈유세하는 사람의〉 말이 그만 감추고 있던 일에 미치면, 이러한 경우 유세하는 자 자

다. 문공은 결국 구범의 계략에 따라 초나라와 싸워 이를 격파하고, 귀국하여 論功行賞을 할 때 오히려 옹계를 먼저 하고, 구범을 나중으로 했다.(≪韓非子≫ 〈難一篇〉)

8) 史作而 : 中華書局 標點校勘本 ≪史記≫에는 '語'로 되어 있으나, 四庫全書本 ≪史記≫에는 '而'로 되어 있다.

신이 위태롭게 된다.

所說之人이 其所謀事를 身雖不泄謀나 說者泛語言及所匿이면 似若說者先知其事라가 今以發動之니 旣懷此疑면 其身必危矣니라 ○先愼曰 注誤라 此謂有其心而未發이어늘 說者及之라 故其身危니라 卽下鄭大夫關其思對武公言胡可伐之類[9]니라

舊注 : 유세하는 대상이 모의하는 일을 자신이 비록 누설하지 않았지만 유세하는 자의 범범한 말이 감추고 있던 일에 미치면, 유세하는 자가 그 모의하는 일을 미리 알고 있다가 지금 말한 것처럼 되니 이미 이러한 의심을 품게 되면 반드시 유세하는 자 자신이 위태롭게 된다.

○王先愼 : 舊注가 잘못되었다. 이는 마음이 있으면서 입 밖으로 꺼내지 않았는데 유세하는 자가 그것을 언급하였기 때문에 유세하는 자가 위태로워지는 것을 말한 것이다. 이는 곧 아래에 鄭나라 大夫 關其思가 武公에게 胡를 치는 것이 좋겠다고 대답한 부류이다.

12-11 彼顯有所出事하야 而乃以成他故어늘 說者不徒知所出而已矣요 又知其所以爲면 如此者身危니라

저 사람이 겉으로 드러내어 일을 하면서 다른 일을 이루려고 하는데 유세하는 자가 다만 드러낸 일을 알고 있을 뿐만 아니라 또 그렇게 하려는 까닭까지 알게 되면, 이러한 경우 유세하는 자 자신이 위태롭게 된다.

所說之人이 顯出其事有所避諱하야 乃託以他故어늘 而說者深知其事하야 (旣所出入知所爲)〔旣知所出하고 又知所爲하야〕 所說旣知情露면 必有危己之心이라 ○盧文弨曰 彼顯有所出事下에 史作迺自以爲也故어늘 說者與知焉이면 則身危라 此注旣所出入知所爲는 當作旣知所出又知所爲라 先愼曰 盧說是라 隰斯彌使人伐樹로되 數創而止之하야 曰知人之所不言이면 其罪大矣[10]라하니 卽其意니라

舊注 : 유세하는 대상이 드러내어 하는 일에 숨기고 싶은 것이 있어서 다른 일로 둘러

9) 卽下鄭大夫……可伐之類 : 본서 42쪽 12-48에 보인다.

10) 隰斯彌使人伐樹……其罪大矣 : 본서 376쪽 22-118에 보인다.

대는데, 유세하는 자가 그 일을 자세히 알아서 이미 그가 드러낸 것을 알고 또 그렇게 하려는 까닭까지 알아서, 유세하는 대상이 사정이 드러났다는 것을 알게 되면 반드시 유세하는 자를 위태롭게 하려는 마음이 있게 된다.

○盧文弨 : '彼顯有所出事' 아래에 ≪史記≫에는 '迺自以爲也故 說者與知焉 則身危(스스로 일을 꾸미고 있는데 유세하는 자가 미리 알아버리면 유세하는 자 자신이 위태롭게 된다.)'라고 되어 있다. 이 舊注의 '旣所出入知所爲'는 응당 '旣知所出 又知所爲'가 되어야 한다.

王先愼 : 노문초의 說이 옳다. 隰斯彌가 사람을 시켜 자신의 집에 있는 나무를 베도록 하였는데 도끼질에 나무가 좀 파이자 도끼질을 멈추게 하고 말하길 "다른 사람이 말하지도 않은 것을 알게 되면 그 죄는 클 것이다."라고 하니 곧 이 뜻이다.

12-12 規異事而當이로되 知者揣之外而得之하야 事泄於外면 必以爲己也리니 如此者身危니라

〈유세하는 자가〉 다른 일을 계획하여 군주의 마음에 들어맞았는데, 지혜로운 자가 밖에서부터 추측하여 이 일을 알아차려 그 일이 밖으로 누설되면 군주는 필시 유세하는 자의 짓이라고 생각할 것이니, 이러한 경우 유세하는 자 자신이 위태롭게 된다.

說者爲君規謀異事어늘 而智謀之士當知此者 自外揣之하야 遂得其謀하야 因泄於外면 君則疑己漏之하야 便以爲不密而加誅也니라 ○先愼曰 規異事而當句요 知者揣之外而得之句니라 當은 謂當其主之心也라 知는 讀爲智라 當音丹浪反[11]이라 注以當知連文이니 誤라 此如漢夏侯勝傳云 霍光이 與張安世謀廢昌邑王이러니 夏侯勝諫王호되 謂有臣下謀上者라하니라 吏白光하니 光讓安世以爲泄語나 安世實不泄之類니라

舊注 : 유세하는 자가 군주를 위해 다른 일을 계획하였는데, 응당 이 일을 알 만한 智謀가 뛰어난 자가 밖에서부터 추측하여 마침내 그 계획을 알아내어 밖으로 누설하면, 군

11) 當音丹浪反 : 當자의 뜻을 反切의 방식으로 밝힌 것이다. 반절은 한자의 音을 나타낼 때 다른 두 한자의 음을 반씩 따서 합치는 방식이다. 예를 들면 '焉'의 음은 '於'의 초성인 'ㅇ'과 '虔'의 중성 및 종성인 'ㅓ, ㄴ'을 합친 '언'이 되는 방식이다. '反'이나 '切'을 쓰는데, 反語・反音이라고도 한다. 한 글자가 聲調에 따라 여러 뜻으로 나뉠 때 성조를 쓰기도 하고 반절법을 써서 해당 글자의 뜻을 명확하게 제시한다. 여기서 當의 音이 丹과 浪의 反切이면 '들어맞다'의 뜻이다.

주는 유세하는 자가 누설했다고 의심하여 곧 비밀을 지키지 않았다고 주벌을 가하려고 생각할 것이다.

○王先愼 : '規異事而當'에 句를 끊고 '知者揣之外而得之'에 句를 끊어야 한다. '當'은 군주의 마음에 들어맞는 것을 말한다. '知'는 '智'자로 읽어야 된다. '當(합당하다)'은 音이 丹과 浪의 反切이다. 舊注는 '當知'로 글을 연결시켰으니 잘못되었다. 이는 ≪漢書≫ 〈夏侯勝傳〉에 "霍光이 張安世와 더불어 昌邑王을 폐위시키는 것을 모의하였는데 夏侯勝이 창읍왕에게 간하기를 임금을 도모하려는 신하가 있다고 하였다. 관리가 이러한 사실을 곽광에게 보고하니 곽광은 장안세가 누설했다고 꾸짖었지만 장안세는 실제 누설하지 않았다."라고 한 부류와 같다.

12-13 周澤未渥(악)也어늘 而語極知면

군주의 은총이 두텁지 않은데 지식을 모두 털어놓으면

○先愼曰 語極知는 謂說已盡其智能也라 史記正義謂說事當理라하니 非라

○王先愼 : '語極知'는 유세하는 것이 이미 자신의 지식과 능력을 다한 것을 말한다. ≪史記正義≫에서 "유세한 일이 이치에 합당하다."라고 했으니 잘못되었다.

12-14 說行而有功이라도 則(德)〔見〕忘이요

유세한 대로 시행되어 공이 있더라도 잊혀질 것이요

○盧文弨曰 忘은 史作亡이라 索隱引此作見忘하고 幷云勝於德亡이라하니라 先愼曰 據索隱云云하면 則唐人所見之本에 作見忘이요 不作德忘이라 此作德忘者는 後人依史記而改也①라 亡忘은 古字通이라

① 注云 猶忘其德이라하니 則宋時已改矣라

≪史記≫의 어떤 注에서 '猶忘其德(그 덕을 잊는 것과 같다.)'이라고 하였으니 宋나라 때 이미 고쳤다.

○盧文弨 : '忘'은 ≪史記≫에 '亡'으로 되어 있다. ≪史記索隱≫에 이 글을 인용하면서 '見忘'으로 되어 있고 아울러 "'德亡'보다 낫다."고 하였다.

王先愼 : ≪사기색은≫에서 말한 것에 의거하면 唐나라 사람이 보았던 本에는 '見忘'으로 되어 있고 '德忘'으로 되어 있지 않았다. 여기 '德忘'으로 되어 있는 것은 후인이 ≪사

기≫에 의거하여 고친 것이다. '亡'과 '忘'은 古字에서 통용이다.

12-15 說不行而有敗면 則見疑니 如此者身危니라

유세가 시행되지 않아 실패하면 의심을 받으니, 이러한 경우 유세하는 자 자신이 위태롭게 된다.

君之於已에 周給之澤未有渥厚어늘 遂以知之極妙而以語之면 行說有功이라도 猶忘其德이라 若不行有敗면 則(羞)〔妒(투)〕始生焉이니 此正危身之道也라 ○盧文弨曰 注羞始生에 羞는 疑妒之誤니 若袁紹之於田豐[12)]是也라 先愼曰 盧說非니 此卽下隣父以牆壞有盜因疑隣父之類니라 注羞字는 卽疑字之誤라 又案注行說當作說行이라

舊注 : 군주가 유세하는 자에 대해 두루 내린 은택이 두텁지 않은데 마침내 지극히 오묘한 지식으로써 말하면 유세한 것을 시행함에 공이 있더라도 오히려 그 덕을 잊게 된다. 만약 유세한 것이 시행되지 않고 실패한다면 시기심이 비로소 생겨나니 이는 바로 유세하는 자를 위태롭게 만드는 방법이다.

○盧文弨 : 舊注의 '羞始生'에 '羞'는 '妒'자가 잘못된 것 같으니 袁紹가 田豐을 대한 것과 같은 경우가 이것이다.

王先愼 : 노문초의 설이 잘못되었으니, 이는 곧 아래(12-50)에서 이웃집 노인이 담장이 무너지면 도둑이 든다고 말한 것을 가지고 이웃집 노인을 의심한 부류이다. 舊注의 '羞'자는 곧 '疑'자가 잘못된 것이다. 또 살펴보건대 舊注의 '行說'은 응당 '說行'이 되어야 한다.

12-16 貴人有過端이어늘 而說者明言禮義以挑其惡이면 如此者身危니라

貴人에게 과오가 있는데 유세하는 자가 예의를 밝혀 말하며 그의 잘못을 들추어 낸다면, 이러한 경우 유세하는 자 자신이 위태롭게 된다.

挑는 謂發揚이라 ○先愼曰 乾道本에 此下脫者字라 盧文弨云 淩本有라하니라 先愼按依上下文當有하고 史記亦有者字하니 今據補하노라

12) 袁紹之於田豐 : 田豐은 袁紹의 명에 응해 別駕가 되고 나서 뛰어난 계책을 많이 올렸는데, 曹操와의 싸움에서 전풍이 持久의 작전 계획을 건의하자 원소가 시기하여 성을 내며 포박했다가 官渡의 전투에서 조조에게 패한 뒤에 전풍을 죽였다.(≪三國志≫ 〈魏書 袁紹傳〉)

舊注 : '挑'는 '發揚(들추어냄)'을 말한다.

○王先愼 : 乾道本에 '此' 아래에 '者'자가 탈락되어 있다. 盧文弨가 "凌本에는 있다."라고 하였다. 내가 살펴보건대 위아래 글에 의거하여 응당 있어야 하고, ≪史記≫에 또한 '者'자가 있으니 지금 이에 의거하여 보충하였다.

12-17 貴人或得計하야 而欲自以爲功이어늘 說者與知焉이면 如此者身危니라

貴人이 혹 좋은 계책을 얻어 스스로 공으로 삼고자 하는데 유세하는 자가 미리 그것을 알게 되면, 이러한 경우 유세하는 자 자신이 위태롭게 된다.

12-18 彊以其所不能爲하고 止以其所不能已면 如此者身危니라

할 수 없는 일을 강요하고 멈출 수 없는 일을 그치게 한다면, 이러한 경우 유세하는 자 자신이 위태롭게 된다.

不能而强하고 不已而止하면 必以不(許)〔計〕而興怒라 故危也니라 ○先愼曰 乾道本에 已作以어늘 據趙本改라 强其所不能爲는 若項羽欲東歸而說者言關中[13]之類요 止其所不能已는 若景帝決廢栗太子而周亞父彊欲止之[14]之類니라 注不許一本作不討라 盧文弨云 不討는 或是不忖(촌)之誤라 有謂當是不計니 猶言失計也라하니라 此皆未見作不計之本耳라

舊注 : 할 수 없는데 강요하고 멈출 수 없는데 그치게 하면 반드시 계획대로 되지 않았다고 성을 내기 때문에 위태롭게 된다는 말이다.

○王先愼 : 乾道本에 '已'가 '以'로 되어 있는데 趙本에 의거하여 고쳤다. 할 수 없는 일을 억지로 시키는 것은 項羽가 고향으로 돌아가고자 했는데 유세하는 자가 關中에 도읍

---

13) 項羽欲東歸而說者言關中 : 韓生이 項羽에게 關中에 도읍을 정하기를 권하니, 항우가 말하기를 "부귀하여 고향에 돌아가지 아니하면 비단옷을 입고 밤에 길을 걷는 것과 같은 것이다." 하고, 고향을 생각하면서 한생의 계책을 듣지 않았다. 한생이 나와서 말하기를 "남들이 말하기를, 초나라 사람은 원숭이에게 갓을 씌워놓은 것이라 하더니 과연 그렇구나." 하였더니 항우가 듣고 한생을 삶아 죽였다.(≪史記≫ 〈項羽本紀〉)

14) 景帝決廢栗太子而周亞父彊欲止之 : 周亞父는 周勃의 아들로 漢 景帝 때에는 승상까지 올랐다. 경제가 栗太子를 폐위시키기로 결정했는데 주아부가 부당함을 간언하여 그만두게 하려다가 둘의 사이가 벌어졌다.(≪漢書≫ 〈周亞夫傳〉)

할 것을 말한 부류와 같고, 멈출 수 없는 일을 그치게 하는 것은 漢 景帝가 栗太子를 폐위시키기로 결정했는데 周亞父가 억지로 그만두게 하려고 한 부류와 같다. 舊注의 '不許'는 어떤 本에 '不討'로 되어 있다. 盧文弨는 "'不討'는 혹 '不忖'이 잘못된 것이다. 생각건대 응당 '不計'가 되어야 하니 계획이 어그러진다는 말과 같다."라고 하였다. 이는 모두 '不計'로 되어 있는 本을 보지 못한 것이다.

12-19 故與之論大人하면 則以爲間己矣요

그러므로 〈유세하는 자가〉 군주와 함께 大人을 논하면 〈군주가〉 자신을 諷諫한다고 여길 것이고,

間은 代也라 論大人必談以道德宏曠하면 彼則以爲薦大人以代之也리라 ○先愼曰 此篇皆對人君而言이니 斷無薦大人代君之理라 蓋人君行事에 大臣與焉하니 論其臣而卽疑其論己라 史記正義云 說彼大人之短하면 以爲竊己之事情하야 乃爲刺譏間之라하니 是也라 此大人指位言이니 注以間己爲代己는 誤라 間은 讀爲諫이라

舊注 : '間'은 '代(대신함)'이다. 大人을 논하면서 필시 도덕이 굉대하다고 말하면 저 사람은 대인을 천거하여 자신을 대신하려 한다고 여길 것이다.

○王先愼 : 이 편은 모두 군주에 대해 말한 것이니 결코 대인을 천거하여 군주를 대신하는 이치가 없다. 군주가 정사를 행할 때 大臣이 거기에 참여하니 그 대신을 논하면 곧 자신을 논하고 있다고 의심한다. ≪史記正義≫에 "저 대인의 단점을 말하면 자신의 사정을 슬그머니 가져와 비난하고 풍간한다고 여긴다."라고 했으니, 옳다. 여기서 '대인'은 지위를 가리켜 말한 것이니 舊注에서 '間己'를 '代己'로 여긴 것은 잘못되었다. '間'은 '諫'으로 읽어야 한다.

12-20 與之論細人하면 則以爲賣重이요

군주와 함께 비천한 사람을 논하면 권력을 판다고 여길 것이고,

論細人必談以器斗筲하면 彼則以爲短人而賣重也리라 ○先愼曰 賣重은 史記作鬻權이라 案賣鬻은 義同이니 和氏篇에 大臣貪重이라하고 又云近習不敢賣重이라하니 重은 卽權也라 索隱云 薦彼細微之人에 言堪大用하면 則疑其挾詐而賣我之權이라하니 是也라 注謂斗筲之人은 誤라

舊注 : 비천한 사람을 논하면서 필시 도량이 좁다고 말하면 저 사람은 남을 헐뜯어 권력을 판다고 여길 것이다.

○王先愼 : '賣重'은 ≪史記≫에 '鬻權'으로 되어 있다. 살펴보건대 '賣'와 '鬻'은 같은 뜻이니, ≪韓非子≫ 〈和氏篇〉에 '大臣貪重(大臣은 권력을 탐한다.)'이라 하고 또 '近習不敢賣重(近臣은 감히 권력을 팔지 못한다.)'이라 하였으니, '重'은 곧 '權(권력)'이다. ≪史記索隱≫에 "저 비천한 사람을 천거함에 중임을 감당할 수 있다고 말하면 간사한 생각을 품고 자신의 권세를 판다고 의심한다."라고 했으니 옳다. 舊注에서 도량이 좁은 사람이라 한 것은 잘못되었다.

12-21 **論其所愛**하면 **則以爲藉資**요

총애하는 자를 논하면 기댈 바탕으로 삼는다고 여길 것이고,

謂爲藉君之所愛以爲己資라

舊注 : 군주가 총애하는 자에 기대어 자신의 바탕으로 삼는다는 말이다.

12-22 **論其所憎**하면 **則以爲嘗己也**요

미워하는 자를 논하면 자신을 시험한다고 여길 것이고,

嘗은 試也라 論君所憎하면 則謂爲試己(也)含怒之深淺이라 ○先愼曰 乾道本에 憎作增하고 注同이라 顧廣圻云 今本에 增作憎이요 史記作憎이라하니 今據改라 盧文弨云 注試己下에 衍也字라하니라

舊注 : '嘗'은 '試(시험함)'이다. 군주가 미워하는 자를 논하면 자신이 얼마만큼 그를 미워하는지 시험해본다고 여긴다는 말이다.

○王先愼 : 乾道本에 '憎'이 '增'으로 되어 있고 〈乾道本의〉 舊注도 마찬가지로 〈'增'으로〉 되어 있다. 顧廣圻는 "今本에 '增'이 '憎'으로 되어 있고 ≪史記≫에 '憎'으로 되어 있다."라고 하니 지금 이에 의거하여 고쳤다. 盧文弨는 "舊注의 '試己' 아래에 '也'자는 衍文이다."라고 하였다.

12-23 **徑省**(생)**其說**하면 **則以爲不智而拙之**요

그 말을 곧장 줄여서 하면 무지하다고 졸렬히 여길 것이고,

徑은 直이라 ○盧文弨曰 史作則不知而屈之하니 智는 本與知通이요 此加以爲二字는 疑非라

舊注 : '徑'은 '直(곧장)'이다.

○盧文弨 : ≪史記≫에 '則不知而屈之'로 되어 있으니 '智'자는 본디 '知'자와 통용이고 여기 '以爲' 두 자를 보탠 것은 잘못된 듯하다.

12-24 米鹽博辯하면 則以爲多而(交)〔史〕之요

쌀이나 소금처럼 소소한 것까지 널리 변설하면 장황하게 겉치레에 힘쓴다고 여길 것이고,

米鹽之爲物은 積群萃以成㪷斛이니 謂博明細雜之物하면 則謂己多合而猥交之也라 ○盧文弨曰 史作汎濫博文則多而久之라 顧廣圻曰 正義云 時乃永久하야 人主疲倦이라하니라 今按 交久二文은 皆誤니 當作史라 本書難言篇에 捷敏辯給하야 繁於文采면 則見以爲史라하니라 先愼曰 顧說是라 張榜本에 交作久하니 依史記改也라

舊注 : 쌀과 소금이란 물건은 쌓이고 모여서 㪷斛을 이루니, 세세하고 잡박한 물건을 널리 설명하면 유세하는 사람이 이것저것 주워 모아서 허물없이 사귀려고 한다고 여긴다는 말이다.

○盧文弨 : ≪史記≫에는 "汎濫博文則多而久之(장황하게 수식을 늘어놓으면 말이 너무 많고 길다고 한다.)"로 되어 있다.

顧廣圻 : ≪史記正義≫에 "時乃永久 人主疲倦(시간이 오래 지나서 군주가 피곤해한다.)"이라고 하였다. 지금 살펴보건대 '多而交之'와 '多而久之' 두 문장은 모두 잘못되었으니 응당 '史'가 되어야 한다. 本書 〈難言篇〉에 "捷敏辯給 繁於文采 則見以爲史(민첩하게 말을 잘하고 문채가 성대하면 듣고서 겉치레에 힘쓴다고 여긴다.)"라고 하였다.

王先愼 : 고광기의 설이 옳다. 張榜本에 '交'가 '久'로 되어 있으니 ≪史記≫에 의거하여 고친 것이다.

12-25 略事陳意하면 則曰怯懦而不盡이요

일을 간략히 말하고 뜻만 대강 진술하면 겁을 먹어 빠짐없이 말하지 못한다 할

것이고

略言其事하고 粗陳其意면 則謂已怯懦而有所畏懼하야 不敢具言이라 ○盧文弨曰 略은 史作順이라 先愼曰 注所字는 趙本脫이라

舊注 : 일을 간략히 말하고 뜻을 대강 진술하면 유세하는 사람이 겁을 먹어 두려워하는 것이 있어서 감히 빠짐없이 말하지 못한다고 여긴다는 말이다.

○盧文弨 : '略'은 ≪史記≫에 '順'으로 되어 있다.

王先愼 : 舊注의 '所'자는 趙本에는 탈락되어 있다.

12-26 慮事廣肆하면 則曰草野而倨侮하리라

일을 염려하여 광범위하게 진술하면 속되고 촌스러워 거만하다고 할 것이다.

肆는 陳也라 所說之事에 廣有陳說하야 不爲忌諱면 則謂草野凡鄙俗直而侮慢也라

舊注 : '肆'는 '陳(진술함)'이다. 유세하는 일에 대해서 광범위하게 진술하여 꺼리지 않는다면 시골의 촌놈이 속되고 솔직하여 거만하다고 여긴다는 말이다.

12-27 此說之難이니 不可不知也니라

이것이 유세하는 어려움이니 몰라서는 안 된다.

12-28 凡說之務는 在知飾所說之所矜而滅其所恥니라

무릇 유세할 때 힘쓸 것은 유세하는 대상이 자랑스러워하는 것을 꾸며주고 그가 부끄러워하는 것을 없애주는 것을 아는 데 있다.

凡欲說彼에 要在知其所矜則隨而光飾之하고 知其所恥則隨而掩滅之니 如此則順旨而不忤라 ○盧文弨曰 注順旨는 張本에 作順指라

舊注 : 무릇 저 사람에게 유세하고자 할 때, 그 핵심은 그가 자랑스러워하는 것을 그때마다 빛내주고 꾸며줄 줄 알고 그가 부끄러워하는 것을 그때마다 가려주고 없애줄 줄 아는 데에 있으니, 이와 같다면 뜻에 순종하여 거스르지 않는다는 말이다.

○盧文弨 : 舊注의 '順旨'는 張本에 '順指'로 되어 있다.

12-29 彼有私急也면 必以公義示而强之니라 其意有下也나 然而不能已면 說者因爲之飾其美而少其不爲也[15)]니라

저 사람이 사사로이 급하게 여기는 일이 있으면 반드시 公義를 내세워 힘쓰게 한다. 그 뜻이 매우 비루하지만 그만두지 않으면 유세하는 자는 그를 위해 그것의 훌륭한 점을 꾸며주고 그것을 하지 않는 것이 하찮다고 격려한다.

所說而成者 或有私事하야 將欲急爲면 則示以公義而勉强之라 彼雖下意從已나 而不能止其私면 此則爲之飾其背私之義하야 而以不能順公爲少하야 有以激彼存公也라

舊注 : 유세를 받아 이루려는 자가 혹 사사로운 일이 있어서 장차 급하게 이루려고 한다면 公義를 내세워 거기에 힘쓰게 한다. 유세하는 대상이 비록 뜻을 낮추어 유세하는 사람을 따르지만 그 사사로운 일을 그만두게 할 수 없다면, 유세하는 사람은 그를 위해 사사로운 일을 저버리는 뜻을 훌륭하다고 꾸며주어서 公義를 따르지 못하는 것을 하찮다고 하여 유세하는 대상이 公義를 보존하도록 격려한다.

12-30 其心有高也어늘 而實不能及이면 說者爲之擧其過하야 而見其惡而多其不行也니라

그 뜻은 높은데 〈재주가〉 실제 미치지 못하면 유세하는 자는 그를 위해 그것의 잘못을 거론하여 그 나쁜 점을 보여서 그것을 행하지 않는 것이 훌륭하다고 격려한다.

若所說心以公義高나 而其材實不能及이면 如此者則擧簡私之過하야 見背公之惡하야 以不行私急爲多하야 所以成其高라 ○兪樾曰 此兩文相對라 言其意雖甚卑下나 而有所不能已면 則說者必爲之飾其美하고 反若以其不行而少之하야 如此乃見不能已之不足爲病矣라 其意雖甚高尙이나 而有所不能及이면 則說者必爲之擧其過而見其惡하고 反若以其不行而多之하야 如此乃見不能及之不足爲恥矣라 不能已者는 若犬馬聲色之好是也라 爲之飾其美는 若管子以是數者爲不害霸[16)]是也요 不能及者는 若堯舜之道仁義之說是也요 爲之擧其過而見其惡은 若

15) 彼有私急也……而少其不爲也 : 이 문장은 아래 12-30의 兪樾의 설에 따라 번역하였다.

16) 管子以是數者爲不害霸 : 齊 桓公이 管仲에게 말하길 "과인이 불행하게도 사냥과 여색을 좋

陳賈謂仁知周公未能盡[17]是也라 舊注所說皆未了라 且此與上文彼有私急也면 必以公義示而强之와 本不相蒙이어늘 舊注必牽合爲說하니 宜其不可通矣라

舊注 : 만약 유세하는 대상이 마음속으로는 公義를 높게 여기지만 그 재주가 실제 미치지 못하면, 이와 같은 경우 사사로운 일을 대수롭지 않게 여기는 잘못을 거론하여 公義에 어긋나는 나쁜 점을 보여주어서 사사로이 급하게 여기는 일을 행하지 않는 것을 훌륭하다고 하여 그 높은 뜻을 이루게 해준다.

○兪樾 : 이 두 글은 서로 대구가 된다. 그 뜻이 비록 매우 비루하지만 그만두지 않는 바가 있으면 유세하는 자는 반드시 그를 위해 그것의 훌륭한 점을 꾸며주고 되레 행하지 않는 것이 하찮다고 하면서 이처럼 한 뒤에 그만두지 않는 것이 병통이 되기에 부족하다는 것을 보여준다. 그 뜻이 비록 매우 숭고하지만 재주가 미치지 못하는 바가 있으면 유세하는 자는 반드시 그를 위해 그것의 잘못을 거론하여 그 나쁜 점을 보여주고 되레 행하지 않는 것이 훌륭하다고 하면서 이처럼 한 뒤에 미치지 못하는 것이 부끄러움이 되기에 부족하다는 것을 보여준다.

그만두지 않는 것은 犬馬나 聲色을 좋아하는 것과 같은 것이고, 그를 위해 그 훌륭한 점을 꾸며주는 것은 管子가 이 몇 가지 일은 霸業에 해가 되지 않는다고 한 것과 같은 것이며, 미치지 못하는 것은 堯舜의 道와 仁義의 說과 같은 것이고, 그를 위해 그것의 잘못을 거론하여 그 나쁜 점을 보여주는 것은 陳賈가 仁과 智는 周公도 다하지 못하였다고 말한 것과 같은 것이다. 舊注에서 말한 것은 모두 분명하지 않다. 또 이 글은 윗글의 '저 사람이 사사로이 급하게 여기는 일이 있으면 반드시 公義를 내세워 힘쓰게 한다.〔彼有私急也 必以公義示而强之〕'와 본디 서로 이어지지 않는데 舊注에 기필코 억지로 부합시켜 주장하였으니 마땅히 통하지 않는 것이다.

12-31 有欲矜以智能이면 則爲之擧異事之同類者하야 多爲之地하고 使之資說於我而佯不知也하야 以資其智니라

아하는데 패업을 이루는 데에 해가 되지 않겠는가?"라고 하였는데, 관중이 "사냥을 좋아하는 것도 여색을 좋아하는 것도 패업에 해가 되지 않습니다."라고 대답하였다.(≪管子≫ 〈立政〉)

17) 陳賈謂仁知周公未能盡 : ≪孟子≫ 〈公孫丑 下〉에 나오는 陳賈의 말이다. "周公이 管叔으로 하여금 殷나라를 감독하게 하였는데, 관숙이 은나라를 가지고 배반하였으니, 주공이 이것을 알고 시켰다면 이는 不仁함이요, 알지 못하고 시켰다면 이는 不智함이니, 仁과 智는 주공도 다하지 못하셨으니, 하물며 왕에게 있어서이겠습니까?"라고 하였다.

지혜와 능력을 자랑하고 싶어 하면 그를 위해 다른 일 가운데 같은 부류를 거론하여 성취한 경지를 칭찬하고, 그로 하여금 자기의 말을 취하게 하면서도 짐짓 모르는 척하여 그의 지혜에 도움이 되게 해준다.

所說或矜以廣智면 則多與擧彼同類之異事하야 以寬所取之地하고 令其取說於我로되 而我佯若不知하야 如此者所以助其智也라 ○顧廣圻曰 藏本同이요 今本에 有欲作有所하니 誤라

舊注 : 유세하는 대상이 혹 박식한 지혜를 자랑하면, 저 사람과 같은 부류 가운데 다른 일을 칭찬하고 거론하여 그가 성취한 경지를 넓혀주고, 그로 하여금 자기의 말을 취하게 하면서도 자기는 짐짓 모르는 척하여 이와 같은 것이 그의 지혜에 보탬이 되게 한다.

○顧廣圻 : 藏本(道藏本)은 똑같고, 今本에는 '有欲'이 '有所'로 되어 있으니 잘못되었다.

12-32 欲內(납)相存之言이면 則必以美名明之하야 而微見其合於私利也니라

남을 구제해주는 말을 받아들이게 하려면 반드시 아름다운 명분으로써 밝혀 사사로운 이익에 합치됨을 은근히 보여준다.

欲彼內有存恤之言이면 則爲陳顯義之名하야 明其人能爲此하고 又微言成此美名하야 於私有(利則)〔則利〕[18]면 其人必得而相存者也라 ○顧廣圻曰 內讀爲納이니 舊注誤라

舊注 : 유세하는 대상의 마음에 남을 구제해주는 말이 있게 하려면 의리가 드러나는 명분을 진술하여 그 사람이 능히 할 수 있다는 것을 밝혀주고, 또 이 아름다운 명성을 이루어 사적으로도 이익이 됨을 은근히 말해주어야 하니 그렇게 하면 그 사람은 필시 받아들여 구제해줄 것이다.

○顧廣圻 : '內'는 '納'으로 읽어야 되니 舊注는 잘못되었다.

12-33 欲陳危害之事면 則顯其毀誹하야 而微見其合於私患也니라

위태롭고 해로운 일을 진술하려면 그 비난하는 것을 드러내주어 사사로운 환난에 합치됨을 은근히 보여준다.

---

18) (利則)〔則利〕 : 저본에는 '利則'으로 되어 있으나, 문맥에 의거하여 '則利'로 바로잡았다.

欲爲陳危之事에 其有毁誹之者면 則爲之顯言하고 又微〔言〕[19]毁誹當爲私患이면 其人必以誠而可試之니라

舊注 : 위태로운 일을 진술하려고 할 때 그것을 비난하는 경우가 있으면 그를 위해 드러내어 말해주고, 또 비난하는 것이 응당 사사로운 환난이 됨을 은근히 말해주어야 하니 그렇게 하면 그 사람은 필시 성의를 보이며 시험해볼 수 있을 것이다.

12-34 譽異人與同行者하고 規異事與同計者니라 有與同汚者면 則必以大飾其無傷也요 有與同敗者면 則必以明飾其無失也니라

똑같은 행동을 한 다른 사람을 칭찬하고 똑같은 계책으로 이룬 다른 일을 계획한다. 똑같이 오점이 있다면 반드시 그것이 해가 될 게 없다고 크게 꾸며주고 똑같이 실패한 경우가 있다면 반드시 그것이 과실이 되지 않는다고 밝게 꾸며준다.

說者或延譽異人與彼同行하고 或規謀異事與彼同計라 其異人之行이 若與彼同汚면 則大文飾之하야 言此汚何所傷이라 其異事之計 若與彼同敗者면 則明爲文飾하야 言此敗何所失이라 如此必以己爲善補過而崇重之也리라 ○先愼曰 史記에 脫有與同汚者則必以大九字라 乾道本注에 其異人之行의 行上有計字어늘 據趙本刪이라

舊注 : 유세하는 자는 유세하는 대상과 똑같은 행동을 한 다른 사람을 칭찬하기도 하고 저 일과 똑같은 계책으로 이룬 다른 일을 계획하기도 한다. 다른 사람의 행동이 만약 유세하는 대상과 똑같이 오점이 있다면 크게 꾸며주어 이러한 오점이 무슨 해가 되겠냐고 말해준다. 다른 일의 계책이 만약 저 일과 똑같이 실패한 경우라면 밝게 꾸며주어 이러한 실패는 무슨 과실이 되겠냐고 말해준다. 이처럼 하면 필시 유세하는 자를 과실을 잘 돕고 존숭해준다고 여길 것이다.

○王先愼 : ≪史記≫에는 '有與同汚者則必以大' 아홉 자가 탈락되어 있다. 乾道本의 舊注에 '其異人之行'의 '行'자 위에 '計'자가 있는데 지금은 趙本에 의거하여 삭제하였다.

12-35 彼自多其力이면 則毋以其難概之也요

유세하는 대상이 스스로 능력을 자랑스럽게 여긴다면 어려운 일을 가지고 방해

19) 〔言〕 : 저본에는 '言'이 없으나, 윗글의 구문에 의거하여 보충하였다.

하지 말고,

彼或自多矜其力이면 當就譽之하고 無得以其所難滯礙之니라 槪는 礙也라

舊注 : 유세하는 대상이 혹 스스로 능력을 자랑스럽게 여긴다면 응당 칭찬하고 그가 어려워하는 일을 가지고 방해해서는 안 된다. '槪'는 '礙(방해함)'이다.

12-36 自勇其斷이면 則無以其(謫)〔敵〕怒之하고

스스로 결단하는 것을 용맹스럽게 여긴다면 필적할 만한 일을 가지고 화나게 하지 말고,

彼或自以斷爲勇이면 則無得以其先所罪謫而動怒之也니라 ○先愼曰 乾道本에 其斷作之斷이요 拾補에 作其斷이라 盧文弨云 無는 藏本에 作毋요 謫은 史作敵이라하니라 顧廣圻云 之斷은 當依史記作其斷이라하니라 先愼案 張榜本에 作其斷이요 與上下文合하니 今據改라 謫敵은 古通이요 注云罪謫이라하니 非라

舊注 : 유세하는 대상이 혹 스스로 결단하는 것을 용맹스럽게 여긴다면 앞서 잘못한 일을 들어 화를 내게 해서는 안 된다.

○王先愼 : 乾道本에 '其斷'이 '之斷'으로 되어 있고 ≪群書拾補≫에는 '其斷'으로 되어 있다. 盧文弨는 "'無'는 藏本에 '毋'로 되어 있고, '謫'은 ≪史記≫에 '敵'으로 되어 있다."라고 하였다. 顧廣圻는 "'之斷'은 응당 ≪사기≫에 의거하여 '其斷'이 되어야 한다."라고 하였다. 내가 살펴보건대 張榜本에 '其斷'으로 되어 있고 위아래의 글이 부합하니 지금 이에 의거하여 고쳤다. '謫'과 '敵'은 古字에서 통용이니 舊注에서 '罪謫'이라고 한 것은 잘못되었다.

12-37 自智其計면 則毋以其敗窮之니라

스스로 계책을 지혜롭게 여긴다면 실패한 경우를 들어 궁지로 몰지 말아야 한다.

彼或自以計謀爲智면 則無得以其先所因敗而窮屈之니라 凡此皆所以護其短而養其銳者니 說可以無傷也라 ○先愼曰 趙本注에 因作困하니 誤라

舊注 : 유세하는 대상이 혹 스스로 세운 계책을 지혜롭다고 여긴다면 앞서 실패한 사례를 들어 궁지로 몰아서는 안 된다. 무릇 이것들은 모두 단점을 감싸주고 장점을 길러

주는 것이니 유세를 해도 해가 될 게 없다.

○王先愼 : 趙本의 舊注에 '因'이 '困'으로 되어 있으니 잘못되었다.

12-38 大(意)〔怒〕無所拂悟하고 辭言無所繫縻라야 然後極騁智辯焉이라

상대방이 매우 화를 내고 있는데도 거스르는 것이 없고 자신이 말을 할 때 속박되는 것이 없어야지, 그러한 후에야 지혜와 변설을 마음껏 발휘할 수 있다.

意無拂忤하고 辭無繫縻하야 其智辯得以極騁이라 ○盧文弨曰 意史作忠이요 史에 拂辭互易[20]이라 案悟與忤通이라 索隱正義所見史記는 尙不倒라 繫縻는 各本作擊摩요 注同이어늘 史作擊排라 顧廣圻曰 忠字는 非라 悟는 藏本今本에 作忤라 正義云 拂悟는 當作咈忤하니 古字假借耳라하니라 繫縻는 藏本에 作擊摩니 是也라 索隱引正作擊摩라 先愼曰 御覽四百六十二引意作怒요 悟作忤요 繫縻作擊排라 案大怒는 謂盛怒也라 意忠은 幷誤라 說文에 啎는 屰也라하니 啎爲正字요 悟忤는 竝通叚字[21]라 大怒之時엔 說尤爲難이라 無所怫啎者는 若觸讋(섭)之諫齊太后[22]是也라 繫縻와 擊摩는 古字相通이라 說文에 繫는 縛也요 縻는 牛轡也라하니 引申爲羈束字라 易蒙釋文에 擊本作繫라하고 中孚釋文에 靡는 本又作縻요 陸作䌕요 京作劘라하고 禮記學記釋文에 摩는 又作磨라하고 一切經音義十에 摩는 古文劘擵二形同이라하니라 本書에 作繫縻者는 謂無縛束也라 史記에 作擊排니 索隱謂說諫之詞에 本無別有所擊射排擯也라하니라 案辭言恐有所擊排면 卽多瞻顧縛束而不敢言하니 則必如梁子之告季子호되 語必可與商太宰三坐[23]是也라

20) 拂辭互易 : 四庫全書本 ≪史記≫에는 '大忠無所拂辭 悟言無所擊排'로 되어 있다.

21) 通叚字 : 通假字로 음이 같거나 비슷한 글자로 본래의 글자를 대신하는 것이다.

22) 觸讋(섭)之諫齊太后 : 觸讋은 觸龍이다. 실제로 촉룡이 간언한 대상은 齊 太后가 아니라 趙太后이다. 戰國時代 趙나라 孝成王 때 太后가 섭정하였는데, 秦나라의 침공을 받아 齊나라에 구원을 청하니, 제나라에서는 태후의 아들을 인질로 보내주면 구원해주겠다 하였으나 태후가 따르지 않았다. 그때 左師인 촉룡이 태후를 보고 자기 아들을 천거하여 천한 직업에라도 써주기를 부탁하면서, 자기의 아들 사랑하는 일을 비유하여 태후로 하여금 인질을 보내게 하여 구원을 얻도록 간언하였다.(≪戰國策≫ 〈趙策〉)

23) 梁子之告季子 語必可與商太宰三坐 : 宋나라 太宰가 신분이 높아지자 일을 마음대로 처리하였다. 季子가 송나라의 군주를 만나려고 하였는데, 梁子가 이 소식을 듣고 계자에게 말하기를 "송나라 임금과 말을 하려면 반드시 태재와 함께 세 사람이 같은 자리에 있을 때 하도록

舊注 : 뜻에 거스르는 것이 없고 말에 속박되는 것이 없어 그 지혜와 변설을 마음껏 발휘할 수 있다.

○盧文弨 : '意'는 ≪史記≫에 '忠'으로 되어 있고, '拂'과 '辭'가 서로 바뀌어 있다. 살펴보건대 '悟'는 '忤'와 통용이다. ≪史記索隱≫과 ≪史記正義≫에서 보았던 ≪사기≫는 오히려 도치되지 않았다. '繫縻'는 각 本에 '擊摩'라 되어 있고 舊注도 마찬가지인데 ≪사기≫에는 '擊排'로 되어 있다.

顧廣圻 : '忠'자는 잘못되었다. '悟'는 藏本과 今本에 '忤'로 되어 있다. ≪사기정의≫에 "'拂悟'는 응당 '咈忤'가 되어야 하니 古字에서 假借한 것이다."라고 하였다. '繫縻'는 藏本에 '擊摩'로 되어 있으니 옳다. ≪사기색은≫에 이 글을 인용하면서 바로 '擊摩'로 되어 있다.

王先愼 : ≪太平御覽≫ 권462에 이 글을 인용하면서 '意'는 '怒'로 되어 있고, '悟'는 '忤'로 되어 있고, '繫縻'는 '擊排'로 되어 있다. 살펴보건대 '大怒'는 매우 화낸다는 말이다. '意'와 '忠'은 모두 잘못되었다. ≪說文解字≫에 "'啎'는 '屰(거스르다)'이다."라고 하니 '啎'는 正字이고 '悟'와 '忤'는 모두 通假字이다. 상대방이 매우 화가 났을 땐 유세가 더욱 어렵게 된다. 거스르는 바가 없는 경우는 觸讋이 齊 太后에게 간언한 것과 같은 것이다.

'繫縻'와 '擊摩'는 古字에서 서로 통용이다. ≪설문해자≫에 "'繫'는 '縛(묶다)'이고, '縻'는 '牛轡(소의 고삐)'이다."라고 하니 引申하여 구속하는 글자가 된다. ≪周易≫ 蒙卦의 ≪釋文≫에 "'擊'은 본디 '繫'로 되어 있다."라 하고, 中孚卦의 ≪釋文≫에 "靡는 본래 또 '縻'로 되어 있고 陸德明本에는 '䌕'로 되어 있고 京兆本에는 '劘'로 되어 있다."라 하고, ≪禮記≫ 〈學記〉의 ≪釋文≫에 "'摩'는 또 '靡'로 되어 있다."라 하고, ≪一切經音義≫ 권10에 "'摩'는 古文에 '劘'와 '攠' 두 글자와 모양이 같다."라고 하였다. 本書에 '繫縻'로 되어 있는 것은 속박하는 것이 없다는 말이다. ≪사기≫에 '擊排'로 되어 있으니 ≪사기색은≫에서 "유세하고 풍간하는 말에 본디 별도로 공격하거나 배격하는 바가 없다."라고 하였다. 살펴보건대 말에 공격하거나 거스르는 것이 있는 듯하면 대부분 염려되고 속박되어 감히 말을 못하니 필시 梁子가 季子에게 고하기를 임금과 말을 하려면 반드시 太宰와 함께 셋이 있는 자리에서 해야 된다고 한 것과 같은 것이다.

12-39 此(道所得)〔所以〕[24]親近不疑而得盡辭也니라

하십시오. 그렇게 하지 않으면 태재의 의심을 사서 화를 피하지 못할 것입니다."라고 하였다.(≪韓非子≫ 〈說林 下〉) 商은 宋나라를 가리킨 것이다.

24) (道所得)〔所以〕: 저본에는 '道所得'으로 되어 있으나, 兪樾의 說과 ≪史記≫에 의거하여 '道所'는 '所以'로 바로잡고, '得'은 衍文으로 처리하였다.

이것이 군주와 친근하게 되어 의심을 받지 않아 다 말할 수 있는 까닭이다.

說者因道此術하면 則得親近於君하야 終不見疑하고 其辭又得自盡也니라 ○顧廣圻曰 此道所得親近不疑句에 有誤라 盡下當依索隱引此有之字라 史記에 作知盡之難也하니 徐廣曰 知는 一作得이요 難은 一作辭라하니라 兪樾曰 上得字는 衍文也요 道所는 當作所道라 此所道親近不疑는 猶曰此所由親近不疑라 古書에 每以道爲由니 說已見前矣[25]라 史記에 作此所以親近不疑하니 所道는 即所以也라 讀者不解道字而誤倒之하고 又妄增入得字하야 遂至不可通矣니라

舊注 : 유세하는 자가 이 방법대로 말하면 군주와 친근하게 되어 마침내 의심을 받지 않고 그 말 또한 스스로 다 펼칠 수 있다.

○顧廣圻 : '此道所得親近不疑' 句에 잘못된 곳이 있다. '盡' 아래에 응당 ≪史記索隱≫에서 이 글을 인용한 것에 의거하여 '之'자가 있어야 한다. ≪史記≫에 '知盡之難也'로 되어 있으니 徐廣은 "'知'는 어떤 본에는 '得'으로 되어 있고 '難'은 어떤 본에는 '辭'로 되어 있다."라고 하였다.

兪樾 : 위의 '得'자는 衍文이고 '道所'는 응당 '所道'가 되어야 한다. '此所道親近不疑'는 '此所由親近不疑'라고 말한 것과 같다. 古書에서는 매번 '道'를 '由'로 여겼으니 이에 대한 설명은 이미 앞에 보인다. ≪사기≫에 '此所以親近不疑'로 되어 있으니, '所道'는 곧 '所以'이다. 읽는 자가 '道'자를 해석하지 못해 잘못 도치시키고 또 함부로 '得'자를 삽입하여 마침내 의미가 통하지 않게 되었다.

12-40 伊尹爲宰요 百里奚爲虜니 皆所以干其上也니라

伊尹은 요리사가 되고 百里奚는 포로가 되었으니 그것은 모두 군주에게 쓰이기를 바랐기 때문이다.

二人은 自託於宰虜者니 所以干其上也라

舊注 : 두 사람은 스스로 요리사와 포로에 의탁한 자들이니 군주에게 쓰이기를 바랐기 때문이라는 말이다.

25) 說已見前矣 : ≪譯註 韓非子集解≫ 〈二柄篇〉 7-1 兪樾의 說에 보인다.

12-41 **此二人者**는 **皆聖人也**나 **然猶不能無役身以進**일새 **如此其汚也**니라

이 두 사람은 모두 聖人이었지만 오히려 몸을 수고롭게 하지 않으면 군주에게 나아갈 수 없었기에 이처럼 욕을 보았던 것이다.

○**先愼曰 乾道本**에 **如上有加字**라 **盧文弨云 加字**는 **各本無**라하고 **顧廣圻云 藏本**에 **無加字**요 **以進加**는 **史記**에 **作而涉世**라하니라 **先愼案 加卽如字誤而複衍**이니 **今據刪**하노라

○王先愼 : 乾道本에 '如' 위에 '加'자가 있다. 盧文弨는 "'加'자는 각 본에 없다."라고 하였고, 顧廣圻는 "藏本에는 '加'자가 없고 '以進加'는 ≪史記≫에 '而涉世'로 되어 있다."라고 하였다. 내가 살펴보건대 '加'는 곧 '如'자의 잘못이고 중복된 衍文이니, 지금 이에 의거하여 삭제하였다.

12-42 **今以吾言爲宰虜**라도 **而可以聽用而振世**면

지금 자신의 말이 요리사나 포로의 말과 같다고 여기더라도 그 말이 받아들여지고 등용되어 세상을 진흥시킬 수 있다면

○**先愼曰 說文**에 **振**은 **擧救也**라하니라

○王先愼 : ≪說文解字≫에 "'振'은 들어서 구제하는 것이다."라고 하였다.

12-43 **此非能仕之所恥也**니라

이는 유능한 선비로서 부끄러워할 바가 아니다.

○**盧文弨曰 仕**는 **與士通**이라 **索隱云 韓子**에 **作士**라하니라 **先愼曰 今作仕者**는 **後人依史記改之也**라

○盧文弨 : '仕'는 '士'와 통용이다. ≪史記索隱≫에 "≪韓非子≫에 '士'로 되어 있다."라고 하였다.

王先愼 : 지금 '仕'로 되어 있는 것은 후인이 ≪史記≫에 의거하여 고친 것이다.

12-44 **夫曠日彌久**하야 **而周澤旣渥**하야

무릇 오랜 시간을 함께 보내면서 군주의 은택이 이미 두터워져

彌는 猶經也라 謂所經久遠也라 ○先愼曰 乾道本에 彌作離요 注同이라 旣作未어늘 據張榜本改요 史記同이라 索隱謂君臣道合하야 曠日已久면 誠著於君也라하고 君之渥澤周浹於臣이 魚水相須요 梅鹽相和也라하니라

舊注 : '彌'는 '經(지나다)'과 같다. 지낸 세월이 오래되고 먼 것을 이른다.

○王先愼 : 乾道本에 '彌'는 '離'로 되어 있고 〈乾道本의〉 舊注도 마찬가지이다. 〈乾道本에〉 '旣'는 '未'로 되어 있는데 張榜本에 의거하여 고쳤고 ≪史記≫도 똑같이 '旣'로 되어 있다. ≪史記索隱≫에 "군신의 도가 합치되어 오랜 시간이 지나면 정성이 군주에게 드러난다."라 하였고, "군주가 신하에게 두텁게 은택을 내리는 것은 물고기와 물이 서로 필요로 하고 매실과 소금이 서로 조미하는 것과 같다."라고 하였다.

12-45 深計而不疑하고 引爭而不罪면 則明割利害以致其功하고

깊은 계책을 세워도 의심받지 않고 간쟁을 해도 죄를 받지 않는다면, 이해를 분명히 구분하여 그 공을 이루고

(斷割)〔割은 斷이라〕[26] ○顧廣圻曰 割은 史記에 作計라

舊注 : '割'은 '斷(구분함)'이다.

○顧廣圻 : '割'은 ≪史記≫에 '計'로 되어 있다.

12-46 直指是非以飾其身하리라

시비를 곧장 지적하여 제 몸을 빛나게 할 것이다.

直指는 言無所迴避也라 飾身은 謂以寵榮光飾相持其身也라

舊注 : '直指'는 회피하는 바가 없음을 말한다. '飾身'은 총애와 광채로 제 몸을 지킨다는 말이다.

26) (斷割)〔割斷〕 : 저본에는 '斷割'로 되어 있다. '明割利害'의 '割'을 풀이한 것으로 보이는데, 舊注가 보았던 판본에는 '割'이 '斷'으로 되어 있던 것인지 상고할 수 없다. 여기서는 '割斷'으로 바로잡아 번역하였다.

12-47 **以此相持**면 **此說之成也**니라

이렇게 君臣이 서로 부지하면 이는 유세가 성공한 것이다.

君則以不疑不罪以固臣하고 臣則以致功飾身以輸忠이라 故曰相持라 如此者說之成也니라

舊注 : 군주는 의심하지 않고 죄주지 않는 것으로써 신하를 신뢰하고, 신하는 공을 이루고 제 몸을 빛나게 함으로써 충성을 바친다. 그러므로 '서로 부지한다.〔相持〕'고 하였다. 이와 같다면 유세가 성공한 것이다.

12-48 **昔者**에 **鄭武公欲伐胡**인댄

옛날에 鄭 武公이 胡를 정벌하고자

○先愼曰 正義引世本[27]云 胡는 歸姓也라하니라 括地志에 胡城在豫州郾城縣界라하니라

○王先愼 : ≪史記正義≫에 이 글을 인용하면서 "≪世本≫에 '胡는 歸姓이다.'라고 하였다. ≪括地志≫에 '胡城은 豫州 郾城縣 경계에 있다.'고 되어 있다."라고 하였다.

鄭 武公(≪增像全圖東周列國志≫)

12-49 **故先以其女妻胡君**하야 **以娛其意**하고 **因問於群臣**호되 **吾欲用兵**하니 **誰可伐者**리오 **大夫關其思對曰 胡可伐**이니이다 **武公怒而戮之**하고 **曰 胡**는 **兄弟之國也**어늘 **子言伐之**라하니 **何也**오하니라 **胡君聞之**하고 **以鄭爲親己**라하야 **遂不備鄭**이라 **鄭人襲**

27) 世本 : 古書의 이름으로, 모두 15편으로 이루어져 있다. 黃帝 이후의 諸王이나 諸侯, 卿大夫들의 系譜와 名號 등을 기록한 책이다.

胡하야 **取之**하다

일부러 먼저 그 딸을 胡君에게 시집보내 그의 환심을 사고 신하들에게 묻기를 "내가 군사를 일으키고자 하니 어디를 정벌하는 것이 좋겠는가?"라고 하였다. 大夫 關其思가 대답하기를 "胡는 정벌할 만합니다."라고 하였다. 무공이 노하여 그를 죽이면서 말하기를 "胡는 형제의 나라인데 그대는 정벌하라고 말하니 어째서인가."라고 하였다. 胡君이 소식을 듣고 鄭나라가 자신을 친히 여긴다고 생각하여 마침내 정나라에 대한 방비를 하지 않았다. 〈이 틈을 타〉 鄭人이 胡를 습격하여 빼앗았다.

12-50 **宋有富人**이라

宋나라에 부자가 있었다.

○先愼曰 外儲說下篇에 宋作鄭이라

○王先愼 : 〈外儲說 下篇〉에 '宋'이 '鄭'으로 되어 있다.

12-51 **天雨牆壞**할새 **其子曰 不築**이면 **必將有盜**하리라하고 **其隣人之父**(보)**亦云**이라 **暮而果大亡其財**라

비가 내려 담장이 무너지자 그의 아들이 말하기를 "다시 담장을 쌓지 않으면 필시 도둑이 들 것입니다."라고 하였고 이웃집 노인도 그렇게 말하였다. 그날 밤에 과연 재물을 크게 도둑맞았다.

此夕盜至라 故大亡也니라

舊注 : 이날 저녁에 도둑이 왔기 때문에 재물을 크게 도둑맞았다는 말이다.

12-52 **其家甚智其子**나 **而疑隣人之父**하다 **此二人說者**는 **皆當矣**나

그 집안에서는 자신의 아들은 매우 지혜롭게 여겼지만 이웃집 노인은 의심하였다. 이 두 사람이 말한 것은 모두 합당하였지만

○先愼曰 當音當浪反이라 下同이라

○王先愼：'當(합당하다)'은 音이 當과 浪의 反切이다. 아래도 마찬가지다.

12-53 厚者爲戮하고 薄者見疑[28)]하니

심한 경우는 죽임을 당하고 가벼운 경우는 의심을 받았으니,

二人은 謂關其思와 隣人之父라 鄭武公所以戮其所厚는 欲令胡不疑也요 富人所以疑其薄者는 不當爲己同憂也라

舊注：두 사람은 關其思와 이웃집 노인을 말한 것이다. 鄭 武公이 중히 여기는 자를 죽인 것은 胡君으로 하여금 의심하지 못하게 하려는 것이었고, 부자가 박하게 여기는 자를 의심한 것은 자신을 위해 똑같이 근심해주는 것이 합당하지 않다고 여겼던 것이다.

12-54 則非知之難也요 處之則難也니라

아는 것이 어려운 것이 아니라 아는 것을 처리하는 것이 어려운 것이다.

其思와 隣父는 非不知也요 但處用其知不得其宜니라 故或見疑하고 或見戮하니 故曰處之難也니라 ○先愼曰 乾道本에 處之作處知어늘 據張榜本改라 注云處之難也에 亦作之하니 未誤라 其作知者는 依史記改也라

舊注：關其思와 이웃집 노인은 알지 못한 것이 아니고 다만 알고 있는 것을 처리하여 이용한 것이 마땅함을 얻지 못한 것이다. 그래서 의심을 받기도 하고 죽임을 당하기도 했으니 그러므로 "아는 것을 처리하는 것이 어렵다."고 말한 것이다.

○王先愼：乾道本에 '處之'는 '處知'로 되어 있는데 張榜本에 의거하여 고쳤다. 〈乾道本의〉 舊注의 '處之難也'에 역시 '之'로 되어 있으니 잘못되지 않았다. 乾道本에 '知'로 되어 있는 것은 ≪史記≫에 의거하여 고친 것이다.

---

28) 厚者爲戮 薄者見疑：'厚'·'薄'은 '重'·'輕'과 같다고 한 陶鴻慶의 설에 따라 번역하였다. 곧 〈八姦篇〉의 "심한 경우는 군사를 일으켜 국경 지역에 모이게 하여 국내를 제압하고, 작게는 자주 큰 나라의 사신을 안으로 불러들여 그 군주를 놀라게 하여 두려움에 떨게 만든다.〔甚者擧兵以聚邊境 而制斂於內 薄者數內大使 以震其君 使之恐懼〕"의 '甚者'와 '薄者'와 그 의미가 같다.

12-55 故繞朝[29)]之言當矣어늘 其爲聖人於晉이나 而爲戮於秦也니 此不可不察이니라

그러므로 繞朝의 말이 합당하였거늘 晉나라에서는 聖人으로 인정받았지만 秦나라에서는 죽임을 당했으니, 이를 살피지 않아서는 안 되는 것이다.

晉人譎取士會於秦할새 繞朝贈之以策하야 曰 吾謀適不用이라하니 其言非不當也라 晉人雖以爲聖이나 後秦竟以言戮之하니 是亦處知失宜也니라 ○盧文弨曰 繞朝贈士會以策하야 曰 子無謂秦無人하라 吾謀適不用也라하니 則朝當已言於秦君하야 留士會不遣이어늘 而秦君不用其謀라 故云然이라 注乃云後秦竟以言戮之라하니 此不知出何書어늘 殆因非之言傅會耳라

舊注 : 晉人이 士會를 유인해서 秦나라에서 데려올 때 繞朝는 자신의 말채찍을 주면서 말하기를 "나의 모략이 마침 쓰이지 않은 것이다."라고 했으니 그 말은 합당하였다. 晉人이 비록 그를 성인으로 여겼으나 훗날 秦나라에서 결국 그가 간언한 것으로 인해 죽였으니 이 또한 알고 있는 것을 처리함이 적합하지 않았던 것이다.

○盧文弨 : 요조가 사회에게 자신의 말채찍을 주면서 말하기를 "그대는 秦나라에 사람이 없다고 말하지 말라. 나의 모략이 마침 쓰이지 않은 것이다."라고 했으니, 요조는 응당 秦君에게 간언하여 사회를 머물러두게 하고 보내지 않으려고 했거늘 진군이 그의 모략을 들어주지 않았기 때문에 그렇게 말한 것이다. 舊注에서 "훗날 秦나라에서 결국 그가 간언한 것으로 인해 죽였다."라고 했으니 이는 어떤 책에서 나온 내용인지 알지 못하겠는데 아마도 韓非의 말에 인하여 부회한 듯하다.

12-56 昔者에 彌子瑕有寵於衛君이러라 衛國之法에 竊駕君車者罪刖이라

옛날에 彌子瑕가 衛君에게 총애를 받고 있었다. 衛나라의 법에 군주의 수레를

29) 繞朝 : 춘추시대 秦나라의 大夫로 지혜가 출중하였다. 晉나라의 모사인 士會가 정변으로 秦나라에 망명 와 있었는데, 晉나라에서는 秦나라가 사회를 중용할까 우려하여, 魏壽餘를 시켜 사회를 유인해서 데려가려 하였다. 요조는 사회를 晉나라로 보내는 것을 반대하였으나 자신의 계책이 쓰이지 못하여 사회가 결국 晉나라로 가게 되었다. 이때 요조가 사회에게 자기 말채찍을 주면서 말하기를 "秦나라에 사람이 없다고 말하지 말라. 나의 모략이 마침 쓰이지 않았을 뿐이다."라고 하였다. 훗날 요조는 秦 康公에게 죽임을 당하였다.(≪春秋左氏傳≫ 文公 13년)

몰래 타는 자는 발을 자르는 형벌을 내렸다.

○先愼曰 治要에 刖作跀(월)하니 下同이라

○王先愼 : ≪群書治要≫에 '刖'이 '跀'로 되어 있으니 아래도 마찬가지다.

12-57 彌子瑕母病이어늘 人聞有夜告彌子하니

미자하의 모친이 병이 들었는데 어떤 사람이 듣고서 밤에 가서 미자하에게 알리니,

○先愼曰 乾道本에 聞有作閒往이라 盧文弨云 李善注文選陸韓卿中山王孺子妾歌에 引作人聞하고 無往字라 史作人聞往이라 先愼案 往은 治要에 作有하니 是唐人所見本自作有라 李注無有字하니 脫也라 此謂人聞其母病하야 有夜來告者니 形彌子得傳聞之言而歸하고 已顯衛君之稱爲孝하니 文相照應이라 今據二唐本改라 藝文類聚三十三引人聞有作其人有라

○王先愼 : 乾道本에 '聞有'가 '閒往'으로 되어 있다. 盧文弨는 "≪文選≫ 陸韓卿의 〈中山王孺子妾歌〉의 李善의 注에 이 글을 인용하면서 '人聞'으로 되어 있고 '往'자는 없다. ≪史記≫에는 '人聞往'으로 되어 있다. 내가 살펴보건대 '往'자는 ≪群書治要≫에 '有'자로 되어 있으니 이는 唐나라 사람이 보았던 本에 본래 '有'로 되어 있었다. 李善의 注에는 '有'자가 없으니 탈락되었다. 이 구절은 어떤 사람이 미자하의 모친의 병환을 듣고 밤에 가서 알린 자가 있다는 말이니, 미자하가 말을 전해 듣고서 고향으로 돌아갈 것을 나타내고 衛君이 그가 효성스럽다고 칭찬할 것을 이미 드러낸 것이니, 글이 상응한다. 지금 두 가지 唐나라 本에 의거하여 고쳤다. ≪藝文類聚≫ 권33에 이 글을 인용하면서 '人聞有'가 '其人有'로 되어 있다.

12-58 彌子矯駕君車以出하다

미자하는 제멋대로 군주의 수레를 타고서 나갔다.

○先愼曰 治要에 出作歸라 藝文類聚에 亦作出이라

○王先愼 : ≪群書治要≫에 '出'이 '歸'로 되어 있다. ≪藝文類聚≫에 또한 '出'로 되어 있다.

12-59 君聞而賢之하야 曰 孝哉로다 爲母之故라 忘其犯刖罪로라하니라

군주가 이를 듣고 그를 어질게 여겨 말하기를 "효성스럽도다! 모친을 위한 일이라 발이 잘리는 죄를 범하는 것마저 잊어버렸구나!" 하였다.

○先愼曰 各本無犯字라 盧文弨云 選注引作犯跀罪하니 跀은 古刖字라 案此書外儲說左下跀危生子皐에 作跀字니 此與上文罪刖은 亦當本作跀이어늘 後人改之라 史에 作而犯刖罪라하니라 先愼案 治要藝文類聚引作犯刖罪라 是唐人所見皆有犯字하니 今據補라

○王先愼 : 각 本에는 '犯'자가 없다. 盧文弨는 "≪文選≫의 李善의 注에 이 글을 인용하면서 '犯跀罪'로 되어 있으니 '跀'자는 '刖'의 古字이다. 살펴보건대 본서 〈外儲說 左下〉의 '跀危生子皐(발을 자르는 형벌이 子皐를 살렸다.)'에 '跀'자로 되어 있으니 이 글과 윗글 '罪刖'도 마땅히 본래 '跀'로 되어 있었을 텐데 後人이 고친 것이다. ≪史記≫에 '而犯刖罪'로 되어 있다."라고 하였다. 내가 살펴보건대 ≪群書治要≫와 ≪藝文類聚≫ 권33에 이 글을 인용하면서 '犯刖罪'로 되어 있다. 이는 唐人이 보았던 本에 모두 '犯'자가 있었던 것이니, 지금 이에 의거하여 보충하였다.

12-60 異日에 與君遊於果園이어늘 食桃而甘하야 不盡하고 以其半啗君이라

훗날 군주와 함께 과수원에서 노닐었는데 복숭아를 먹다가 맛이 달자 다 먹지 않고 그 절반을 군주에게 먹였다.

○先愼曰 張榜本에 不盡作而盡하니 屬下爲句라 治要藝文類聚八十六 白孔六帖九十九 御覽八百二十四九百六十七 事類賦二十六 意林[30]引啗竝作啖하니 下同이라 案 說文에 啖은 焦啖也라 啗은 食(사)也니 讀與含同이라하니라 自食爲啖이요 食(사)人爲啗이니 二字義別이라 此作啗하니 是也라

○王先愼 : 張榜本에 '不盡'은 '而盡'으로 되어 있으니 아래와 이어져 句를 이룬다. ≪群書治要≫, ≪藝文類聚≫ 권86, ≪白孔六帖≫ 권99, ≪太平御覽≫ 권824·967, ≪事類賦≫ 권26, ≪意林≫에 이 글을 인용하면서 '啗'이 모두 '啖'으로 되어 있으니 아래도 마

30) 意林 : 唐나라 馬總이 엮은 책이다. 南朝 梁의 庾仲容이 周·秦 이래 諸家의 雜記를 採錄하여 엮은 ≪子鈔≫에 添削을 가하여 편찬하였다.

찬가지이다. 살펴보건대 ≪說文解字≫에 "'啖'은 구워서 먹는 것이다. '啗'은 먹여주는 것이니 '含'과 똑같이 읽는다."라고 하였다. 스스로 먹는 것이 '啖'이고 남에게 먹여주는 것이 '啗'이니 두 글자는 뜻이 다르다. 이 글은 '啗'으로 되어 있으니 옳다.

12-61 君曰 愛我哉로다 忘其口味하야 以啗寡人이라하니라

군주가 말하기를 "나를 사랑하는구나! 그 좋은 맛을 잊고서 과인에게 먹이는구나."라고 하였다.

○先愼曰 治要藝文類聚白孔六帖引以作而라

○王先愼 : ≪群書治要≫, ≪藝文類聚≫ 권33·권86, ≪白孔六帖≫ 권99에 이 글을 인용하면서 '以'가 '而'로 되어 있다.

12-62 及彌子色衰愛弛하야 得罪於君한대 君曰 是固嘗矯駕吾車하고 又嘗啗我以餘桃라하니라

미자하의 모습이 쇠하고 총애가 시들해지는 때에 이르러 군주에게 죄를 지었는데, 군주가 말하기를 "이 자는 본디 일찍이 나의 수레를 제멋대로 탔고, 또 일찍이 나에게 먹다가 남은 복숭아를 먹였다."라고 하였다.

○先愼曰 史記에 啗我作食我니라

○王先愼 : ≪史記≫에 '啗我'는 '食我'로 되어 있다.

12-63 故彌子之行은 未變於初也어늘

그러므로 미자하의 행동은 처음과 변함이 없거늘

○先愼曰 治要에 變作移라

○王先愼 : ≪群書治要≫에 '變'은 '移'로 되어 있다.

12-64 (而以前之所以見賢而後獲罪)〔前見賢而後獲罪〕者는

이전에는 어질다고 칭찬을 받고 이후에는 죄를 얻게 된 것은

○盧文弨曰 史에 作前見賢而後獲罪者하니 此多賸字라 先愼曰 治要에 無上以字之字及下而字라

○盧文弨 : ≪史記≫에 '前見賢而後獲罪者'로 되어 있으니, 이 구절에는 쓸데없는 글자가 많다.

王先愼 : ≪群書治要≫에 위의 '以'자, '之'자와 아래의 '而'자가 없다.

12-65 愛憎之變也니라

사랑하고 미워하는 마음이 변해서이다.

○先愼曰 治要에 愛上有人主二字라

○王先愼 : ≪群書治要≫에 '愛'자 위에 '人主' 두 자가 있다.

12-66 故有愛於主면 則智當而加親하고 有憎於主면 則智不當하야 見罪而加疏니라

그러므로 군주에게 사랑을 받으면 지혜를 낼 때마다 군주의 마음에 들어 더욱 친밀해지고, 군주에게 미움을 받으면 지혜를 내어도 군주의 마음에 들지 않아 죄를 받고 더욱 소원해지게 되는 것이다.

○先愼曰 治要에 無見罪二字라

○王先愼 : ≪群書治要≫에 '見罪' 두 자가 없다.

12-67 故諫說談論之士는 不可不察愛憎之主而後說焉하니라 夫龍之爲虫也는 (柔)可狎而騎也나 然其喉下有逆鱗徑尺이니

그 때문에 간언하고 유세하며 담론하는 선비는 군주가 〈자신을〉 사랑하는지 미워하는지를 살펴본 이후에 유세하지 않으면 안 된다. 무릇 용이라는 동물(蟲)은 길들이면 탈 수 있지만 목 밑에 한 자쯤 되는 逆鱗(거꾸로 난 비늘)이 있으니

○盧文弨曰 文選袁彦伯三國名臣序贊注에 引柔上有擾字라 史에 無柔字요 有擾

字하니 在下句可字之下라 徑尺은 選注作徑寸之處니 非라 顧廣圻曰 柔는 擾同字라 先愼曰 史記에 虫作蟲이요 正義에 龍은 蟲類也라 故言龍之爲蟲이라하니라 御覽九百二十九引虫作蟲이요 無柔字其字라 事類賦二十八引亦無柔字其字라

○盧文弨 : ≪文選≫ 袁彦伯의 〈三國名臣序贊〉의 李善의 注에 이 글을 인용하면서 '柔' 자 위에 '擾'자가 있다. ≪史記≫에 '柔'자가 없고 '擾'자가 있는데, 아래 句의 '可'자 밑에 있다. '徑尺'은 ≪文選≫ 李善의 注에 '徑寸之處'로 되어 있으니 잘못되었다.

顧廣圻 : '柔'자는 '擾'와 같은 자이다.

王先愼 : ≪史記≫에 '虫'은 '蟲'으로 되어 있고 ≪史記正義≫에 "'龍'은 蟲類이기 때문에 '龍之爲蟲'이라 말한 것이다."라고 하였다. ≪太平御覽≫ 권929에 이 글을 인용하면서 '虫'자가 '蟲'자로 되어 있고 '柔'자와 '其'자는 없다. ≪事類賦≫ 권28에 이 글을 인용하면서 또한 '柔'자와 '其'자가 없다.

12-68 若人有嬰之者면 則必殺人이라

만약 사람이 그것을 건드리는 자가 있으면 반드시 그 사람을 죽인다.

嬰은 觸이라

舊注 : '嬰'은 '觸(건드림)'이다.

12-69 人主亦有逆鱗이니 說者能無嬰人主之逆鱗이면 則幾矣하리라

군주 역시 역린이 있으니 유세하는 자가 능히 군주의 역린을 건드리지 않는다면 유세를 성공시킬 수 있을 것이다.

○先愼曰 索隱에 幾는 庶也라 謂庶幾於善諫說也라하니라

○王先愼 : ≪史記索隱≫에 "'幾'는 '庶(거의 이룸)'이다. 성공적인 간언과 유세를 거의 이루는 것을 말한 것이다."라고 하였다.

第十三 和氏篇 제13편 화씨

和氏는 춘추시대 楚나라 사람 卞和이다. 이 篇은 변화가 璞玉을 楚王에게 바쳤다가 두 다리를 잘리는 故事를 빌려 法術之士가 당하는 艱難한 환경을 기술하였다. 먼저 和氏가 楚山 중에서 주운 박옥을 초왕에게 바쳤다가 겪은 불행한 일을 말하여 법술지사의 처지가 화씨보다 더 어려움을 비교 논법으로 설명하였다. 그런 다음 법술지사인 吳起와 商鞅이 楚나라와 秦나라를 富强하게 하려 하였으나 결국에는 사지가 찢기고 車裂刑을 당하는 참혹한 결과를 벗어나지 못한 사실을 인용하였다. 이는 大臣은 그들이 시행한 법을 괴롭게 여기고 백성은 다스려지는 것을 싫어하는 형세에서 초래된 비극적인 종말이다. 한편 大臣은 큰 권력을 탐내고 庶民은 혼란한 상태를 편안히 여기며, 군주는 법술지사를 신임하지 않는 열악한 환경을 지적하였다. 그러고는 법술지사가 재능을 가지고도 처지의 불우함과 나라를 위해 충성을 바칠 수 있는 방법이 없는 고충과 憤激을 토로하였다. 韓非의 이러한 悲憤과 괴로운 심정의 발로는 〈孤憤篇〉의 내용과 매우 비슷한 점이 있다.

13-1 楚人和氏[1)]得玉璞楚山中하야

楚나라 사람 和氏가 楚山 중에서 玉 덩어리를 주워서

○先愼曰 藝文類聚七 白孔六帖五 事類賦九에 引和氏作卞和하고 楚上에 有於字하니 藝文類聚 白孔六帖에 無璞字라

○王先愼 : ≪藝文類聚≫ 권7과 ≪白孔六帖≫ 권5와 ≪事類賦≫ 권9에 이 글을 인용하면서 '和氏'는 '卞和'로 되어 있고 '楚'자 위에 '於'자가 있다. ≪예문유취≫와 ≪백공육첩≫에 '璞'자가 없다.

---

1) 和氏 : 춘추시대 楚나라 사람 卞和이다. 옥돌을 발견하여 厲王에게 바쳤다가 거짓이라 하여 왼발을 잘리었고, 다시 武王에게 바쳤다가 거짓이라 하여 오른발마저 잘리었다. 文王이 즉위한 뒤 옥장이에게 이 옥돌을 다듬게 하여 寶玉을 얻었다고 한다.

13-2 奉而獻之厲王[2)]하다

받들고 가서 厲王에게 바쳤다.

○盧文弨曰 孫詒穀[3)]云 楚世家에 無厲王하고 後漢書孔融傳注에 引作武王文王成王하니 是也라 疑今本誤라 顧廣圻曰 新序云 荊厲王武王共王이라하니 亦不同이라 先愼曰 後漢書注引是니 御覽三百七十二 六百四十八에 引作武王文王成王하니 是其證이라

○盧文弨 : 孫詒穀은 "≪史記≫ 〈楚世家〉에 '厲王'이 없고, ≪後漢書≫ 〈孔融傳〉 注에 이 글을 인용하면서 '武王・文王・成王'으로 되어 있으니, 이것이 옳다. 今本의 厲王은 잘못된 듯하다."라고 하였다.

顧廣圻 : ≪新序≫ 〈雜事〉에 "楚 厲王・武王・共王"이라 하였으니, 이 역시 같지 않다.

王先愼 : ≪後漢書≫ 〈孔融傳〉 注에 인용한 것이 옳으니, ≪太平御覽≫ 권372・권648에 이 글을 인용하면서 '武王・文王・成王'으로 되어 있으니 이것이 그 증명이다.

13-3 厲王使玉人相之한대 玉人曰 石也니이다 王以和爲誑이라하야 而刖其左足하다

厲王이 옥장이를 시켜 이를 감정하게 하자 옥장이가 "보통 돌입니다."라고 하였다. 여왕은 和氏가 자기를 속였다고 여겨 왼쪽 발을 자르는 형벌을 집행하였다.

○盧文弨曰 後漢注에 引誑而作謾已라 先愼曰 御覽六百四十八八百五 事類賦에 引竝作謾하고 無而字라

○盧文弨 : ≪後漢書≫ 〈孔融傳〉 注에 이 글을 인용하면서 '誑而'가 '謾已'로 되어 있다.

王先愼 : ≪太平御覽≫ 권648・권805와 ≪事類賦≫ 권9에 이 글을 인용하면서 모두 〈誑이〉 '謾'으로 되어 있고, '而'자는 없다.

13-4 及厲王薨하고 武王[4)]卽位하야 和又奉其璞而獻之武王하다 武王使玉人相

2) 厲王 : 춘추시대 楚나라 王이다. 그러나 ≪史記≫ 〈楚世家〉와 〈春秋世系圖〉의 楚世系에 厲王은 보이지 않고 武王 앞에 蚡冒가 있는데, 혹 蚡冒가 죽은 뒤 시호가 厲王인지 분명치 않다.

3) 孫詒穀 : 淸나라 咸豐 연간의 縣學 生員이다. 字는 稷民으로 淸末의 大儒 孫詒讓의 친형이다. 太平天國 때 金錢會와의 전투에서 25세로 전사하였다.

4) 武王 : 춘추시대 楚나라의 諸侯 신분으로 처음 王號를 僭稱한 군주이다. 이름은 熊通이다.

之한대 **又曰 石也**니이다 **王又以和爲誑**이라하야 **而刖其右足**하다 **武王薨**하고 **文王**[5)] **卽位**하니 **和乃抱其璞**하고 **而哭於(楚)〔荊〕山之下**하야

厲王이 죽고 武王이 즉위하게 되자 和氏는 또 그 옥 덩어리를 받들고 가서 무왕에게 바쳤다. 무왕이 옥장이를 시켜 이를 감정하게 하자 옥장이가 "보통 돌입니다."라고 하였다. 무왕은 화씨가 자기를 속였다고 여겨 오른쪽 발을 자르는 형벌을 집행하였다. 무왕이 죽고 文王이 즉위하니 화씨는 그 옥 덩어리를 안고 荊山 밑에 가서 통곡하여

○**先愼曰 楚山**은 **當作荊山**[6)]이니 **涉上文得玉於楚山而誤**라 **藝文類聚荊山下**에 **引正作荊山**하고 **白孔六帖同**이라

○王先愼 : '楚山'은 응당 '荊山'이 되어야 하니 윗글의 '得玉於楚山'에 연관되어 잘못되었다. ≪藝文類聚≫ 권7에 荊山條 아래에 이 글을 인용하면서 바로 '荊山'으로 되어 있고,≪白孔六帖≫ 권5도 같다.

13-5 **三日三夜**하니 **泣盡而繼之以血**이러라

사흘 밤낮을 눈물을 흘리며 통곡하여 눈물이 다 마르자 피눈물이 뒤를 이어 흘렀다.

○**先愼曰 乾道本**에 **泣作泪**(루)하고 **今本**에 **作淚**라 **盧文弨云 淚**는 **藏本作泣**하니 **後漢注引同**이라하니라 **先愼案 藝文類聚事類賦注御覽**에 **竝引作泣**일새 **今據改**하노라

○王先愼 : 乾道本에 '泣'이 '泪'로 되어 있고, 今本에 '淚'로 되어 있다. 盧文弨는 "'淚'는 藏本에 '泣'으로 되어 있으니 ≪後漢書≫〈孔融傳〉注의 인용문도 같다."라고 하였다. 내가 살펴보건대 ≪藝文類聚≫ 권7과 ≪事類賦≫ 권9의 注와 ≪太平御覽≫ 권372·권648에 모두 이 글을 인용하면서 '泣'으로 되어 있기 때문에 지금 이에 의거하여 고쳤다.

즉위 후 隨나라를 침공한 뒤 王號를 썼고, 재차 隨나라를 침략하다가 죽었다.

5) 文王 : 춘추시대 楚나라의 王이다. 이름은 熊貲로, 武王의 아들이다. 鄧나라를 擊滅하고 蔡나라를 침공하여 哀侯를 사로잡았다.

6) 荊山 : 湖北省 南漳縣 서쪽에 있는 산이다. 漳水가 이 산에서 발원한다. 산중에 抱玉巖이 있는데, 楚나라 사람 卞和가 옥 덩어리를 발견했다는 곳이라고 전해온다.

13-6 王聞之하고 使人問其故曰 天下之刖者多矣어늘 子奚哭之悲也오 和曰 吾非悲刖也라 悲夫寶玉而題之以石하고 貞士而名之以誑하니 此吾所以悲也니이다 王乃使玉人理其璞而得寶焉하야

文王이 이를 듣고 사람을 보내어 그 까닭을 묻게 하여 "천하에 형벌을 받아 발이 잘린 사람이 많은데, 그대는 어찌 이다지도 슬피 통곡을 하는가?"라고 하였다. 和氏가 "저는 형벌을 받아 발이 잘린 것을 슬퍼하는 것이 아닙니다. 寶玉이건만 보통 돌이라고 불리고 나는 곧은 사람이건만 속이는 사람이라고 부르니, 이것이 제가 슬퍼하는 까닭입니다."라고 하자, 文王이 곧 옥장이를 시켜서 그 옥 덩어리를 다듬게 하여 寶玉을 얻고서

○先愼曰 事類賦는 寶下에 有玉字라

○王先愼 : ≪事類賦≫ 권9에는 '寶'자 밑에 '玉'자가 있다.

13-7 遂命曰 和氏之璧이라하니라

마침내 和氏璧이라고 명명하였다.

13-8 夫珠玉은 人主之所急也라 和雖獻璞而未美라도 未爲王之害也어늘

珍珠와 寶玉은 임금이 절박하게 입수하려는 것이다. 和氏가 바친 옥 덩어리가 아름답지 못하더라도 君主에게 해가 되지 않는 것인데

所獻之寶 設令未美라도 亦無害於王也라 ○先愼曰 乾道本에 王作主라 盧文弨云 藏本에 主作王이라하고 王先謙云 依注當作王이라하야늘 今據改하노라 顧廣圻云 害字起藏本脫[7]이라하니라

舊注 : 바친 寶玉이 가령 아름답지 않더라도 王에게 해로움이 없다는 말이다.

○王先愼 : 乾道本에 '王'자가 '主'자로 되어 있다. 盧文弨는 "藏本에 '主'자가 '王'자로 되어 있다."라고 하였고, 王先謙은 "舊注에 의거하여 응당 '王'자가 되어야 한다."라고 하였

7) 害字起藏本脫 : 道藏本 ≪韓非子≫에는 '未爲王之害也'의 害부터 시작하여 〈姦劫弑臣篇〉 '亦知方正之不'까지 천여 자가 탈락되었다. 이에 대한 내용은 69쪽 역주 1) 참조.

기에 지금 이에 의거하여 고쳤다. 顧廣圻는 "'害'자에서 시작하여 藏本에는 탈락되었다." 라고 하였다.

13-9 **然猶兩足斬而寶乃論**하니 **論寶若此其難也**라 **今人主之於法術也**는 **未必和璧之急也**나 **而禁群臣士民之私邪**니라

그런데도 오히려 두 다리가 잘리고 나서야 비로소 寶玉임을 論定하였으니, 寶玉을 논정함이 이처럼 어려운 것이다. 지금 임금이 法術에 대해서는 반드시 和氏璧처럼 절박하게 입수하려는 정도는 아니지만 〈法術은〉 群臣과 士民의 사사로움과 사악함을 금지시킬 수 있다.

人主之於法術은 未必如和璧之急이나 乃更禁其臣人爲卞和之忠하니 苟無卞和之忠이면 誰肯犯禁而論其法術(亂)也리오 ○先愼曰 此下에 當有脫文이라 注急忠二字 乾道本互譌어늘 今據趙本改하노라 亂字亦誤로되 未詳所當作이라

舊注 : 임금이 法術에 대해서는 반드시 和氏璧처럼 절박하게 여길 정도는 아니지만, 도리어 신하들이 卞和처럼 충성하는 것을 금지하니 만일 卞和 같은 충성이 없다면 누가 禁令을 위배하면서 法術에 대하여 기꺼이 말하겠는가.

○王先愼 : 이 구절 아래에 당연히 탈락된 글이 있다. 舊注의 '急'자와 '忠'자가 乾道本에 잘못 바뀌어 있기에 지금 趙本에 의거하여 고쳤다. '亂'자도 誤字이지만 어떤 글자가 마땅한지 미상이다.

13-10 **然則有道者之不僇也**는 **特帝王之璞未獻耳**일새니라

그렇다면 法術의 道가 있는 사람이 죽임을 당하지 않는 것은 단지 帝王의 옥 덩어리인 法術을 바치지 않았기 때문일 뿐이다.

帝王之璞은 卽法術也라 有道之士所以不見僇者는 則以未獻法術也라 ○先愼曰 乾道本에 特作持라 顧廣圻云 今本에 持作特하고 新序云 直白玉之璞未獻耳라하니라 先愼案 特卽直也니 持當爲特의 殘缺字라 改從今本하노라

舊注 : 帝王의 옥 덩어리는 곧 法術이다. 法術의 道가 있는 선비가 죽임을 당하지 않는 원인은 아직 法術을 바치지 않았기 때문이다.

○王先愼 : 乾道本에 '特'은 '持'로 되어 있다. 顧廣圻는 "今本에 '持'는 '特'으로 되어 있고, ≪新序≫ 〈雜事〉에 '直白玉之璞未獻耳(다만 백옥의 옥 덩어리를 바치지 않았을 뿐이다.)'라고 하였다. 내가 살펴보건대 '特'은 곧 '直'의 뜻이니, '持'는 응당 '特'의 잔결된 글자가 되어야 한다. 今本에 따라 고쳤다.

13-11 主用術이면 則大臣不得擅斷하고 近習不敢賣重하며 官行法이면 則浮萌[8] 趨於耕農하고

임금이 法術을 사용하면 大臣은 권력을 부려 독단하지 못하고 가까이 두고 총애하는 신하는 감히 권세를 농락하지 못하며, 관청이 법을 집행하면 떠돌던 백성이 농사짓는 일에 달려가고

○先愼曰 無執業者有禁이라 故流民急於耕農이라

○王先愼 : 직업이 없는 자를 금지하는 법이 있기 때문에 떠돌던 백성이 농사짓는 일로 급히 달려간다는 말이다.

13-12 而遊士危於戰陳[9]하나니

遊說하는 선비도 위험한 전선의 대열에 나갈 것이니

○先愼曰 故遊說之士는 以其言責其功이니 不敢言戰陳이라

○王先愼 : 〈관청이 法을 집행하면〉 그 때문에 遊說하는 선비는 그가 유세한 말로써 功效를 요구할 것이니, 감히 戰陣을 말하지 못한다는 뜻이다.

13-13 則法術者는 乃群臣士民之所禍也니라 人主非能倍大臣之議하고 越民萌之誹하야 獨(周)〔用〕乎道言也면

그렇다면 法術은 곧 群臣과 士民의 입장에서는 禍亂이 되는 것이다. 임금이 大

---

8) 浮萌 : 정착하지 못하고 떠도는 백성이다. '萌'은 '氓'과 통용한다.

9) 遊士危於戰陳 : 集解의 설을 따르지 않고, ≪韓非子新校注≫ 陳奇猷의 "관청이 법을 집행하면 백성은 모두 戰士의 의무를 져야 하기 때문에 遊士도 戰陣의 위험에서 도피하지 못하고 戰士의 대열에 들어간다."라는 설을 따라 번역하였다.

臣의 의론을 위배하고 백성의 비난을 뛰어넘으면서 오직 法術의 말을 따르지 않는다면

○先愼曰 周는 當爲用之誤라 道言은 謂法術之言也니 下同이라

○王先愼 : '周'자는 응당 '用'자의 오자가 되어야 한다. '道言'은 法術의 말이니 아래도 같다.

13-14 則法術之士는 雖至死亡이라도 道必不論矣리라

法術을 주장하는 선비는 죽음에 이를 때까지도 반드시 法術을 평가받지 못할 것이다.

○先愼曰 珠玉은 人主之所急이나 然兩足刖而始論하니 法術不如和璧之急이라 故至死亡而不論이라

○王先愼 : 진주와 보옥은 임금이 절박하게 여기는 것이다. 그러나 두 다리가 잘리고서야 비로소 보옥을 논정하였으니, 법술은 和氏璧을 절박하게 여기는 것과는 같지 않다. 그러므로 죽음에 이를 때까지 평가받지 못할 것이라는 뜻이다.

13-15 昔者에 吳起[10]敎楚悼王[11]以楚國之俗하야 曰 大臣太重하고 封君太衆하니 若此면 則上偪主而下虐民이니 此貧國弱兵之道也니이다

예전에 吳起가 楚 悼王에게 楚나라의 習俗을 가르쳐 "大臣의 권세는 지나치게 크고 分封한 귀족은 너무 많습니다. 이와 같으면 위로는 임금을 핍박하고 아래로는 백성을 학대하게 되니, 이는 나라를 빈궁하게 하고 군대를 약화시키는 방법입니다.

○先愼曰 乾道本에 貧作貪이라 按貪卽貧字니 形近而誤라 拾補에 改作貧일새 今從

10) 吳起 : 전국시대 衛나라 사람이다. 처음에 魯나라의 장수가 되어 齊나라 군대를 격파하였고, 뒤에 魏 文侯의 장수가 되어 秦나라와 韓나라의 공격을 막아내었다. 魏 文侯가 죽자 다시 楚 悼王의 정승이 되어 百越·三晉·秦을 정벌하였다. 楚 悼王이 죽은 뒤에 貴戚大臣의 원망을 사서 피살되었다.

11) 楚悼王 : 전국시대 楚나라 32대 왕이다. 姓은 芈, 氏는 熊, 이름은 類 혹은 疑인데, 聲王의 아들이다.

之하노라

○王先愼 : 乾道本에 '貧'자가 '貪'으로 되어 있다. 살펴보건대 '貪'은 곧 '貧'자니 字形이 비슷하여 잘못된 것이다. ≪群書拾補≫에 '貧'자로 고쳤기 때문에 지금 '貧'자를 따른다.

13-16 不如[12)]使封君之子孫으로 三世而收爵祿하고

分封한 자손이 三代가 되면 그 爵祿을 회수하고

○先愼曰 喩老篇에 楚邦之法은 祿臣再世而收地라하니 則三世而收爵祿은 不起於吳起라 蓋楚法廢弛라 故吳起云然이라

○王先愼 : 本書 〈喩老篇〉에 "楚나라의 법은 녹봉 받는 신하가 두 代가 되면 封地를 회수한다." 하였으니, 그렇다면 三代가 되면 爵祿을 회수하는 것은 吳起가 발의한 것이 아니다. 초나라의 이 법이 폐기되었기 때문에 오기가 이렇게 말한 것이다.

13-17 絶滅[13)]百吏之祿秩하며

각급 관리의 녹봉의 등급을 削減하며

○盧文弨曰 絶滅二字는 疑當作滅이라 顧廣圻曰 絶滅은 當作纔滅이니 纔裁同字라 先愼曰 顧說是니 纔絶編旁同이라 故誤니라

○盧文弨 : '絶滅' 두 글자는 응당 '滅'자가 되어야 될 듯하다.
顧廣圻 : '絶滅'은 응당 '纔滅'이 되어야 되니 '纔'와 '裁'는 같은 글자이다.
王先愼 : 顧廣圻의 설이 옳으니, '纔'와 '絶'은 偏旁이 같기 때문에 오자가 되었다.

13-18 損不急之枝官하야

요긴하지 않은(쓸데없는) 관리를 줄여서

枝官은 謂非要急者니 若樹之枝也라 然養樹者는 必披落其枝하고 爲政者는 亦損其

12) 不如 : 아래 13-19의 '以奉選練之士'에 걸린다.

13) 絶滅 : '絶滅'은 '裁滅'의 잘못이라고 한 ≪韓非子新校注≫ 陳奇猷의 설을 따라 '削滅'으로 번역하였다.

閑(宂)〔冗〕[14]이라

舊注 : '枝官'은 요긴하지 않은 사람이니 나무의 가지와 같은 것이다. 그러나 나무를 기르는 사람은 반드시 그 가지를 잘라내고, 정치를 하는 사람은 역시 일정한 직무가 없는 관리를 줄이는 것이다.

13-19 以奉選練之士니이다 悼王行之라가 期年而薨(矣)하니

〈節減한 비용으로〉 선발하여 훈련된 武士를 기르느니만 못합니다."라고 하였다. 楚 悼王이 〈吳起가〉 건의한 法을 시행하다가 1년 만에 죽으니

○先愼曰 矣字는 依下文[15]하면 不當有라

○王先愼 : '矣'자는 아래 글에 의거하면 〈'矣'자가〉 있는 것은 맞지 않다.

13-20 吳起枝解於楚하니라

吳起는 楚나라에서 四肢가 찢기는 酷刑을 당하였다.

13-21 商君[16]敎秦孝公[17]以連什伍하야 設告坐之過하고

商君은 秦 孝公에게 백성을 열 집과 다섯 집씩 조직하여 그중에 죄를 범한 자를 고발하여 連坐하는 制度를 설치하고,

使什家伍家相拘連하야 中有犯罪하야 或有告者면 則幷坐其什伍라 故曰告坐라하니라

舊注 : 백성을 열 집과 다섯 집씩 조직하여 그 가운데 죄를 범한 사람이 있어서 혹 고

14) (宂)〔冗〕: 저본에는 '宂'으로 되어 있으나, ≪韓非子新校注≫에 의거하여 '冗'으로 바로잡았다.

15) 下文 : 아래 13-25와 13-26의 '八年而薨 商君車裂於秦'을 가리킨 것이다.

16) 商君 : 전국시대 秦나라 商鞅의 封號이다. 본래 衛나라의 公孫鞅인데 商鞅·衛鞅이라고도 한다. 形名家의 한 사람으로, 秦 孝公을 섬겨 變法을 제정하고 井田을 폐지했으며 賦稅制度를 혁신하였다. 富國强兵을 이룬 공으로 商於에 봉해져서 商君으로 불리었으나 혹독한 法 집행으로 많은 원망을 산 일로 孝公이 죽은 뒤 公子虔의 무고 때문에 車裂刑을 당하였다.

17) 敎秦孝公 : 秦 孝公은 전국시대 秦나라 25대 임금이다. 姓은 嬴, 氏는 趙, 이름은 渠梁인데, 獻公의 아들이다. 商鞅을 중용하여 富國强兵을 이루어 뒤에 中國을 통일하는 초석을 이루었다. 여기의 '敎'는 13-25의 '耕戰之士'에 걸린다.

발하는 사람이 있으면 조직된 열 집과 다섯 집이 함께 연좌하게 하였기 때문에 '告坐'라고 하였다.

13-22 燔詩書而明法令하며

詩書를 불태우고 法令을 밝게 제시하며,

○先愼曰 困學紀聞云 史記商君傳 不言燔詩書나 蓋詩書之道廢는 與李斯之焚無異也라

○王先愼 : ≪困學紀聞≫에 "≪史記≫ 〈商君列傳〉에 詩書를 불태웠다고 말하지 않았으나, 詩書의 道를 폐기한 것은 李斯가 詩書를 불태우게 한 일과 차이가 없다."라고 하였다.

13-23 塞私門之請而遂公家之勞하고

개인의 청탁을 막고 국가에 功勞가 있는 사람을 任用하며,

於公有勞者에 不滯其功賞이라

舊注 : 국가에 공로가 있는 사람에게 공로에 상응하는 賞을 지체하지 않고 주는 것이다.

13-24 禁遊宦之民하며

遊說하여 벼슬을 구하려는 사람을 금지하며,

不守本業하고 游散求官者를 設法以禁之也라

舊注 : 本業을 지키지 않고 遊說하며 흩어져서 벼슬을 구하려는 사람을 法을 만들어 금지하는 것이다.

13-25 而顯耕戰之士하다 孝公行之하니 主以尊安하고 國以富强이러라 八年而薨하니

농사를 짓거나 전쟁에 참전하는 武士를 顯貴하게 하도록 가르쳤다. 孝公이 商君의 건의를 시행하니 임금은 존귀하고 편안해졌으며 나라는 부유하고 강성해졌다. 8년이 지난 뒤에 효공이 죽으니

○先愼曰 國策에 孝公行商君法이라가 十八年而死라하고 史記에 商君相秦十年이라하야늘 索隱云 國策은 蓋連其未作相之年說也라하니라 案此作八年은 與史記國策皆不合하니 疑八上奪十字라

○王先愼 : ≪戰國策≫ 〈秦策〉에 "孝公이 商君의 變法을 시행하다가 18년 만에 죽었다." 하였고, ≪史記≫ 〈商君列傳〉에 "商君이 秦나라에서 10년 동안 재상 노릇 하였다." 라고 하였는데, ≪史記索隱≫에 "≪戰國策≫ 〈秦策〉은 商君이 재상이 되기 이전의 해와 이어서 말한 것이다."라고 하였다. 살펴보건대 이곳에 8년으로 된 것은 ≪史記≫ 〈商君列傳〉·≪戰國策≫ 〈秦策〉과 모두 부합하지 않으니 '八'자 위에 '十'자가 탈락된 듯하다.

13-26 商君車裂[18)]於秦하니라

商君은 秦나라에서 車裂刑을 당하였다.

13-27 楚不用吳起而削亂하고 秦行商君法而富强이라 二子之言也已當矣나 然而枝解吳起하고 而車裂商君者는 何也오 大臣苦法而細民惡治也일새니라 當今之世하야 大臣貪重하고

楚나라는 吳起의 건의를 쓰지 않아 국토는 깎이고 혼란해졌으며, 秦나라는 商君의 變法을 시행하여 부유하고 강성해졌다. 두 사람의 주장한 말이 매우 합당하였으나 그런데도 吳起는 사지가 찢겨지는 혹형을 당하고, 商君이 車裂刑을 당한 것은 무엇 때문인가. 大臣은 그런 法令을 괴롭게 여기고 백성은 그런 法治가 〈자신의 안일에 방해가 된다고 여겨〉 싫어했기 때문이다. 지금 세상에 있어 大臣은 큰 권력을 탐내고

大臣虧公法而行私惠하니 所以成其重也라

舊注 : 大臣이 國法을 훼손하고 자기 개인의 은혜를 시행하니, 이 때문에 큰 권력을 만드는 것이다.

---

18) 車裂 : 옛날 酷刑의 한 가지이다. 죄인의 머리와 사지를 각각 다른 수레에 묶은 다음 일시에 각각의 방향으로 수레를 몰아 찢어 죽이는 형벌이다. 원래는 죽은 사람의 시체를 이 방법으로 찢어서 조리돌렸다고 한다.

13-28 **細民安亂**이

庶民은 혼란한 상태를 편안히 여기는 정도가

○**先愼曰 游宦之民**이 **因請謁而得祿**이라

○王先愼 : 遊說하여 벼슬을 구하려는 사람이 청탁을 통하여 녹봉을 얻음을 말한다.

13-29 **甚於秦楚之俗**이어늘

秦나라와 楚나라의 습속보다 심한데

此篇은 **非未入秦時爲韓著之**라 **故得引秦以爲喩**니라

舊注 : 이 篇은 韓非가 아직 秦나라에 들어가지 않았을 때 韓나라를 위하여 저술한 것이다. 그러므로 秦나라의 습속을 인용하여 비유한 것이다.

13-30 **而人主無悼王孝公之聽**하니 **則法術之士 安能蒙二子之危(也)**하야 **而明己之法術哉**리오

楚 悼王과 秦 孝公처럼 건의를 듣는 임금조차 없으니, 法術을 주장하는 사람이 어떻게 吳起와 商君 두 사람이 당한 위험을 무릅쓰면서 자기의 法術의 중요함을 闡明하겠는가.

○**先愼曰 也字**는 **衍文**이라

○王先愼 : '也'자는 衍文이다.

13-31 **此世所亂無霸王也**니라

이것이 세상이 혼란하고 霸王이 나오지 못하는 원인이다.

○**顧廣圻曰 今本**은 **所下有以字**라

○顧廣圻 : 今本은 '所'자 아래에 '以'자가 있다.

第十四 姦劫弑臣篇 제14편 간사하고 겁박하고 시해하는 신하

이 篇은 간교한 계책으로 군주를 농락하는 姦臣, 겁박하는 劫臣, 시해하는 弑臣에 대해 거론하면서 이들을 막는 방법에 대해 논하고, 군주가 국가를 통치하는 법술로 권세를 운용하고 법률을 명확히 제정하여 상벌을 엄격히 시행할 것을 강조하였다. 전편이 여섯 단락으로 구분되어 있다. 첫째 단락은 간신이 군주를 속이고 총애를 얻어 사익을 이루는 방법을 말하였다. 둘째 단락은 군주가 권세를 운용하고 상벌을 제정하여 나라를 다스리는 것에 대해 말하였다. 셋째 단락은 어리석은 학문으로 나라의 치란을 해결할 수 없다는 이치에 대해 논하였다. 넷째 단락은 법술에 밝은 선비가 대부분 간신의 참소로 해를 입어서 뜻을 발휘할 수 없는 이유에 대해 논하였다. 다섯째 단락은 군주가 공업을 세우려면 형벌을 엄중히 하는 데 있지 인의를 베푸는 데 있지 않음을 말하였다. 여섯째 단락은 군주가 법술을 운용하여 신하를 통제하지 못하면 겁박당하고 살해되는 결과를 초래한다는 점을 말하였다. 본 편의 마지막 단락은 ≪戰國策≫〈楚策〉과 ≪韓詩外傳≫ 권4에도 보이는데, 사실 모두 荀卿이 春信君에게 보낸 글이다. 곧 韓非는 荀卿의 제자로서 스승의 설을 가져와 자신의 논리를 전개하기 위한 방편으로 삼았다고 할 수 있다.

14-1 凡姦臣은 皆欲順人主之心하야 以取信幸之勢者也니라

무릇 간신은 모두 군주의 마음을 좇아 신임과 총애를 받는 형세를 차지하려는 자이다.

○先愼曰 各本에 信은 作親이어늘 今據治要改하노라 下正作信이라

○王先愼 : 각 본에 '信'은 '親'으로 되어 있는데, 지금 ≪群書治要≫에 의거하여 고쳤다. 아래는 바로 '信'으로 되어 있다.

14-2 **是以**로 **主有所善**이면 **臣從而譽之**하고 **主有所憎**이면 **臣因而毁之**니라 **凡人之大體**는 **取舍同者**는 **則相是也**요 **取舍異者**는 **則相非也**니라

이 때문에 군주가 좋아하는 자가 있으면 신하도 좇아서 그를 칭찬하고, 군주가 미워하는 자가 있으면 신하도 따라서 그를 헐뜯는다. 대체로 사람의 공통된 성정〔大體〕이란 취하고 버리는 것이 같은 자는 서로 인정해주고 취하고 버리는 것이 다른 자는 서로 비방한다.

14-3 **今人臣之所譽者**에 **人主之所是也**를 **此之謂同取**요 **人臣之所毁者**에 **人主之所非也**를 **此之謂同舍**니라

지금 신하가 칭찬하는 자에 대해 군주도 인정해주는 것을 일러 '취하는 것이 같음〔同取〕'이라 하고, 신하가 비방하는 자에 대해 군주도 비방하는 것을 일러 '버리는 것이 같음〔同舍〕'이라 한다.

14-4 **夫取舍(合)〔同〕**호되

취하거나 버리는 것이 같은데도

○先愼曰 治要에 合下有同字라 疑合은 卽舍字之誤而衍者라 合은 當作同이니 蒙上此之謂同取와 此之謂同舍하야 而言이라

○王先愼 : ≪群書治要≫에는 '合' 아래에 '同'자가 있다. 아마도 '合'은 '舍'자의 誤字이자 衍文인 듯하다. '合'은 '同'이 되어야 하니, 위의 '此之謂同取'와 '此之謂同舍'를 이어받아서 말한 것이다.

14-5 **而相與逆者**는 **未嘗聞也**니라

서로 반목한다는 것은 아직 들어본 적이 없다.

14-6 **此人臣之所以取信幸之道也**니라

이것이 신하가 군주에게 신임과 총애를 얻는 방법이다.

○先愼曰 各本無取字나 依下文컨대 當有라 據治要增하노라

○王先愼 : 각 본에 '取'자가 없으나 아래 글에 의거하면 있어야 한다. ≪群書治要≫에 의거하여 보충하였다.

14-7 夫姦臣이 得乘信幸之勢하야 以毁譽進退群臣者는 人主非有術數以御之也하고

간신이 군주에게 신임과 총애를 받는 형세를 타고서 다른 신하들을 비방하거나 칭찬하면서 나아가게 하거나 물러나게 하는 것은 군주가 그들을 통제할 法術을 지니지 못하고,

○先愼曰 各本에 非는 作所어늘 今據治要改하노라 下文正作非라

○王先愼 : 각 본에 '非'는 '所'로 되어 있는데, 지금 ≪群書治要≫에 의거하여 고쳤다. 아래 글에는 바로 '非'로 되어 있다.

14-8 非參驗以審之也하야

그들을 살피기 위해 대조하고 검증할 기준도 지니지 못하고서

○先愼曰 依上文컨대 非下에 脫有字라

○王先愼 : 윗글에 의거하면 '非' 아래에 '有'자가 탈락되었다.

14-9 必將以曩之合己로 信今之言일새니 此幸臣之所以得欺主成私者也니라

반드시 예전에 신하가 한 말이 자기 뜻에 맞았다는 것으로 지금 신하가 하는 말까지 믿기 때문이니, 이것이 총애 받는 신하가 군주를 속이고 자기의 이득을 챙길 수 있는 까닭이다.

14-10 故主必蔽於上하고

그러므로 군주는 반드시 위에서 가려지고

○先愼曰 各本에 蔽는 作欺라 孤憤篇云 故人主愈蔽而大臣愈重이라하니 語意正同이라 是欺는 當爲蔽之誤니 今據治要改하노라

○王先愼 : 각 본에 '蔽'는 '欺'로 되어 있다. ≪韓非子≫ 〈孤憤篇〉에 "그러므로 군주는 더욱 가려지고 대신의 권세는 더욱 무거워진다.〔故人主愈蔽而大臣愈重〕"라고 하였는데, 말뜻이 똑같다. 이 '欺'는 '蔽'의 잘못이니, 지금 ≪群書治要≫에 의거하여 고쳤다.

14-11 而臣必重於下矣니 此之謂擅主之臣이니라

신하는 반드시 아래에서 권세가 무거워지니, 이를 일러 '군주를 마음대로 조종하는 신하〔擅主之臣〕'라고 한다.

14-12 國有擅主之臣이면 則群下는 不得盡其智力以陳其忠이요 百官之吏는 不得奉法以致其功矣니라

나라에 '군주를 마음대로 조종하는 신하'가 있으면 다른 여러 신하들은 지혜와 역량을 다하여 충성을 바칠 수가 없고, 모든 관리들은 법을 받들어 공적을 쌓을 수가 없다

○先愼曰 治要에 法은 作令이요 功은 作力이라

○王先愼 : ≪群書治要≫에 '法'은 '令'으로 되어 있고, '功'은 '力'으로 되어 있다.

14-13 何以明之오 夫安利者就之하고 危害者去之는 此人之情也니라

어떻게 이를 아는가? 안락하고 이로운 데로 나아가려 하고 위태롭고 해로운 데서 떠나려고 하는 것은 사람의 공통된 마음이다.

14-14 今爲臣盡力以致功하고 竭智以陳忠者는 其身困而家貧하야 父子罹其害요 爲姦利以弊人主하고

지금 신하된 자로서 역량을 다해 공적을 쌓고 지혜를 다해 충성을 바치는 자는 몸이 고달프고 집은 가난하여 아비와 아들이 해를 입고 있으며, 간사한 잇속을 챙

기려고 군주의 눈과 귀를 가리며

○先愼曰 弊는 讀爲蔽라

○王先愼 : '弊'는 '蔽(가리다)'의 뜻으로 읽는다.

14-15 **行財貨以事貴重之臣者**는 **身尊家富**하야 **父子被其澤**이면 **人焉能去安利之道而就危害之處哉**리오

뇌물을 써서 重臣을 섬기는 자는 몸이 존귀해지고 집은 부유해져서 아비와 아들이 혜택을 누리니, 그렇다면 사람들이 어찌 안락하고 이로운 길을 버리고 위태롭고 해로운 곳으로 나아가려 하겠는가.

14-16 **治國若此其過也**인댄 **而上欲下之無姦**과 **吏之奉法**이나 **其不可得**이 **亦明矣**니라

나라를 다스리는 방법이 이와 같이 잘못되어 있다면, 신하가 간사한 짓을 하지 않고 관리가 법을 받들기를 군주가 바란다 하더라도 그렇게 될 수 없음이 역시 자명하다.

14-17 **故左右知貞信之不可以得安(利)也**니

그러므로 측근의 신하들이 지조와 신의를 지켜서는 안락함을 얻을 수 없다는 것을 알 것이니,

○先愼曰 利字는 涉上文而衍이니 下知方正之不可以得安也와 知詐僞之不可以得安也에 竝無利字하니 即其證이라

○王先愼 : '利'자는 윗글과 관련되어 들어간 衍文이니, 아래 글의 '知方正之不可以得安也(바르게 행동해서는 안락함을 얻을 수 없다는 것을 안다.)'와 '知詐僞之不可以得安也(거짓과 속임수로는 안락함을 얻을 수 없다는 것을 안다.)'에 모두 '利'자가 없으니, 바로 그 증거이다.

14-18 **必曰 我以忠信事上**하고 **積功勞而求安**이나 **是猶盲而欲知黑白之(情)**

〔色〕이니 必不幾矣로다

반드시 이렇게 말할 것이다. "내가 충성과 신의로 군주를 섬기고 공로를 쌓아 안락함을 구하였으나, 이는 맹인이 검은색과 흰색을 구분하려는 것과 같으니 반드시 기대할 수 없을 것이다.

○先愼曰 解老篇에 目不能決黑白之色則謂之盲이라하니 此情字는 當作色이라

○王先愼 : ≪韓非子≫ 〈解老篇〉에 "눈이 검은색과 흰색을 판별하지 못하는 것을 '盲'이라 한다.〔目不能決黑白之色則謂之盲〕" 하였으니, 이 '情'자는 응당 '色'이 되어야 한다.

14-19 若以道(化)〔術事上〕行正理하고 不趨富貴(事上)而求安이면

만약 道術로 군주를 섬겨서 바른 이치를 행하고 부귀한 자를 좇지 않으면서 편안함을 구한다면

○先愼曰 化는 疑術之誤라 事上二字는 當在行正理上이라 若以道術事上은 與上我以忠信事上으로 相對라

○王先愼 : '化'는 아마도 '術'의 잘못이다. '事上' 두 글자는 '行正理' 위에 있어야 한다. '若以道術事上'은 위의 '我以忠信事上'과 서로 對文이다.

14-20 是猶聾而欲審淸濁之聲也니 愈不幾矣니라

이는 귀머거리가 맑은 소리와 탁한 소리를 가려내는 것과 같으니, 더욱 기대할 수 없을 것이다.

14-21 二者론 不可以得安이니

이 두 가지 방법으로는 안락함을 얻을 수 없으니,

○王渭曰 句絶이라

○王渭 : 여기서 구두를 끊는다.

14-22 **我安能無相比周**하고 **蔽主上**하며 **爲姦私**하야 **以適重人哉**리오 **此必不顧人主之義矣**니라

내가 어찌 패거리를 짓고 군주의 눈과 귀를 가리며 사사로이 간사한 짓을 하여 권력자에게 영합하지 않겠는가." 이렇게 되면 반드시 군주에 대한 의리는 돌아보지 않을 것이다.

14-23 **其百官之吏**도 **亦知方正之不可以得安也**니

모든 관리들도 반듯하고 바르게 행동해서는 안락함을 얻을 수 없다는 것을 알 것이니,

○**顧廣圻曰 道藏本**은 **脫止不字**라 **按此乃乾道本之第七八兩葉也**니 **藏本出於乾道本可知矣**[1)]라

○顧廣圻 : 道藏本은 '不'자만 탈락되었다. 살펴보건대 이 부분은 乾道本의 제7葉, 제8葉이니, 道藏本이 乾道本에서 나왔음을 알 수 있다.

14-24 **必曰 我以淸廉事上而求安**이나 **若無規矩而欲爲方圓也**니 **必不幾矣**니라 **若以守法不朋黨**하고 **治官而求安**은 **是猶以足搔頂也**니 **愈不幾也**니라

반드시 이렇게 말할 것이다. "내가 청렴함으로 군주를 섬기며 안락함을 구하려고 하였으나, 이는 그림쇠와 곱자도 없이 사각형과 원을 그리려고 하는 것과 같으니, 반드시 기대할 수 없는 것이다. 법을 지키고 패거리를 짓지 않으며 관직에 힘써 안락함을 구하려는 것은 발로 정수리를 긁는 것과 같으니, 더욱 기대할 수 없

1) 顧廣圻曰……可知矣 : ≪韓非子≫의 판본은 55편으로 구성된 乾道本과 53편으로 구성된 道藏本이 있다. 건도본에 비해 도장본의 편수가 적은 이유는 ≪四庫全書總目提要≫ 〈韓非子〉에 기록되어 있는데, 여기에서 顧廣圻가 언급한 도장본의 제7葉, 제8葉에 대한 내용을 확인할 수 있다. 본서의 攷證에 그 내용이 수록되어 있다.

현전하는 도장본을 보면 〈姦劫弑臣篇〉이라는 편명이 없고, 〈和氏篇〉의 '和雖獻璞而未美未爲王之' 아래로 〈姦劫弑臣篇〉의 '可以得安也必曰我以淸廉事上'이 이어져 있는 것을 확인할 수 있다. 그러므로 도장본의 편수가 적은 이유는 건도본을 전사하는 과정에서 실수로 발생한 것이지, ≪韓非子≫의 異本이 존재하는 것이 아님을 알 수 있다.

는 것이다.

○先愼曰 也는 當作矣라

○王先愼 : '也'는 응당 '矣'가 되어야 한다.

14-25 二者론 不可以得安이니 〔我安〕能無廢法行私하야 以適重人哉리오

이 두 가지 방법으로는 안락함을 얻을 수 없으니, 내가 어찌 법을 팽개치고 사사로이 이득을 꾀하여 권력자에게 영합하지 않겠는가?"

○顧廣圻曰 (人)〔能〕[2]上에 當有我安二字라

○顧廣圻 : '能' 위에 '我安' 두 글자가 있어야 한다.

14-26 此必不顧君上之法矣니라

이렇게 되면 반드시 군주가 정한 법령을 돌아보지 않을 것이다.

14-27 故以私爲重人者는 衆하고

그러므로 사사로운 이익 때문에 권력자를 위하는 자는 많아지고

○盧文弨曰 人은 藏本에 作臣이니라

○盧文弨 : '人'은 藏本에 '臣'으로 되어 있다.

14-28 而以法事君者는 少矣니라 是以로 主孤於上하고 而臣成黨於下하니 此田成[3]之所以弑簡公者也니라

2) (人)〔能〕: 저본에는 '人'으로 되어 있으나, ≪韓非子新校注≫에 의거하여 '能'으로 바로잡았다.

3) 田成 : 춘추시대 사람으로 陳成子, 田成子, 田常이라고도 한다. 陳나라 공자 完이 내란으로 齊나라로 망명하여 성을 田氏로 바꾸어 제나라의 卿을 지냈는데, 그의 후손들이 점점 강성해져서 齊나라 悼公 때 田乞은 이미 제나라의 정권을 장악하였다. 그의 아들 田常에 이르러 더욱 백성들의 환심을 샀으며, 결국 簡公 4년(B.C. 481)에 簡公을 시해하고 平公을 옹립하고는 국정을 완전히 장악하였다.(≪春秋左氏傳≫ 哀公 14年)

법도에 따라 군주를 섬기는 자는 적어진다. 이 때문에 군주는 위에서 고립되고 신하는 아래에서 패거리를 이루니, 이것이 田成이 簡公을 시해하게 된 까닭이다.

14-29 **夫有術者之爲人臣也**면 **(得)效度數之言**하야 **上明主法**하고 **下困姦臣**하야 **以尊主安國者也**니라

통치의 법술에 정통한 자가 신하가 되면 법도에 맞는 언론을 바쳐서 위로는 군주의 법을 밝히고 아래로는 간신을 억눌러, 군주를 존귀하게 하고 나라를 안정시킬 것이다.

○**兪樾曰 得字**는 **衍文**이라 **此論有術者之爲人臣**이면 **其道如此**니 **非論得不得也**라 **蓋涉下文度數之言得效於前**하야 **而衍**이라

○兪樾 : '得'자는 衍文이다. 이는 통치의 법술을 터득한 자가 신하가 되면 그 도가 이와 같음을 논한 것이지 得不得(할 수 있거나 할 수 없음)에 대해 논한 것은 아니다. 아래 문구 '度數之言得效於前'과 관련이 되어 들어간 衍文이다.

14-30 **是以**로 **度數之言**이 **得效于前**이면 **則賞罰必用于後矣**니라

이 때문에 법도에 맞는 언론이 앞에서 채택된다면 반드시 뒤에서 상벌이 제대로 시행된다.

14-31 **人主誠明於聖人之術**하야 **而不(苟)〔徇〕於世俗之言**하고

군주가 진실로 성인의 법술에 밝아 세속의 말에 이끌리지 않고

○**先愼曰 苟**는 **當作徇**이니 **形近而誤**라

○王先愼 : '苟'는 응당 '徇'이 되어야 하니, 모양이 비슷하여 잘못된 것이다.

14-32 **循名實而定是非**하며 **因參**(참)**驗而審言辭**면

명목과 실제가 부합하는가에 따라 옳고 그름을 확정하며 실제 증거에 근거하여

언사를 살핀다면,

14-33 是以로 左右近習之臣이 知僞詐之不可以得安也니 必曰 我不去姦私之行하야 盡力竭智以事主하고 而乃以相與比周하야

이 때문에 측근의 신하들이 거짓과 속임수로는 안락함을 얻을 수 없다는 것을 알 것이니, 반드시 이렇게 말할 것이다. "내가 간사하고 사사로운 행위를 그만두어 역량과 지혜를 다해 군주를 섬기지 않고 서로 패거리를 지어서

○先愼曰 依下文컨대 而字當衍이라

○王先愼 : 아래 글에 의거하면 '而'자는 응당 衍文이 되어야 한다.

14-34 妄毁譽以求安이면 是猶負千鈞之重하야 陷於不測之淵而求生也니 必不幾矣니라

함부로 남을 헐뜯거나 추켜세우는 것으로 안락함을 구한다면, 이는 천 근이나 되는 무거운 짐을 지고서 깊이를 알 수 없는 못에 빠져들면서 살기를 구하는 것과 같으니, 반드시 기대할 수 없는 것이다."

14-35 百官之吏도 亦知爲姦利之不可以得安也니 必曰 我不以淸廉方正으로 奉法하고 乃以貪汚之心으로 枉法以取私利면 是猶上高陵之顚하야 墮峻谿之下하야 而求生이니

모든 관리들도 간사하고 사사로운 이익을 위한 짓으로는 안락함을 얻을 수 없다는 것을 알 것이니, 반드시 이렇게 말할 것이다. "내가 청렴하고 방정한 태도로 법을 받들지 않고 탐욕스럽고 더러운 마음으로 법을 어기며 사사로운 이득을 챙기려 한다면, 이는 높은 산꼭대기에 올라가서 깊숙한 골짜기 아래로 떨어지면서 살기를 구하는 것과 같으니,

○先愼曰 依上文컨대 當有也字라

○王先愼 : 윗글에 의거하면 응당 '也'자가 있어야 한다.

14-36 **必不幾矣**니라

반드시 기대할 수 없는 것이다."

14-37 **安危之道 若此其明也**면 **左右安能以虛言惑主**며 **而百官安敢以貪漁下**리오 **是以**로 **臣得陳其忠而不弊**하고

안락한 길과 위태로운 길이 이처럼 분명하면 측근 신하들이 어찌 헛된 말로 군주를 현혹시킬 수 있겠으며, 여러 관리들이 어찌 감히 탐욕스럽게 백성들을 수탈하겠는가. 이 때문에 신하들은 충성을 다 바쳐 군주의 눈과 귀를 가리지 않고

○顧廣圻曰 藏本今本에 弊는 作蔽라

○顧廣圻 : 藏本과 今本에 '弊'는 '蔽'로 되어 있다.

14-38 **下得守其職而不怨**이니 **此管仲之所以治齊**하고 **而商君之所以强秦也**니라

하급 관리들은 직무를 잘 수행하여 원망하지 않을 것이니, 이것이 管仲이 齊나라를 잘 다스리고, 商鞅이 秦나라를 부강하게 한 방법이다.

14-39 **從是觀之**컨대 **則聖人之治國也**는 **固有使人不得不(愛)〔爲〕我之道**하고 **而不恃人之以愛爲我也**니라

이를 통해 살펴보면, 성인이 나라를 다스릴 적에는 참으로 사람들로 하여금 나를 위하지 않을 수 없도록 하는 방도가 있었고, 사람들이 애정을 갖고 나를 위해 주리라 믿지 않았다.

○兪樾曰 不得不愛我는 當作不得不爲我니 涉下句而誤耳라 下文云 恃吾不可不爲者安矣의 不可不爲는 卽不得不爲也라 又曰 明主者使天下不得不爲己視 天下不得不爲己聽이라하니 此使人不得不爲我之義也라 可據以訂正이라 先愼曰 兪說是라

○兪樾 : '不得不愛我'는 '不得不爲我'가 되어야 하니, 아래 글과 관련이 되어 잘못된 것이다. 아래 글의 '恃吾不可不爲者安矣'의 '不可不爲'는 '不得不爲'이다. 또 '明主者使天下不得不爲己視 天下不得不爲己聽(현명한 군주는 천하로 하여금 자기를 보지 않을 수 없게 하고, 천하로 하여금 자기를 위하여 듣지 않을 수 없게 한다.)'라고 하였으니, 이는 사람들로 하여금 나를 위하지 않을 수 없게 한다는 뜻이다. 이에 의거하여 바로잡아야 한다.

王先愼 : 兪樾의 설이 옳다.

14-40 恃人之以愛爲我者는 危矣요

사람들이 애정을 갖고 나를 위해주리라 믿는 것은 위태롭고,

○先愼曰 乾道本에 無爲字라 盧文弨云 淩本有라 藏本張本倒하야 作爲愛니 譌라하니 今據淩本增하노라

○王先愼 : 乾道本에 '爲'자가 없다. 盧文弨는 "淩本에는 있다. 藏本과 張本에는 도치되어 '爲愛'라고 되어 있으니, 잘못이다."라고 하였으니, 지금 淩本에 의거하여 보충하였다.

14-41 恃吾不可不爲者는 安矣니라

내가 〈사람들로 하여금〉 나를 위하지 않을 수 없도록 하는 것을 믿는 것이 안전하다.

14-42 夫君臣은 非有骨肉之親이니 正直之道로 可以得(利)〔安〕이면

군주와 신하는 골육 간의 친밀함이 없으니, 정직한 방법으로 안락함을 얻을 수 있다면

○先愼曰 利는 當作安이니 下云 不可以得安은 正反對得安而言이니 卽其證이라

○王先愼 : '利'는 '安'이 되어야 하니, 아래에 '不可以得安'이라 한 것은 바로 '得安'을 정반대로 말한 것이니, 곧 그 증거이다.

14-43 則臣盡力以事主어니와 正直之道로 不可以得安이면 則臣行私以干上이니라

신하는 역량을 다해 군주를 섬기겠지만, 정직한 방법으로 안락함을 얻을 수 없다면 신하는 삿된 짓을 하여 군주를 범할 것이다.

14-44 明主는 知之라 故設利害之道하야 以示天下而已矣니라 夫是以人主雖不口敎百官하고 不目索姦衺(사)나 而國已治矣니라

현명한 군주는 이를 잘 알고 있으므로 무엇이 이로운 길인지 무엇이 해로운 길인지에 대한 상벌 제도를 마련하여 천하에 보여줄 뿐이다. 이 때문에 군주는 비록 자기 입으로 여러 관리를 가르치고 자기 눈으로 간사한 자를 색출하지 않아도 나라는 잘 다스려진다.

14-45 人主者는 非目若離婁[4]乃爲明也요 非耳若師曠[5]乃爲聰也니라

군주는 눈이 離婁처럼 밝아야 현명한 것이 아니고, 귀가 師曠처럼 밝아야 총명한 것이 아니다.

14-46 不任其數하고

법술에 맡기지 않고,

○先愼曰 各本不上에 有目必二字라 盧文弨云 目必二字는 疑衍이라하니 先愼案治要에 無니 今據刪하노라

○王先愼 : 각 본에는 '不' 위에 '目必' 두 글자가 있다. 盧文弨는 "'目必' 두 글자는 衍文인 듯하다."라고 하였다. 내가 살펴보건대 ≪群書治要≫에는 없으니, 이에 의거하여 삭제하였다.

14-47 而待目以爲明이면 所見者少矣니 非不弊之術也니라

4) 離婁 : 전설상의 인물로 매우 시력이 뛰어나서 100보 밖에서도 털끝을 분간하였다고 한다. (≪孟子≫ 〈離婁 上〉)

5) 師曠 : 춘추시대 晉 平公의 樂師로 태어날 때부터 장님이었는데, 音律을 잘 판별했고 소리로 吉凶까지 점쳤다고 한다.(≪孟子≫ 〈離婁 上〉)

자기 눈에만 의지하여 밝게 본다고 여기면 보는 것이 적을 것이니, 가려지지 않기 위한 방법이 되지 못한다.

○先愼曰 治要에 弊는 作蔽니 二字는 本書通用이라

○王先愼 : ≪群書治要≫에 '弊'는 '蔽'로 되어 있으니, 이 두 글자는 본서에서 통용된다.

14-48 不因其勢하고

권세를 따르지 않고,

○先愼曰 乾道本에 不上有耳必二字요 因은 作固라 盧文弨云 藏本張本에 皆無耳必二字라하고 顧廣圻云 藏本今本에 固는 作因이라하니 先愼案 (政)〔治〕[6]要에 亦無耳必二字요 固는 作因이니 今據刪改하노라

○王先愼 : 乾道本에 '不' 위에 '耳必' 두 글자가 있고, '因'은 '固'로 되어 있다. 盧文弨는 "藏本과 張本에 모두 '耳必' 두 글자가 없다."라고 하였고, 顧廣圻는 "藏本과 今本에 '固'는 '因'으로 되어 있다."라고 하였다. 내가 살펴보건대 ≪群書治要≫에 또한 '耳必' 두 글자가 없고, '固'는 '因'으로 되어 있으니, 지금 이에 의거하여 삭제하고 고쳤다.

14-49 而待耳以爲聰이면 所聞者寡矣니 非不欺之道也니라

자기 귀에만 의지하여 밝게 듣는다고 여기면 듣는 것이 적을 것이니, 속임을 당하지 않기 위한 방도가 되지 못한다.

14-50 明主者는 使天下不得不爲己視요 使天下不得不爲己聽이니라

현명한 군주는 천하로 하여금 자기를 위하여 보지 않을 수 없게 하고, 천하로 하여금 자기를 위하여 듣지 않을 수 없게 한다.

○先愼曰 各本無下使字니 據治要增하노라

○王先愼 : 각 본에 아래 '使'자가 없으니, ≪群書治要≫에 의거하여 보충하였다.

---

6) (政)〔治〕: 저본에는 '政'으로 되어 있으나, ≪韓非子新校注≫에 의거하여 '治'로 바로잡았다.

14-51 **故身在深宮之中**이나 **而明照四海之內**하니

그러므로 몸은 깊숙한 궁궐 안에 있으면서도 천하를 환히 알 수 있으니,

○先愼曰 治要에 無而字라

○王先愼 : ≪群書治要≫에 '而'자가 없다.

14-52 **而天下弗能蔽弗能欺者**니라 **何也**오 **闇亂之道廢而聽明之勢興也**라 **故善任勢者**는 **國安**이요 **不知因其勢者**는 **國危**니라

천하 사람들 누구도 군주를 가리거나 속일 수 없다. 무엇 때문인가? 자기를 현혹하고 어지럽히는 수단들을 폐지하고 자기를 총명하게 하는 권세를 일으켰기 때문이다. 그러므로 권세를 법술에 잘 맡기는 군주는 나라가 안정될 것이고, 권세를 따를 줄 모르는 군주는 나라가 위태로울 것이다.

14-53 **古秦之俗**은 **君臣**이 **廢法而服私**라 **是以**로 **國亂兵弱而主卑**러니 **商君**이 **說秦孝公**하야 **以變法易俗而明公道**하고 **賞告姦**하며

옛날 秦나라의 풍속은 군주와 신하가 법을 버려두고 사사로운 이득만 챙겼으므로 나라는 어지러워지고 군대는 약해졌으며 군주의 권위도 낮아졌는데, 商鞅이 秦孝公에게 유세하여 법을 바꾸고 풍속을 고쳐서 공공의 도의를 밝히고, 간사한 짓을 고발하는 자에게 상을 주며,

○先愼曰 史記衛鞅傳에 告姦者與斬敵首同賞이라하니라

○王先愼 : ≪史記≫ 〈商君列傳〉에 "간사한 짓을 고발하는 자는 적의 머리를 벤 자와 같은 상을 내렸다." 하였다.

14-54 **困末作而利本事**하니라

상공업을 억제하여 본업을 이롭게 하였다.

○先愼曰 末作은 工商也요 本事는 耕織也라 衛鞅傳에 事末利及怠而貧者는 擧以

爲收孥하고 **大小僇力本業耕織**하야 **致粟帛多者**는 **復其身**이라하니 **故末作困而本事利**라

○王先愼 : '末作'은 상공업이고, '本事'는 농사와 길쌈이다. ≪史記≫ 〈商君列傳〉에 "상공업의 이로움을 일삼거나 게을러서 가난한 자는 모두 잡아서 노예를 만들고, 어른과 아이들이 본업인 농사와 길쌈에 힘을 다해 곡식과 피륙을 많이 바치는 자에게는 부역을 면제해준다."라고 하였으니, 따라서 상공업이 억제되어 본업이 이롭게 된다.

14-55 **當此之時**에 **秦民**이 **習故俗之有罪可以得免**하며 **無功可以得尊顯也**라 **故輕犯新法**이러니 **於是**에 **犯之者**는 **其誅重而必**하고 **告之者**는 **其賞厚而信**이라 **故姦莫不得而被刑者衆**하니 **民疾怨而衆過**[7] **日聞**이니라

이 당시에 秦나라 백성들이 죄를 지어도 형벌을 면할 수 있고 공이 없어도 존귀하고 현달할 수 있는 오랜 습속에 젖어 있었으므로 새 법을 가볍게 어겼는데, 이에 법을 어기는 자에게는 엄중히 처벌하되 반드시 집행된다는 것을 보이고, 그런 자를 고발하는 자에게는 후한 상을 내려 법을 믿게 하였다. 그래서 간사한 짓을 하여 형벌을 받는 자가 많아져서 백성들이 미워하고 원망하며 비난하는 소리가 날마다 들렸다.

○**顧廣圻曰 衆字**는 **衍**이라 **先愼曰 衆**는 **當作罪**니 **涉上文而誤**라

○顧廣圻 : '衆'자는 衍文이다.
王先愼 : '衆'은 '罪'가 되어야 하니, 윗글에 관련이 되어 잘못되었다.

14-56 **孝公不聽**하야 **遂行商君之法**하니 **民後知有罪之必誅**하야 **而(私)〔告〕姦者衆也**라

孝公이 아랑곳하지 않고서 商君의 법을 그대로 시행하니, 그 뒤로 백성들은

---

7) 衆過 : ≪史記≫ 〈商君列傳〉에 "백성들에게 법령을 시행하여 1주년이 되자, 진나라 백성들이 국도에 가서 처음 내린 법령이 불편하다고 말하는 자가 천으로 셀 만큼 많았다.〔令行於民期年 秦民之國都言初令之不便者以千數〕"라고 한 내용에 근거하면, 그대로 '백성들이 비난하다'라는 뜻으로 보는 것이 타당할 듯하다.

죄를 지으면 반드시 형벌을 받는 것을 알게 되어 간사한 짓을 고발하는 자도 많아졌다.

○顧廣圻曰 私下當有告字라 先愼曰 商君之法이 賞告姦이니 則告姦은 非私也라 私는 卽告之誤라

○顧廣圻 : '私' 아래에 '告'자가 있어야 한다.

王先愼 : 商君의 법이 간사한 짓을 고발하는 자에게 상을 주니, 간사한 짓을 고발하는 것은 사사로운 일이 아니다. '私'는 곧 '告'의 오자이다.

14-57 故民莫犯하야 其刑無所加니 是以로 國治而兵强하고 地廣而主尊하니라 此其所以然者는 匿罪之罰重하고 而告姦之賞厚也일새니 此亦使天下必爲己視聽之道也니라 至治之法術이 已明矣로되 而世學者弗知也니라

그래서 백성들이 법을 어기지 않아서 형벌을 쓸 데가 없어졌으니, 이 때문에 나라는 잘 다스려지고 군대는 강해졌으며, 영토는 넓어지고 군주는 존귀해졌다. 이렇게 된 까닭은 범죄를 감추는 자를 엄중하게 처벌하고 간사한 짓을 고발하는 자는 후하게 상을 주었기 때문이다. 이 역시 천하로 하여금 반드시 나를 위하여 보고 듣게 하는 방법이다. 지극히 잘 다스리는 법술이 이미 이렇게 명백한데도 세상의 학자들은 이를 모르고 있다.

14-58 且夫世之愚學은 皆不知治亂之情이로되

대저 세상의 어리석은 학자들은 모두 치란의 실정에 대해 모르면서도

○先愼曰 情은 實也라

○王先愼 : '情'은 '實(실정)'이다.

14-59 讘誺多誦先古之書하야 以亂當世之治하고

마구 지껄이며 옛 책을 수다스럽게 외워대면서 당대의 통치를 어지럽히고,

○先愼曰 說文에 譶은 多言也라 唊은 妄語也라하니 此談字는 當作唊이라 言愚學溺於所聞하야 妄談治亂하고 誦說先古之書하야 使人主聞之不敢變法而理라

○王先愼：≪說文解字≫에 "'譶'은 多言(말이 많음)이다. '唊'은 妄語(망령되이 말함)이다."라고 하였으니, 이 '談'자는 '唊'이 되어야 한다. 이 말은 어리석은 학자가 자기가 들은 것에 빠져서 치란에 대해 망령되게 담론하고 옛날의 책만 외워서, 군주로 하여금 그것을 듣고서 감히 법을 바꾸어 다스리지 못하게 한다는 것이다.

14-60 智慮不足以避穽井之陷이로되

지혜와 사려가 함정에 떨어지는 것을 피하지 못하면서도

○顧廣圻曰 句有誤라 先愼曰 穽井은 當作井穽이라 韓詩外傳五云 兩瞽相扶라도 不陷井穽이면 則其幸也라하니 作井穽은 是其證이라 禮記에 人皆曰予知로되 驅而納諸罟獲陷阱之中而莫〔之〕[8]知辟也라하니 卽智慮不足以避陷穽義라

○顧廣圻：句에 오류가 있다.

王先愼：'穽井'은 '井穽'이 되어야 한다. ≪韓詩外傳≫ 권5에 "두 맹인이 서로 부축해도 함정에 빠지지 않으면 다행스런 일이다."라고 하였으니, '井穽'이 되어야 하는 것은 이것이 그 증거이다. ≪禮記≫ 〈中庸〉에 "사람들이 모두 내가 지혜롭다고 말하되 그물과 덫, 함정에 몰아넣어도 피할 줄을 모른다."라고 하였으니, 곧 '智慮不足以避陷穽'의 뜻이다.

14-61 又妄非有術之士하니라

또 함부로 법술에 정통한 선비를 비난한다.

○先愼曰 乾道本에 無非字라 顧廣圻云 藏本今本에 有非字라하니 今據補하노라

○王先愼：乾道本에 '非'가 없다. 顧廣圻는 "藏本과 今本에 '非'자가 있다."라고 하였으니, 지금 이에 의거하여 보충하였다.

14-62 聽其言者危하고

---

8) 〔之〕: 저본에는 '之'가 없으나, ≪禮記≫ 〈中庸〉에 의거하여 보충하였다.

그들의 의견을 받아들이면 나라가 위태로워지고,

○先愼曰 狃於故習하야 輕犯新法이라

○王先愼 : 오랜 습성에 익숙하여 새 법을 가볍게 어기기 때문이다.

14-63 用其計者亂이니

그들의 계책을 쓰면 나라가 어지러워질 것이니,

○先愼曰 法古循禮하야 不敢變更이라

○王先愼 : 옛것을 본받고 예를 좇으면서 감히 변경하지 못하기 때문이다.

14-64 此亦愚之至大요 而患之至甚者也니라

이야말로 지극히 큰 어리석음이고, 지극히 심한 우환인 것이다.

14-65 俱與有術之士하야

그들 모두 법술에 정통한 선비와 함께

○先愼曰 與는 讀若爲라 禮記內則에 小切之與稻(末)〔米〕[9)]라하고 周禮醢人注에 作小切之爲稻米라하니 是其證이라 此言世之愚學과 與法術之士 皆名爲有術之士나 而其實不同也라

○王先愼 : '與'는 '爲'와 같이 읽는다. ≪禮記≫ 〈內則〉에 "小切之與稻米(잘게 썰어서 쌀과 함께 섞다.)"라 하였고, ≪周禮≫ 〈醢人〉의 注에 "小切之爲稻米(잘게 썰어서 쌀과 함께 섞다.)"라고 하였으니, 그 증거이다. 이 말은 세상의 어리석은 학자와 법술에 정통한 선비가 모두 이름은 법술에 정통한 선비라고 하지만 그 실상은 같지 않다는 것이다.

14-66 有談說之名이나 而實相去千萬也니라

담론과 유세에 뛰어나다는 이름이 났지만, 그 실상은 현격한 차이가 있다.

---

9) (末)〔米〕: 저본에는 '末'로 되어 있으나, ≪禮記≫ 〈內則〉에 의거하여 '米'로 바로잡았다.

○先愼曰 乾道本에 相은 作於라 顧廣圻云 藏本今本에 於는 作相이라하니 今據改하노라

○王先愼 : 乾道本에 '相'은 '於'로 되어 있다. 顧廣圻는 "藏本과 今本에 '於'는 '相'으로 되어 있다."라고 하였으니, 지금 이에 의거하여 고쳤다.

14-67 此夫名同而實有異者也니라

이것이 이름은 같으나 실질은 다르다고 하는 것이다.

14-68 夫世愚學之人을 比有術之士也는 猶螘垤之比大陵也니 其相去遠矣니라

대저 세상의 어리석은 학자를 법술에 정통한 선비에게 견주는 것은 개밋둑을 큰 구릉에 견주는 것과 같으니, 그 차이가 매우 심하다.

14-69 而聖人者는 審於是非之實하고 察於治亂之情也라 故其治國也에 正明法하고 陳嚴刑하야 將以救群生之亂하고 去天下之禍하며 使强不陵弱하고 衆不暴寡하며 耆老得遂하고 幼孤得長하며 邊境不侵하고 君臣相親하며 父子相保하야 而無死亡係虜之患하니

성인은 시비의 실질을 살피고 치란의 실정을 고찰한다. 그러므로 나라를 다스릴 적에 법을 공정하게 밝히고 엄한 형벌을 시행해서, 백성들의 혼란을 구제하고 천하의 화란을 제거하며, 강자가 약자를 능멸하지 못하게 하고 다수가 소수를 해치지 못하게 하며, 노인들은 수명을 다 누리게 하고 어린 고아도 잘 자라게 하며, 변경은 침입을 받지 않게 하고, 군주와 신하가 서로 친하게 하며, 아비와 아들이 서로 보호하게 하여, 전쟁으로 죽거나 포로가 되는 우환이 없게 한다.

○先愼曰 趙本에 係는 作繫라 盧文弨云 藏本張本에 繫는 作係라하니라 案二字古通이라

○王先愼 : 趙本에 '係'는 '繫'로 되어 있다. 盧文弨는 "藏本과 張本에 '繫'는 '係'로 되어 있다."라고 하였다. 살펴보건대 두 글자는 옛날에 통용하였다.

14-70 此亦功之至厚者也니라

이야말로 최상의 공적인 것이다.

14-71 **愚人**은 **不知**하고 **顧以爲暴**이라하니라

그런데 어리석은 사람은 알지 못하고 도리어 폭정이라고 한다.

14-72 **愚者**는 **固欲治而惡其所以治**하고

어리석은 자는 실로 다스려지기를 바라면서도 다스리기 위한 방법은 싫어하고,

○**先愼曰 依下文**컨대 **治下**에 **當有者字**라

○王先愼 : 아래 글에 의거하면 '治' 아래에 응당 '者'자가 있어야 한다.

14-73 **皆惡危而喜其所以危者**니라

모두 위태로워지는 것을 싫어하면서도 위태롭게 되는 원인은 좋아한다.

14-74 **何以知之**오 **夫嚴刑重罰者**는 **民之所惡也**나 **而國之所以治也**요 **哀憐百姓**하야 **輕刑罰者**는 **民之所喜**나 **而國之所以危也**니라

어떻게 그것을 알겠는가? 엄중한 형벌은 백성들이 싫어하는 것이지만 나라가 다스려지는 방법이고, 백성을 가엾게 여겨 형벌을 가볍게 하는 것은 백성들이 좋아하는 것이지만 나라가 위태롭게 되는 원인이다.

14-75 **聖人爲法國者**[10]는 **必逆於世**나

성인이 나라에 법을 시행할 적에 반드시 세속의 정서를 거스르지만

○**顧廣圻曰 國者**는 **當作者固**라 **者句絶**이니 **固下屬**이라 **藏本**은 **聖上**에 **有故字**하니 **非也**라

10) 聖人爲法國者 : 顧廣圻는 '國者'는 '者固'이고 者에서 구를 끊어야 한다고 하였으나, '法'자 아래에 '於'자가 있어야 한다고 한 ≪韓非子新校注≫ 高亨의 설에 따라 번역하였다.

○顧廣圻 : '國者'는 '者固'가 되어야 한다. 者에서 구를 끊어야 하니, '固'는 아래 구로 붙는다. 藏本에는 '聖' 위에 '故'자가 있으니, 잘못이다.

14-76 **而順於道德**이니라

법치의 원리를 따른다.

14-77 **知之者**는 **同於義而異於俗**이어니와 **弗知之者**는 **異於義而同於俗**하니 **天下知之者少**면 **則義非矣**니라

이 이치를 아는 자는 올바른 법술에 찬동하고 세속의 정서에는 반대하지만, 알지 못하는 자는 올바른 법술에 반대하고 세속의 정서에 동조한다. 천하에 이런 이치를 아는 자가 적으면, 올바른 법술이 비난을 받게 된다.

14-78 **處非道之位**하야 **被衆口之譖**하고 **溺於當世之言**하야 **而欲當嚴天子而求安**이면 **(幾)不亦難〔幾〕哉**리오

자기의 법술이 비난을 받는 자리에 앉아서 많은 사람의 참소를 당하며, 세속에 영합하는 언론 속에 깊숙이 잠기어서 지엄한 천자를 상대하여 안전하기를 구하고자 한다면, 역시 기대하기 어렵지 않겠는가.

○**顧廣圻曰 幾**는 **當在難字下**라

○顧廣圻 : '幾'는 응당 '難'자 아래에 있어야 한다.

14-79 **此夫智士所以至死而不顯於世者也**니라

이것이 지혜로운 선비가 죽을 때까지 세상에 드러나지 않는 까닭이다.

○**盧文弨曰 藏本**에 **無而字**라

○盧文弨 : 藏本에는 '而'자가 없다.

14-80 **楚莊王之弟春申君**[11]은

楚나라 莊王의 아우 春申君은

○**顧廣圻曰 與楚世家春申君列傳皆不合**이라

○顧廣圻 : ≪史記≫ 〈楚世家〉, 〈春申君列傳〉과 모두 맞지 않는다.

14-81 **有愛妾曰余**요 **春申君之正妻子曰甲**이니라

余라는 애첩이 있었고, 춘신군의 正室 소생으로 甲이라는 아들이 있었다.

14-82 **余欲君之棄其妻也**하야 **因自傷其身**하야 **以視君而泣**하야

春申君(≪增像全圖東周列國志≫)

余가 춘신군이 정실부인을 버리게 하려고 스스로 몸에 상처를 내고는 춘신군에게 보이고 울면서 말하였다.

○**先愼曰 視**는 **當作示**라 **以示君**은 **謂以身受傷之處示君也**니 **與下自裂其親身之裏以示君**으로 **同義**라 **下正作示**니 **明此視爲示之譌**라

○王先愼 : '視'는 '示'가 되어야 한다. '以示君'은 몸에 상처를 입은 곳을 춘신군에게 보임을 말하니, 아래에 나오는 '自裂其親身衣之裏以示君(스스로 속옷을 찢어 춘신군에게 보였다.)'과 같은 뜻이다. 아래에는 '示'로 되어 있으니, 여기 '視'는 분명히 '示'의 오자이다.

---

11) 楚莊王之弟春申君 : ≪史記≫ 〈春申君列傳〉에 의하면 春申君은 이름이 歇이고 성은 黃이며, 楚나라 頃襄王을 섬겼다고 하였는데, 楚나라 頃襄王에 비해 楚나라 莊王은 거의 300년 정도 앞선다. 여기 莊王은 頃襄王의 잘못인 듯하다.

14-83 曰 得爲君之妾하야 甚幸하노이다 雖然이나 適夫人非所以事君也요 適君非所以事夫人也니이다 身故不肖라 力不足以適二主니 其勢不俱適인댄 與其死夫人所者론 不若賜死君前이니이다

"군의 첩이 되어서 몹시 행복합니다. 비록 그러하나 부인의 뜻을 따르자니 군을 섬기는 도리가 아니고, 군의 뜻을 따르자니 부인을 섬기는 도리가 아닙니다. 제가 본래 어리석어서 두 주인을 따를 능력이 없습니다. 두 주인을 다 따를 형편이 아니라면 부인에게 죽임을 당하느니 차라리 군의 앞에서 죽음을 받겠습니다.

14-84 妾以賜死[12)]에

첩이 죽고 난 뒤에

○先愼曰 以는 當作不이니 謂不賜妾死也라

○王先愼 : '以'는 응당 '不'이 되어야 하니, 첩에게 죽음을 내리지 않음을 이른다.

14-85 若復(부)幸於左右면 願君必察之하야 無爲人笑하소서

만약 군의 곁에 총애하는 여인이 다시 있게 되면, 부디 군께서 반드시 살펴서 남들에게 비웃음을 사는 일이 없도록 하십시오."

14-86 君因信妾余之詐하야 爲棄正妻하니라 余又欲殺甲하고 而以其子爲後하야 因自裂其親身衣之裏하야 以示君而泣曰 余之得幸君之日이 久矣니 甲이 非弗知也어늘 今乃欲强戲余일새 余與爭之라가 至裂余之衣니 而此子之不孝라 莫大於此矣니이다

춘신군이 애첩 余의 거짓말을 믿고서 정실부인을 내쳤다. 또 余가 甲을 죽이고 자기 아들로 후사를 삼게 하려고 스스로 자기 속옷을 찢고서 춘신군에게 보이고

---

12) 妾以賜死 : 王先愼은 '以'는 '不'이 되어야 한다고 했으나, ≪韓非子新校注≫ 高亨, 松皐圓, 陳奇猷 등은 '以'는 '已'와 같다고 하였다. 앞뒤 문맥으로 보아 '不'보다는 '已'가 타당하므로, 그에 따라 번역하였다.

울면서 말하였다. "제가 군에게 총애를 받은 날이 오래입니다. 갑도 이를 모르지는 않을 것인데, 지금 저를 강제로 희롱하려고 해서 제가 그와 싸우다가 제 옷이이 지경으로 찢어졌습니다. 자식의 불효가 이보다 더 큰 것은 없습니다."

14-87 **君怒**하야 **而殺甲也**라 **故妻以妾余之詐棄**하고 **而子以之死**하니라 **從是觀之**컨대 **父之愛子也**도 **猶可以毁而害也**니라

춘신군이 노하여 甲을 죽였다. 그리하여 정실부인은 애첩 余의 거짓말로 버림을 당하고 아들은 죽임을 당한 것이다. 이로써 보면 아비의 자식에 대한 애정도 오히려 남의 모함 때문에 해를 입을 수 있다.

○先愼曰 乾道本은 以下에 無毁字요 藏本은 父上에 有夫字라 盧文弨云 毁字脫이니 淩本有라하고 兪樾云 以字는 衍文이니 可而는 卽可以也라 此文은 本云 父之愛子也 猶可而害也라 淺人不達古語하야 於而上에 又增入以字니 則不可通矣라하니라 先愼按 淩本에 作猶可以毁而害也니 是也라 下文에 群臣之毁言非特一妾之口也는 卽蒙此句니 明各本脫毁字라 兪氏據誤本이니 勢不得不刪字以就己說이라 今據淩本補하노라

○王先愼 : 乾道本에는 '以' 아래에 '毁'자가 없고, 藏本에는 '父' 위에 '夫'자가 있다. 盧文弨는 "'毁'자가 탈락되었으니, 淩本에는 있다."라고 하였고, 兪樾은 "'以'자는 衍文이니, '可而'는 곧 '可以'이다. 이 문장은 본래 '父之愛子也 猶可而害也(아비의 자식에 대한 애정도 해를 입을 수 있다.)'이다. 견문이 얕은 사람이 古語를 잘 알지 못하여 '而' 위에 또 '以'자를 첨가하였으니, 뜻이 통하지 않는다."라고 하였다. 내가 살펴보건대 淩本에 '猶可以毁而害也'로 되어 있으니, 옳다. 아래 글의 '群臣之毁言 非特一妾之口也'는 이 구절을 이어받은 것이니, 각 본에 '毁'자가 탈락된 것이 분명하다. 兪氏는 잘못된 본에 근거하였으니, 형편상 어쩔 수 없이 '以'자를 삭제하여 자기 논리에 맞춘 것이다. 지금 淩本에 의거하여 보충하였다.

14-88 **君臣之相與也**는 **非有父子之親也**요 **而群臣之毁言**은 **非特一妾之口也**어든 **何怪夫賢聖之戮死哉**리오 **此商君之所以車裂於秦**하고 **而吳起之所以枝解於楚者也**니라

군주와 신하의 관계는 아비와 아들처럼 친밀하지 않고, 뭇 신하들의 헐뜯는 말은 단지 첩 한 명의 입에서 나오는 것만이 아닌데, 어찌 현인과 성인이 죽임을 당하는 것이 이상한 일이겠는가? 이것이 商鞅이 秦나라에서 車裂을 당하고, 吳起가 楚나라에서 사지가 찢겨 죽은 까닭이다.

○先愼曰 釋名에 車裂曰轘이라 轘은 散也니 肢體分散也라하니 是二子皆受轘死라 各國名刑不同이니 韓非亦因而稱之耳라 枝는 當作支라

○王先愼 : ≪釋名≫에 "車裂을 '轘'이라 한다. '轘'은 '散(분산함)'이니, 사지와 몸통을 찢어발기는 것이다."라고 하였으니, 이 두 사람이 모두 거열형을 받아서 죽었다. 나라마다 형벌에 대한 명칭이 다르니, 韓非도 따라서 그렇게 칭한 것일 뿐이다. '枝'는 '支'가 되어야 한다.

14-89 凡人臣者는 有罪固不欲誅하고 無功者皆欲尊顯이나 而聖人之治國也는 賞不加於無功이요 而誅必行於有罪者也니라 然則有術數者之爲人〔主〕也에

무릇 신하는 죄를 짓고도 굳이 벌을 받지 않기를 바라고 공이 없어도 다들 존귀하고 현달한 지위에 오르기를 바라지만, 성인이 나라를 다스릴 적에는 공이 없는 자에게 상을 주지 않고, 죄를 지은 자에게 반드시 벌을 시행한다. 그렇다면 법술에 정통한 자가 군주를 보좌하여 정치를 할 적에

○顧廣圻曰 藏本今本에 人下有臣字라 先愼曰 人下에 當有主字라 爲는 音于僞反이라

○顧廣圻 : 藏本과 今本에 '人' 아래에 '臣'자가 있다.

王先愼 : '人' 아래에 응당 '主'자가 있어야 한다. '爲(돕다, 거들다)'는 음이 于와 僞의 反切이다.

14-90 固左右姦臣之所害니 非明主면 弗能聽也니라

반드시 군주 측근의 간신들에게 해를 입게 되니, 현명한 군주가 아니면 그의 말을 받아들일 수 없는 것이다.

14-91 **世之學術者說人主**에 **不曰 乘威嚴之勢**하야 **以困姦衺之臣**이라하고 **而皆曰 仁義惠愛而已矣**라하니 **世主美仁義之名而不察其實**이라 **是以**로 **大者國亡身死**요 **小者地削主卑**니라

세상의 학자들이 군주에게 유세할 때, "위엄 있는 권세를 이용하여 간사한 신하들을 억누르십시오."라고 하지 않고, 모두 "인과 의, 은혜와 사랑이 있을 뿐입니다."라고 하니, 세상의 군주들은 인과 의라는 그럴듯한 명분에 이끌려서 실질을 살피지 못한다. 이 때문에 크게는 나라가 망하고 군주 자신은 죽게 되며, 작게는 영토가 깎이고 군주의 권위는 비천해진다.

14-92 **何以明之**오 **夫施與貧困者**를

무엇으로 이를 증명할 것인가? 빈곤한 자에게 베풀어주는 것을

○**先愼曰 乾道本**에 **無與字**라 **盧文弨云 與字脫**이니 **一本有**라하니라 **先愼按 有與字是也**라 **下有與字**하니 **卽其證**이라 **今依拾補增**하노라

○王先愼 : 乾道本에 '與'자가 없다. 盧文弨는 "'與'자가 탈락되었으니 어떤 본에는 있다."라고 하였다. 내가 살펴보건대 '與'자가 있는 것이 옳다. 아래 글에 '與'자가 있으니, 곧 그 증거이다. 지금 ≪群書拾補≫에 의거하여 더하였다.

14-93 **此世之所謂仁義**요 **哀憐百姓不忍誅罰者**를 **此世之所謂惠愛也**니라

세상에서 인과 의라고 하고, 백성을 가엾게 여겨 차마 주벌하지 못하는 것을 세상에서 은혜와 사랑이라고 한다.

14-94 **夫有施與貧困**이면

빈곤한 자에게 베풀어주면

○**顧廣圻曰 當衍有字**라

○顧廣圻 : '有'자는 응당 衍文이 되어야 한다.

14-95 則無功者得賞하고 不忍誅罰이면 則暴亂者不止라 國有無功得賞者면 則民(不外)〔外不〕務當敵斬首하고

공이 없는 자가 상을 받게 되고 백성을 차마 주벌하지 못하면 난폭한 자가 그치지 않는다. 나라에 공이 없는데도 상을 받는 자가 있게 되면 백성들은 밖으로 적과 맞서서 적의 머리를 베는 데 힘쓰지 않고

○顧廣圻曰 不外는 當作外不이라

○顧廣圻 : '不外'는 응당 '外不'이 되어야 한다.

14-96 內不急力田疾作하야 皆欲行貨財하야 事富貴하고 爲私善하야 立名譽하야 以取尊官厚俸이라 故姦私之臣愈衆하고 而暴亂之徒愈勝하니 不亡何待리오

안으로 힘써 밭을 갈거나 일하는 데 급급히 여기지 않고서 모두 뇌물을 써서 부귀한 자를 섬기며 사사로운 선행을 하여 명예를 세워 높은 벼슬과 두둑한 녹봉을 얻으려 할 것이다. 그러므로 간교하게 자기 이익을 추구하는 신하가 더욱 많아지고 난폭한 무리는 더욱 기승을 부리니, 나라가 망하지 않고 무엇을 기대할 수 있겠는가?

14-97 夫嚴刑者는 民之所畏也요

엄한 형벌은 백성들이 두려워하는 것이고,

○先愼曰 乾道本에 無刑字라 顧廣圻云 藏本今本은 嚴下에 有刑字라하니라 先愼按 嚴刑重罰相對니 明此脫일새 今據補하노라

○王先愼 : 乾道本에 '刑'자가 없다. 顧廣圻는 "藏本과 今本은 '嚴' 아래에 '刑'자가 있다."라고 하였다. 내가 살펴보건대 '嚴刑'과 '重罰'이 서로 對가 되니, 이 글자가 탈락된 것이 분명하기 때문에 지금 이에 의거하여 보충하였다.

14-98 重罰者는 民之所惡也라 故聖人은 陳其所畏하야 以禁其衺하고 設其所惡하야 以防其姦하니 是以로 國安而暴亂不起니라 吾以是明仁義愛惠之不足

用이요 而嚴刑重罰之可以治國也니라

무거운 처벌은 백성들이 싫어하는 것이다. 그러므로 성인은 그들이 두려워하는 것을 펼쳐서 사특한 짓을 금했고, 그들이 싫어하는 것을 베풀어 간교한 짓을 막았으니, 이 때문에 나라는 안정되고 난폭한 일은 일어나지 않았다. 내가 이 때문에 인과 의, 은혜와 사랑은 쓰기에 부족하고 엄한 형벌과 무거운 처벌이 나라를 다스릴 수 있음을 밝혔다.

14-99 無捶策之威와 銜橛之備면 雖造父(보)[13)]라도 不能以服馬요 無規矩之法과 繩墨之端이면 雖王爾[14)]라도 不能以成方圓이요 無威嚴之勢와 賞罰之法이면 雖堯舜이라도 不能以爲治니라

채찍질의 위협과 재갈을 물리는 구속이 없으면 비록 造父라 하더라도 말을 복종시킬 수 없고, 그림쇠와 곱자의 기준과 먹줄의 반듯한 표준이 없으면 비록 王爾라 하더라도 네모와 동그라미를 그릴 수 없으며, 위엄 있는 권세와 상벌의 법도가 없으면 비록 요·순이라 할지라도 나라를 다스릴 수 없다.

14-100 今世主는 皆輕釋重罰嚴誅하고 行愛惠하야 而欲霸王之功하니 亦不可幾也니라

지금 세상의 군주들은 모두 경솔하게 무거운 처벌과 엄한 주벌은 버려두고 사랑과 은혜를 베풀면서 패왕의 공업을 이루고자 하니, 역시 기대할 수 없을 것이다.

○盧文弨曰 藏本에 無欲字라

○盧文弨 : 藏本에 '欲'자가 없다.

14-101 故善爲主者는 明賞設利以勸之하고 使民以功賞而不以仁義賜하며 嚴

13) 造父(보) : 周나라 때 말을 잘 몰았다는 인물이다. 周 穆王의 御者로서 穆王의 천하 주유를 수행하였고, 徐 彦王이 반란을 일으키자, 八駿馬를 몰아 하루에 천릿길을 달려 반란을 진압하였다. 이 공으로 趙城을 하사 받고 趙氏의 선조가 되었다.(≪史記≫ 〈趙世家〉)

14) 王爾 : 고대의 전설적인 明匠이다.

刑重罰以禁之하고 使民以罪誅而不以愛惠免이니라 是以로 無功者不望하고 而有罪者不幸矣니라

그러므로 뛰어난 군주는 상을 분명히 하고 이익을 마련하여 권면하고 백성들로 하여금 공에 따라 상을 받게 하고 인과 의에 의거하여 상을 내리지 않으며, 엄한 형벌과 무거운 처벌로 범죄를 금하고 백성들로 하여금 죄에 따라 벌을 받게 하고 사랑과 은혜로써 죄를 면하게 하지 않는다. 이 때문에 공이 없는 자는 상을 바라지 않고 죄를 지은 자는 요행으로 벌을 면하지 않는다.

14-102 託於犀車良馬之上이면

견고한 수레나 좋은 말에 의지하면

○顧廣圻曰 犀字는 未詳이라 兪樾曰 顧氏偶失考耳니 漢書馮奉世傳注에 引晉灼云 犀는 堅也라하니 然則犀車良馬는 卽堅車良馬矣라 吳子應變篇에 云車堅馬良이라하니 是其義也라

○顧廣圻 : '犀'자는 자세히 알 수 없다.

兪樾 : 顧氏가 우연히 살피지 못하였을 뿐이다. ≪漢書≫ 〈馮奉世傳〉의 注에 晉灼의 말을 인용하여 "犀는 '堅(견고함)'이다."라고 하였으니, 그렇다면 '犀車良馬'는 곧 견고한 수레와 좋은 말이다. ≪吳子≫ 〈應變篇〉에 "수레가 견고하고 말이 훌륭하다." 하였으니, 바로 그 뜻이다.

14-103 則可以陸犯阪阻之患이요 乘舟之安하고 持檝之利면 則可以水絶江河之難이요

땅에서는 가파르고 막혀서 근심스러운 고갯길을 넘어갈 수 있고, 안전한 배를 타고 편리한 노를 저으면 물에서는 長江과 黃河 같은 험난한 물길을 건널 수 있으며,

○先愼曰 趙本에 水誤永이라

○王先愼 : 趙本에 '水'가 잘못 '永'으로 되어 있다.

14-104 **操法術之數**하고 **行重罰嚴誅**면 **則可以致霸王之功**이니라 **治國之有法術賞罰**은 **猶若陸行之有犀車良馬也**요 **水行之有輕舟便檝也**니 **乘之者遂得其成**이니라

법술의 방도를 잡고 무거운 형벌과 엄한 처벌을 실행하면 패왕의 공업을 이룰 수 있다. 나라를 다스리는 데 법술과 상벌을 갖추는 것은 육로를 갈 때 견고한 수레와 좋은 말이 있고 물길을 갈 때 가벼운 배와 편리한 노가 있는 것과 같으니, 이것을 타는 것처럼 법술과 상벌을 운용하는 자는 마침내 목적을 이룰 수 있다.

14-105 **伊尹得之**하야 **湯以王**하고 **管仲得之**하야 **齊以霸**하고 **商君得之**하야 **秦以强**하니 **此三人者**는 **皆明於霸王之術**하고 **察於治强之數**하야 **而不以牽於世俗之言**이니라

伊尹이 그것을 터득하였으므로 湯이 王者가 되었고, 管仲이 그것을 터득하였으므로 齊나라가 霸者가 되었으며, 商鞅이 그것을 터득하였으므로 秦나라가 강국이 되었으니, 이 세 사람은 모두 패왕의 법술에 밝았고 부국강병의 방책을 꿰뚫어보았기 때문에 세속의 언론에 이끌리지 않았다.

14-106 **適當世明主之意**하야는 **則有直任布衣之士**하야 **立爲卿相之處**하고

당대의 현명한 군주의 뜻과 꼭 맞아떨어지자 布衣의 선비에서 곧장 등용되어 卿相의 지위에 올랐고,

○盧文弨曰 處는 凌本作功이라

○盧文弨 : '處'는 凌本에 '功'으로 되어 있다.

14-107 **處位治國**하야는 **則有尊主廣地之實**하니 **此之謂足貴之臣**이니라

그 자리에 앉아서 나라를 다스리자 군주를 높이고 영토를 넓히는 실적을 올렸으니, 이들을 일러 존귀하게 여길 만한 신하라고 할 것이다.

14-108 **湯得伊尹**하야 **以百里之地**로 **立爲天子**요 **桓公得管仲**하야 **立爲五霸主**하야 **九**(규)**合諸侯**하고 **一匡天下**요 **孝公得商君**하야 **地以廣**하며 **兵以强**이라

湯은 伊尹을 얻어 사방 백 리의 땅을 다스리는 제후로서 천자의 지위에 올랐고, 桓公은 管仲을 얻어서 五霸의 우두머리가 되어 제후를 규합하여 천하를 한번 바로잡았으며, 秦나라 孝公은 商鞅을 얻어서 영토를 넓히고 군대를 강성하게 하였다.

14-109 **故有忠臣者**는

그러므로 충신을 얻은 군주는

○先愼曰 乾道本에 無臣字라 盧文弨云 臣字脫이니 凌本有라하니라 先愼按 有臣字是라 下所謂忠臣也 卽承此니 今據補하노라

○王先愼 : 乾道本에 '臣'자가 없다. 盧文弨는 "'臣'자가 탈락되었으니, 凌本에는 있다." 라고 하였다. 내가 살펴보건대 '臣'자가 있는 것이 옳다. 아래 문구 '所謂忠臣也'가 곧 이 문구를 이었으니, 지금 이에 의거하여 보충하였다.

14-110 **外無敵國之患**이요 **內無亂臣之憂**니 **長安於天下**하야 **而名垂後世**라 **所謂忠臣也**니라

밖으로는 적국에게 침공을 당할 근심이 없고 안으로는 간신이 난을 일으키는 걱정이 없을 것이니, 천하가 오래도록 평안해져서 〈군주의〉 이름을 후세에 전할 것이다. 이 정도는 되어야 이른바 충신이라고 할 것이다.

14-111 **若夫豫讓**[15]**爲智伯臣也**하야는 **上不能說人主**하야 **使之明法術度數之理**하야 **以避禍難之患**이요

豫讓이 智伯의 신하 노릇을 한 경우를 놓고 보면, 위로는 군주를 설득해서 法度와 術數의 이치를 밝혀서 재앙과 환난의 근심을 피하게 하지 못하였고,

○先愼曰 乾道本에 人字在使字下라 顧廣圻云 藏本今本에 人字在主字上이라하니 今據改하노라

15) 豫讓 : 춘추전국시대 晉나라 대부 智伯의 家臣으로 지백이 韓氏, 趙氏, 魏氏에 의해 죽자, 지백의 원수를 갚으려고 趙襄子을 암살하려다가 실패하고 자결하였다.(≪史記≫ 〈刺客列傳〉)

○王先愼 : 乾道本에 '人'자가 '使'자 아래에 있다. 顧廣圻는 "藏本과 今本에 '人'자가 '主'자 위에 있다."라고 하니, 지금 이에 의거하여 고쳤다.

14-112 下不能領御其衆하야 **以安其國**이니라 **及襄子之殺智伯也**하야 **豫讓乃自黔劓**하야

아래로는 智伯의 백성들을 통솔해서 그 나라를 안정시키지 못하였다. 趙襄子가 지백을 죽이고 나자, 豫讓은 곧 스스로 얼굴에 먹물을 들이고 코를 베어서,

○**盧文弨曰 黔**은 **藏本張本**에 **作黚**이니 **本當作鉗**이라 **顧廣圻曰 當作黥**이라 **先愼曰 顧說是**라 **書呂刑**에 **爰始淫爲劓刵椓黥**이라하니 **黥劓刑**은 **在面**이라 **趙策所謂自刑以變其容也**라

○盧文弨 : '黔'은 藏本과 張本에 '黚'으로 되어 있으니, 본래는 '鉗'이 되어야 한다.
顧廣圻 : 응당 '黥'이 되어야 한다.
王先愼 : 顧廣圻의 설이 옳다. ≪書經≫ 〈周書 呂刑〉에 "이에 처음으로 지나치게 코를 베고 귀를 베며 음부를 손상시키고 얼굴에 먹물을 들였다."라고 하였으니, 얼굴에 먹물을 들이고 코를 베는 형벌은 얼굴에 가하는 것이다. ≪戰國策≫ 〈趙策〉에 이른바 "스스로 형벌을 가하여 용모를 바꾸었다."라고 한 것이다.

14-113 敗其形容하야 **以爲智伯報襄子之仇**라 **是雖有殘刑殺身以爲人主之名**이나

자기 외모를 망가뜨려서 智伯을 위해 趙襄子에게 원수를 갚으려고 하였다. 이는 비록 군주를 위해 몸을 해치고 목숨을 바쳤다는 명성은 얻었을지라도

○**先愼曰 刑**은 **當作形**이라

○王先愼 : '刑'은 응당 '形'이 되어야 한다.

14-114 而實無益於智伯에 **若秋毫之末**이니 **此吾之所下也**어늘 **而世主以爲忠而高之**니라

사실 智伯에게 추호만큼도 도움이 되지 않았으니, 이 경우는 내가 업신여기는

신하인데 세상의 군주들은 충성스럽게 여겨 높이 평가한다.

14-115 **古有伯夷叔齊**[16]**者**는 **武王讓以天下而弗受**하고 **二人餓死首陽之陵**하니 **若此臣者**는

옛날 伯夷와 叔齊는 武王이 천하를 양보하였으나 받지 않았고 둘이 다 首陽山에서 굶어 죽었으니, 이와 같은 신하는

○**先愼曰 乾道本**에 **無者字**라 **盧文弨云 凌本**에 **有者字**라하니 **今據補**하노라

○王先愼 : 乾道本에 '者'자가 없다. 盧文弨는 "凌本에는 '者'자가 있다."라고 하였으니, 지금 이에 의거하여 보충하였다.

伯夷(≪古聖賢像傳略≫)

叔齊(≪古聖賢像傳略≫)

16) 伯夷叔齊 : 殷나라 말기 현인으로, 孤竹君의 두 아들이다. 周나라 武王이 은나라의 紂王을 치려고 했을 때 간하였으나 받아들여지지 않고, 주나라가 천하를 통일하자 수양산으로 들어가 굶어 죽었다고 한다. 뒤에 나오는 무왕이 천하를 양보하였으나 받아들이지 않았다는 것은 다른 문헌에 나오지 않는데, ≪韓非子新校注≫에서 陳奇猷는 이 일은 武王의 권모술수이기 때문에 太史公이 삭제하고 수록하지 않았다고 하였다.

14-116 **不畏重誅**하며 **不利重賞**하니 **不可以罰禁也**요 **不可以賞使也**라 **此之謂無益之臣也**니 **吾所少而去也**어늘 **而世主之所多而求也**니라

무거운 처벌을 두려워하지 않고 두터운 상도 이롭게 여기지 않으니, 벌로 금할 수 없고 상으로 부릴 수도 없다. 이런 경우를 무익한 신하라고 할 것이니, 내가 하찮게 여겨 내치는 대상인데 세상의 군주들은 대단하게 여겨 찾으려고 한다.

14-117 **諺曰 厲憐王**이라하니

속담에 "문둥이가 왕을 불쌍히 여긴다." 하였는데,

○**顧廣圻曰 乾道本藏本**은 **提行**이어늘 **今本連前**은 **誤**라 **戰國策**에 **以此至末可也**히 **皆作孫子**[17] **爲書謝春申君**이니 **韓詩外傳同**이라

○顧廣圻 : 乾道本과 藏本은 행을 바꾸었는데, 今本에 위로 이어붙인 것은 잘못이다. ≪戰國策≫ 〈楚策〉에는 이 문단 끝 '可也'에 이르기까지 모두 孫子(荀子)가 春申君에게 편지를 보내 사례하는 글로 되어 있는데, ≪韓詩外傳≫도 마찬가지이다.

14-118 **此不恭之言也**니라 **雖然**이나 **古無虛諺**이라 **不可不察也**니 **此(謂)〔爲〕劫殺(시)死亡之主言也**니라

이것은 불손한 말이다. 비록 그러하나 예부터 근거 없는 속담은 없으므로 살피지 않을 수 없으니, 이는 겁박당해 시해되거나 죽음에 이른 군주를 위해 한 말이다.

○**先愼曰 謂**는 **讀爲爲**라 **殺**는 **策作弑**라

○王先愼 : '謂'는 '爲'자로 읽어야 한다. '殺'은 ≪戰國策≫에 '弑'로 되어 있다.

14-119 **人主無法術以御其臣**이면

군주로서 법술이 없이 신하를 통제하려고 들면

17) 孫子 : 荀子를 말한다. 漢 宣帝 劉詢을 諱하여, 孫卿 또는 孫卿子로 불렀다.(≪史記索隱≫ 〈孟子荀卿列傳〉)

○先愼曰 乾道本에 無主字라 盧文弨云 主字脫이니 淩本有라하니라 先愼按 楚策과 韓詩外傳에 皆有하니 今據補하노라

○王先愼 : 乾道本에 '主'자가 없다. 盧文弨는 "'主'자가 탈락되었으니, 淩本에는 있다." 라고 하였다. 내가 살펴보건대 ≪戰國策≫ 〈楚策〉과 ≪韓詩外傳≫에는 다 있으니, 지금 이에 의거하여 보충하였다.

14-120 雖長年而美材라도

비록 나이가 많고 자질이 뛰어나다 하더라도,

○盧文弨曰 美材는 藏本張本에 作材美라

○盧文弨 : '美材'는 藏本과 張本에 '材美'로 되어 있다.

14-121 大臣은 猶將得勢擅事主斷하야 而各爲其私急하되 而恐父兄豪傑之士借人主之力하야 以禁誅於己也라

대신들은 오히려 세력을 장악해 정사를 제멋대로 하고 함부로 裁斷을 하며 각기 사사로운 잇속을 채우기에 급급해하는데, 〈그러면서도〉 군주의 일족이나 호걸스런 선비가 군주의 힘을 빌려 자기들을 압제하고 주벌할까 두려워한다.

○先愼曰 父兄은 謂側室公子니 人主之所親愛也라 見八姦篇이라 豪傑之士는 卽上所云有術之士라

○王先愼 : 父兄은 측실의 공자들이니, 군주가 친애하는 사람들이다. ≪韓非子≫ 〈八姦篇〉에 보인다. 호걸스런 선비는 곧 위에서 말한 법술을 지닌 선비이다.

14-122 故弑賢長而立幼弱하고 廢正的而立不義라

그러므로 현명하고 나이가 든 군주는 시해하고 어리고 약한 군주를 세우며, 계승할 명분이 있는 적자를 폐하고 계승해서는 안 되는 서자를 세운다.

○盧文弨曰 弑는 外傳作捨라 顧廣圻曰 藏本에 的은 作適이니 是也라 策外傳에 皆

作適이라

○盧文弨 : '弑'는 ≪韓詩外傳≫에 '捨'로 되어 있다.

顧廣圻 : 藏本에 '的'은 '適'으로 되어 있으니, 옳다. ≪戰國策≫과 ≪韓詩外傳≫에 모두 '適'으로 되어 있다.

14-123 故春秋에 記之曰 楚王子圍 將聘於鄭이라가 未出境에 聞王病而反하야 因入問病하야 以其冠纓絞王而殺之하야 遂自立也라하니라

그러므로 ≪春秋≫에 기록하기를 "楚나라 왕자 圍가 鄭나라에 사절로 가다가 미처 국경을 나가기 전에 왕이 병들었다는 소식을 듣고 되돌아가서는 문병을 구실로 들어가서 관끈으로 왕의 목을 졸라 죽이고 마침내 스스로 왕위에 올랐다.

○先愼曰 事見左昭元年傳이라

○王先愼 : 이 일은 ≪春秋左氏傳≫ 昭公 元年에 보인다.

14-124 齊崔杼其妻美어늘 而莊公通之하야 數(삭)如崔氏之室이러라 及公往에 崔子之徒賈擧 率崔子之徒而攻公이라 公入室하야

齊나라 崔杼는 그 아내가 미인이었는데, 莊公이 그녀와 통정하여 자주 최저의 내실에 들렀다. 장공이 최저의 집에 갔을 때에 최저의 부하 賈擧가 최저의 무리를 이끌고 장공을 쳤다. 장공은 내실로 도망쳐 들어가서

○先愼曰 左襄二十五年傳에 作臺라

○王先愼 : 〈'室'은〉 ≪春秋左氏傳≫ 襄公 25년에 '臺'로 되어 있다.

14-125 請與之分國한대 崔子不許하고 公請自刃於廟한대 崔子又不聽이라 公乃走하야 踰於北牆이어늘

나라를 나누어주겠다고 애걸하였으나 최저는 허락하지 않았고, 장공이 宗廟에서 자결하겠다고 애원하였으나 최저는 이것도 들어주지 않았다. 그리하여 장공은 도망쳐서 북쪽 담장을 넘어가려고 하였는데,

○先愼曰 北은 策外傳作外라

○王先愼 : '北'은 ≪戰國策≫과 ≪韓詩外傳≫에 '外'로 되어 있다.

14-126 賈擧射公하야 中其股하니 公墜하고 崔子之徒以戈斫公而死之하야 而立其弟景公이라하니라

가거가 장공에게 활을 쏘아 정강이를 맞추자 공은 담장에서 떨어졌고 최저의 무리가 창으로 장공을 찔러 죽이고서 장공의 아우인 景公을 세웠다."라고 하였다.

14-127 近之所見이니

근래에도 볼 수 있으니,

○盧文弨曰 之는 外傳에 作世라

○盧文弨 : '之'는 ≪韓詩外傳≫에 '世'로 되어 있다.

14-128 李兌之用趙也하야 餓主父(보)[18]百日而死하고

李兌가 趙나라에 중용되어 主父를 굶겨 백 일 만에 죽게 하였고,

○先愼曰 事互見喩老篇이라

○王先愼 : 이 일은 ≪韓非子≫ 〈喩老篇〉에도 보인다.

14-129 卓齒之用齊也하야

卓齒가 齊나라에 중용되어

○顧廣圻曰 藏本今本에 卓은 作淖하니 策外傳皆作淖라 今按卓淖同字라 乾道本이 未嘗誤어늘 改者非也라 古今人表에 淖齒라하니 師古曰 淖는 或作卓이라하니라 先愼

---

18) 主父(보) : 趙나라 武靈王을 가리킨다. 아들 태자 何에게 왕위를 넘기고는 스스로 主父라고 일컬었다. 주보가 굶어 죽은 내용은 본서 129쪽 역주 1) 참조.

曰 御覽三百七十五에 引作淖라

○顧廣圻 : 藏本과 今本에 '卓'은 '淖'로 되어 있으니, ≪戰國策≫과 ≪韓詩外傳≫에 모두 '淖'로 되어 있다. 지금 살펴보건대 '卓'과 '淖'는 同字이다. 乾道本이 본래 잘못되지 않았는데, 고친 것이 잘못되었다. ≪漢書≫ 〈古今人表〉에 淖齒라 하였는데, 顔師古는 "'淖'는 '卓'으로 된 경우도 있다."라고 하였다.

王先愼 : ≪太平御覽≫ 권375의 인용한 글에는 '淖'로 되어 있다.

14-130 擢湣王之筋하고 懸之廟梁하야

湣王의 힘줄을 뽑고 종묘의 대들보에 매달아,

○先愼曰 湣은 策外傳에 作閔이라 御覽引亦作閔이라

○王先愼 : '湣'은 ≪戰國策≫과 ≪韓詩外傳≫에 '閔'으로 되어 있다. ≪太平御覽≫의 인용한 글에도 '閔'으로 되어 있다.

14-131 宿昔而死니라

하룻밤 만에 죽게 만들었다.

○先愼曰 宿昔은 策에 作宿夕이라

○王先愼 : '宿昔'은 ≪戰國策≫에 '宿夕'으로 되어 있다.

14-132 故厲雖癰腫疕瘍이나 上比於春秋에 未至於絞頸射股也요

그러므로 문둥이는 종기가 나고 살이 썩어 문드러져도 위로 ≪春秋≫에 나오는 사례와 비교해볼 때 목이 졸려 죽거나 허벅지에 화살을 맞는 지경에 이르지는 않았고,

○先愼曰 乾道本에 無射字라 顧廣圻云 藏本今本은 股上에 有射字하니 策外傳에 有라하니라 今據增하노라

○王先愼 : 乾道本에 '射'자가 없다. 顧廣圻는 "張本과 今本은 '股' 위에 '射'자가 있으니, ≪戰國策≫과 ≪韓詩外傳≫에도 〈'射'자가〉 있다."라고 하였다. 지금 이에 의거하여 보충

하였다.

14-133 下比於近世에

아래로 근세에 비교해볼 때

○顧廣圻曰 藏本同하니 今本에 近世作近臣은 誤라

○顧廣圻：藏本도 같으니, 今本에 '近世'가 '近臣'으로 된 것은 잘못이다.

14-134 未至餓死擢筋也니라

굶어 죽거나 힘줄이 뽑히는 지경에 이르지 않았다.

○顧廣圻曰 藏本同하니 今本은 至下에 有於字하고 饑作餓라 策에 作未至擢筋而餓死也하고 外傳에 無而字라 餘同이라

○顧廣圻：藏本도 같으니, 今本은 '至' 아래에 '於'자가 있고 '饑'는 '餓'로 되어 있다. ≪戰國策≫에 '未至擢筋而餓死也'로 되어 있고, ≪韓詩外傳≫에 '而'자가 없다. 나머지는 같다.

14-135 故劫殺死亡之君은 此其心之憂懼와 形之苦痛也 必甚於厲矣리라

그러므로 신하에게 겁박당하여 시해되거나 죽음에 이른 군주는 그 마음의 근심과 두려움, 육신의 고통이 필시 문둥이보다 심했을 것이다.

○先慎曰 乾道本에 無於字라 盧文弨云 於字脫이니 藏本張本에 有하고 外傳同이라하니라 先慎按 策에 有於字하니 今據補하노라

○王先慎：乾道本에 '於'자가 없다. 盧文弨는 "'於'자가 탈락되었으니, 藏本과 張本에 있고, ≪韓詩外傳≫도 같다."라고 하였다. 내가 살펴보건대 ≪戰國策≫에 '於'자가 있으니, 지금 이에 의거하여 보충하였다.

14-136 由此觀之컨대 雖厲憐王이라도 可也니라

이로 보면 비록 문둥이가 왕을 불쌍히 여긴다 하더라도 옳다.

第十五 亡徵篇 제15편 나라가 멸망할 징조

나라가 멸망할 징조에 대해 총 47가지 항목을 제시하였다. 예컨대 군주와 관련해서는, 유약하여 결단을 내리지 못하는 경우, 탐욕을 부려 만족할 줄 모르며 이익을 가까이하고 얻는 것만을 좋아하는 경우, 간언을 듣기 싫어하고 이기기만을 좋아하는 경우, 겁내고 두려워하여 지키는 바가 나약한 경우, 옳은 일인 줄 알고 있으면서도 결단하여 과감히 실행하지 못하는 경우 등을 제시하였다. 신하와 관련해서는, 군주의 권력은 약한데 신하의 권력은 강한 경우, 관직을 권세 있는 자를 통해 구할 수 있고 작록을 재화를 통해 얻을 있는 경우 등을 제시하였다. 또 太子와 관련해서는 태자가 이미 세워졌는데도 강대국의 부인을 맞이하여 후처로 삼아 태자를 위태롭게 하는 경우를 제시하였고, 王后와 正妻, 婢妾과 관련해서는 왕후와 정처의 출신은 비천한데 비첩의 출신은 존귀할 경우를 제시하였다. 이외에도 時日, 卜筮, 祭祀, 國防, 物資 등과 관련해서 나라가 멸망할 경우를 열거하였다. 나라가 멸망할 징조를 다양하게 제시한 이유는 바로 이와 같은 징조를 보이는 나라를 공략하여 천하를 겸병하는 데 목적이 있다.

15-1 凡人主之國小而家大하고 權輕而臣重者는 可亡也니라

무릇 군주의 나라는 작은데 대부의 집(封地)은 크고, 군주의 권력은 약한데 신하의 권력은 강한 경우는 나라가 멸망할 수 있다.

15-2 簡法禁而務謀慮하고 荒封內而恃交援者는 可亡也니라

법령을 간략히 하면서 모략에 힘쓰고, 나라 안을 황폐하게 하면서 나라 밖 외교의 원조를 믿는 경우는 나라가 멸망할 수 있다.

15-3 群臣爲學이로되 門子好辯하며 商賈外積이로되 小民內困者는 可亡也니라

신하들은 학문을 하는데 귀족의 자제들은 변설을 좋아하며, 상인들은 밖으로 재화를 축적하는데 백성들은 안으로 궁핍할 경우는 나라가 멸망할 수 있다.

○先愼曰 乾道本에 內困作右伏이라 盧文弨云 右伏은 淩本에 作內困이라하니 今據改하노라

○王先愼 : 乾道本에 '內困'이 '右伏'으로 되어 있다. 盧文弨는 "'右伏'은 淩本에 '內困'으로 되어 있다."라고 했으니 지금 이에 의거하여 고쳤다.

15-4 好宮室臺榭陂池[1)]하고 事車服器玩好하야

궁실, 누대, 연못 등을 좋아하고 수레, 복식, 기물, 완상품 등을 일삼으면서

○顧廣圻曰 句絶이라 器下當有脫字라

○顧廣圻 : 여기서 句를 끊는다. '器'자 아래에 응당 탈락된 글자가 있다.

15-5 罷(피)潞百姓하야 煎靡貨財者는 可亡也니라

백성들을 피폐하게 만들어 재화를 탕진하는 경우는 나라가 멸망할 수 있다.

○先愼曰 露當作潞하니 羸也라 呂氏春秋不屈篇에 士民罷潞라하니라

○王先愼 : '露'는 응당 '潞'가 되어야 하니, 피폐하다는 말이다. ≪呂氏春秋≫ 〈不屈篇〉에 "士民이 피폐해졌다."라고 하였다.

15-6 用時日[2)]하고 事鬼神하며 信卜筮하고 而好祭祀者는 可亡也니라

時日을 쓰고 鬼神을 섬기며 卜筮를 믿고 祭祀를 좋아하는 경우는 나라가 멸망할 수 있다.

15-7 聽以爵하고 不以衆言參驗하며

작위에 따라 〈의견을〉 들어주고 뭇 사람의 말은 참고하여 검증하지 않으며

---

1) 好宮室臺榭陂池 : ≪書經≫ 〈周書 泰誓 上〉에 "궁실, 누대, 연못, 사치한 복식으로 너희 백성들을 해쳤다.〔惟宮室臺榭陂池侈服 以殘害于爾百姓〕"라는 말이 보인다.

2) 時日 : 때(계절)와 날짜를 따져서 길흉화복을 점치는 것을 말한다.

○先愼曰 乾道本에 不以衆言四字는 作以待二字라 盧文弨云 一本에 作不以衆言이라하고 顧廣圻云 今本下以字作不이라하니라 先愼案 謂聽以爵之尊卑하고 不參驗衆言得失이니 今據盧校改하노라

○王先愼 : 乾道本에 '不以衆言' 네 자는 '以待' 두 자로 되어 있다. 盧文弨는 "어떤 본에 '不以衆言'으로 되어 있다."라고 하였고, 顧廣圻는 "今本의 아래 '以'자가 '不'로 되어 있다." 라고 하였다. 내가 살펴보건대 작위의 존비에 따라 〈의견을〉 들어주고 뭇 사람의 말의 득실은 참고하여 검증하지 않는다는 것을 말한 것이니, 지금 盧文弨가 교정한 것에 의거하여 고쳤다.

15-8 用一人爲門戶者는 可亡也니라

한 사람만을 중용하여 문호를 삼는 경우는 나라가 멸망할 수 있다.

15-9 官職을 可以重求요 爵祿을 可以貨得者는 可亡也니라

관직을 권세 있는 자를 통해 구할 수 있고 작록을 재화를 통해 얻을 수 있는 경우는 나라가 멸망할 수 있다.

○先愼曰 八姦篇에 財利多者는 買官以爲貴하고 有左右之交者는 請謁以成重이라 此亡國之風也[3]라하니 即此意니라

○王先愼 : 〈八姦篇〉에 "재물과 이익이 많은 자는 작록을 사서 존귀해지고 〈군주의〉 측근들과 사귀는 자는 청탁하여 권세를 이룬다. 이것은 망한 나라의 풍조이다."라고 하였으니, 바로 이 뜻을 말한 것이다.

---

3) 財利多者……此亡國之風也 : ≪韓非子≫ 〈八姦篇〉에 "재물과 이익이 많은 자는 작록을 사서 존귀해지고 측근들과 사귀는 자는 청탁하여 권세를 이룬다. 공로가 있는 신하는 논해보지도 않고 관직의 승진도 그르치게 된다. 이 때문에 관리는 관직을 구차하게 여기며 밖으로 사귀고 사업은 버려두고 재물을 가까이한다. 이러한 이유로 어진 자는 게으름을 피우며 힘쓰지 않고 공이 있는 자는 게을러져 공업을 소홀히 하니, 이것은 망한 나라의 풍조이다.〔財利多者買官以爲貴 有左右之交者 請謁以成重 功勞之臣不論 官職之遷失謬 是以吏偸官而外交 棄事而財親 是以賢者解怠而不勸 有功者隳而簡其業 此亡國之風也〕"라고 한 말을 축약한 것이다.

15-10 緩心而無成하고

마음을 느슨하게 하여 이루는 것이 없고

○先愼曰 乾道本에 而無作無而라 顧廣圻云 藏本今本에 無而作而無라하니 今據乙이라

○王先愼：乾道本에 '而無'가 '無而'로 되어 있다. 顧廣圻는 "藏本과 今本에 '無而'가 '而無'로 되어 있다."라고 했으니 지금 이에 의거하여 순서를 바꿨다.

15-11 柔茹而寡斷하며 好惡無決而無所定立者는 可亡也니라

유약하여 결단을 내리는 일이 적으며, 좋고 싫음에 대해 결단함이 없어 확고하게 서 있는 바가 없는 경우는 나라가 멸망할 수 있다.

15-12 饕貪而無饜하고 近利而好得者는 可亡也니라

탐욕을 부려 만족할 줄 모르며 이익을 가까이하고 얻는 것만을 좋아하는 경우는 나라가 멸망할 수 있다.

15-13 喜淫刑[4]而不周於法하고

淫刑을 좋아하여 법을 두루 살피지 않고

○先愼曰 乾道本에 無刑字라 盧文弨云 凌本에 淫下有刑字라하니라 顧廣圻云 淫은 淫辭也니 見本書存韓篇[5]이라 又呂氏春秋審應覽에 有淫辭하고 義同하니 皆可證也라 別本於此淫下妄加刑字하니 乃誤之甚者라 凡別本異同이 大率類此라 故略不復載라하니라 先愼案 訓淫爲淫辭면 已嫌添設이요 且與下言辯說無別하니 顧說

4) 淫刑：형벌을 함부로 내리는 것을 뜻한다.

5) 淫……見本書存韓篇：《韓非子》〈存韓篇〉에 "신이 韓非의 말을 보니, 사특한 말을 문식하고 변설을 화려하게 꾸미는 재주가 탁월하니, 신은 폐하께서 한비의 변설에 빠져들어 그의 도둑 같은 心計를 들어주었다가 일의 실정을 제대로 살피지 못할까 두렵습니다.〔臣視非之言文其淫說靡辯才甚 臣恐陛下淫非之辯而聽其盜心 因不詳察事情〕"라고 한 내용 가운데, '淫說'을 가리킨다.

非也라 喜淫刑與下好辯說對文이니 不當少一字일새 今依凌本增하노라

○王先愼 : 乾道本에 '刑'자가 없다. 盧文弨는 "凌本에 '淫'자 아래에 '刑'자가 있다."라고 하였다. 顧廣圻는 "'淫'은 淫辭(사특한 말)이니 本書 〈存韓篇〉에 보인다. 또 ≪呂氏春秋≫ 〈審應覽〉에 '淫辭'가 나오고 뜻이 똑같으니 모두 증빙할 수 있다. 別本은 이 '淫'자 아래에 함부로 '刑'자를 덧붙였으니 매우 잘못된 것이다. 別本의 글자 출입이 대부분 이와 같기 때문에 대략 다시 기록하지 않는다."라고 하였다. 내가 살펴보건대 '淫'의 뜻을 '淫辭'로 본다면 이미 억지로 덧붙인 혐의가 생기고 게다가 아래에 '辯說'이라고 말한 것과 구별이 없게 되니 顧廣圻의 說이 잘못되었다. '淫刑을 좋아함〔喜淫刑〕'과 아래의 '辯說을 좋아함〔好辯說〕'은 對句이니 응당 한 자가 적어서는 안 되기에 지금 凌本에 의거하여 더하였다.

15-14 好辯說而不求其用하며 濫於文麗而不顧其功者는 可亡也니라

辯說을 좋아하여 그 실용성은 구하지 않으며, 꾸미고 화려하게 하는 것을 지나치게 하여 그 실제 공적을 살피지 않는 경우는 나라가 멸망할 수 있다.

15-15 淺薄而易(이)見하고 漏泄而無藏하며 不能周密而通群臣之語者는 可亡也니라

생각이 천박하여 그 뜻을 쉽게 알 수 있고 비밀을 누설하여 숨기는 일이 없으며, 주도면밀하지 못하여 신하들의 말을 밖으로 다 알리는 경우는 나라가 멸망할 수 있다.

15-16 很剛而不和하고

사납고 모질어서 화합하지 못하고

○盧文弨曰 很은 藏本에 作佷이라

○盧文弨 : '很'은 藏本에 '佷'으로 되어 있다.

15-17 愎(퍅)諫而好勝하며 不顧社稷而輕爲自信者는 可亡也니라

간언을 듣기 싫어하고 이기기만을 좋아하며, 社稷은 돌아보지 않고 경솔하게 자

신만을 위할 경우는 나라가 멸망할 수 있다.

15-18 恃交援而簡近隣하고 怙强大之救而侮所迫之國者는 可亡也니라

외교하는 나라의 원조만 믿고 가까운 이웃 나라는 소홀히 대하며, 강대한 나라의 구원만을 믿고 바로 가까이 있는 나라를 업신여길 경우는 나라가 멸망할 수 있다.

15-19 羈旅僑士 重帑[6)]在外하며 上間謀計하고 下與民事者는 可亡也니라

외국에서 들어와 객지 생활하는 자가 중요한 재물은 외국에 보관하며, 위로는 조정의 계책에 간여하고 아래로는 백성들의 일에 참여할 경우는 나라가 멸망할 수 있다.

15-20 民信其相[7)]하고

백성들은 그 재상을 신임하고

○顧廣圻曰 句有誤라 兪樾曰 民下脫不字라 民不信其相과 下不能其上은 兩文相對라 民所不信하고 下所不能이어늘 而人主弗能廢라 故曰可亡也라하니라

○顧廣圻 : 句에 오류가 있다.

兪樾 : '民'자 아래에 '不'자가 탈락되었다. '民不信其相'과 '下不能其上'은 두 문장이 對句이다. 백성들이 신임하지 않고 아랫사람으로서 보필할 능력이 없는데도 군주가 폐출시키지 못하기 때문에 나라가 멸망할 수 있다.

15-21 下不能其上이어늘 主愛信之而弗能廢者는 可亡也니라

아랫사람이 윗사람을 잘 보필하지 못하는데도 군주가 그(재상)를 사랑하고 신임

6) 重帑 : 중요한 재물이라는 뜻으로 볼 수도 있고, 소중하게 여기는 처자식의 뜻으로 볼 수도 있다.

7) 民信其相 : 集解에는 '民'자 아래에 '不'자가 탈락하여 '民不信其相'으로 보아야 한다고 되어 있으나, "만약 '民不信其相'이 되면 韓非의 본 뜻과 어긋난다."라고 한 ≪韓非子新校注≫ 陳奇猷의 說에 의거하여 번역하였다.

하여 폐출시키지 않는 경우는 나라가 멸망할 수 있다.

15-22 **境內之傑不事**하고 **而求封外之士**하며 **不以功伐課試**하고 **而好以名問擧錯**(조)[8]하며 **羈旅起貴**하고 **以陵故常者**는 **可亡也**니라

나라 안의 호걸은 등용하지 않고 나라 밖의 선비만을 찾으며, 공훈으로 재능을 시험하지 않고 명성만으로 그 擧錯를 따지기 좋아하며, 외국에서 들어온 자를 기용하여 존귀하게 대하고 옛날부터 있던 신하를 능멸하는 경우는 나라가 멸망할 수 있다.

15-23 **輕其適正**하고 **庶子稱衡**하며 **太子未定而主卽世者**는 **可亡也**니라

왕위를 계승할 嫡子는 가벼이 대하고 庶子도 嫡子와 대등하게 여기며, 太子가 정해지지 않은 채 군주가 세상을 떠나는 경우는 나라가 멸망할 수 있다.

15-24 **大心而無悔**하고 **國亂而自多**하며 **不料境內之資而易**(이)**其隣敵者**는 **可亡也**니라

마음이 대범하기만 하고 뉘우칠 줄 모르고 나라가 어지러운데 스스로 자만하며, 나라 안의 물자는 헤아리지 않고 이웃 적국을 소홀히 여기는 경우는 나라가 멸망할 수 있다.

15-25 **國小而不處卑**하고 **力少而不畏强**하며 **無禮而侮大隣**하고 **貪愎而拙交者**는 **可亡也**니라

나라가 작은데도 겸손하게 처신하지 않고 나라의 힘이 적은데도 강대국을 두려워하지 않으며, 예를 갖추지 않고 이웃 강대국을 업신여기며 탐욕을 부리고 도리

8) 擧錯(조) : 곧은 사람을 등용하고 부정한 사람을 쓰지 않는 인사 행정을 말한다. ≪論語≫ 〈爲政〉에 "곧은 사람을 부정한 사람 위에 두면 백성이 따르고, 부정한 사람을 곧은 사람 위에 두면 백성이 따르지 않는다.〔擧直錯諸枉 則民服 擧枉錯諸直 則民不服〕"라고 한 데서 나온 말이다.

에 어긋나면서 외교를 졸렬하게 하는 경우는 나라가 멸망할 수 있다.

15-26 太子已置로되 而娶於强敵以爲后妻면 則太子危하니 如是則群臣易慮者는 可亡也니라

太子가 이미 세워졌는데도 강대국에서 부인을 맞이하여 후처로 삼는다면 태자가 위태로워지니, 이와 같이 되어 신하들이 태자에 대해 생각을 바꾸는 경우는 나라가 멸망할 수 있다.

○顧廣圻曰 藏本今本에 重群臣易慮라

○顧廣圻 : 藏本과 今本에 '群臣易慮'를 거듭 썼다.

15-27 怯懾而弱守하고 蚤見而心柔懦하야 知有謂可로되 斷而弗敢行者는 可亡也니라

겁내고 두려워하여 〈자신의 견해를〉 지키는 바가 나약하고, 미리 벌어질 일을 알지만 마음이 유약해서 옳은 일인 줄 알면서도 결단하여 과감히 실행하지 못하는 경우는 나라가 멸망할 수 있다.

○盧文弨曰 謂字는 衍이니 淩本에 無라 顧廣圻曰 知有謂可四字爲一句라

○盧文弨 : '謂'자는 衍文이니 淩本에 〈'謂'자가〉 없다.
顧廣圻 : '知有謂可' 네 자가 한 句가 된다.

15-28 出君在外而國更置하고

군주가 망명하여 다른 나라에 있는데 그 나라에서 다른 군주를 세우고

○先愼曰 乾道本에 無更字라 顧廣圻云 藏本今本에 國下有更字라하니 今據補하노라

○王先愼 : 乾道本에 '更'자가 없다. 顧廣圻는 "藏本과 今本에 '國'자 아래에 '更'자가 있다."라고 하였으니, 지금 이에 의거하여 보충하였다.

15-29 質太子未反而君易子하야 如是則國攜하니 國攜者는 可亡也니라

인질로 잡혀간 太子가 아직 돌아오지 않았는데 군주가 태자를 바꾸어, 이와 같이 되면 나라가 분열되니 나라가 분열되는 경우는 나라가 멸망할 수 있다.

15-30 挫辱大臣而狎其身하고 刑戮小民而(逆)〔近〕其使하야

대신들을 능멸하면서 그들과 친압하고 백성들에게 마구 형벌을 내리면서 형벌을 받은 자와 가까이 지내

○顧廣圻曰 民當作人이요 逆當作近이라 按此言近刑人也라

○顧廣圻 : '民'은 응당 '人'이 되어야 하고, '逆'은 응당 '近'이 되어야 한다. 살펴보건대 이는 형벌을 받은 사람과 가까이 지낸다는 말이다.

15-31 懷怒思恥而專習[9)]이면 則賊生하니

〈능멸을 당하고 형벌을 받은 자들이〉 노여움을 품고 치욕을 생각하는데도 오로지 친압하기만 하면 해치려는 자들이 생겨나니

○先愼曰 習字疑誤나 未詳所當作이라

○王先愼 : '習'자는 오류인 듯하지만 응당 무슨 자인지는 미상이다.

15-32 賊生者는 可亡也니라

해치려는 자들이 생기는 경우는 나라가 멸망할 수 있다.

15-33 大臣兩重하고 父兄衆强하며 內黨外援하야 以爭事勢者는 可亡也니라

대립하는 대신들이 양쪽 모두 중용되고 군주의 부형들이 많고 강성하며, 안으로는 당파를 만들고 밖으로는 원조를 받아 권세를 다툴 경우는 나라가 멸망할 수 있다.

---

9) 習 : ≪韓非子新校注≫ 陳奇猷의 說을 따라 '狎近(친압하다)'으로 번역하였다.

15-34 婢妾之言聽하고 愛玩之智用하며 外內悲惋而數(삭)行不法者는 可亡也니라

婢妾들의 간청을 들어주고 사사로이 총애를 받는 자의 지혜를 사용하며, 나라 안팎이 비통해하는데도 자주 불법을 행하는 경우는 나라가 멸망할 수 있다.

15-35 簡侮大臣하고 無禮父兄하며 勞苦百姓하고 殺戮不辜者는 可亡也니라

대신들을 소홀히 대하고 업신여기며 군주의 부형들을 무례하게 대하며, 백성들을 고생시키고 무고한 자를 죽이는 경우는 나라가 멸망할 수 있다.

15-36 好以智矯法하고 時以行襍(잡)公하며

자신의 지혜로 마음대로 법을 고치기 좋아하고 때때로 자신의 일을 공적인 것과 뒤섞으며,

○顧廣圻曰 藏本同이라 今本에 行作私니 誤라 按簡行而貴公者는 韓子之家法也라

○顧廣圻 : 藏本과 똑같다. 今本에 '行'이 '私'로 되어 있으니 잘못되었다. 살펴보건대 자신의 일을 간소하게 하고 공적인 일을 귀하게 여기는 것은 韓子의 家法이다.

15-37 法禁變易하고 號令數(삭)下者는 可亡也니라

법령을 바꾸고 호령을 자주 내리는 경우는 나라가 멸망할 수 있다.

15-38 無地固하고

지세의 견고함도 없고

○盧文弨曰 無地는 一本倒라

○盧文弨 : '無地'는 어떤 본에는 '地無'로 도치되어 있다.

15-39 城郭惡하며 無畜積하고 財物寡하며 無守戰之備而輕攻伐者는 可亡也니라

성곽도 형편없으며, 비축된 식량도 없고 재물도 부족하며, 전쟁에 수비할 준비

도 없이 경솔하게 다른 나라를 정벌하는 경우는 나라가 멸망할 수 있다.

15-40 **種類不壽**하야

종족이 保重하지 못하여

○先愼曰 楚語에 臣能自壽也라하고 注에 壽는 保也라하니라

○王先愼 : ≪國語≫ 〈楚語〉에 "臣能自壽也(신은 능히 스스로 保重하였습니다.)"라 하고, 그 注에서 "壽는 保重하는 것이다."라고 하였다.

15-41 **主數**(삭)**卽世**하고

군주가 자주 세상을 떠나고,

○先愼曰 數音色各反이라

○王先愼 : '數(자주)'은 音이 色와 各의 反切이다.

15-42 **嬰兒爲君**하야 **大臣專制**하며 **樹羈旅以爲黨**하고 **數**(삭)**割地以待交者**는 **可亡也**니라

어린 태자가 군주가 되어 대신들이 권력을 마음대로 휘두르며, 외국에서 들어온 자들을 세워 당파를 만들고 자주 영토를 할양하여 외교하는 국가를 대우하는 경우는 나라가 멸망할 수 있다.

15-43 **太子尊顯**하고 **徒屬衆强**하며 **多大國之交而威勢蚤具者**는 **可亡也**니라

태자가 존경을 받고 명성이 알려져 있으며 그를 따르는 무리들이 많고 강성하며, 강대국과의 교제가 많아 위세가 일찍부터 갖추어져 있는 경우는 나라가 멸망할 수 있다.

15-44 **變褊而心急**하고

분별함이 편벽되고 마음이 조급하며

○先愼曰 拾補에 變作偏이라 盧文弨云 一作攣(련)이라하니라 顧廣圻云 藏本同이라 今本變作偏이니 誤라 按當作攣이니 形相近이라하니라 兪樾云 變當讀爲辯이라 說文心部에 辯은 一曰急也라하니 是與褊同義라 作變者는 聲近叚借也라 易文言傳에 由辯之不早辯也[10]라하고 釋文에 辯은 荀作變이라하니라 孟子告子篇에 萬鍾則不辨禮義而受之라하고 音義引丁音云 辨은 本作變이라하니 皆其例矣라하니라

○王先愼 : ≪群書拾補≫에 '變'이 '偏'으로 되어 있다. 盧文弨는 "어떤 본에는 '攣'으로 되어 있다."라고 하였다. 顧廣圻는 "藏本과 똑같다. 今本에 '變'이 '偏'으로 되어 있으니 잘못되었다. 살펴보건대 응당 '攣'이 되어야 하니 모양이 비슷하기 때문이다."라고 하였다. 兪樾은 "'變'은 응당 '辯'으로 읽어야 한다. ≪說文解字≫ 〈心部〉에 '辯'은 '急'이라고도 했으니 이는 '褊'과 같은 뜻이다. '變'이라고 되어 있는 것은 소리가 비슷한 假借字이기 때문이다. ≪周易≫ 〈文言傳〉에 '由辯之不早辯也(분변해야 할 것을 일찍 분변하지 않았기 때문이다.)'라 하고 ≪釋文≫에 '辯은 荀爽의 ≪易傳≫에는 「變」으로 되어 있다.'라 하였다. ≪孟子≫ 〈告子 上篇〉에 '萬鍾則不辨禮義而受之(만 종의 녹은 예의를 분변하지 않고 받는다.)'라 하고, ≪孟子音義≫에서 丁音을 인용하며 '辨은 본래 變으로 되어 있다.'라 했으니, 모두 같은 사례들이다."라고 하였다.

15-45 輕疾而易(이)動發하며

경솔하고 조급하게 행동으로 쉽게 옮기며

○顧廣圻曰 六字爲一句라

○顧廣圻 : 여섯 글자가 한 句가 된다.

---

10) 由辯之不早辯也 : ≪周易≫ 坤卦 〈文言傳〉에 "선을 쌓은 집안에는 후손에게 반드시 경사가 있고, 불선을 쌓은 집안에는 후손에게 반드시 재앙이 돌아온다. 신하가 군주를 시해하고 자식이 아비를 시해하는 것은 하루아침과 하루저녁 사이에 생긴 변고가 아니요, 그 유래한 것이 점점 진행된 것이니, 이는 분변해야 할 것을 일찍 분변하지 않았기 때문이다.〔積善之家 必有餘慶 積不善之家 必有餘殃 臣弑其君 子弑其父 非一朝一夕之故 其所由來者 漸矣 由辯之不早辯也〕"라고 하였다.

15-46 (心)〔必〕悁忿而不訾前後者는 可亡也니라

반드시 격분하여 앞뒤를 헤아려보지 않는 경우는 나라가 멸망할 수 있다.

○顧廣圻曰 心은 當作必이라 先愼曰 訾는 量也라

○顧廣圻 : '心'은 응당 '必'이 되어야 한다.
王先愼 : '訾'는 '量(헤아린다)'는 말이다.

15-47 主多怒而好用兵하고 簡本教而輕戰攻者는 可亡也니라

군주가 자주 화를 내어 전쟁하기를 좋아하고, 本教(농사일)를 소홀히 하면서 경솔하게 다른 나라를 정벌하는 경우는 나라가 멸망할 수 있다.

○先愼曰 乾道本에 教上有欲字라 顧廣圻云 藏本今本에 無欲字라하니 今據刪하노라

○王先愼 : 乾道本에 '教'자 위에 '欲'자가 있다. 顧廣圻는 "藏本과 今本에 '欲'자가 없다." 라고 했으니, 지금 이에 의거하여 삭제하였다.

15-48 貴(臣)〔人〕相妬하고

귀족들이 서로 시기하고

○盧文弨曰 臣은 各本皆作人이라

○盧文弨 : '臣'은 각 본이 모두 '人'으로 되어 있다.

15-49 大臣隆盛하며 外藉敵國하고 內困百姓하야 以攻怨讐어늘 而人主弗誅者는 可亡也니라

대신들의 세력이 막강하며, 이들이 밖으로는 적국에 기대고 안으로는 백성들을 힘들게 하면서 사사로이 원수를 공격하는데도 군주가 주벌하지 않는 경우는 나라가 멸망할 수 있다.

15-50 君不肖而側室賢하고

군주는 불초한데 측실은 현명하고

○先愼曰 八姦篇云 何謂父兄고 曰側室公子[11)]라하니 是側室은 卽君之父兄行也라

○王先愼 : ≪韓非子≫ 〈八姦篇〉에 "무엇을 父兄이라 하는가? 측실의 公子이다."라고 하였으니, 이 측실은 곧 군주의 부형 항렬에 속하는 자들이다.

15-51 太子輕而庶子伉하며 官吏弱而人民桀하야 如此則國躁하니 國躁者는 可亡也니라

태자는 경박한데 서자가 그에 맞서며, 관리들은 약한데 백성들은 씩씩하여, 이와 같이 되면 나라가 시끄러워지니 나라가 시끄러워지는 경우는 나라가 멸망할 수 있다.

15-52 藏怒而弗發하고

노기를 숨기고 겉으로 드러내지 않고

○先愼曰 乾道本에 怒作怨이라 顧廣圻云 藏本今本에 怨作怒라하니 今據改하노라

○王先愼 : 乾道本에 '怒'가 '怨'으로 되어 있다. 顧廣圻는 "藏本과 今本에 '怨'이 '怒'로 되어 있다."라고 하였으니, 지금 이에 의거하여 고쳤다.

15-53 懸罪而弗誅하야 使群臣陰憎而愈憂懼어늘 而久未可知者는 可亡也니라

죄가 분명한데도 주벌하지 않아서, 신하들이 속으로 미워하면서도 더욱 근심하고 두려워하는데 오랫동안 이 사실을 모를 경우는 나라가 멸망할 수 있다.

15-54 出軍命將太重하고 邊地任守太尊하야 專制擅命하야 徑爲而無所請者는

11) 八姦篇云……曰側室公子 : ≪韓非子≫ 〈八姦篇〉에 "세 번째는 父兄이니 무엇을 부형이라 하는가? 측실의 公子로서 군주가 친애하는 자이고, 대신과 조정의 관리로서 군주와 함께 계책을 짜는 자들이다. 이들은 모두 힘을 다하여 건의하면 군주가 반드시 들어주는 자들이다. 〔三曰父兄 何謂父兄 曰側室公子 人主之所親愛也 大臣廷吏 人主之所與度計也 此皆盡力畢議 人主之所必聽也〕"라고 한 내용이 보인다.

可亡也니라

군대를 출병시킬 때 장수에게 너무 큰 병권을 주고 변방의 관리에게 너무 높은 지위를 맡겨서, 그들이 권력을 휘두르고 마음대로 명령을 내려 곧장 실행에 옮기고 주청하는 바가 없는 경우는 나라가 멸망할 수 있다.

15-55 后妻淫亂하고 主母畜穢하야 外內混通하고 男女無別을 是謂兩主라하니 兩主者는 可亡也니라

王后와 正妻가 음란하고 太后는 악행을 쌓아서, 안팎으로 뒤섞여 정을 통하고 남녀의 구별이 없게 되는 것을 군주가 둘이라고 하는 것이니, 군주가 둘이 되는 경우는 나라가 멸망할 수 있다.

15-56 后妻賤而婢妾貴하고 太子卑而庶子尊하며 相室[12)]輕而典謁[13)]重하야 如此則內外乖하니 內外乖者는 可亡也니라

王后와 正妻의 출신은 비천한데 婢妾의 출신은 존귀하며, 太子는 비천한데 庶子는 존귀하며, 相室은 하찮게 여겨지고 典謁이 중시를 받아, 이와 같이 되면 안팎이 어그러지니, 안팎이 어그러지는 경우는 나라가 멸망할 수 있다.

15-57 大臣甚貴하야 偏黨衆强하야 壅塞主斷而重擅國者는 可亡也니라

대신들이 매우 존귀해져 당파를 세운 것이 많고 강성하여 군주의 결단을 막고 권세로 국정을 제멋대로 하는 경우는 나라가 멸망할 수 있다.

15-58 私門之官用하고 馬府之世〔絀〕하며

권세가 있는 가문에서는 관리로 등용되고 전쟁에서 공적을 세운 막부에서는 대대로 폐출당하며

---

12) 相室 : 相國 혹은 宰相을 뜻한다.

13) 典謁 : 군주 곁에서 典儀를 담당하는 謁者로 신하와 손님을 안내하는 역할을 한다.

軍馬之府에 立功者也라 ○顧廣圻曰 藏本同이라 今本에 世下有紲字라 按世下脫字어늘 未詳其所當作이라

舊注 : 〈'馬府'는〉 전쟁을 나간 막부에서 공적을 세운 것이다.

○顧廣圻 : 藏本과 똑같다. 今本에 '世'자 아래에 '紲'자가 있다. 살펴보건대 '世'자 아래에 탈락된 글자가 있는데, 응당 무슨 글자인지는 미상이다.

15-59 鄕曲之善擧하고 官職之勞廢하야 貴私行而賤公功者는 可亡也니라

지방에서의 선행은 표창되고 관직에서의 공로는 폐기당하여, 사사로운 행동은 귀하게 여기면서 공적인 공로는 천하게 여기는 경우는 나라가 멸망할 수 있다.

15-60 公家虛而大臣實하고 正戶貧而寄寓富하며 耕戰之士困이나 末作之民利者는 可亡也니라

나라의 창고는 텅 비었는데 대신의 창고는 가득 찼고, 정식으로 호적에 오른 백성들은 가난한데 외지에서 들어온 자들은 부유하며, 농업에 종사하거나 전쟁에 동원된 자들은 곤핍한데 상공업에 종사하는 자들은 이익을 보는 경우는 나라가 멸망할 수 있다.

15-61 見大利而不趨하고 聞禍端而不備하며 淺薄於爭守之事하고 而務以仁義自飾者는 可亡也니라

큰 이익이 될 줄 알면서도 이를 추구하지 않고, 禍의 단서를 들었으면서도 이를 대비하지 않으며, 전쟁과 수비의 일은 천박하게 여기고 仁義로 자신을 꾸미는 일에 힘쓰는 경우는 나라가 멸망할 수 있다.

15-62 不爲人主之孝하고 而慕匹夫之孝하며 不顧社稷之利하고 而聽主母之令하며 女子用國하고 刑餘用事者는 可亡也니라

군주의 효행은 행하지 않고 필부의 효행은 사모하며, 사직의 이익은 돌아보지

않고 태후의 명령을 들으며, 여자가 나라를 다스리고 환관〔刑餘〕이 정권을 휘두를 경우는 나라가 멸망할 수 있다.

15-63 **辭辯而不法**하고 **心智而無術**하며 **主多能而不以法度從事者**는 **可亡也**니라

언변은 훌륭하지만 법도에 맞지 않고, 지혜롭지만 사용할 방책이 없으며, 군주가 재능은 많지만 법도에 맞게 일을 처리하지 않는 경우는 나라가 멸망할 수 있다.

15-64 **親**(신)**臣進而故人退**하고

새로 들어온 신하는 승진하는데 옛 신하는 퇴출되고

○**先愼曰 親讀爲新**이라

○王先愼 : '親'은 '新'으로 읽는다.

15-65 **不肖用事而賢良伏**하며 **無功貴而勞苦賤**하야 **如是則下怨**하니 **下怨者**는 **可亡也**니라

不肖한 자가 정권을 휘두르는데 賢良한 자가 엎드려 있으며, 아무런 공적이 없는 자가 존귀해지는데 수고롭게 고생한 자는 비천해져, 이와 같이 되면 아랫사람이 원망하니, 아랫사람이 원망하는 경우는 나라가 멸망할 수 있다.

15-66 **父兄大臣祿秩過功**하고 **章服侵等**하며 **宮室供養太侈**어늘

군주의 부형과 대신들은 녹봉과 관질이 공적보다 지나치고 관복은 등급을 넘었으며, 집과 음식이 지나치게 사치스러운데도

○**先愼曰 張榜本趙本**에 **太作大字**니 **同**이라

○王先愼 : 張榜本과 趙本에 '太'가 '大'자로 되어 있으니, 같은 뜻이다.

15-67 **而人主弗禁**이면 **則臣心無窮**하니 **臣心無窮者**는 **可亡也**니라

군주가 금지시키지 못하면 신하의 마음속에 욕심은 끝이 없게 되니, 신하의 마음속에 욕심이 끝이 없게 되는 경우는 나라가 멸망할 수 있다.

15-68 公壻公孫與民同門하야 暴慠其隣者는 可亡也니라

군주의 사위나 손자가 백성들과 민간에 더불어 살면서 난폭하고 오만하게 설치는 경우는 나라가 멸망할 수 있다.

○先愼曰 趙本에 慠作傲라 說文에 傲는 倨也니 从人敖聲이라하니라 古本에 作敖하니 通作慠라 釋文禮記樂記에 傲字又作敖라 左襄(二)〔三〕[14]十年傳에 大夫敖本又作慠라하니 是其證이라 盧文弨의 拾補에 慠下旁注[15]傲字云 藏本作慠라하니 下張本多同이라

○王先愼 : 趙本에 '慠'는 '傲'로 되어 있다. ≪說文解字≫에 "'傲'는 거만하게 걸터앉는다는 말이니 '人'의 뜻을 따르고 소리는 '敖'이다."라고 하였다. 古本에 '敖'로 되어 있으니 '慠'로 되어 있는 것과 통용이다. ≪禮記≫ 〈樂記〉의 ≪釋文≫에 '傲'자는 또 '敖'로 되어 있고, ≪春秋左氏傳≫ 襄公 30년 조의 ≪釋文≫에 '大夫敖'가 또 '慠'로 되어 있으니, 이것이 그 증거이다. 盧文弨의 ≪群書拾補≫에 '慠'자 아래에 '傲'라고 旁注로 달아놓고 이르기를 "藏本에 '慠'로 되어 있다."라고 하였으니, 아래의 張本도 대부분 동일하다.

15-69 亡徵者는 非曰必亡이요

나라가 멸망할 징조〔亡徵〕라는 것은 반드시 멸망한다는 말이 아니라

○盧文弨曰 一本有也字라

○盧文弨 : 어떤 본에는 〈'必亡' 아래에〉 '也'자가 있다.

15-70 言其可亡也니라

멸망할 수 있음을 말한 것이다.

---

14) (二)〔三〕: 저본에는 '二'로 되어 있으나, ≪經典釋文≫에 의거하여 '三'으로 바로잡았다.
15) 旁注 : 正文 옆에 단 小注를 말한다.

15-71 **夫兩堯不能相王**이요 **兩桀不能相亡**이니 **亡王之機**는 **必其治亂其强弱相踦者也**니라

두 사람의 堯가 있다 해도 모두 왕이 될 수는 없고 두 사람의 桀이 있다 해도 모두 멸망하지는 않으니, 멸망하는 왕이 되는 기미는 반드시 治亂과 强弱이 한쪽으로 치우친 데서 발생하는 법이다.

○先愼曰 下其字疑衍이라

○王先愼 : 아래의 '其'자는 衍文인 듯하다.

15-72 **木之折也必通蠹**요 **牆之壞也必通隙**이라 **然木雖蠹**라도 **無疾風**이면 **不折**이요 **牆雖隙**이라도 **無大雨**면 **不壞**라 **萬乘之主 有能服術行法**하야 **以爲亡徵之君風雨者**면 **其兼天下不難矣**리라

나무가 부러지는 것은 반드시 벌레가 좀먹어서이고, 담장이 무너지는 것은 반드시 틈새가 있어서이다. 그러나 나무가 비록 벌레에 좀먹었더라도 강풍이 불지 않으면 부러지지 않고, 담장이 틈새가 있더라도 큰비가 내리지 않으면 무너지지 않는다. 萬乘의 군주가 능히 術을 사용하고 法을 시행하여 멸망할 징조가 있는 군주의 강풍과 큰비가 될 수 있다면 천하를 겸병하기는 어렵지 않을 것이다.

第十六 三守篇 제16편 세 가지 지켜야 할 것

〈三守篇〉은 군주가 반드시 준수해야 할 세 가지 원칙을 제시한 것이다. 먼저 지켜야 할 세 가지 정치 원칙을 論述하고, 다음으로 이 세 가지 원칙을 지키지 않음으로써 초래하는 危害를 언급하였다. 군주가 지켜야 할 세 가지 원칙은, 첫째 신하가 進言한 내용을 누설하지 않아야 하니, 이를 지키지 않으면 신하의 충성스럽고 정직한 말을 들을 수 없다. 둘째 賞罰에 관한 절대 권력을 독점해야 하니, 이를 지키지 않으면 권위가 떨어지게 된다. 셋째 조정의 정사를 직접 다스려야 하니, 이를 지키지 않으면 大權을 잃게 된다고 주장하였다.

다음으로 군주가 이 원칙을 완벽하게 지키지 못할 경우 당면하는 三劫을 말하였다. 三劫은 姦臣이 군주를 겁박하는 세 가지 수단을 말한다. 첫째 자신의 권력을 장악하지 못하여 이름만 군주이지 실권이 없어서 신하들로 하여금 다시 군주에게 충성을 하지 못하게 하는 名劫, 둘째 정사를 처리하는 기회를 이용하여 군주를 겁박하는 事劫, 셋째 자기가 장악하고 있는 刑殺의 권한을 이용하여 군주를 협박하는 刑劫이 그것이다. 이렇게 보면 '三守'는 현명한 군주가 되는 길이요, '三劫'은 간신이 부리는 술책이니, '삼수'를 완벽하게 지키면 '三劫'이 그치게 되어 천하에 왕 노릇 할 수 있다고 주장하였다.

16-1 人主有三守하니 三守完이면 則國安身榮이요 三守不完이면 則國危身殆니라 何謂三守오 人臣有議當途[1]之失과 用事[2]之過와 擧臣[3]之情이면

임금은 세 가지 지켜야 할 일이 있으니 세 가지 지켜야 할 일이 완벽하면 국가

---

1) 當途 : 要職에 있거나 大權을 장악함을 이른다. '途'는 '塗', '涂' 등으로도 쓴다.

2) 用事 : 執政이나 권력을 장악함을 말한다.

3) 擧臣 : "'擧臣'은 '衆臣'과 같다."라고 한 王先謙의 설을 따르지 않고, '譽臣'의 誤字라고 주장한 陶鴻慶과 松皐圓의 설을 옳다고 인정한 ≪韓非子新校注≫ 陳奇猷의 설을 따라 번역하였다. 譽臣은 많은 사람과 교제하여 이들이 임금에게 헛된 명성을 기리게 함으로써 요직에 등용된 신하라고 한다.

는 안정되고 자신은 영광될 것이요, 세 가지 지켜야 할 일이 완벽하지 못하면 국가는 위험에 빠지고 자신은 위태롭게 된다. 무엇을 세 가지 지켜야 할 일이라고 하는가? 신하 중에 要職에 있는 大臣이 실수한 일과 執政大臣의 잘못과 譽臣의 實情에 대하여 말하는 사람이 있다. 그러면

○王先謙曰 擧臣猶言衆臣이니 若後世言擧朝之比라

○王先謙 : '擧臣'은 衆臣과 같으니 후세에 '擧朝(온 조정)'라고 말하는 것과 같다.

16-2 人主不心藏하고 而漏之近習能人[4)]이면

임금이 그것을 마음속에 담아두지 않고 측근의 신임하는 사람이나 能人에게 누설하면

○先愼曰 能人은 解見有度篇이라

○王先愼 : '能人'은 本書 〈有度篇〉에 해석이 보인다.

16-3 使人臣之欲有言者로 不敢不下適近習能人之心하고 而乃上以聞人主라 然則端言直道之人不得見하야 而忠直日疏니라

신하 중에 건의하고 싶어 하는 사람에게 아래로 먼저 측근이나 능인의 마음에 영합하지 않고는 감히 위로 임금에게 건의할 수 없도록 하는 것이다. 그렇다면 바른말과 바른 도를 행하는 사람은 임금을 만날 수가 없어서 충성스럽고 정직한 사람이 날로 멀어질 것이다.

○先愼曰 是守之不完者 一也라

○王先愼 : 이것은 지켜야 할 일이 완벽하지 못한 경우의 한 가지이다.

16-4 愛人에 不獨利也하고 待譽而後利之하며 憎人에 不獨害也하고 待非而後害

---

4) 能人 : 〈有度篇〉의 集解에서 王先愼은 能人을 '私人'으로 보았다. 이는 ≪管子≫ 〈明法篇〉에 보이는데, 公卿大夫나 왕실의 家臣 등 권세 있는 사람을 말한다.

之하니 **然則人主無威**하야 **而重在左右矣**니라

임금이 사랑하는 사람에게 독단적으로 이익을 주지 못하고 측근들의 칭찬을 기다린 뒤에 이익을 주며, 미워하는 사람에게 독단적으로 해로움을 주지 못하고 측근들의 비난을 기다린 뒤에 해로움을 주는 경우가 있다. 그렇게 되면 임금의 위엄이 없어서 賞罰 권한이 측근들에게 있게 될 것이다.

○先愼曰 是守之不完者 又其一也라

○王先愼 : 이것은 지켜야 할 일이 완벽하지 못한 경우의 또 한 가지이다.

16-5 **惡自治之勞憚**하야 **使群臣輻湊用事**면

임금 자신이 직접 다스리는 노고로 피로해지는 것을 싫어하여 신하들이 執政하는 데로 모여들게 하면

○先愼曰 乾道本에 用事는 作之變이라 顧廣圻云 今本에 之變이 作用事어늘 今據改라하니라

○王先愼 : 乾道本에 '用事'는 '之變'으로 되어 있다. 顧廣圻는 "今本에 '之變'이 '用事'로 되어 있기에 지금 이에 의거하여 고쳤다."라고 하였다.

16-6 **因傳柄移藉**[5]하야 **使殺生之機**와 **奪予之要在大臣**이면 **如是者侵**이니

그로 인하여 권력과 勢位가 신하에게 옮겨져서 죽이고 살리는 大權과 빼앗고 주는 권한이 대신에게 있게 하면, 이와 같은 임금은 신하에게 侵害를 당할 것이니,

○先愼曰 是又其守之不完也라

○王先愼 : 이것은 또 지켜야 할 일의 완벽하지 못함이다.

16-7 **此謂三守不完**이라 **三守不完**이면 **則劫殺**(시)**之徵也**니라

---

5) 傳柄移藉 : 권력이 남에게 이동되고 勢位가 남에게 옮겨감을 말한다. '柄'은 權柄으로 권력이고, '藉'는 勢位의 뜻이다.

이를 일러 세 가지 지켜야 할 일이 완벽하지 못한 것이라고 한다. 세 가지 지켜야 할 일이 완벽하지 못하면 임금을 劫迫하거나 시해하는 조짐이 나타나게 된다.

16-8 凡劫有三하니 有明劫하며 有事劫하며 有刑劫이니라 人臣有大臣之尊하야 外操國要以資群臣하야 使外內之事로 非己不得行이라 雖有賢良이라도 逆者必有禍하고 而順者必有福이라 然則群臣莫敢忠主憂國하야 以爭社稷之利害니라

임금이 劫迫을 당하는 형태에는 세 가지 유형이 있으니, 明劫(名劫)과 事劫과 刑劫이 있다.

신하 중에 大臣의 존귀한 직위에 오른 이가 있어서 밖으로 나라의 중요한 권력을 잡고 群臣이 자신을 의지하게 하여 조정 내외의 일을 자기가 아니면 시행할 수 없게 한다. 賢良한 인물이 있더라도 그의 뜻을 거스르는 자는 반드시 禍를 당하고 순종하는 자는 반드시 福을 받는다. 그렇게 되면 신하들은 임금에게 충성하고 나라를 걱정하여 社稷의 이익을 위해 감히 論爭하지 못한다.

○先愼曰 乾道本에 群臣下에 有直字라 顧廣圻云 藏本今本에 無直字라 按直은 當作且라 先愼案 無直字是니 今據刪이라

○王先愼 : 乾道本에 '群臣' 아래에 '直'자가 있다. 顧廣圻는 "藏本과 今本에 '直'자가 없다. 살펴보건대 '直'자는 응당 '且'자가 되어야 한다."라고 하였다. 내가 살펴보건대 '直'자가 없는 것이 옳으니, 지금 이에 의거하여 삭제하였다.

16-9 人主雖賢이나 不能獨計어늘 而人臣有不敢忠主면 則國爲亡國矣니 此謂國無臣이니라 國無臣者는 豈郞中[6]虛而朝臣少哉리오 群臣持祿養交하야 行私道而不效公忠을 此謂明劫이니라 鬻寵擅權하고 矯外以勝內하며 險言禍福得失之形하야 以阿主之好惡(오)라 人主聽之하고 卑身輕國以資之라가 事敗면 與主分其禍하고 而功成이면 則臣獨專之하나니라 諸用事之人이 壹心同辭以語其美면

---

6) 郞中 : 임금의 출입문과 車騎 등에 관한 일을 주관하며, 안에서는 侍衛에 보충되고 밖에서는 전쟁에 隨從하는 近臣을 말한다.

임금이 賢明하더라도 독자적으로 정책을 계획하지 못하는 것인데 신하가 임금에게 감히 충성하지 않는다면 그런 나라는 망하는 나라가 되니, 이를 일러 나라에 신하가 없다고 하는 것이다. 나라에 신하가 없다는 것은 어찌 郎中의 자리가 비고 조정의 신하가 적음을 말하는 것이겠는가. 신하들이 녹봉을 가지고 개인적인 黨與를 길러서 사적인 이익만을 추구하고 공적인 일에 충성을 바치지 않는 것을 일러 明劫(名劫)이라고 한다.

임금의 총애를 팔아 제멋대로 권력을 부리고 外國의 일을 교묘히 이용하여 국내의 정치를 제압하며, 禍福과 得失의 형세를 사람이 놀라게 말하여 임금의 좋아하고 싫어하는 뜻에 영합한다. 임금은 그의 말을 듣고는 자신을 낮추고 나라의 이익을 경시하면서 그를 돕다가 일이 실패하면 그 禍亂을 임금과 나누어 부담하고, 성공하면 신하가 그 功을 독차지 한다. 밑에서 일을 처리하는 여러 사람이 한마음 한 말로 그를 칭찬하면

○先愼曰 壹은 趙本作一이라

○王先愼 : '壹'은 趙本에 '一'로 되어 있다.

16-10 則主言惡者라도 必不信矣니

앞장서서 그 일의 나쁜 점을 말하는 이가 있더라도 임금은 반드시 그 말을 믿지 않는 것이니,

○顧廣圻曰 主는 謂爲主首也니 與初見秦篇主謀[7]義同이라

○顧廣圻 : '主'는 앞장서서 주동함을 이르니, 本書 〈初見秦篇〉의 '主謀'와 같은 뜻이다.

16-11 此謂事劫이니라

이를 事劫이라고 한다.

7) 主謀 : ≪譯註 韓非子集解≫ 〈初見秦篇〉 1-89에서 王先愼은 '以徇國爲主謀不忠者'로 고증하였으나, 吳師道의 ≪戰國策補注≫에 의거하여 '以爲主謀不忠者'로 번역하였다.

16-12 **至於守司(圄囹)〔囹圄〕[8]禁制刑罰**히 **人臣擅之**면 **此謂刑劫**이니라 **三守不完**이면 **則三劫者起**하고 **三守完**이면 **則三劫者止**하나니 **三劫止塞**이면 **則王矣**리라

심지어 감옥을 감독하여 지키고 형벌로 禁制하는 일에까지 신하가 독단으로 처결하면 이를 刑劫이라고 한다. 임금이 세 가지 지켜야 할 일이 완벽하지 못하면 三劫이 일어나고, 세 가지 지켜야 할 일이 완벽하면 三劫이 금지된다. 三劫이 금지되어 차단되면 임금 노릇을 할 것이다.

○**先愼曰 拾補止塞下**에 **旁注者止二字**라 **盧文弨云 張本止塞**이요 **別本多同**이라하고 **顧廣圻云 藏本同**이요 **今本**은 **止塞**이 **作者止**라하니라

○王先愼 : ≪群書拾補≫에는 '止塞' 밑에 '者止' 두 글자의 旁注가 있다. 盧文弨는 "張本에 '止塞'으로 되어 있는데, 別本은 대체로 같다."라고 하였고, 顧廣圻는 "藏本은 같고, 今本은 '止塞'이 '者止'로 되어 있다."라고 하였다.

8) (圄囹)〔囹圄〕 : 저본에는 '圄囹'으로 되어 있으나, 乾道本 ≪韓非子≫와 ≪韓非子新校注≫에 의거하여 '囹圄'로 바로잡았다.

第十七 備內篇 제17편 내부를 방비하라

'備內'는 군주의 내부를 방비한다는 뜻으로, 곧 그 내부란 궁 안의 후비, 태자, 측근 신하 등을 가리킨다. 이들은 항상 군주 곁에서 총애를 받지만 자신들의 이익을 위해 군주의 죽음을 바라기 때문에 늘 대비해야 한다고 하였다. 여기에는 인간은 본래 자신의 이익을 추구한다는 韓非子의 인간관이 자리잡고 있다. 이러한 인간 불신의 입장에서 실제 역사적 사실을 제시함으로써 자신의 논리를 강화하고 있다. 곧 군주는 성공적인 통치를 위해서 측근의 그 누구도 믿어서는 안 되며 오직 法術에 근거해서 나라를 다스리는 방법에 의지해야 한다는 충고를 담았다. 본 편의 내용은 두 단락으로 구분하여 볼 수 있다. 첫째 단락에서는 군주의 처자식은 군주의 이른 죽음이 자기들에게 유리하다고 여겨 군주를 시해하고자 하므로 이를 방비하는 방법에 대해 논하였고, 둘째 단락에서는 존귀한 대신은 늘 권세에 빙자하여 파당을 결성하여 군주를 배반하기 때문에, 군주는 결코 대신들이 백성들의 요역을 덜어주는 은택을 베풀도록 하거나 나라의 권세를 좌지우지하도록 하지 말아야 한다고 주장하였다.

17-1 **人主之患**은 **在於信人**이니 **信人則制於人**이라 **人臣之於其君**에 **非有骨肉之親也**요 **縛於勢而不得不事也**라 **故爲人臣者 窺覘其君心也**에 **無須臾之休**어늘 **而人主怠傲處其上**하니 **此世所以有劫君弑主也**니라

군주의 근심은 사람을 믿는 데 있으니, 사람을 믿으면 그 사람에게 통제를 받는다. 신하는 그 군주에 대하여 뼈와 살을 나눈 혈육으로서의 친분을 맺고 있는 것이 아니고 권세에 얽매여 어쩔 수 없이 섬기는 것이다. 그러므로 신하된 자가 군주의 마음을 엿보고 살피느라 잠시도 쉬지 못하는데 군주는 그 위에서 게으름을 피우며 오만하게 처신하니, 이것이 세상에 군주를 협박하고 시해하는 일이 생기는 까닭이다.

17-2 **爲人主而大信其子**하면 **則姦臣得乘於子以成其私**라 **故李兌傳趙王而餓主父**(보)[1]라 **爲人主而大信其妻**하면 **則姦臣得乘於妻以成其私**라 **故優施傳麗姬**하야 **殺申生而立奚齊**[2]라 **夫以妻之近與子之親**이라도 **而猶不可信**이어든 **則其餘無可信者矣**니라

군주가 되어 자기 자식을 너무 믿으면 간신이 그 자식을 이용해 자신의 사욕을 채운다. 그러므로 李兌가 趙王을 도와 主父를 굶겨 죽인 것이다. 군주가 되어 자기 아내를 너무 믿으면 간신이 그 아내를 이용해 사욕을 채운다. 그러므로 優施가 麗姬를 도와 申生을 죽이고 奚齊를 세운 것이다. 아내처럼 가깝고 자식처럼 친해도 오히려 믿을 수가 없는데, 그 밖의 사람들 중에는 믿을 만한 자가 있을 수 없다.

17-3 **且萬乘之主**와 **千乘之君**의 **后妃夫人適子爲太子者**에 **或有欲其君之蚤死者**니 **何以知其然**가 **夫妻者**는 **非有骨肉之**(恩)〔**親**〕**也**니

萬乘 대국의 군주나 千乘 소국의 군주의 后妃와 부인, 適子로서 태자가 된 자들 중에는 간혹 군주가 일찍 죽기를 바라는 자가 있으니, 어떻게 그렇다는 것을 알겠는가? 부부는 골육으로서의 친분이 없으니,

○**先愼曰 恩**은 **疑親之誤**라 **上下文竝作骨肉之親**이니 **即其證**이라

○王先愼 : '恩'은 아마 '親'의 오자인 듯하다. 위아래의 문장에 모두 '骨肉之親'으로 되어 있으니, 바로 그 증거이다.

---

1) 李兌傳趙王而餓主父(보) : 李兌는 전국시대 趙나라 사람으로 司寇 벼슬을 지냈다. 趙王은 惠文王으로, 武靈王의 작은 아들이다. 主父(주보)는 무령왕을 가리킨다. B.C. 299년 무령왕이 何(惠文王)에게 왕위를 물려주고 스스로 주보라 하였다. B.C. 295년 무령왕의 장자인 章이 난을 일으키자 이태가 혜문왕을 도와 진압하였는데, 이 과정에서 주보도 이궁인 沙丘宮에 유폐되어 굶어 죽었다.(≪史記≫ 〈趙世家〉)

2) 優施傳麗姬 殺申生而立奚齊 : 優施는 춘추시대 晉나라의 배우로 이름이 施이다. 麗姬는 晉 獻公의 후처로 奚齊를 낳았다. 申生은 진 헌공의 태자이다. B.C. 655년 우시의 종용에 따라 申生을 참소해서 자살하게 하고 重耳와 夷吾 등 공자들을 축출한 다음 자기 아들 해제를 태자로 세웠다.(≪春秋左氏傳≫ 僖公 4년)

17-4 愛則親이요 不愛則疏니라 語曰 其母好者其子抱라하니 然則其爲之反(번)也면 其母惡者其子釋이니라 丈夫年五十而好色未解也요 婦人年三十而美色衰矣니 以衰美之婦人으로 事好色之丈夫면 則身(死)〔疑〕見疏賤하고

사랑하면 가깝지만 사랑하지 않으면 멀어진다. 전하는 말에 "어미가 사랑스러우면 그 자식을 안아준다." 하였으니, 그렇다면 그 말을 뒤집으면 "그 어미가 미우면 그 자식을 버린다."는 말이 된다. 남자는 나이 50이 되어도 여색을 좋아하는 마음이 줄지 않고 부인은 나이 30이면 미모가 쇠한다. 미모가 쇠한 부인으로서 여색을 좋아하는 남자를 섬기면 자신이 소외되고 천시될까 의심하고,

○顧廣圻曰 藏本今本에 無死字라 按以下句例之면 此字當作疑라 下又云而擅萬乘不疑相承也라 先愼曰 顧說是也라

○顧廣圻 : 藏本과 今本에 '死'자가 없다. 살펴보건대 아래 구로 예증하면 이 글자는 '疑'자가 되어야 한다. 아래에 또 '而擅萬乘不疑'라 하였으니, 서로 이어진다.
王先愼 : 顧廣圻의 설이 옳다.

17-5 而子疑不爲後하니 此后妃夫人之所以冀其君之死者也니라

자식이 왕위를 계승하지 못할까 의심하니, 이것이 후비나 부인이 그 군주가 죽기를 바라는 까닭이다.

17-6 唯母爲后而子爲主면 則令無不行하고 禁無不止라 男女之樂不減於先君하고 而擅萬乘不疑하니 此鴆(짐)毒扼昧之所以用也니라

어미가 태후가 되고 자식이 군주가 되면 명령은 실행되지 않는 것이 없고 금령은 그치지 않는 것이 없으므로 남녀 사이의 환락도 先君 때보다 줄지 않으며 만승의 나라의 권력을 의심 없이 휘두르게 되니, 이것이 군주를 짐독으로 독살하거나 몰래 목을 졸라 죽이려고 하는 까닭이다.

扼昧는 謂暗中絞縊也[3]라

---

3) 扼昧 謂暗中絞縊也 : 이는 원래 저본의 '此鴆毒扼昧' 아래에 달려 있는 注이다. 번역상의 편

舊注 : '扼昧'는 어둠 속에서 목을 조르는 것이다.

17-7 故(桃)〔檮〕(左)〔兀〕春秋[4]曰

≪檮兀春秋≫에 이르기를

○顧廣圻曰 藏本桃作挑니 案皆未詳이라 兪樾曰 左疑兀字之誤라 桃兀은 蓋卽檮兀之異文이라 楚之檮兀은 亦有春秋之名이라 楚語에 申叔時所謂敎之春秋是也라 故謂之檮兀春秋矣라

○顧廣圻 : 藏本에 '桃'는 '挑'로 되어 있으니, 살펴보건대 모두 미상이다.

兪樾 : '左'는 '兀'자의 오자인 듯하다. 桃兀은 곧 檮兀의 異文이다. 楚나라의 檮兀은 또한 春秋(역사서)의 일종이다. ≪國語≫ 〈楚語〉에 申叔時가 이른바 '春秋를 가르친다.' 한 것이 바로 이것이다. 그러므로 ≪檮兀春秋≫라고 한 것이다.

17-8 人主之疾死者不能處半이라하니 人主弗知면 則亂多資라 故曰 利君死者衆이면 則人主危라하니라

"군주가 병으로 죽는 경우는 절반도 안 된다."라고 하였으니, 군주가 이를 알지 못하면 환난이 일어날 빌미가 많아진다. 따라서 "군주의 죽음으로 이익을 보는 자가 많으면 군주는 위태로워진다."라고 하는 것이다.

17-9 故王良[5]愛馬하고 越王句踐[6]愛人은 爲戰與馳라 醫善吮人之傷하고

그러므로 王良이 말을 사랑하고 越王 句踐이 人民을 사랑한 것은 전쟁에 내몰고

의로 아래 글 '之所以用也'와 연결하여 이처럼 편집하였다.

4) (桃)〔檮〕(左)〔兀〕春秋 : 兪樾의 설대로 '桃'는 '檮', '左'는 '兀'이 되어야 한다. '檮兀'이란 원래 전설상의 惡獸 이름인데, 춘추시대 楚나라에서 역사서의 명칭으로 취하여 악을 경계하는 뜻을 나타내었다고 한다.(≪孟子集註≫ 〈離婁 下〉)

5) 王良 : 춘추시대 晉나라 사람으로 趙襄子의 御者로 말을 잘 부렸다고 하는데, 본서의 〈喩老篇〉에는 王子期, 〈外儲說 右下篇〉에는 王子於期로 나온다.

6) 句踐 : 춘추시대 越나라 군주로 吳나라에 패한 뒤에 복수를 위한 일념으로 백성들과 생사고락을 함께하며 전쟁을 준비하여 B.C. 473년에 吳나라를 멸망시켰다.

빨리 내달리게 하기 위해서이다. 의사가 능히 남의 상처를 빨고

○先愼曰 御覽七百二十四와 初學記二十에 引傷作腸이라

○王先愼 : ≪太平御覽≫ 권724와 ≪初學記≫ 권20에 이 글을 인용하면서 '傷'이 '腸'으로 되어 있다.

17-10 含人之血은 非骨肉之親也요 利所加也라

남의 피를 머금는 것은 골육간의 친밀한 정이 있어서가 아니라 이익을 얻기 때문이다.

○先愼曰 御覽初學記에 引利下有之字라

○王先愼 : ≪太平御覽≫과 ≪初學記≫에 이 글을 인용하면서 '利'자 아래에 '之'자가 있다.

17-11 故輿人이 成輿하면 則欲人之富貴하고 匠人이 成棺하면 則欲人之夭死也하니 非輿人仁而匠人賊也니라 人不貴면 則輿不售요 人不死면 則棺不買니 情非憎人也요 利在人之死也라 故后妃夫人太子之黨成而欲君之死也는 君不死면 則勢不重이니 情非憎君也요 利在君之死也라 故人主不可以不加心於利己死者라

그러므로 수레 만드는 사람이 수레를 만들면 사람들이 부귀해지기를 바라고 관 짜는 사람이 관을 짜면 사람들이 일찍 죽기를 바라니, 수레 만드는 사람이 어질고 관 짜는 사람은 모질어서가 아니다. 사람들이 부귀해지지 않으면 수레가 팔리지 않고 사람들이 죽지 않으면 관을 사지 않으니, 관 짜는 사람이 진정으로 사람을 미워해서가 아니고 이익이 사람이 죽는 데 있기 때문인 것이다. 그러므로 후비나 부인, 태자가 私黨를 결성하여 군주가 죽기를 바라는 것은 군주가 죽지 않으면 세력이 강해질 수 없으니, 그들이 진정으로 군주를 미워해서가 아니라 이익이 군주가 죽는 데 있기 때문인 것이다. 따라서 군주는 자기의 죽음을 이익으로 여기는 사람들에 대해 관심을 기울이지 않아서는 안 된다.

17-12 故日月暈圍於外라도

그러므로 햇무리 달무리가 해와 달의 바깥을 에워쌀지라도

○顧廣圻曰 國策趙四에 有此下四句하니 暈圍作暉는 誤라 當依此訂이라

○顧廣圻 : ≪戰國策≫ 〈趙策 4〉에 이 아래 네 구가 있는데, '暈圍'가 '暉'로 되어 있으니 잘못이다. 이 글에 의거하여 바로잡아야 한다.

17-13 其賊在內하니 備其所憎이라도 禍在所愛라

해와 달을 침식하는 적은 안에 있으니, 미워하는 자를 대비한다 하더라도 화근은 사랑하는 자에게 있는 것이다.

17-14 是故로 明王不擧不參之事하고

이런 까닭에 현명한 군주는 점검하지 않은 일은 거행하지 않고

○盧文弨曰 王은 藏本作主라

○盧文弨 : '王'은 藏本에 '主'로 되어 있다.

17-15 不食非常之食하며 遠聽而近視하야 以審內外之失하며

평소 먹던 게 아닌 음식은 먹지 않으며, 먼 데까지 귀를 기울이고 가까운 곳은 눈여겨보아서 조정 안팎의 잘못을 살피며,

○先愼曰 拾補에 內外作外內라 盧文弨云 倒라 今從張本凌本이라하니라 先愼案 乾道本未誤라

○王先愼 : ≪群書拾補≫에 '內外'는 '外內'로 되어 있다. 盧文弨는 "도치되었다. 지금 張本과 凌本을 따랐다."라고 하였다. 내가 살펴보건대 乾道本은 잘못되지 않았다.

17-16 省同異之言하야 以知朋黨之分하며 偶參(삼)伍之驗하야

신하들의 같고 다른 언론을 살펴서 붕당의 나뉨을 알아내며, 여러 방면으로 증거를 맞추어보아서

○先愼曰 拾補에 參下旁注三字라 盧文弨云 三은 淩本作參이라하고 顧廣圻云 今本作三이라하니라

○王先愼 : ≪群書拾補≫에 '參' 아래의 旁注에 '三'자가 있다. 盧文弨는 "'三'은 淩本에 '參'으로 되어 있다."라고 하였고, 顧廣圻는 "今本에 '三'으로 되어 있다."라고 하였다.

17-17 以責陳言之實하며 執後以應前하고 按法以治衆하고 衆端以參觀하며

신하가 진언하였던 일의 실적을 추궁하며, 일을 수행한 뒤에 앞서 한 말이 부합하는지 살피고 법에 따라 백성들을 다스리며 여러 가지 단서들을 비교하고 관찰하며,

衆事之端을 皆相參而觀之라 ○盧文弨曰 注張本에 作皆相觀而參之라 舊脫皆字之字라 先愼曰 趙本無皆之二字라

舊注 : 〈'衆端以參觀'은〉 여러 가지 일의 단서를 모두 서로 비교하고 관찰하는 것이다.

○盧文弨 : 張本의 舊注에 '皆相觀而參之'로 되어 있다. 예전에는 '皆'자와 '之'자가 탈락되었다.

王先愼 : 趙本에는 '皆', '之' 두 글자가 없다.

17-18 士無幸賞하고

士人이 요행으로 상을 받는 일이 없게 하고

○顧廣圻曰 句絶이라

○顧廣圻 : 여기에 구두를 끊어야 한다.

17-19 無踰行하며

실제 행적을 넘어서는 포상이 없도록 하며

○顧廣圻曰 藏本同이라 今本重賞字하니 誤라 按本書南面篇云 雖有賢行이라도 不得踰功而先勞라하니 卽此無踰行之意라

○顧廣圻 : 藏本도 같다. 今本에는 '賞'자가 중복되어 있는데, 잘못이다. 살펴보건대 본

서 〈南面篇〉에 "雖有賢行 不得踰功而先勞(비록 덕행이 있더라도 공적을 뛰어넘어 미리 공로를 생각할 수 없도록 한다.)"라고 하였는데, 바로 이것이 실제 행적을 넘어서는 포상이 없도록 한다는 뜻이다.

17-20 **殺必當**하고 **罪不赦**하면

사형을 내릴 때는 반드시 합당하게 하고 죄를 지었을 때는 사면하지 않으면

○盧文弨曰 當字下에 淩本有罪有二字라

○盧文弨 : '當'자 아래에 淩本에는 '罪有' 두 글자가 있다.

17-21 **則姦邪無所容其私矣**리라

간사한 자가 사사로운 음모를 꾸밀 여지가 없게 될 것이다.

○先愼曰 乾道本에 無矣字라 顧廣圻云 藏本今本에 私下有矣字라 今按此與徭役多不相接하니 私字下當有脫文이라하니라 先愼案 矣字當有일새 今據補하노라

○王先愼 : 乾道本에 '矣'자가 없다. 顧廣圻는 "藏本과 今本에 '私' 아래에 '矣'자가 있다. 지금 살펴보건대 이 구절은 '徭役多'와 서로 이어지지 않으니, '私'자 아래에 응당 탈락된 글이 있다."라고 하였다. 내가 살펴보건대 '矣'자가 있어야 하므로 지금 이에 의거하여 보충하였다.

17-22 **徭役多則民苦**하고 **民苦則權勢起**하고 **權勢起則復除重**하고

요역이 많으면 백성이 고생하고, 백성이 고생하면 관리의 권세가 생겨나며, 권세가 생겨나면 백성의 요역을 면제해줌으로써 관리의 권세가 강화되고,

○趙用賢曰 謂權勢之人이 得爲民復除重役也라 先愼曰 趙說非也라 重字承權勢而言이니 下云下無重權이 卽其證이라 復除徭役則苦民歸心이라 故其權勢重也라

○趙用賢 : 권세를 쥔 사람이 백성을 위해 무거운 요역을 면제할 수 있음을 이른다.
王先愼 : 趙用賢의 설은 잘못되었다. '重'자는 權勢를 이어서 한 말이니, 아래에 '下無重權(신하가 권세를 강화하지 못한다.)'이라 한 것이 바로 그 증거이다. 요역을 면제해주면 고

생하는 백성의 민심이 관리에게 돌아가기 때문에 그 권세가 강화되는 것이다.

17-23 復除重則貴人富라 **苦民以富貴人**하고 **起勢以藉人臣**은

백성의 요역을 면제해줌으로써 권세가 더욱 무거워지면 권신들은 부유해진다. 백성을 괴롭혀 권신을 부유하게 하고 권세를 일으켜 신하에게 빌려주는 것은

藉는 假借也[7]라 ○先愼曰 下云 (徧)〔偏〕[8]借其權勢 卽此義라

舊注 : 藉는 빌려줌이다.

○王先愼 : 아래 문장에 '측근의 보좌가 권세를 빌리다.〔偏借其權勢〕'라고 한 것이 바로 이 뜻이다.

17-24 非天下長利也라 **故曰 徭役少則民安**하고 **民安則下無重權**하며 **下無重權則權勢滅**하고 **權勢滅則德在上矣**라하니라

천하를 위한 장구한 이익이 아니다. 그러므로 말하기를, "요역이 줄면 백성들이 편안해지고, 백성들이 편안해지면 신하가 권세를 강화할 수 없으며, 신하가 권세를 강화할 수 없으면 신하의 권세가 사라지고, 신하의 권세가 사라지면 백성들에게 은덕을 베푸는 것이 군주에게 있게 된다."라고 하는 것이다.

17-25 今夫水之勝火亦明矣라 **然而釜鬵(심)間之**면

이제 물이 불을 이긴다는 것은 역시 자명한 이치이다. 그러나 가마솥을 그 사이에 두면,

○盧文弨曰 鬵은 張本作鬲이니 下同이라

○盧文弨 : '鬵'은 張本에 '鬲'으로 되어 있으니, 아래도 마찬가지다.

---

7) 藉 假借也 : 이는 원래 저본의 '起勢以藉' 아래에 달려 있는 注이다. 번역상의 편의로 아래 글 '人臣'과 연결하여 이처럼 편집하였다.

8) (徧)〔偏〕 : 저본에는 '徧'으로 되어 있으나, 본편 17-30에 의거하여 '偏'으로 바로잡았다.

17-26 水煎沸竭盡其上이어니와 而火得熾盛焚其下하야 水失其所以勝者矣니라

물은 위에서 펄펄 끓어 다 증발해버리지만 불은 아래에서 활활 타올라서 물이 불을 이길 수 있는 소지를 잃어버리게 된다.

17-27 今夫治之禁姦이 又明於此라

법으로 다스리면 간사함을 막을 수 있다는 것은 그보다 더욱 명백하다.

○先愼曰 乾道本에 無於字라 顧廣圻云 藏本今本에 明下有於字일새 今據補라

○王先愼 : 乾道本에 '於'자가 없다. 顧廣圻는 "藏本과 今本에는 '明' 아래에 '於'자가 있다."라고 하였으므로 지금 이에 의거하여 보충하였다.

17-28 然守法之臣이 爲釜鬵之行하면 則法獨明於胸中이요 而已失其所以禁姦者矣니라

그러나 법을 집행하는 신하가 가마솥 구실을 하면 법은 군주의 마음속에서만 명백할 뿐이며, 간사함을 막을 소지는 이미 잃어버린 것이다.

17-29 上古之傳言과 春秋所記에 犯法爲逆以成大姦者는 未嘗不從尊貴之臣也어늘 而法令之所以備와

예부터 전해오는 말과 ≪春秋≫의 기록을 보면, 법을 어기고 반역하여 크게 간사한 짓을 하는 자가 지위가 높고 권세를 지닌 대신에게서 나오지 않은 적이 없다. 그런데 법령으로 대비하는 대상과

○先愼曰 乾道本에 而上有然字라 盧文弨云 然字衍이니 張凌本無라하니라 今據刪하노라

○王先愼 : 乾道本에 '而' 위에 '然'자가 있다. 盧文弨는 "'然'은 연문이니, 張本과 凌本에는 없다."라고 하였다. 지금 이에 의거하여 삭제하였다.

17-30 刑罰之所以誅는 常於卑賤이니 是以로 其民絶望을 無所告愬라 大臣比

周하야 **蔽上爲一**하야 **陰相善而陽相惡以示無私**하고 **相爲耳目以候主隙**이라 **人主掩蔽**하야 **無道得聞**일새 **有主名而無實**하고 **臣專法而行之**하니 **周天子是也**라 **偏**[9)]**借其權勢**면 **則上下易位矣**니 **此言人臣之不可借權勢**니라

형벌로 주륙을 가하는 대상은 늘 비천한 백성들이었으니, 이 때문에 백성들은 절망스러운 심정을 하소연할 데도 없었다. 대신들은 빌붙어 작당하여 군주의 눈과 귀를 가리며 한통속이 되어서, 속으로는 서로 잘 지내며 겉으로는 서로 미워하는 체하여 사사로운 속셈은 없는 것처럼 하며, 서로의 눈과 귀가 되어 군주의 허점을 노린다. 군주는 눈과 귀가 가려져서 사태를 알아낼 방도가 없게 되기 때문에, 군주는 허명만 있고 실권은 없게 되고 신하는 법을 주무르며 집행하게 되니, 周나라 천자가 이런 경우이다. 측근에서 보좌하는 신하가 군주의 권세를 빌리면 위아래의 지위가 바뀌게 되니, 이것은 신하에게 권세를 빌려주어서는 안 됨을 말한 것이다.

也라 ○顧廣圻曰 此十一字는 乃舊注誤入正文이라 乾道本에 以末也字作旁注하니 是其迹之未盡泯者라 先愼曰 疑權勢下有脫文이어늘 校者因旁注也字以完此句라

舊注 : '也'이다.

○顧廣圻 : 이 11자(此言人臣之不可借權勢也)는 舊注의 글이 正文에 잘못 들어간 것이다. 乾道本에 말미의 '也'자가 旁注로 되어 있으니, 이것은 그 자취가 다 없어지지 않은 것이다.

王先愼 : 아마도 '權勢' 아래에 탈락된 글이 있는데, 교정하는 자가 旁注의 '也'자로 인해 이 구절을 완결한 듯하다.

9) 偏 : ≪春秋左氏傳≫ 襄公 30년에 '令尹之偏'이라고 한 데 대한 注에 "'偏'은 '佐(보좌)'이다." 하였는데, 곧 여기서 '偏'은 군주의 측근에서 보좌하는 신하를 가리킨다.

第十八 南面篇 제18편 군주의 자리

올바른 군주의 도리를 제시하였다.

첫째, 법을 분명히 하는 것이다. 군주가 법을 분명히 하여 대신의 위세를 제압하지 못하면 백성의 신임을 얻을 방법이 없게 된다. 군주가 법을 내버려두고 신하로써 신하를 대비하게 하면, 서로 아끼는 자들끼리 무리를 만들어 서로 칭찬하고 서로 미워하는 자들끼리 붕당을 지어 서로 비방하니 서로 칭찬하고 비방하게 되면 군주는 미혹되고 혼란해질 것이다. 군주는 신하가 비록 지혜와 재능을 가지고 있더라도 법을 어기고 專行할 수 없도록 하고, 어진 덕행이 있더라도 공적을 뛰어넘어 미리 공로를 치하해서는 안 된다.

둘째, 신하의 말과 일에 대하여 엄정하게 책임을 묻는 것이다. 군주는 신하들로 하여금 반드시 말하는 책임이 있게 하고 또 말하지 않는 책임도 있게 한다. 신하가 앞서 말한 것이 뒤의 일과 맞지 않고 뒤에 하는 말이 앞서의 일과 맞지 않는다면 일에 비록 공이 있더라고 반드시 그 죄를 물어야 한다.

셋째, 사업을 진행할 때 수입과 지출을 항상 고려해야 한다. 일을 진행하는 데는 도리가 있으니, 수입은 많게 하고 지출은 적게 하는 것을 계획해야 그 일을 할 수 있다. 미혹된 군주는 그렇지 않으니, 수입만 계획하고 지출은 계획하지 않아서 지출이 수입보다 배가 되더라도 그 해를 알지 못하면 이는 명목만 얻고 실제는 잃은 것이다.

넷째, 폐단이 발생한 제도는 과감하게 변혁시켜야 한다. 옛것을 바꾸지 않는 것은 혼란의 자취를 답습하는 것이고, 백성의 마음에만 맞게 하는 것은 간사한 행실을 내버려두는 것이다. 백성은 어리석어 혼란을 알지 못하고 군주는 나약하여 고치지 못하니, 이것이 다스림의 실책이다. 그러므로 군주는 현명함으로 다스림을 잘 알아야 하고 위엄으로 반드시 실행할 수 있어야 한다.

18-1 人主之過는 在[1]己任(在)臣矣하고

1) 在 : 아래 18-2 '備之'에 걸린다.

군주의 과오는 자신의 일을 신하에게 맡기고

○顧廣圻曰 當衍任下在字라

○顧廣圻 : 응당 '任'자 아래 '在'자는 衍文이다.

18-2 又必反與其所不任者備之니라

또 반드시 반대로 그 일을 맡지 않은 자와 함께 이를 대비하게 하는 데 있다.

○先愼曰 衛嗣君이 貴薄疑以敵如耳是也니 見七術篇[2)]이라

○王先愼 : 衛나라 嗣君이 薄疑를 중용하여 如耳를 견제한 일이 이와 같은 경우이니, 〈內儲說 上 七術篇〉에 보인다.

18-3 此其說必與其所任者爲讐요 而主反制於其所不任者니

이러한 논리는 반드시 그 일을 맡은 자와는 원수가 될 것이고, 군주는 반대로 그 일을 맡지 않은 자에게 제압을 당하게 될 것이니,

○先愼曰 是恐爲任者所制하고 而反制於不任者라 故聽不任者之言하야 以絀前之所任者라

○王先愼 : 이는 군주가 일을 맡긴 자에게 제압을 당하게 될까 두려워하지만 반대로 그 일을 맡지 않은 자에게 제압을 당하는 것이다. 그러므로 일을 맡지 않은 자의 말을 따라 이전에 일을 맡은 자를 물리친다.

18-4 今所與備人者 且曩之所備也니라

지금 함께 남을 대비하는 자가 또 이전에 대비를 당했던 자이기 때문이다.

---

2) 衛嗣君……見七術篇 : 衛나라 嗣君은 대부인 如耳를 중히 여기고 또한 世姬를 사랑하고 있었는데, 이 두 사람이 총애를 받고 있다는 것을 믿고 음모를 하지 않을까 하여, 薄疑라는 신하로 하여금 如耳를 견제하게 하는 한편 魏姬를 시켜 世姬를 견제토록 하였다. 그러나 세력이 같은 자를 두 패로 나누어 서로 견제하도록 한 것은 군주의 총명을 흐리게 하는 세력을 늘리는 결과가 되었다. 이에 대한 자세한 내용은 ≪韓非子≫ 〈內儲說 上 七術篇〉에 보인다.

18-5 人主不能明法(而)以制大臣之威면

군주가 법을 분명히 하여 대신의 위세를 제압하지 못하면

○顧廣圻曰 當衍而字니 以十二字爲一句라

○顧廣圻 : 응당 '而'자는 衍文이니 12글자가 한 句를 이룬다.

18-6 無道得小人之信矣니라

백성의 신임을 얻을 방법이 없게 된다.

○顧廣圻曰 藏本今本에 人作臣이라

○顧廣圻 : 藏本과 今本에 '人'이 '臣'으로 되어 있다.

18-7 人主釋法而以臣備臣하면 則相愛者比周而相譽하고 相憎者朋黨而相非니

군주가 법을 내버려두고 신하로써 신하를 대비하게 하면, 서로 아끼는 자들끼리 무리를 만들어 서로 칭찬하고 서로 미워하는 자들끼리 붕당을 지어 서로 비방하니

○先愼曰 意林에 非作誹니 下同이라

○王先愼 : ≪意林≫에 '非'가 '誹'로 되어 있으니, 아래도 마찬가지이다.

18-8 非譽交爭이면 則主惑亂矣리라

서로 칭찬하고 비방하게 되면 군주는 미혹되고 혼란해질 것이다.

○先愼曰 意林에 無亂字라

○王先愼 : ≪意林≫에 '亂'자가 없다.

18-9 人臣者 非名譽請謁無以進取요 非背法專制無以爲威요 非假於忠信無以不禁이니

신하가 사사로운 명예와 청탁이 아니면 벼슬을 할 수 없고, 법을 어기고 專行하지 않으면 위엄을 지닐 수 없고, 충성과 믿음을 가장하지 않으면 제재를 받지 않을 방법이 없으니

偽爲忠信然後不禁이라

舊注 : 거짓으로 충성과 믿음을 행한 뒤에 제재를 받지 않는다.

18-10 三者는 惛主壞法之資也니라

이 세 가지는 군주를 혼미하게 만들고 법을 파괴하는 바탕이 된다.

18-11 人主使人臣雖有智能이라도 不得背法而專制하고 雖有賢行이라도 不得踰功而先勞하고 雖有忠信이라도 不得釋法而不禁하니

군주는 신하가 비록 지혜와 재능이 있더라도 법을 어기고 전행할 수 없도록 하고, 뛰어난 행실이 있더라도 공적을 뛰어넘어 미리 공로를 생각할 수 없도록 하고, 비록 충성과 믿음이 있더라도 법을 내버려두고 제재하지 않아서는 안 되니,

○王先謙曰 不以無心之過爲解而不加罪라

○王先謙 : 무심하게 저지른 잘못이라고 이해하여 죄를 주지 않아서는 안 된다.

18-12 此之謂明法이라

이를 일러 '明法(법을 분명히 함)'이라 한다.

18-13 人主有誘於事者요

군주는 일에 유혹되는 경우가 있고

○先愼曰 舊連上이나 顧廣圻云 當以此句提行이라하니 今從之하노라

○王先愼 : 예전에는 위의 글과 연결시켰으나 顧廣圻는 "응당 이 구는 행을 바꾸어야 한다."라고 하였으니 지금은 이를 따랐다.

18-14 有壅於言者니 二者不可不察也니라

말에 가려지는 경우가 있으니, 이 두 가지를 살피지 않아서는 안 된다.

18-15 人臣易言事者는

신하로서 일에 대해 쉽게 말하는 자는

○顧廣圻曰 句絶이라

○顧廣圻 : 구를 끊어야 한다.

18-16 少索資하야 以事誣主어늘

〈소요되는〉 비용을 적게 해서 일로써 군주를 속이는데

○顧廣圻曰 少索資逗[3]요 以事誣主句니 藏本同이라 今本에 少作必이니 誤라 兪樾曰 誣字無義니 疑誘字之誤라 下云主誘而不察因而多之라하니 即承此而言이라 蓋先少索資而以事誘其主하고 主既爲其所誘면 乃因而多之也라하니라 王先謙曰 少索資 矯爲廉讓이라 廣雅釋詁에 誣는 欺也라하니 兪說非요 下乃言誘也라하니라

○顧廣圻 : '少索資'에서 쉬고 '以事誣主'에서 句를 끊으니, 藏本도 마찬가지이다. 今本에 '少'가 '必'로 되어 있으니 잘못이다.

兪樾 : '誣'자는 의미가 맞지 않으니 '誘'자의 잘못인 듯하다. 아래에 '主誘而不察因而多之'라고 하였으니 곧 이것을 이어서 말한 것이다. 우선 〈소요되는〉 비용을 적게 해서 일로써 그 군주를 유혹하고, 군주가 이미 유혹되면 〈일을 살피지 않고서〉 이에 훌륭하게 여기는 것이다.

王先謙 : '少索資'는 거짓으로 겸손해하는 것이다. ≪廣雅≫ 〈釋詁〉에 "'誣'는 '欺(속임)'이다." 하였으니, 兪樾의 說은 틀렸고 〈그래서〉 아래에서도 '〈군주가〉 유혹된다.〔誘〕'고 말한 것이다.

18-17 主誘而不察하야 因而多之면

3) 逗 : 문장의 句讀로 쉼표(,)에 해당한다. '投'·'讀(두)'로도 쓴다.

군주가 유혹되어 살피지 않고서 훌륭하다고 여기면

○王先謙曰 多之는 猶言賢之라

○王先謙 : '多之'는 '賢之(훌륭하게 여김)'라고 말하는 것과 같다.

18-18 **則是臣反以事制主也**니

이는 신하가 도리어 군주를 일로써 제어하는 것이니

18-19 **如是者謂之誘〔於事〕**라

이와 같은 경우를 일러 일에 유혹된다고 한다.

○顧廣圻曰 誘下當有於事二字라

○顧廣圻 : '誘' 아래에 응당 '於事' 두 자가 있어야 한다.

18-20 **誘於事者**는 **困於患**이니

일에 유혹되는 경우는 우환에 곤란을 겪으니

○王先謙曰 言如此者必爲憂患所困이라

○王先謙 : 이와 같은 경우는 반드시 우환으로 인해 곤란을 겪게 됨을 말한 것이다.

18-21 **其進言少**하고 **其退費多**라

나아가서는 적다고 말하고, 물러나서는 비용이 많다고 한다.

18-22 **雖有功**이라도 **其進言不信**이니

비록 공이 있더라도 그 진언하는 말이 미덥지 못하니

○王先謙曰 下云出大費而成小功也라하니 如此者謂之進言不信이라

○王先謙 : 아래에 "많은 비용을 써서 작은 공을 이룬다.〔出大費而成小功也〕"라고 하였으

니, 이와 같은 경우를 일러 "진언하는 말이 미덥지 못하다.〔進言不信〕"라고 한다.

18-23 不信者有罪하야 事〔雖〕有功(者)이라도 (必)〔不〕賞하면

미덥지 못한 자에게 죄를 주어서 〈그가〉 비록 일에 공이 있더라도 상을 내리지 않는다면

○盧文弨曰 不上脫夫字니 淩本有라 有上事字衍이니 淩本無라 顧廣圻曰 事有功者必賞은 當作事雖有功不賞이라 先愼曰 顧說是라 下云事雖有功必伏其罪라하니 卽其證이라 淩本不審而妄改니 不可從하노라

○盧文弨 : '不'자 위에 '夫'자가 탈락되었으니 淩本에 '夫'자가 있다. '有'자 위의 '事'자는 衍文이니 淩本에는 없다.

顧廣圻 : '事有功者必賞(일에 공이 있는 자에게 반드시 상을 내린다.)'은 응당 '事雖有功不賞(일에 비록 공이 있더라고 상을 내리지 않는다.)'이 되어야 한다.

王先愼 : 顧廣圻의 說이 옳다. 아래에 "일에 비록 공이 있더라도 반드시 그 죄를 물어야 한다.〔事雖有功必伏其罪〕"라고 하였으니 바로 그 증거이다. 淩本은 자세히 살피지 않고 함부로 고쳤으니 따를 수가 없다.

18-24 則群臣莫敢飾言以惛主니라

신하들이 감히 말을 꾸며서 군주를 혼미하게 하지 못할 것이다.

18-25 主道者는

군주의 도는

○先愼曰 謂爲主之道라

○王先愼 : 군주가 되는 도를 말한 것이다.

18-26 使人臣前言不復於後하고 後言不復於前하면 事雖有功이라도 必伏其罪니 謂之任下라

신하가 앞서 말한 것이 뒤의 일과 맞지 않고 뒤에 하는 말이 앞서의 일과 맞지 않는다면 일에 비록 공이 있더라도 반드시 그 죄를 물어야 하니, 이를 일러 아랫사람에게 맡긴다〔任下〕고 하는 것이다.

○先愼曰 人主之患은 在於任臣이나 然以言責事하고 以事責功일새 不專任一臣이요 凡下之人皆得而任之라 故謂之任下라

○王先愼 : 군주의 우환은 신하에게 맡기는 데 있지만, 말로써 일을 요구하고 일로써 공을 요구하기 때문에 한 사람의 신하에게 전적으로 맡기지 않고 모든 아랫사람들이 맡을 수 있는 것이다. 그래서 이를 일러 '任下(아랫사람에게 맡김)'라고 한다.

18-27 人臣爲主設事하되 而恐其非也면 則先出說設言曰 議是事者는 妬事者也라하니라 人主藏是言하야 不更聽群臣하며 群臣畏是言하야 不敢議事라

신하가 군주를 위해 일을 설행하되 그 비난이 두려우면 먼저 나서서 말하길 "이 일을 논의하는 자는 이 일을 시기하는 자이다."라고 한다. 군주가 이 말을 담아둔 채 신하들의 말을 다시 듣지 않고, 신하들도 이 말을 두려워하여 감히 일을 논의하지 않는다.

18-28 二勢者用하면

이 두 가지 형세가 작용하면

○王先謙曰 二勢者는 主拒諫이요 臣緘默이니 兩有必然之勢라

○王先謙 : 이 두 가지 형세는 군주가 간언을 막고 신하가 아무 말도 하지 않는 것이니, 두 가지는 필연적인 형세이다.

18-29 則忠臣不聽하고 而譽臣[4)]獨任이라 如是者謂之壅於言이니 壅於言者는 制於臣矣니라

忠臣의 말은 듣지 않고 譽臣의 말을 전적으로 신임하게 된다. 이와 같은 경우를

4) 譽臣 : 본서 122쪽 역주 3) 참조.

일러 말에 가려진다고 하니, 말에 가려진 경우는 신하에게 제압당한다.

18-30 **主道者**는 **使人臣有必言之責**하고

군주의 도는 신하들로 하여금 반드시 말하는 책임이 있게 하고

○**先愼曰 乾道本**에 **有必作必有**라 **盧文弨云 必有倒**니 **張本作有必**하고 **淩本作知有**라하니라 **先愼案 張本是**니 **今據改**하노라

○王先愼 : 乾道本에 '有必'이 '必有'로 되어 있다. 盧文弨는 "'必有'가 倒置된 것이니, 張本에는 '有必'로 되어 있고 淩本에는 '知有'로 되어 있다."라고 하였다. 내가 살펴보건대 張本이 옳으니 지금 이에 의거하여 고쳤다.

18-31 **又有不言之責**이라

또 말하지 않는 책임도 있게 한다.

18-32 **言無端末辯無所驗者**는 **此言之責也**요 **以不言避責持重位者**는 **此不言之責也**니라

말을 두서없이 하고 변론을 증명할 수 없이 하는 것은 말하는 책임이 있는 경우이고, 말을 하지 않음으로써 책임을 회피하고 중요한 자리를 유지하는 것은 말하지 않는 책임이 있는 경우이다.

18-33 **人主使人臣言者必知其端〔末〕**하야 **以責其實**하고

군주는 말한 신하에 대해 그 처음과 끝을 알게 하여 그 실적을 책임지게 하고

○**先愼曰 依上下文**에 **端下當有末字**라

○王先愼 : 위아래 글에 의거하면 '端' 아래에 응당 '末'자가 있어야 한다.

18-34 **不言者必問其取舍**하야 **以爲之責**이라

말하지 않은 신하에 대해 반드시 그 취사를 물어서 책임질 일로 삼게 한다.

○顧廣圻曰 藏本同이라 今本에 責作資니 誤라

○顧廣圻 : 藏本과 똑같다. 今本에 '責'이 '資'로 되어 있으니 잘못이다.

18-35 則人臣莫敢妄言矣요 又不敢默然矣니 言默則皆有責也니라

그렇게 되면 신하는 감히 함부로 말하지 못하고 또 감히 묵묵히 있지도 못할 것이니, 말하는 것과 묵묵히 있는 것 모두 책임이 있는 것이다.

18-36 人主欲爲事인댄 不通其端末하야 而以明其欲하야

군주가 일을 하고자 하는데 그 처음과 끝을 통달하지 못한 채 자신이 하고자 하는 것을 밝히고서

○王先謙曰 明其欲者는 群下之意同曉然於主心이라

○王先謙 : 군주가 자신이 하고자 하는 바를 밝히는 것은 신하들이 마음속으로 군주의 마음을 훤히 아는 것과 같은 것이다.

18-37 有爲之者는

그 일을 하는 경우에는

○顧廣圻曰 藏本同이라 今本에 之下有意字니 誤라

○顧廣圻 : 藏本과 똑같다. 今本에 '之'자 아래 '意'자가 있으니 잘못이다.

18-38 其爲不得利하고 必以害反이라 知此者는 任理去欲이니라

그 일이 이익을 얻지 못하고 반드시 해로 돌아올 것이다. 이를 아는 군주는 〈일을 진행할 때〉 이치에 맡기고 욕심은 버린다.

18-39 擧事有道하니 計其入多其出少者라야 可爲也라 惑主不然하야 計其入하고

不計其出하니 **出雖倍其入**이라도 **不知其害**면 **則是名得而實亡**이라

일을 진행하는 데는 도리가 있으니, 수입은 많게 하고 지출은 적게 하는 것을 계획해야 그 일을 할 수 있다. 미혹된 군주는 그렇지 않아서 수입만 계획하고 지출은 계획하지 않으니, 지출이 수입보다 배가 되더라도 그 해를 알지 못하면 이는 명목만 얻고 실제는 잃은 것이다.

18-40 **如是者功小而害大矣**라 **凡功者**는 **其入多其出少**라야 **乃可謂功**이라 **今大費無罪而少得爲功**이면 **則人臣出大費而成小功**하리니 **小功成而主亦有害**니라

이와 같은 경우는 공이 작고 손해는 크다. 무릇 공이라는 것은 수입은 많고 지출은 적어야만 공이라 할 수 있다. 지금 큰 비용을 쓰면서도 죄를 받지 않고 얻은 것은 적은데 공이라 인정을 받으면 신하들은 큰 비용을 써서 작은 공을 이루려고 할 것이니, 작은 공을 이루는 것은 군주 또한 손해가 있는 것이다.

18-41 **不知治者**는

다스림을 모르는 자는

○**先愼曰 舊連上**이나 **顧廣圻云 當以此句提行**이라하니 **今從之**하노라

○王先愼 : 예전에는 위의 글과 연결시켰으나 顧廣圻는 "응당 이 구는 행을 바꾸어야 한다."고 하였으니 지금은 이를 따랐다.

18-42 **必曰 無變古**하며 ***毋易常***이라하니라 **變與不變**을 **聖人不聽**하고 **正治而已**라 **然則古之無變**과 **常之毋易**은 **在常古之可與不可**라

반드시 "옛것을 바꾸지 말아야 하며 常法을 고치지 말아야 한다."라고 한다. 변혁과 불변을 성인은 따지지 않았으며 올바르게 다스렸을 따름이다. 그렇다면 바꾸지 말아야 할 옛것과 고치지 말아야 할 상법은 옛것이 〈현실에 적용하기에〉 가한지 불가한지에 달려 있다.

18-43 **伊尹毋變殷**하고 **太公毋變周**면 **則湯武不王矣**니라

伊尹이 殷나라를 변혁시키지 못하고 太公이 周나라를 변혁시키지 못했다면, 湯王과 武王은 王者가 되지 못했을 것이다.

18-44 **管仲毋易齊**하고 **郭偃毋更晉**이면

管仲이 齊나라를 바꾸지 못하고 郭偃이 晉나라를 고치지 못했다면

○**先愼曰 郭偃**은 **墨子所染篇**에 **作高偃**이니 **高與郭一聲之轉**[5)]이라 **左傳**에 **作卜偃**이라 **韋杜注**에 **晉掌卜大夫**라하니라

○王先愼 : 郭偃은 ≪墨子≫ 〈所染篇〉에 '高偃'으로 되어 있으니, '高'와 '郭'은 초성이 바뀐 것이다. ≪春秋左氏傳≫ 閔公 元年 조에 '卜偃'으로 되어 있다. 韋昭와 杜預의 注에 "晉나라의 卜筮를 맡은 大夫이다."라고 하였다.

18-45 **則桓文不霸矣**니라

桓公과 文公은 霸者가 되지 못했을 것이다.

18-46 **凡人難變古者**는 **憚易民之安也**라

무릇 사람이 옛것을 바꾸기를 어려워하는 것은 백성이 편안히 여기는 것을 바꾸기를 꺼려해서이다.

18-47 **夫不變古者**는 **襲亂之迹**이요 **適民心者**는 **恣姦之行也**라

옛것을 바꾸지 않는 것은 혼란의 자취를 답습하는 것이고, 백성의 마음에만 맞게 하는 것은 간사한 행실을 내버려두는 것이다.

18-48 **民愚而不知亂**하고 **上懦而不能更**하니 **是治之失也**라

---

5) 一聲之轉 : 訓詁學의 용어이다. 聲母(음절의 앞부분)가 같은데, 韻母(聲母와 聲調 이외의 부분)의 변화로 조성된 글자의 변화를 말한다.

백성은 어리석어 혼란을 알지 못하고 군주는 나약하여 고치지 못하니, 이것이 다스림의 실책이다.

18-49 **人主者**는 **明能知治**하고 **嚴必行之**라

군주는 현명함이 다스림을 잘 알아야 하고 위엄이 반드시 〈변혁을〉 실행할 수 있어야 한다.

18-50 **故雖拂於民心**이라도

그러므로 백성의 마음을 거스르더라도

○顧廣圻曰 逗라

○顧廣圻 : 여기서 쉰다.

18-51 〔必〕**立其治**라

반드시 그 다스림을 세워야 한다.

○顧廣圻曰 藏本今本에 心作必이라 按拂於民心은 與上適民心으로 相對하니 唯乾道本爲未誤라 先愼曰 乾道本에 脫必字하고 藏本趙本에 脫心字耳라 當作拂於民心 必立其治라 顧氏知拂民心與適民心相對나 而不知必立其治與嚴必行之 又相承也라

○顧廣圻 : 藏本과 今本에 '心'이 '必'로 되어 있다. 생각건대 '拂於民心(백성의 마음을 거스른다.)'은 위의 '適民心(백성의 마음에 맞게 한다.)'과 상대가 되니 오직 乾道本이 잘못되지 않았다.

王先愼 : 乾道本에 '必'자가 탈락되었고 藏本과 趙本에 '心'자가 탈락되어 있다. 응당 "拂於民心 必立其治"가 되어야 한다. 顧廣圻는 '拂民心'과 '適民心'이 상대가 되는 것만 알고, '必立其治'와 '嚴必行之'가 또 서로 이어진다는 것을 몰랐다.

18-52 **說在商君之內外而鐵殳**(수)[6]하고 **重盾而豫戒也**라

그 사례로 商君이 안팎에 鐵殳를 설치하고 겹겹의 방패로 미리 경계한 일이 있다.

18-53 故郭偃之始治也에 文公有官卒하고 管仲〔之〕始治也에 桓公有武車하니 戒民之備也라

그러므로 郭偃이 처음 다스릴 적에 文公이 官卒(호위병)을 두었고 管仲이 처음 다스릴 적에 桓公이 武車를 두었으니, 백성을 경계하여 대비한 것이다.

○先愼曰 管仲下當有之字니 與上句相對라

○王先愼 : '管仲' 아래에 응당 '之'자가 있어야 하니 윗구와 상대하기 때문이다.

18-54 是以愚(贛(공))〔戇(당)〕窳(유)(墮)〔惰〕之民은

이 때문에 어리석고 나약하며 게으른 백성은

○盧文弨曰 以下多不可曉니 疑有脫誤라 先愼曰 乾道本에 愚作遇라 顧廣圻云 藏本同이라 今本에 贛作戇하고 墮作惰라 按贛或省字也라 乾道本에 愚作遇하니 譌라하니라 今據改하노라

○盧文弨 : 이하에는 이해할 수 없는 곳이 많으니 탈자나 오자가 있는 듯하다.

王先愼 : 乾道本에 '愚'가 '遇'로 되어 있다. 顧廣圻는 "藏本과 똑같다. 今本에 '贛'은 '戇'으로 되어 있고 '墮'는 '惰'로 되어 있다. 생각건대 '贛'은 생략된 글자인 듯하다. 乾道本에 '愚'가 '遇'로 되어 있으니 잘못되었다."라고 하였다. 지금 이에 의거하여 고쳤다.

18-55 苦小費而忘大利也라

작은 비용이 드는 것을 싫어하여 큰 이익을 잊었으므로

○顧廣圻曰 逗라

---

6) 商君之內外而鐵殳(수) : 商君은 전국시대의 商鞅을 가리킨다. 그는 秦 孝公에게 발탁되어 국가의 법령과 제도를 대대적으로 변혁하여 부국강병을 추구하였다. 백성들의 원망에 대한 방비를 충실히 하여 궁을 출입할 때 수레에 鐵殳와 같은 병장기를 설치하고 겹겹의 방패로 중무장하였다.

○顧廣圻 : 여기서 쉰다.

18-56 **故夤(인)虎受阿謗**이라

그러므로 夤虎는 비방을 받았다.

○**顧廣圻曰 句**라

○顧廣圻 : 여기서 구를 끊는다.

18-57 **而輾小變而失長便**이라

작은 변화를 두려워하여 오랫동안 편하게 될 것을 잃어버렸으므로

○**顧廣圻曰 逗**라 **按輾字有誤**나 **未詳所當作**이라

○顧廣圻 : 여기서 쉰다. 생각건대 '輾'자는 잘못되었지만 응당 무슨 글자인지는 미상이다.

18-58 **故鄒賈非載旅**라

鄒賈는 원정을 비난하였다.

○**顧廣圻曰 句**라

○顧廣圻 : 여기서 구를 끊는다.

18-59 **狎習於亂而容於治**라

혼란한 와중에도 친근하고 익숙하게 여겨 다스림을 그대로 수용했으므로

○**顧廣圻曰 逗**라

○顧廣圻 : 여기서 쉰다.

18-60 **故鄭人不能歸**라

鄭縣 사람은 돌아가지 못하였다.

○顧廣圻曰 句絶이라 按此皆未詳이라 自上文說在商君云云以下句例는 全與本書內儲說七術六微外儲說左右四篇之經相同하니 必韓子此下尙有其說하야 亦如四篇之說者어늘 而今佚之耳라 先愼曰 顧說是라 外儲說左下에 鄭縣人賣豚한대 人問其價하니 曰 道遠日暮하니 安暇語汝오라하니라 當卽鄭人不能歸佚文이라

○顧廣圻 : 句를 끊는다. 생각건대 여기 모든 부분이 미상이다. 위의 '說在商君……'부터 이하에 나열된 구는 본서의 〈內儲說 上 七術〉·〈內儲說 下 六微〉·〈外儲說 左〉·〈外儲說 右〉 네 편의 經文과 똑같으니 필시 韓子가 이 아래에 해당하는 說을 두어 네 편의 說과 같이 했을 것인데, 지금은 일실되었다.

王先愼 : 顧廣圻의 說이 옳다. 〈外儲說 左下〉에 "鄭縣 사람이 돼지를 팔고 있었는데, 어떤 사람이 그 값을 묻자 그 사내는 이렇게 말했다. '돌아갈 길은 멀고 해는 저물었소. 그러니 당신과 이야기하고 있을 시간이 없소.'"라고 하였다. 응당 '鄭人不能歸'는 佚文이다.

第十九 飾邪篇 제19편 사특함을 경계함

'飾'은 '飭'과 통용으로 卜筮나 占星 같은 邪術을 整治한다는 뜻이다. 이 편은 각종 사악한 행위를 반대하는 동시에 韓非子 자신의 法治思想을 반복 천명하여 韓王에게 올린 것이다. 本篇의 요지는 '법을 밝게 시행하는 자는 강력해지고 법을 소홀히 시행하는 자는 弱小하게 된다.'는 데에 있다. 이런 관점에서 반대하는 사악한 행위를 여섯 가지로 나누어 설명하고 있다.

첫째, 복서나 점성 같은 미신을 믿는 일을 반대하였다. 이는 귀신을 믿는 자는 법을 소홀히 하는 원인이 된다는 생각에서 기인하여 여기에 관한 많은 사실을 들어 복서와 점성술의 황당함을 증명하면서 이를 반대하는 논리를 전개하였다. 둘째, 諸侯의 大國을 믿고 의지하는 일을 반대하였다. 역사적 사실을 따라 살펴보면 다른 제후의 힘을 믿으면 반드시 자기 나라가 위험해지는 결과를 초래하였다. 당시 춘추전국시대는 弱肉强食의 시대인 만큼 이런 시대적 환경이 韓非子에게 實力을 숭상하는 사상을 이루었기 때문에 남의 힘을 믿는 것을 반대하고 자기의 실력을 增强해야 함을 주장하였다. 셋째, 법도에 맞지 않는 賞과 罰을 반대하였다. 상을 과분하게 내리는 자는 민심을 잃게 되고 벌을 과도하게 집행하는 자는 백성들이 두려워하지 않는 법이니, 이렇게 되면 나라가 아무리 크더라도 반드시 위험하게 된다. 그러니 상과 벌을 신중하고 신실하게 시행하여야 국가의 실력을 增强할 수 있다. 넷째, 개인 사이의 작은 충성을 반대하였다. 그 때문에 작은 충성을 하는 자는 법령을 주관하게 해서는 안 되니, 작은 충성을 하는 자에게 법령을 주관하게 하면 백성을 다스리는 일에 방해가 된다. 다섯째, 智能과 교묘한 말솜씨로 나라 다스리는 일을 반대하였다. 그래서 법령을 제쳐두고 지능에 맡기면 수고롭기만 하고 功이 없으니, 이를 역사적 교훈으로 보면 법령을 밝게 집행한 자는 강하고 법령을 소홀히 집행한 자는 약하게 되었다. 여섯째, 신하의 개인적인 의리와 私心을 반대하고 公義를 제시하였다. 임금과 신하는 서로 마음이 다르니, 임금은 계산적으로 신하를 기르고 신하는 일을 계산하는 것으로 임금을 섬긴다. 그래서 公私를 분명하게 해야 하고 法禁을 명확하게 해야 한다고 주장하였다.

19-1 鑿龜數筴(책)하야 兆曰大吉이어늘 而以攻燕者는 趙也요 鑿龜數筴하야 兆曰大吉이어늘 而以攻趙者는 燕也니이다 劇辛[1]之事燕에 無功而社稷危하고

거북의 등딱지를 뚫고 蓍草의 줄기를 세는 점을 쳐서 '大吉'이라는 점괘가 나오자 燕나라를 공격한 것은 趙나라였습니다. 거북의 등딱지를 뚫고 蓍草의 줄기를 세는 점을 쳐서 '大吉'이라는 점괘가 나오자 조나라를 공격한 것은 연나라였습니다. 劇辛이 연나라를 섬겼으나 功을 세우지 못하여 社稷이 위험에 빠졌고,

○顧廣圻曰 史記趙世家에 悼襄王[2]三年에 龐煖[3]將하야 攻燕하야 禽其將劇辛이라하니 卽其事라 詳見燕世家하니라

○顧廣圻 : ≪史記≫ 〈趙世家〉에 "悼襄王 3년(B.C. 242)에 龐煖이 군대를 거느리고 가서 燕나라를 공격하여 燕나라 장군 劇辛을 사로잡았다."라고 하였으니, 바로 여기에서 말한 것이 그 일이다. ≪史記≫ 〈燕世家〉에 자세히 보인다.

19-2 鄒衍[4]之事燕에 無功而國道絶이라

鄒衍이 연나라를 섬겼으나 功을 세우지 못하여 나라의 命運이 끊기게 되었습니다.

○顧廣圻曰 未詳[5]이라

---

1) 劇辛 : 전국시대 燕나라의 장수이다. 본래는 趙나라 사람인데 燕 昭王이 賢人을 힘써 구한다는 말을 듣고 연나라에 가서 장군이 되었다. 늙어서 연나라 군대를 지휘하여 조나라를 공격하다가 친구였던 조나라 장군 龐煖에게 패전하여 잡혀 죽었다.

2) 悼襄王 : 전국시대 趙나라 9대 王이다. 姓은 嬴, 氏는 趙, 이름은 偃으로, 孝成王의 아들이다. 당시 趙나라의 名將 廉頗가 代理相國으로 魏나라를 공격하여 繁陽을 점령하였으나 悼襄王이 樂乘을 보내 염파를 대신하게 하니 분노한 염파가 악승을 공격하자 악승은 도망쳐버렸고, 염파도 위나라로 망명하였다.

3) 龐煖 : 전국말기 趙나라의 장군으로 縱橫家의 한 사람이다. 燕나라 將軍 劇辛을 사로잡아 죽였으며, 山東의 趙·楚·魏·韓·燕나라 다섯 諸侯國을 合縱하게 하여 秦나라를 토벌하였으나 성공을 거두지 못하였다.

4) 鄒衍 : 전국말기 五行說을 창시한 陰陽家의 대표 인물이다. 齊나라 사람으로, 주요 학설에 五德終始說과 大九州說이 있다. 당시 사람들이 談天衍이라고 일컬었으며 鄒子라고도 불렀다. 저서에 ≪鄒子≫가 있다.

5) 未詳 : 顧廣圻는 鄒衍이 燕나라 섬긴 일은 미상이라고 하였으나, ≪韓非子新校注≫에서 陳奇猷는 "≪史記≫ 〈孟子荀卿列傳〉에 '鄒衍이 燕나라에 가자 昭王이 빗자루를 들고 앞에서 인도

○顧廣圻 : 〈鄒衍의 일은〉 未詳이다.

19-3 趙(代)先得意於燕하고 後得意於齊하니

趙나라는 먼저는 燕나라에 승리하고 뒤에는 齊나라에 승리하니,

○先愼曰 乾道本에 後下에 無得字라 王渭云 當衍代字라하고 顧廣圻云 藏本今本에 後下에 有得字일새 今據補하노라 按趙世家에 四年에 移攻齊하야 取饒安이라하니 卽其事也라

○王先愼 : 乾道本에는 '後'자 아래에 '得'자가 없다. 王渭는 "'代'자는 응당 衍文이어야 한다."라고 하였고, 顧廣圻는 "藏本과 今本에 '後'자 아래에 '得'자가 있기에 지금 이에 의거하여 보충하였다. 살펴보건대 ≪史記≫ 〈趙世家〉에 悼襄王 4년(B.C. 241)에 '군대를 이동하여 齊나라를 공격해서 饒安을 점령했다.' 하였다."라고 하였으니, 바로 그 일을 말한다.

19-4 國亂節高하야

나라는 어지러웠으나 의기양양하여

○顧廣圻曰 藏本同하고 今本은 節作飾하니 誤라 十過篇에 其行矜而意高하야 非他時之節也라하니 卽此節高之義라

○顧廣圻 : 藏本은 같고, 今本은 '節'자가 '飾'으로 되어 있으니 오자이다. 本書 〈十過篇〉에 '其行矜而意高 非他時之節也(그들의 걸음걸이는 거만하고 의기양양하여 평상시의 절도가 아니었다.)'라고 하였으니, 곧 여기서 말한 '節高'의 뜻이다.

19-5 自以爲與秦提衡하니

스스로 秦나라와 필적한다고 여겼으니,

○先愼曰 世家에 悼襄王四年에 龐煖將趙楚魏燕之銳師하야 攻秦蕞(최)[6]나 不

하고 제자의 대열에 끼어 앉아 수업하기를 요청하였으며, 碣石宮을 지어 몸소 가서 스승으로 섬겼다.'라고 기록되어 있다."고 하였다.

拔이라하니라

○王先愼 : ≪史記≫ 〈趙世家〉 悼襄王 4년에 "龐煖이 趙·楚·魏·燕나라의 精銳兵을 거느리고 가서 秦나라 蕞를 공격하였으나 함락시키지 못했다."라고 하였다.

19-6 **非趙龜神而燕龜欺也**니이다 **趙又嘗鑿龜數**筴**而北伐燕**하야 **將劫燕以逆秦**이러니 **兆曰大吉**이라 **始攻大梁**[7)]한대 **而秦出上黨**[8)]**矣**요

조나라의 거북점은 영험이 있고 연나라의 거북점은 사람을 속인 것이 아닙니다. 조나라는 또 일찍이 거북의 등딱지를 뚫고 蓍草의 줄기를 세는 점을 쳐서 북쪽으로 연나라를 공격하고 연나라를 협박해서 진나라를 맞아 싸우게 하려고 하였는데, '大吉'이라는 점괘가 나왔습니다. 처음에 大梁을 공격하자 진나라 군대가 上黨을 공격하기 위해 出兵하였고,

○先愼曰 攻出二字 互誤라

○王先愼 : '攻'과 '出' 두 글자가 서로 잘못 바뀌었다.

19-7 **兵至釐**[9)]**而六城拔矣**요 **至陽城**[10)]에 **秦拔**鄴[11)]**矣**라

조나라 군대가 釐에 도착했을 때 조나라의 여섯 城이 진나라 군대에 함락되었으며, 조나라 군대가 陽城에 당도했을 때는 진나라 군대가 조나라의 鄴을 함락시켰습니다.

6) 蕞(최) : 蕞는 전국시대 秦나라의 땅으로 지금의 陝西省 臨潼縣 북동쪽에 있었다.

7) 大梁 : 전국시대 魏나라의 國都 大梁(현재의 河南省 開封市)이 아니다. ≪韓非子新校注≫에서 陳奇猷는 "≪史記≫ 〈趙世家〉 悼襄王 4년에 보이는 河梁으로, 燕나라로 들어가는 중요한 길목인 듯하다."라고 하였다.

8) 上黨 : 山西省의 동남 지역에 있던 옛 地名이다. 太行山의 산마루 쪽에 위치하여 높은 지대에 있다 하여 붙여진 이름이라고 한다. 예전부터 전략의 요충지로 戰略家들이 반드시 차지하려고 다투던 땅으로, 지금의 長治市이다.

9) 釐 : 전국시대 燕나라의 땅 이름이다. 본래는 齊나라 땅이었으나 뒤에 燕나라에 귀속되었다. 지금의 河北省 任邱縣 동북쪽에 있었다.

10) 陽城 : 전국시대 燕나라의 지명으로, 지금의 河北省 完縣 동남쪽에 있었다.

11) 鄴 : 지금의 河北省 臨漳縣 서남쪽에 있었다.

○顧廣圻曰 世家에 九年에 攻燕하야 取(魏)〔貍〕陽城[12)]하야 兵未罷에 秦攻鄴하야 拔之라하고 又年表云 秦拔我閼與鄴하야 取九城이라하니 卽其事也라

○顧廣圻 : ≪史記≫ 〈趙世家〉에 "悼襄王 9년(B.C. 236)에 燕나라를 공격하여 貍와 陽城을 점령하여 전쟁이 아직 끝나지 않았을 때 秦나라가 鄴을 공격하여 함락시켰다."라고 하였고, 또 ≪史記≫ 〈六國表〉에 "秦나라가 우리(趙)의 閼與와 鄴을 함락시켜서 아홉 城을 점령하였다."라고 했으니, 곧 그 일이다.

19-8 龐援揄兵而南이러니 則鄣[13)]盡矣니이다

龐援이 〈구원하기 위하여〉 연나라에서 군대를 이끌고 남쪽으로 왔는데 鄣이 깡그리 함락되었습니다.

○盧文弨曰 龐援卽龐煖이니 亦作龐涓이라 顧廣圻曰 援은 讀爲煖이라 史記燕趙世家와 漢書人表藝文志에 皆作煖하니 援煖同字耳라 南者는 兵自燕返也라

○盧文弨 : '龐援'은 곧 '龐煖'이니, '龐涓'으로도 쓴다.

顧廣圻 : '援'은 '煖'으로 읽어야 된다. ≪史記≫ 〈燕世家〉·〈趙世家〉와 ≪漢書≫ 〈古今人表〉·〈藝文志〉에 모두 '煖'으로 되어 있으니, '援'과 '煖'은 같은 글자이다. '南'은 趙나라의 군대가 燕나라에서 돌아오는 것이다.

19-9 臣故曰 趙龜雖無遠見於燕이나 且宜近見於秦이라하노이다 秦以其大吉로 辟地有實하고 救燕有(有)名이어늘

臣은 이 때문에 "조나라의 거북점이 멀리 연나라와의 전쟁에 대해서는 豫見하지 못했을지라도 우선 가까이 진나라가 쳐들어오는 일에 대해서는 예견했어야 마땅하다."고 말한 것입니다. 진나라는 '大吉'이라는 점괘 때문에 영토를 넓히는 實益

---

12) (魏)〔貍〕陽城 : ≪史記≫ 〈趙世家〉에는 '貍陽城'으로 되어 있으니, 顧廣圻가 '魏陽城'으로 인용한 것은 잘못이다. ≪韓非子新校注≫에 陳奇猷는 '貍'는 곧 윗글 '釐'의 同音 假借字라고 하였기에 이를 따라 번역하였다.

13) 鄣 : 전국시대 趙나라의 지명으로 지금의 山東省 東平縣 鄣城集에 있었다. ≪韓非子新校注≫에 太田方은 지명이 아니라 堡壘라고 하였는데, 陳奇猷는 堡壘로 보아도 통한다고 하였다.

을 얻고, 게다가 연나라를 구원했다는 명성까지 얻었는데,

○顧廣圻曰 藏本今本에 不重有字라 王渭曰 上有字는 讀爲又라

○顧廣圻 : 藏本과 今本에 '有'자가 거듭 들어 있지 않다.
王渭 : 위의 '有'자는 '又'자로 읽어야 한다.

19-10 趙以其大吉로 地削兵辱하고

조나라는 '大吉'이라는 점괘 때문에 영토가 줄어들고 군대는 敗戰의 치욕을 당했으며,

○先愼曰 乾道本에 地作利라 盧文弨云 淩本利作地라하야늘 今據改라하니라

○王先愼 : 乾道本에 '地'자가 '利'자로 되어 있다. 盧文弨는 "淩本에 '利'자가 '地'자로 되어 있다."라고 하였기에 지금 이에 의거하여 고쳤다.

19-11 主不得意而死하니

임금은 뜻을 이루지 못하고 죽었으니,

○先愼曰 趙世家에 悼襄王九年卒이라하니라

○王先愼 : ≪史記≫ 〈趙世家〉에 "悼襄王이 즉위한 지 9년에 죽었다."라고 하였다.

19-12 又非秦龜神而趙龜欺也니이다

이 역시 진나라의 거북점은 영험하고 조나라의 거북점은 사람을 속인 것이 아닙니다.

19-13 初時者에 魏數年에 東鄕攻盡陶衛[14)]하고

당초에 魏나라는 여러 해 동안에 동쪽으로 出兵하여 定陶와 衛나라를 모두 점령

14) 陶衛 : 定陶와 衛나라의 幷稱이다. 定陶는 지금의 山東省 河澤市 定陶區로, 옛날에는 '陶' 또는 '陶丘'로도 불렀다. 이곳에 堯城이 있었는데 堯가 살던 곳이라고 한다.

하고,

○先愼曰 魏安釐(희)王事니 見有度篇하니라

○王先愼 : 魏나라 安釐王의 일이니, ≪韓非子≫ 〈有度篇〉에 보인다.

19-14 數年에 西鄕以失其國하니

여러 해 동안 서쪽으로 出兵하였다가 그 때문에 자기의 나라를 잃었으니,

○先愼曰 魏景湣王事니 見史表世家하니라

○王先愼 : 魏나라 景湣王의 일이니, ≪史記≫ 〈六國表〉·〈魏世家〉에 보인다.

19-15 此非[15]豐隆五行太一

이는 豐隆·五行·太一·

○先愼曰 張趙本에 一作乙하니 字同이요 漢書天文志에 作泰一이라

○王先愼 : 張本과 趙本에 '一'자가 '乙'자로 되어 있으니 같은 글자이고, ≪漢書≫ 〈天文志〉에는 '泰一'로 되어 있다.

19-16 王相攝提六神五括天河殷搶歲星[16]이 (非)數年在西也요

王相·攝提·六神·五括·天河·殷搶·歲星이 여러 해 동안 서쪽에 있었기 때문이 아니고,

○先愼曰 天文志에 歲星所在는 國不可伐이요 可以伐人이라하니라 數上에 不當有非字니 承上此非言이라 下非數年在東也의 非字亦衍이라

○王先愼 : ≪漢書≫ 〈天文志〉에 "歲星이 있는 곳은 그쪽 나라를 토벌해서는 안 되고, 無道한 사람은 토벌할 수 있다."라고 하였다. '數'자 위에 '非'자가 있는 것은 합당치 않으니, 위의 '此非'를 이어서 한 말이다. 아래 '非數年在東也'의 '非'자도 衍文이다.

---

15) 非 : 19-16 '數年在西也'에 걸린다.

16) 豐隆……歲星 : 모두 古代의 별이름으로, 吉星인데 하나하나 고찰하기는 어렵다고 한다.

19-17 又非天缺弧逆刑星熒惑奎台[17] (非)數年在東也니이다

또 天缺・弧逆・刑星・熒惑・奎台가 여러 해 동안 동쪽에 있었기 때문도 아닙니다.

○先愼曰 天文志에 熒惑出이면 則有大兵하고 入則兵散하니 周還(선)止息에 迺爲其死喪이라 寇亂在其野者는 亡地하고 以戰不勝이라하니라

○王先愼 : ≪漢書≫ 〈天文志〉에 "熒惑星이 출현하면 큰 전쟁이 일어나고 熒惑星이 들어가면 군대가 무너져 흩어지니, 熒惑星이 돌고 정지하는 데에서 死傷의 조짐을 나타낸다. 熒惑星의 分野에 해당하는 곳에서 外患이나 內亂이 일어나면 땅을 잃게 되고 전쟁을 하면 승리하지 못한다."라고 하였다.

19-18 故曰 龜筴鬼神은 不足擧[18]勝이요 左右背鄕[19]도 不足以專戰이라하노이다 然而恃之면 愚莫大焉이니이다

그 때문에 거북점・蓍草占과 鬼神은 승리를 지적해내기에 부족하고, 별의 자리가 왼쪽이나 오른쪽, 뒤쪽이나 앞쪽에 변화하는 것으로도 전쟁의 승부를 주관하기에는 부족하다고 말하는 것입니다. 그런데도 그것을 믿는다면 이보다 더 큰 어리석음은 없습니다.

19-19 古者에 先王盡力於親民하고 加事於明法하니 彼法明이면 則忠臣勸하고 罰

---

17) 天缺弧逆刑星熒惑奎台 : 모두 彗星으로, 이 별이 출현하면 중대한 재난의 발생을 미리 알리는 조짐이라고 한다.

18) 擧 : ≪韓非子新校注≫ 陳奇猷의 "'擧'자는 本書 〈說難篇〉의 '說者爲之擧其過(유세하는 자가 그를 위해 잘못을 지적해내다.)'와 〈解老篇〉의 '是以擧之曰(이 때문에 지적해내어 말하다.)'의 '擧'와 같은 '지적해내다〔指出〕'의 뜻이다."라는 설을 따라 번역하였다.

19) 左右背鄕 : 별의 자리가 변화하는 현상을 말한다. '背'는 뒤, '鄕'은 '向'의 통용자로 앞을 말한다. ≪淮南子≫ 〈天文訓〉에 "왼쪽과 앞에 刑星이 있고 오른쪽과 뒤쪽에 德星이 있어서 鉤陳(별자리 이름)의 상대하는 별을 공경하거든 전쟁을 하면 반드시 승리하고 공격하면 반드시 이긴다."라고 하였다.

必이면 **則邪臣止**니이다 **忠勸邪止而地廣主尊者**는 **秦是也**요 **群臣朋黨比周**하야 **以隱正道**하고 **行私曲而地削主卑者**는 **山東是也**니이다 **亂弱者亡**은

예전에 先王은 백성을 친근히 하는 일에 힘을 다하고 법령을 밝게 제시하는 데 더욱 노력하여 종사했습니다. 임금이 법도를 밝히면 忠臣이 권면되고 죄를 지은 자에게 반드시 형벌을 주면 姦臣이 간악한 짓을 그치게 됩니다. 충신이 권면되고 간신이 간악한 짓을 그쳐서 영토가 넓어지고 임금의 권위가 높아진 경우는 秦나라이고, 君臣이 편당을 지어 私益을 추구하여 正道를 은폐하며 삿되고 아부하여 영토가 줄어들고 임금의 권위가 낮아진 경우는 山東의 諸侯國입니다. 혼란하고 약소한 나라가 衰亡하는 것은

○**顧廣圻曰 四字爲一句**니 **下治强者王句同**이라

○顧廣圻 : 네 글자(亂弱者亡)가 한 句가 되니, 아래 '治强者王'의 句도 같다.

19-20 **人之性也**요 **治强者王**은 **古之道也**니이다 **越王句踐**은 **恃大朋**[20]**之龜**하고 **與吳戰而不勝**하야

세상의 일반적인 일이고, 다스려지고 강성한 나라가 왕 노릇 하는 것은 예부터 내려온 도리입니다. 越王 句踐은 大朋 거북이 보이는 吉兆를 믿고 吳나라와 전쟁하였으나 승리하지 못하여

○**先愼曰 乾道本**에 **吳作吾**라 **顧廣圻云 今本**에 **吾作吳**라 **按吾吳二字**는 **他書亦有相亂者**라하니라 **先愼案 下均作吳**하니 **似應一律**일새 **今據改**하노라

○王先愼 : 乾道本에 '吳'자가 '吾'로 되어 있다. 顧廣圻는 "今本에 '吾'자가 '吳'로 되어 있다. 살펴보건대 '吾'와 '吳' 두 글자는 다른 책에도 서로 어지럽게 뒤바뀐 경우가 있다."라고 하였다. 내가 살펴보건대 아래 글에 똑같이 '吳'자로 되어 있으니, 응당 동일한 형식이 되어야 하겠기에 지금 이에 의거하여 고쳤다.

19-21 **身臣入宦於吳**라가

---

20) 大朋 : 점을 치는 데 쓰는 거북의 이름이라고 한다.

자신은 포로〔臣〕가 되어 吳나라에 들어가 服役〔宧〕하여 섬기다가

○顧廣圻曰 臣字는 當衍이라 先愼曰 趙本에 宧作官이라 案作官者는 蓋以 越語與范蠡入官於吳와 越絶書請糴內傳外傳記地傳과 吳越春秋句踐入臣傳으로 改也라 本書自作宧하니 喩老篇에 句踐入宧於吳라하고 又云 越王之霸也는 不病宧이라하니 是其證이라

范蠡(≪於越先賢像傳讚≫)

○顧廣圻：'臣'자는 응당 衍文이다.

王先愼：趙本에 '宧'자가 '官'으로 되어 있다. 살펴보건대 '官'자로 되어 있는 것은 아마 ≪國語≫〈越語〉의 '與范蠡入官於吳(범려와 함께 오나라에 들어가 포로가 되었다.)'와 ≪越絶書≫〈請糴內傳〉·〈外傳記地傳〉과 ≪吳越春秋≫〈句踐入臣傳〉으로 고친 듯하다. 本書에는 원래 '宧'으로 되어 있으니, 〈喩老篇〉에 '句踐入宧於吳'라 하였고, 또 '越王之霸也 不病宧(월왕이 패자가 된 것은 오나라에서 복역하는 일을 괴로워하지 않았기 때문이다.)'라고 하였으니, 이것이 그 증거이다.

19-22 **反國棄龜**하고 **明法親民以報吳**하니 **則夫差爲擒**하니이다 **故恃鬼神者**는 **慢於法**하고 **恃諸侯者**는 **危其國**이니이다 **曹恃齊而不聽宋**이러니 **齊攻荊而宋滅曹**하고 (荊)〔邢〕**恃吳而不聽齊**러니 **越伐吳而齊滅**(荊)〔邢〕하고

나라로 다시 돌아오자 거북을 버리고 법령을 밝게 제시하며 백성을 친근히 하여 吳나라에 받은 굴욕을 보복하니 吳王 夫差가 사로잡히고 말았습니다. 그러므로 귀신을 믿는 자는 법령을 소홀히 하고 諸侯의 도움을 믿는 자는 나라를 위험에 빠뜨립니다. 曹나라는 齊나라를 믿고 宋나라의 命을 따르지 않았는데, 齊나라가 楚

나라를 공격하는 틈을 이용하여 宋나라는 曹나라를 멸망시켰습니다. 또 邢나라는 吳나라를 믿고 齊나라의 命을 따르지 않았는데, 越나라가 吳나라를 공격하는 틈을 이용하여 齊나라는 邢나라를 멸망시켰습니다.

○顧廣圻曰 二荊字는 皆當作邢[21)]이라

○顧廣圻 : 두 '荊'자는 모두 응당 '邢'자가 되어야 한다.

19-23 許恃荊而不聽魏러니 荊攻宋而魏滅許하고 鄭恃魏而不聽韓이러니 魏攻荊而韓滅鄭하니이다

또 許나라는 楚나라를 믿고 魏나라의 命을 따르지 않았는데 楚나라가 宋나라를 공격하는 틈을 이용하여 魏나라는 許나라를 멸망시켰습니다. 또 鄭나라는 魏나라을 믿고 韓나라의 命을 따르지 않았는데 魏나라가 楚나라를 공격하는 틈을 이용하여 韓나라는 鄭나라를 멸망시켰습니다.

○先愼曰 乾道本에 魏攻作攻魏어늘 今據藏本今本改하노라 王渭云 戰國策二에 作魏攻蔡而鄭亡이라하야 蔡荊異同하니 未詳孰是라하고 顧廣圻云 今按魏策四에 又云伐楡關[22)]而韓氏亡鄭이라하니 皆卽其事로 蔡入楚者也라 楡關은 詳見吳師道補正이라하니라

○王先愼 : 乾道本에 '魏攻'이 '攻魏'로 되어 있는데 지금 藏本과 今本에 의거하여 고쳤다. 王渭는 "≪戰國策≫ 권2 〈西周策〉에 '魏攻蔡而鄭亡(위나라가 채나라를 공격하는 틈을 이용하여 정나라를 멸망시켰다.)'으로 되어 있어서 '蔡'나라와 '荊(楚)'나라가 다르니, 어떤 것이 옳은지 모르겠다."라고 하였고, 顧廣圻는 "지금 살펴보건대 ≪戰國策≫ 〈魏策〉에 또 '伐楡關而韓氏亡鄭(유관을 공격하는 틈을 이용하여 한나라가 정나라를 멸망시켰다.)'라고 하였

21) 皆當作邢 : ≪韓非子新校注≫에 陳奇猷는 "이 글이 역사적인 사실과 부합하지 않으니, 이 '荊'자는 어느 글자의 오자인지 모르겠다." 하였기에 顧廣圻의 설에 따라 번역하였다. 그 밖에 '荊恃吳而不聽齊'의 '荊'은 '楚'로 번역하였는데, 본서에서는 國名으로 사용되는 '荊'을 모두 '楚'로 통일하여 번역하였음을 밝혀둔다.

22) 楡關 : ≪戰國策≫ 〈魏策〉의 吳師道 補正에 "楡關은 ≪史記正義≫에 '유관은 鄭의 남쪽, 大梁은 서쪽에 있다.'라고 하였다."라 하였다. 지금의 위치는 정확히 알 수 없다. ≪史記正義≫에는 이 내용이 없고, ≪史記索隱≫에 '此楡關當在大梁之西'라고만 보인다.

으니, 두 기록이 모두 그 사건으로 蔡나라가 楚나라로 들어간 것이다. 楡關은 ≪戰國策≫ 〈魏策〉의 吳師道 補正에 자세히 보인다."라고 하였다.

19-24 今者韓國小而恃大國하야 主慢而聽[23)]秦

지금 韓나라는 나라가 弱小하건만 큰 나라를 믿고서 임금은 〈법령을 밝게 제시하는 데〉 태만하면서 秦나라와

○顧廣圻曰 當補不字於聽秦上이니 此與上諸不聽으로 相承爲文也라 先愼曰 顧說非也라 此正言韓聽秦之弊니 玩下文自知라 不當以上文爲說이라

○顧廣圻 : '聽秦' 위에 응당 '不'자를 보충해야 하니, 이 구절은 위의 여러 '不聽'과 서로 이어서 글을 만든 것이다.

王先愼 : 顧廣圻의 설은 잘못되었다. 이 구절은 바로 韓나라가 秦나라를 따르는 폐단을 말한 것이니, 아래 글을 보면 저절로 알게 된다. 위의 글을 가지고 연계하여 말하는 것은 부당하다.

19-25 魏하고 恃齊荊爲用하니 而小國愈亡이니이다

魏나라의 命을 따르고 齊나라와 楚나라를 믿고서 政事를 집행하고 있으니, 약소한 나라의 멸망을 더욱 쉽게 불러올 것입니다.

○顧廣圻曰 魏上에 當有脫文이라 此複說上文邢鄭曹許之恃吳魏하고 恃齊荊爲用也라 故曰而小國愈亡이라하니라

○顧廣圻 : '魏'자 위에 응당 탈락된 글자가 있다. 이 구절은 윗글의 邢나라·鄭나라·曹나라·許나라가 吳나라와 魏나라를 믿고, 齊나라와 楚나라를 믿어 정사를 집행하고 있는 일을 거듭 설명하였다. 그러므로 "약소한 나라의 멸망을 더욱 쉽게 불러왔다."라고 말한 것이다.

19-26 故恃人不足以廣壤이어늘 而韓不見也로소이다 荊爲攻魏而加兵許鄢하고 齊攻任扈而削魏라도 不足以存鄭이어늘

23) 聽 : 19-25 '魏'에 걸린다.

그러므로 남의 도움을 믿고서는 국토를 넓힐 수가 없는데 韓나라는 이를 보지 못하고 있습니다. 楚나라가 魏나라를 공격하고 許나라와 鄢에 進攻하며, 齊나라가 任과 扈를 공격하여 魏나라의 영토를 빼앗아 줄이더라도 鄭나라를 보존시킬 수 없는데,

○顧廣圻曰 以上皆有脫誤라 此荊攻魏削魏라도 當爲不足以存許言之요 齊攻任扈라도 當爲不足以存曹言之라 其不足以存鄭은 當言魏攻也라

○顧廣圻 : 위의 글은 모두 脫字나 誤字가 있다. 이는 楚나라가 魏나라를 공격하고 위나라 영토를 줄이더라도 응당 許나라를 보존시킬 수 없음을 말한 것이고, 齊나라가 任과 扈를 공격하더라도 응당 曹나라를 보존시킬 수 없음을 말한 것이다. '不足以存鄭'은 당연히 魏나라의 공격을 두고 말한 것이다.

19-27 而韓弗知也로소이다 此皆不明其法禁以治其國하고 恃外以滅其社稷者也니이다 臣故曰 明於治之數면 則國雖小라도 富하고

韓나라는 이를 알지 못하고 있습니다. 이는 모두 法禁을 밝게 제시하여 나라를 다스리지 않고, 외국의 도움에 의지하여 社稷을 멸망시킨 例示입니다. 臣은 이 때문에 "나라를 다스리는 法術에 밝으면 나라가 약소하더라도 부강하고

○顧廣圻曰 則國雖小逗하고 富句絶이라 下文民雖寡逗하고 强句絶이라 國雖大逗하고 兵句絶이니 其句例同이라 先愼曰 國雖大와 兵에 句讀(두)는 誤라

○顧廣圻 : '則國雖小'에서 쉬고, '富'에서 句를 끊어야 한다. 아래 글은 '民雖寡'에서 쉬고, '强'에서 구를 끊어야 한다. '國雖大'에서 쉬고, '兵'에서 구를 끊어야 하니, 그 句의 規例가 똑같다.

王先愼 : '國雖大'와 '兵'에서 句讀를 끊는 것은 잘못이다.

19-28 賞罰敬信이면 民雖寡라도 强이라하노이다 賞罰無度면 國雖大나 兵弱者니 地非其地요 民非其民也니이다

賞罰을 신중하고 신실하게 하면 백성의 숫자가 적더라도 강대하다."고 말한 것입니다. 상벌을 원칙 없이 행하면 나라가 크더라도 군대가 허약하게 되니, 그 영

토는 자기 소유의 영토가 아니고 백성은 자기의 백성이 아니기 때문입니다.

○顧廣圻曰 弱者二字逗하고 地非其地民非其民也九字爲一句니 與上文民雖寡强으로 相對라 自則國雖小至此를 今皆失其讀(두)也라 兪樾曰 此言賞罰無紀면 則國雖大而兵必弱이니 所以然者는 由地非其地民非其民也라 文義本甚分明이어늘 顧氏讀國雖大逗하고 兵句하야 謂與上文國雖小富와 民雖寡强 一律하니 則兵之一字 殊不成義요 而弱者二字를 屬下讀이면 於義亦未安矣라 先愼曰 兪說이 是也라

○顧廣圻 : '弱者' 두 글자에 쉬고, '地非其地民非其民也' 아홉 자가 한 句가 되어야 하니, 윗글의 '民雖寡 强'과 서로 對句가 된다. '則國雖小'에서 여기까지를 지금 모두 그 句讀를 잘못 끊었다.

兪樾 : 이 文句는 賞罰에 기강이 없으면 나라가 크더라도 군대가 반드시 허약해지니, 그렇게 된 원인은 영토는 자기의 영토가 아니고 백성은 자기의 백성이 아니기 때문이라고 말한 것이다. 이렇게 보면 文義가 본래 매우 분명한데 顧氏가 '國雖大'에서 쉬고, '兵'에 句를 끊어서 윗글의 '國雖小富'와 '民雖寡强'과 함께 동일한 형식이라고 하였으니, '兵' 한 글자는 자못 뜻을 이루지 못한다. 그리고 '弱者' 두 글자를 아래 句에 붙여 읽으면 뜻에 맞지 않는다.

王先愼 : 兪樾의 설이 옳다.

19-29 無地無民이면 堯舜不能以王이요 三代不能以强이어늘 人主又以過予하고 人臣又以徒取하니이다 舍法律而言先王(以)明(古)〔君〕[24]之功者를

영토가 없고 백성이 없으면 堯·舜도 왕 노릇 하지 못할 것이고, 夏·殷·周 三代도 강성한 나라가 되지 못했을 것입니다. 그런데 임금은 또 過分하게 賞을 주고, 신하는 또 세운 功도 없이 상을 받기만 합니다. 법률은 제쳐두고 先王과 明君의 功績을 말하는 자를

○先愼曰 乾道本에 明上無以字하고 古作君이라 盧文弨云 凌本에 有以字하고 君作古라하야늘 今據改하노라

---

24) (以)明(古)〔君〕: 저본에는 '以明古'로 되어 있으나, ≪韓非子新校注≫ 陳奇猷의 설에 의거하여 '以'는 衍文으로 처리하였고, '古'는 '君'으로 바로잡았다. 진기유는 여기서 말하는 '明君'은 法에 밝은 임금이 아니고 儒家에서 말하는 '仁義의 정치를 행한 임금'이라고 하였다.

○王先愼：乾道本에 '明'자 위에 '以'자가 없고, '古'자는 '君'으로 되어 있다. 盧文弨는 "凌本에 '以'자가 있고, '君'자는 '古'로 되어 있다."라고 하였기에 지금 이에 의거하여 고쳤다.

19-30 上任之以國이니이다 臣故曰 是願古之功하야 以古之賞으로 賞今之人也라하노이다 主以是過予하고

임금이 그에게 國政을 맡깁니다. 臣은 그러므로 "이는 옛날의 공적을 희망하여 옛날의 상을 주는 표준으로 현재의 사람에게 상을 주는 것이다."라고 말하는 것입니다. 임금은 이 때문에 과분하게 상을 주고

○先愼曰 乾道本에 主以作以主라 顧廣圻云 藏本今本에 以主作主以라하니라 先愼案 主以是過予와 臣以此徒取로 相對成文이라 乾道本에 誤倒耳어늘 今據改하노라

○王先愼：乾道本에 '主以'가 '以主'로 되어 있다. 顧廣圻는 "藏本과 今本에 '以主'가 '主以'로 되어 있다."라고 하였다. 내가 살펴보건대 '主以是過予'와 '臣以此徒取'로 상대하여 글을 만들었다. 乾道本 글자가 잘못 바뀌었기에 지금 이에 의거하여 고쳤다.

19-31 而臣以此徒取矣니 主過予면 則臣偸幸하고

신하는 이 때문에 세운 공도 없이 상을 받기만 합니다. 임금이 과분하게 상을 주면 신하는 더욱더 요행을 바라고

○先愼曰 乾道本에 臣作人이라 盧文弨云 人이 張本作臣이라하야늘 今據改하노라

○王先愼：乾道本에 '臣'이 '人'으로 되어 있다. 盧文弨는 "'人'이 張本에 '臣'으로 되어 있다."라고 하였기에 지금 이에 의거하여 고쳤다.

19-32 臣徒取면 則功不尊이니이다 無功者受賞이면 則財匱而民望하고

신하가 세운 공도 없이 상을 받기만 하면 실제의 공로는 존귀하지 못하게 됩니다. 세운 공이 없는 자가 상을 받으면 국가의 財政이 고갈되어 백성들이 원망하고

○先愼曰 望은 怨也라

○王先愼 : '望'은 '怨(원망함)'이다.

19-33 **財匱而民望**이면 **則民不盡力矣**리이다 **故用賞過者**는 **失民**하고 **用刑過者**는 **民不畏**하나니이다 **有賞不足以勸**하고 **有刑不足以禁**이면 **則國雖大**라도 **必危**리이다

국가의 재정이 고갈되어 백성들이 원망하면 백성들은 임금을 위하여 있는 힘을 다하지 않을 것입니다. 그러므로 상을 과분하게 내리는 자는 민심을 잃게 되고 형벌을 과도하게 시행하는 자는 백성이 두려워하지 않게 됩니다. 상을 주는 일이 있어도 권면할 수가 없고, 형벌을 시행하는 일이 있어도 邪惡을 금지할 수 없으면 나라가 강대하더라도 반드시 위험에 빠지게 될 것입니다.

19-34 **故曰 小知**는 **不可使謀事**요 **小忠**은 **不可使主法**이라하노이다 **荊恭王**[25]**與晉厲公**[26]**戰鄢陵**[27]하야 **荊師敗**하고 **恭王傷**하니이다 **酣戰**에 **而司馬子反**[28]**渴而求飮**한대 **其(友)豎穀陽**[29]이

그러므로 "작은 聰明이 있는 사람은 어떤 일을 계획하게 해서는 안 되고, 작은 충성을 가진 사람은 法令을 주관하게 해서는 안 된다."라고 말하는 것입니다. 楚恭王이 晉 厲公과 鄢陵에서 전쟁하여 楚나라 군대는 패배하고 恭王은 상처를 입었습니다. 전투가 한창일 때 司馬 子反이 목이 말라 마실 것을 찾자 그의 시종(豎)穀陽이

25) 恭王 : 춘추시대 楚나라 君主이다. 姓은 芈(미)이고, 氏는 熊이며, 이름은 審이다.

26) 厲公 : 본서 52쪽 역주 2) 참조.

27) 鄢陵 : 河南省 鄢陵縣 북서쪽에 있던 옛 地名이다. 본래 妘姓의 나라로 鄭 武公에게 멸망당하였고 후대에 鄢陵으로 개칭되었다.

28) 司馬子反 : 춘추시대 楚나라 穆王의 아들 公子 側이다. 司馬 벼슬을 역임하였고, 字는 自反이다. 楚 莊王 17년(B.C. 597)에 邲의 전쟁에서 晉軍을 격파하였고, 그 후 宋나라를 포위하는 전쟁에 참가하였으며, 楚 共王 16년(B.C. 575)에 晉軍과 鄢陵에서 전쟁할 때 술에 취해 패배하자 책임을 지고 자살하였다.

29) 豎穀陽 : '豎'는 나이 어린 侍從이고, '穀陽'은 侍從의 이름인데, ≪韓非子新校注≫에서 陳奇猷는 "≪史記≫ 〈晉世家〉에 '陽穀'으로 되어 있다."라고 하였다. ≪譯註 韓非子集解≫ 〈十過篇〉의 10-6, 10-7 참고.

○顧廣圻曰 十過篇에 無其友二字라 先愼曰 他書에 無以穀陽豎爲子反友者라 呂覽權勳篇淮南人間訓의 高誘注에 豎는 小使也라하니라 左傳成十六年杜注에 穀陽反內豎[30]라하야늘 正義云 鄭(元)〔玄〕[31]云 豎는 未冠之名이라하니라 故杜以爲內豎也라하니라 友字는 當爲衍文이라

○顧廣圻 : ≪淮南子≫ 〈十過篇〉에 '其友' 두 글자가 없다.

王先愼 : 다른 책에는 시종 곡양수를 자반의 벗으로 삼은 내용이 없다. ≪呂氏春秋≫ 〈權勳篇〉과 ≪淮南子≫ 〈人間訓〉의 高誘의 註에 "豎는 小使(어린 시종)이다."라 하였다. ≪春秋左氏傳≫ 成公 16년 이 내용의 杜預의 注에 "穀陽〔子〕反內豎(곡양은 자반의 내수이다.)"라 하였는데, ≪春秋左傳正義≫에 "鄭玄이 말하기를 '豎는 관례를 하지 않은 사람의 명칭이다.'라 하였다." 하였다. 그러므로 두예가 '內豎'라고 한 것이다. '友'자는 응당 衍文이 되어야 한다.

19-35 奉巵酒而進之하다 子反曰 去之하라 此酒也로다 豎穀陽曰 非也니이다 子反受而飮之하다 子反爲人嗜酒하야 甘之하야 不能絶之於口러니 醉而臥하다 恭王欲復戰而謀事하야 使人召子反한대 子反辭以心疾하다 恭王駕而往視之하야 入幄中이라가 聞酒臭而還하야 曰 今日之戰에 寡人目親傷하니 所恃者司馬어늘 司馬又如此하니 是亡[32]荊國之社稷而不恤吾衆也라 寡人無與復戰矣로다

술을 가져다 바쳤습니다. 자반이 "가져가거라. 이것은 술이로구나."라고 하였습니다. 시종 곡양은 "술이 아닙니다."라고 하자, 자반이 술을 받아서 마셨습니다. 자반의 사람됨이 술을 좋아하여 달콤하게 여기면서 입에서 떼지 못하고 마시더니 취하여 누워 잠을 자고 말았습니다. 恭王이 다시 싸우고자 일을 상의하기 위하여 사람을 보내 자반을 불렀는데, 자반은 心疾이 있다 핑계하고 가지 않았습니다. 공왕이 수레를 몰고 가서 그를 보기 위하여 막사 안에 들어갔다가 술 냄새를 맡고 돌아와서 "오늘의 전투에 나는 직접 눈에 상처를 입었다. 믿는 사람은 司馬인데

30) 內豎 : 宮 안의 어린 시종이다. 여기서는 子反의 집안에서 부리는 시종을 가리킨다.

31) (元)〔玄〕: 淸 康熙帝의 이름이 玄燁이기 때문에 淸代에는 '玄'자를 諱하여 '元'으로 고쳐 썼다.

32) 亡 : '忘'과 통용이다. ≪說苑≫ 〈敬愼篇〉에도 '亡'으로 되어 있으나, ≪呂氏春秋≫ 〈權勳篇〉에 '忘'으로 되어 있어서 이를 따랐다. ≪譯註 韓非子集解≫ 〈十過篇〉의 10-9 참조.

사마가 또 이처럼 취하였으니, 이는 楚나라의 社稷을 잊은 것이고 우리 군사를 돌보지 않은 것이다. 나는 자반과 함께 다시 전쟁을 모의할 수가 없구나."라고 하였습니다.

○顧廣圻曰 十過篇에 無與字라 先愼曰 與字當有니 說見十過篇[33)]하니라

○顧廣圻 : 本書 〈十過篇〉에 '與'자가 없다.

王先愼 : '與'자가 당연히 있어야 되니, 〈十過篇〉에 설명이 보인다.

19-36 罷師而去之할새 斬子反以爲大戮하니이다 故曰 豎穀陽之進酒也는 非以端惡(오)子反也요 實心以忠愛之로되 而適足以殺之而已矣니이다

전쟁을 그만두고 떠날 적에 자반을 斬首하여 시체를 펼쳐놓아서 군사들에게 보였습니다. 그러므로 "시종 곡양이 술을 바친 것은 일부러 자반을 미워해서가 아니라, 진실한 마음으로 자반에게 충성과 애정을 바친 것이지만 마침 그를 죽이기에 충분한 사유가 되었을 뿐이다."라고 말하는 것입니다.

端은 故也[34)]라

舊注 : '端'은 '故(일부러)'이다.

19-37 此行小忠而賊大忠者也라 故曰 小忠은 大忠之賊也하노이다 若使小忠主法이면 則必將赦罪요 赦罪以相愛면

이것은 작은 충성을 행하려다가 큰 충성을 해친 경우입니다. 그러므로 "작은 충성은 큰 충성을 해치는 것이다."라고 하는 것입니다. 만일 작은 충성을 행하는 사람에게 법령을 주관하게 하면 반드시 죄인을 사면할 것이고, 죄인을 사면하여 서로를 愛護하면

---

33) 說見十過篇 : 〈十過篇〉의 '不穀無與復戰矣'에서 王先愼은 "윗글에서 恭王이 다시 전쟁하고자 子反을 불러 모의하려고 하였으니, 이는 자반과 함께 다시 전쟁하기를 모의하려는 것이다.〔上文 恭王欲復戰 召子反而謀 是欲與子反謀復戰也〕" 하였다.

34) 端 故也 : 이는 원래 저본의 '非以端' 아래에 달려 있는 注이다. 번역상의 편의로 아래 글 '惡(오)子反也'와 연결하여 이처럼 편집하였다.

○先愼曰 乾道本에 不重赦罪二字라 顧廣圻云 藏本今本에 重赦罪라하야늘 今據補하노라

○王先愼：乾道本에 '赦罪' 두 글자가 거듭되지 않았다. 顧廣圻는 "藏本과 今本에 '赦罪'가 거듭되었다."라고 하였기에 지금 이에 의거하여 보충하였다.

19-38 是與下安矣라 然而妨害於治民者也니이다

이는 아랫사람과 서로 편안무사하게 지내게 됩니다. 그러나 이는 백성을 다스리는 일에 방해가 되는 것입니다.

19-39 當魏之方明立辟[35)]하고

魏나라가 바야흐로 ≪立辟≫을 明示하고

○顧廣圻曰 逗라

○顧廣圻：여기서 쉬어야 한다.

19-40 從憲令(行)之時에

법령을 따를 때에는

○顧廣圻曰 當衍行字라 按下文當趙之方明國律逗하고 從大軍之時句하며 當燕之方明奉法逗하고 審官斷之時句니 其句例同이라 又下文云故曰明法者强이라하니 承此三句之三明字也라

○顧廣圻：'行'자는 당연히 衍文이다. 살펴보건대 아래 글의 '當趙之方明國律'에서 쉬고 '從大軍之時'에서 句를 끊으며, '當燕之方明奉法'에서 쉬고 '審官斷之時'에 句를 끊어야 되니, 구를 끊는 例가 똑같다. 또 아래 글에 '故曰明法者强'이라고 하였으니, 이 세 구의 세

35) 立辟：춘추전국시대 魏나라의 刑書이다. ≪韓非子新校注≫에서 陳奇猷는 "≪春秋左氏傳≫ 昭公 6년에 '夏나라에 政令을 어지럽히는 자가 있자 禹刑을 지었고, 商나라에 정령을 어지럽히는 자가 있자 湯刑을 지었으며, 周나라에 정령을 어지럽히는 자가 있자 九刑을 지었으니, 세 형법(辟)이 일어난 것은 末世였다.'라 했으니, '辟'은 刑書에만 쓰는 名詞이다."라고 하였다.

'明'자를 이어받은 것이다.

19-41 **有功者必賞**하고 **有罪者必誅**하야 **强匡天下**하고 **威行四隣**이러니 **及法慢**하얀 **妄予**하니

功이 있는 사람은 반드시 賞을 주고 罪가 있는 사람은 반드시 罰을 주어 강성한 국력으로 천하를 바로잡고 사방 이웃나라에 위엄이 미쳤습니다. 그러더니 법령이 해이해져서는 함부로 상을 주니

○顧廣圻曰 及法慢三字爲一句요 妄予二字爲一句라

○顧廣圻 : '及法漫' 세 글자가 한 구가 되고, '妄予' 두 글자가 한 구가 된다.

19-42 **而國日削矣**니이다 **當趙之方明國律**하고 **從大軍**[36]**之時**에 **人衆兵强**하야 **辟地齊燕**이러니 **及國律**[37]**慢**하얀 **用者弱**하야

국토가 날로 줄어들었습니다.

趙나라가 바야흐로 ≪國律≫을 명시하고 ≪大軍≫을 따를 때에는 백성의 수가 많고 병력이 강성하여 齊나라와 燕나라 안에까지 국토를 넓혔습니다. 그러더니 ≪국률≫이 해이해져서는 執政者가 나약하여

○顧廣圻曰 三字爲一句라

○顧廣圻 : 세 글자(用者弱)가 한 구가 되어야 한다.

---

36) 大軍 : 軍中의 刑律書이다. ≪韓非子新校注≫에서 陳奇猷는 "'明國律'과 '從大軍'이 對句로 된 글로서 文法이 서로 같다. 그렇다면 군중의 姦慝과 혼란을 방지하고 軍令의 관철을 보증하기 위한 형률 조항이 있어야 된다. 大軍 안에서 시행하는 형률이기 때문에 이름을 ≪大軍≫이라고 했다."라고 하였다.

37) 國律 : 전국시대 趙나라의 刑書이다. ≪韓非子新校注≫에서 陳奇猷는 "張斐의 〈律序〉에 '鄭나라는 형서를 鼎에 주조하고 晉나라는 執秩을 만들었으며 趙나라는 國律을 제정하고 楚나라는 僕區를 만들었으니, 모두 법률을 기술한 명칭이다.〔鄭鑄刑書 晉作執秩 趙制國律 楚造僕區 幷述法律之名〕'라고 하였다." 하였다.

19-43 而國日削矣니이다 當燕之方明奉法하고 審官斷之時에 東縣齊國하고 南盡中山之地러니 及奉法已亡하고 官斷不用하얀 左右交爭하야 論從其下하니 則兵弱而地削하야 國制於隣敵矣니이다 故曰 明法者强하고 慢法者弱이라하노이다 强弱如是其明矣어늘 而世主弗爲하니 國亡宜矣니이다 語曰 家有常業이면 雖飢不餓하고 國有常法이면 雖危不亡이라하니이다 夫舍常法而從私意면 則臣下飾於智能하나니

국토가 날로 줄어들었습니다.

燕나라가 바야흐로 ≪奉法≫을 명시하고 관리가 옳고 그름을 자세히 심리하여 법에 따라 결단〔官斷〕하던 때에는 동쪽의 齊나라를 縣으로 삼고 남쪽 中山國의 영토를 모두 점령하였습니다. 그러더니 ≪봉법≫이 이미 없어지고 관리가 법에 따라 하는 결단을 쓰지 않게 되어서는 임금의 측근들이 서로 논쟁하여 상벌을 신하의 私論에 따라 시행하였습니다. 그러자 병력은 약화되고 국토는 줄어들어 이웃의 강한 敵國에 나라가 제압당하고 말았습니다. 그러므로 "法을 명시하는 나라는 강성하고 법을 해이하게 한 나라는 쇠약해진다."고 하는 것입니다. 강성함과 쇠약함이 이와 같이 분명한데 現世의 군주들이 법을 명시하지 않으니, 나라가 멸망하는 것은 당연한 일입니다. 속담에 "집안에 일정한 생업이 있으면 기근이 들더라도 굶주리지 않고, 나라에 일정한 법이 있으면 위험에 처하더라도 멸망하지 않는다."라고 하였습니다. 일정한 법을 버려두고 개인의 사적인 의견을 따르면 신하들이 거짓으로 자기의 智能을 꾸미게 됩니다.

○先愼曰 乾道本에 無下字라 盧文弨云 張凌本에 皆有下字라하고 顧廣圻云 藏本은 臣下에 有下字하니 是也라하니라 先愼案 意林臣下에 有下字어늘 今據補하노라

○王先愼 : 乾道本에 〈'臣'자 아래에〉 '下'자가 없다. 盧文弨는 "張本과 凌本에 모두 '下'자가 있다."라고 하였고, 顧廣圻는 "藏本에 '臣'자 아래에 '下'자가 있으니, 있는 것이 옳다."라고 하였다. 내가 살펴보건대 ≪意林≫에 '下'자가 있기에 지금 이에 의거하여 보충하였다.

19-44 臣下飾於智能이면 則法禁不立矣니 是妄意之道行하고 治國之道廢也니이다 治國之道로 去害法者면 則不惑於智能하고 不矯於名譽矣리이다 昔者에 舜使吏決鴻水[38)]러니 先令有功而舜殺之하고 禹朝諸侯之君會稽[39)]之上할새

신하가 거짓으로 자기의 지능을 꾸미면 法令과 禁制가 확립되지 않습니다. 이렇게 되면 마음 내키는 대로 행하는 법이 통행되고 나라를 다스리는 원칙은 폐기됩니다. 나라를 다스리는 원칙으로 법령을 해치는 행위를 제거하면 거짓으로 꾸민 지혜에 현혹되지 않고, 거짓된 칭찬에 속임을 당하지 않을 것입니다. 예전에 舜이 관리를 시켜 홍수로 범람한 물을 터서 내려보내게 하려고 하였는데 명령도 하기에 앞서 먼저 功을 세운 자가 있자 순이 그를 죽였고, 禹가 會稽山 위에서 제후국의 군주의 朝見을 받을 때

○盧文弨曰 之君二字는 凌本無라

○盧文弨 : '之君' 두 글자는 凌本에 없다.

19-45 防風[40]之君이 後至而禹斬之하니이다 以此觀之컨대 先令者殺하고 後令者斬하니 則古者先貴如令矣니이다

防風의 군주가 늦게 오자 우가 그를 斬刑에 처하였습니다. 이런 일을 가지고 살펴보건대 명령 전에 먼저 하는 사람도 죽이고, 명령보다 뒤늦은 사람도 죽였으니, 그렇다면 예전에는 우선 명령대로 하는 것을 귀중하게 여겼습니다.

○顧廣圻曰 藏本同하고 今本先作必이라 按此字有誤나 未詳이라 王先謙曰 首以遵令爲貴라 故日先貴如令이라하니 說亦可通이라

○顧廣圻 : 藏本은 같고, 今本에 '先'자는 '必'로 되어 있다. 살펴보건대 이 글자는 誤字이나 무슨 글자인지 모르겠다.

王先謙 : 첫머리에 法令을 따르는 것을 귀중하게 여겼다. 그러므로 '先貴如令'이라고 하

38) 鴻水 : '鴻水'는 '洪水'와 같다.

39) 會稽 : 浙江省 紹興市 越城區에 있는 會稽山이다. 大禹陵・百鳥樂園・香爐峰・大香林 등이 있다.

40) 防風 : 고대 전설상의 인물 또는 부락 이름이다. 지금의 浙江省 湖州 德淸縣 지역에 있었는데, 그들은 巨人族으로 키가 3丈 3尺이나 되는 사람도 있었다 한다. 夏禹氏가 會稽山에서 제후들을 소집했을 때 防風氏가 가장 늦게 도착하자 그를 죽였는데, 후대에 그의 뼈가 출토되었을 때 수레에 가득 찼다고 한다. 殷나라 때에는 汪芒氏가 되었는데 현재의 汪氏 姓의 시조라고 한다.

였으니, 자체의 말도 통할 수 있다.

19-46 **故鏡執淸而無事**면 **美惡從而比焉**하고 **衡執正而無事**면 **輕重從而載焉**이니이다 **夫搖鏡**이면 **則不得爲明**하고 **搖衡**이면 **則不得爲正**하나니 **法之謂也**니이다 **故先王以道爲常**하고 **以法爲本**하니 **本治者**는 **名尊**하고 **本亂者**는 **名絶**이니이다 **凡智能明通**하야 **有以則行**하고 **無以則止**라 **故智能單**(탄)[41]이라도 **道不可傳於人**이니이다

그러므로 거울이 맑은 상태를 유지하여 아무 탈이 없으면 아름답고 추한 것이 이를 따라 그대로 나타나고, 저울이 바른 상태를 유지하여 아무 탈이 없으면 輕重이 이를 따라 計量되는 것입니다. 거울을 흔들면 밝은 상태를 유지하지 못하고 저울을 흔들면 바른 상태를 유지하지 못하는 것이니, 法을 이르는 말입니다. 그러므로 先王은 法術(道)을 常規로 삼고, 법을 근본으로 삼았습니다. 근본을 잘 다스리는 자는 名位가 존귀하게 되고, 근본을 어지럽히는 자는 명위가 단절됩니다. 智能이 밝고 통달하여 의거할 근본이 있으면 시행되고 의거할 근본이 없으면 정지됩니다. 그러므로 지능을 다하더라도 〈공허하여 의거할 證憑이 없으면〉 법술이 後人에게 전해질 수 없습니다.

○**王先謙曰 單**은 **盡也**니 **言雖智能竭盡**이라도 **虛而無徵**이면 **不能爲後人法守**라 **故云道不可傳於人**이라하니라

○王先謙 : '單'은 '盡(다함)'이니, 지능을 다하더라도 공허하여 의거할 증빙이 없으면 後人이 지켜야 할 법이 되지 못함을 말하였다. 그러므로 '道不可傳於人'이라고 말한 것이다.

19-47 **而道法萬全**이요 **智能多失**이니이다 **夫懸衡而知平**하고 **設規而知圓**이니 **萬全之道也**니이다 **明主**는 **使民飾於〔法〕**하여 **〔知〕道之故**[42]라

법술과 법은 萬全의 계책이고, 지능은 실패가 많은 법입니다. 저울대를 바르게 달아야 平衡 상태를 알고, 그림쇠〔規〕를 설치하여야 둥근 원을 아는 것이니, 이것

41) 單(탄) : '單'은 '殫'과 통용으로, '다하다', '모두 소진하다'의 뜻이다.

42) 故 : '故'는 ≪韓非子新校注≫ 陳奇猷의 설을 따라 '意(뜻)'로 번역하였다.

이 만전의 방법입니다. 英明한 임금은 백성에게 법으로 수양〔飾〕하여 법술(道)로 다스리는 뜻을 알게 하였습니다.

○王渭曰 於下에 當有法知二字라 顧廣圻曰 按法句絶하고 知下屬이라

○王渭 : '於'자 아래에 응당 '法知' 두 글자가 있어야 한다.

顧廣圻 : 살펴보건대 '法'에서 句를 끊고, '知'자는 아래 글자에 붙여 읽어야 한다.

19-48 故佚而有功이니이다

그러므로 편안히 지내면서도 잘 다스린 공적이 있는 것입니다.

○先愼曰 乾道本에 無故字하고 有作則이라 顧廣圻云 今本에 佚上에 更有故字하고 則作有하며 藏本에 有故字하니 是也라하니라 先愼案 下故勞而無功이 與此句相承하니 今本是일새 今據改하노라

○王先愼 : 乾道本에 '故'자가 없고, '有'자는 '則'자로 되어 있다. 顧廣圻는 "今本에 '佚'자 위에 다시 '故'자가 있고, '則'자는 '有'자로 되어 있으며, 藏本에 '故'자가 있으니 옳다."라고 하였다. 내가 살펴보건대 아래의 '故勞而無功'이 이 文句와 서로 이어지니, 今本이 옳기 때문에 지금 이에 의거하여 고쳤다.

19-49 釋規而任巧하고 釋法而任智는 惑亂之道也니이다 亂主는 使民飾於智하야

그림쇠를 버린 채 기교에 맡기고 법술을 버린 채 지능에 맡기는 것은 바로 미혹과 혼란을 야기하게 하는 방법입니다. 혼란한 임금은 백성들에게 智巧를 꾸며서

○先愼曰 乾道本에 於作將이라 顧廣圻云 今本에 將作於어늘 今據改하노라

○王先愼 : 乾道本에 '於'자가 '將'으로 되어 있다. 顧廣圻는 "今本에 '將'자가 '於'로 되어 있다."라고 하였기에 지금 이에 의거하여 고쳤다.

19-50 不知道之故라 故勞而無功이니이다 釋法禁而聽請謁이면 群臣賣官於上하고 取賞於下하리니

법술로 다스리는 뜻을 알지 못하게 하였습니다. 그러므로 수고로우면서도 잘

다스린 공적이 없는 것입니다. 法禁을 버리고 청탁을 따르면 신하들이 위로는 관직을 팔아먹고 아래로는 報償을 취할 것이니,

○先愼曰 賞은 讀爲償이라

○王先愼 : '賞'은 '償(보상)'으로 읽어야 한다.

19-51 是以利在私家而威在群臣이니이다 故民無盡力事主之心하고 而務爲交於上이니 民好上交면 則貨財上流하야

이 때문에 이익은 개인이 차지하게 되고 위엄은 신하들의 수중에 있게 됩니다. 그러므로 백성은 힘을 다해 임금을 섬기려는 마음이 없어지고 위의 관리와 교제하는 일만 힘쓸 것이니, 백성이 위의 관리와 교제하는 일을 좋아하면 재물이 위의 관리에게 유입되어

○先愼曰 流는 行也라

○王先愼 : '流'는 '行(흘러감)'이다.

19-52 而巧說者用이니이다

교묘한 말재주만 있는 사람이 등용됩니다.

○先愼曰 謂請謁也라

○王先愼 : 벼슬을 청탁함을 말한다.

19-53 若是면 則有功者愈少니 姦臣愈進而材臣退면 則主惑而不知所行하고 民聚而不知所道니이다

이와 같이 되면 공을 세울 사람은 더욱 적어지니, 간신이 더욱 진출하여 재능 있는 신하가 퇴출당하면 임금은 미혹되어 어떻게 해야 할지 알지 못하고, 백성이 모여도 어디를 따라야 할지 알지 못하게 됩니다.

道는 從也라

舊注 : '道'는 '從(따름)'이다.

19-54 **此廢法禁**하고 **後功勞**하며 **擧名譽**하고 **聽請謁之失也**니이다 **凡敗法之人**은 **必設詐託物以來親**하고

이는 法禁을 폐기하고 공로를 등한시하며 명성만으로 등용하고 청탁만을 따른 잘못입니다. 법을 파괴하는 자는 반드시 거짓을 꾸며 만들고, 어떤 일로 핑계를 만들어 임금에게 와 친근히 하며,

○**顧廣圻曰 藏本同**하고 **今本**에 **來作求**라

○顧廣圻 : 藏本은 같고, 今本에는 '來'가 '求'로 되어 있다.

19-55 **又好言天下之所希有**하니

또 천하의 보기 드문 일을 말하기 좋아합니다.

19-56 **此暴君亂主之所以惑也**요 **人臣賢佐之所以侵也**니이다 **故人臣稱伊尹**[43] **管仲**[44]**之功**이면

이것이 暴君이나 혼란한 임금이 현혹되는 까닭이고, 어진 신하와 현명한 補佐가 침해를 받는 원인입니다. 그러므로 신하 중에 伊尹과 管仲의 공로를 칭송하면

○**先愼曰 此下**에 **疑脫而見用三字**하니 **與下而見殺對文**이라

○王先愼 : 이 文句 아래에 아마 '而見用'의 세 글자가 탈락된 듯하니, 아래 글의 '而見

43) 伊尹 : 商나라 湯王의 재상이다. 이름은 摯인데 阿衡·保衡이라고도 한다. 有莘國의 들에서 농사짓다가 탕왕에게 시집가는 有莘氏 딸의 媵臣으로 따라가서 요리하는 일로 탕왕에게 가까워지고, 탕왕을 도와 夏桀을 멸한 뒤 재상이 되어 商나라를 강성하게 하였다. 50여 년 동안 湯王·外丙·仲壬·太甲·沃丁 등 5대 王을 섬기고 나이 100세에 죽었다 한다.

44) 管仲 : 춘추시대 齊나라 潁上 사람이다. 이름은 夷吾이고, 字는 仲이며, 시호는 敬이다. 젊을 때부터 鮑叔牙와 절친하여 '管鮑之交'라는 成語로 유명하다. 처음에 公子 糾를 섬기다가 뒤에 桓公이 된 小白을 섬겨 재상이 되자 仲父라 불리었다. 국정을 개혁하고 富國强兵策을 쓰며 尊王攘夷를 표방하여 桓公에게 霸業을 이루게 하였다.

殺'과 상대되는 문구이다.

19-57 則背法飾智有資요 稱比干子胥之忠而見殺이면 則疾〔爭〕[45]强諫有辭니이다

이는 법을 위배하고 지혜를 꾸미는 근본이며, 比干과 伍子胥가 충성하다가 살해당한 일을 일컬으면 이는 극력 爭辯하고 강력하게 諫爭하는 구실입니다.

○顧廣圻曰 疾下에 當有脫字라

○顧廣圻 : '疾'자 아래에 응당 탈락된 글자가 있다.

19-58 夫上稱賢明하고 下稱暴亂이니 不可以取類라

前者는 현명한 임금을 말한 것이고 後者는 포악하고 혼란한 임금을 말한 것이니, 取用할 만한 유사한 일이 아닙니다.

○王先謙曰 能用伊尹管仲은 是賢明之主요 殺子胥[46]比干[47]은 是暴亂之主라 凡此稱說古人은 皆以劫制其君하야 使下易於干進하고 上難於行罰이라 然伊尹管仲不世出이요 進諫者非必比干子胥라 故曰不可以取類라

○王先謙 : 伊尹과 管仲을 등용한 사람은 현명한 임금이고, 伍子胥와 比干을 죽인 사람은 포악하고 혼란한 임금이다. 여기에서 古人의 일을 말한 것은 모두 그의 임금을 압박하여 아랫사람은 벼슬에 나아가기 쉽게 하고, 윗사람은 형벌을 시행하기 어렵게 하는 것이다. 그러나 이윤과 관중은 不世出의 인물이고, 간쟁하는 사람은 반드시 비간이나 오자서가 아니다. 그러므로 取用할 만한 유사한 일이 아니라고 말한 것이다.

---

45) 〔爭〕 : 저본에는 '爭'이 없으나, ≪韓非子新校注≫ 松皐圓과 陳奇猷의 설에 의거하여 보충하였다.

46) 子胥 : 춘추시대 楚나라 大夫 伍員의 字이다. 아버지 奢와 형 尙이 모두 楚 平王에게 살해되자 吳나라로 도망하여 吳王을 도와 楚나라를 쳐서 평왕의 무덤을 파헤치고 평왕의 시체에 3백 번의 채찍질을 하여 父兄의 원한을 갚았다. 뒤에 太宰 嚭의 모함을 받아 죽임을 당하였다.

47) 比干 : 殷나라 末王 紂의 諸父 중의 한 사람이다. 일설에는 庶兄이라고도 한다. 紂의 음란함을 諫하다가 심장을 가르는 慘刑을 받아 죽었다. 箕子·微子와 함께 殷나라 三仁으로 일컬어진다.

19-59 若是者禁이니이다

이와 같은 사람은 금지하여야 합니다.

○先愼曰 乾道本에 無者字라 顧廣圻云 藏本今本에 是下有者字라 按有者字是也니 四字爲句하야 屬上이라하야늘 今據補하노라

○王先愼 : 乾道本에 '者'자가 없다. 顧廣圻는 "藏本과 今本에는 '是'자 아래에 '者'자 있다. 살펴보건대 '者'자가 있는 것이 옳으니, 네 글자가 한 句가 되어 위에 붙여 읽어야 한다."라고 하였기에 지금 이에 의거하여 보충하였다.

19-60 君之立法은

임금이 법을 세우는 것은

○顧廣圻曰 句絶이라

○顧廣圻 : 구를 끊어야 한다.

19-61 以〔法〕[48)]爲是也어늘

법이 옳다고 여기기 때문인데

○顧廣圻曰 四字爲一句라

○顧廣圻 : 네 글자가 한 구가 된다.

19-62 今人臣多立其私智하야

지금의 신하들은 대부분 자기의 사사로운 지혜를 내세워

○顧廣圻曰 逗니 此與上君之立法句相對라

○顧廣圻 : 여기서 쉬어야 되니, 이 구는 윗글의 '君之立法' 구와 서로 상대가 된다.

---

48) 〔法〕: 저본에는 '法'이 없으나, ≪韓非子新校注≫ 孫子書와 陳奇猷의 설에 의거하여 보충하였다.

19-63 以法爲非(者)하고 〔以智爲〕是邪[49)]하야

법을 옳지 않다 여기고 사사로운 지혜를 옳다고 여겨

○盧文弨曰 者字衍이라 顧廣圻曰 以法爲非者五字句니 與上以爲是也句對라 先愼曰 顧讀誤니 當於下是耶句라 此立私智之臣은 動與法違라 故以法爲非是也라 上言是하고 此言非是하야 語意相承하니 者字는 不當有라

○盧文弨 : '者'자는 衍文이다.

顧廣圻 : '以法爲非者' 다섯 자가 한 구이니, 윗글의 '以爲是也' 구와 상대이다.

王先愼 : 顧廣圻의 句讀는 잘못되었으니, 응당 아래의 '是耶'에서 구를 끊어야 한다. 이는 사사로운 지혜를 내세우는 신하는 걸핏하면 법과 위배되기 때문에 법을 옳지 않게 여긴다는 것이다. 위에서 옳다고 말하고 여기에서 옳지 않다고 말하여 말의 뜻이 서로 이어지니, '者'자는 응당 있어서는 안 된다.

19-64 (以智)[50)]

以此思之하면 則知凡臣下之情이 皆欲過公法하고 立私智也라 ○先愼曰 乾道本注에 臣下二字作官하고 公作功이라 盧文弨云 皆從淩本改라하니라

舊注 : 이것으로 생각하면 모든 신하의 실정이 모두 국가의 법을 초월하고 개인의 사사로운 지혜를 내세우려고 하는 것을 안다는 말이다.

○王先愼 : 乾道本의 舊注에 '臣下' 두 글자가 '官'으로 되어 있고, '公'자는 '功'으로 되어 있다. 盧文弨는 "모두 淩本을 따라 고쳤다."라고 하였다.

19-65 過法立智하니

법을 초월하여 사사로운 지혜를 내세우니

---

49) 以法爲非(者) 〔以智爲〕是邪 : 저본에는 '以法爲非是邪'로 되어 있으나, ≪韓非子新校注≫ 孫子書와 陳奇猷의 설에 의거하여 '者'를 衍文으로 처리하고, '以智爲'를 보충하였다. '邪'는 '也'와 같은 뜻으로 번역하였다.

50) (以智) : 저본에는 '以智'가 있으나, 앞의 句에 '以智爲'로 보충하였기 때문에 연문으로 처리하였다.

○兪樾曰 上邪字는 衍文이요 是以智過法立智七字爲句니 言自以其智過公法하고 立私智也라 舊注에 不說邪字하니 疑其所據本에 作是以智過法立智라 今衍邪字니 於義難通이라 顧氏於前後文에 句讀一一訂正이어늘 而此句未了하니 由不知邪字之衍耳라 凌本에 作以邪爲智하야 與舊注不合하니 非是라 先愼曰 兪說非니 邪는 語辭로 屬上爲句라 以智過法立智는 當作以知過法立智라 古文知智同用知字어늘 後人於知之讀爲智者에 竝加日字於下하니 此涉上下文而誤라 舊注云 以此思之하면 則知凡臣下之情이 皆欲過公法하고 立私智라하니 是其所見本에 尙作知字니 不誤라

○兪樾 : 앞의 '邪'자는 衍文이고, '是以智過法立智'의 일곱 자를 한 句로 삼은 것이니, 스스로 자기의 사사로운 지혜로 국가의 법을 초월하고 개인의 사사로운 지혜를 내세움을 말한 것이다. 舊注에 '邪'자를 설명하지 않았으니, 아마 舊注에서 의거한 판본에 '是以智過法立智'로 되어 있는 듯하다. 지금 '邪'자가 잘못 들어갔으니 의미가 통하기 어렵다. 顧廣圻는 앞뒤의 문장에 일일이 句讀를 바로잡았는데 이 구에만 하지 않았으니, '邪'자가 衍文임을 알지 못했기 때문이다. 凌本에 '以邪爲智'로 되어 있어서 舊注와 부합하지 않으니 옳지 않다.

王先愼 : 兪樾의 설이 옳지 않으니, '邪'자는 어조사로 위에 붙여서 구가 되어야 한다. '以智過法立智'는 응당 '以知過法立智'가 되어야 한다. 古文에 '知'와 '智'를 똑같이 '知'자로 썼는데 후세 사람이 '知'를 '智'로 읽어야 되는 경우에 모두 '知' 밑에 '日'자를 더하였으니, 여기는 윗글과 아래 글에 관계되어 잘못된 것이다. 舊注에 "이것으로 생각하면 모든 신하의 실정이 모두 국가의 법을 초월하고 개인의 사사로운 지혜를 내세우려고 하는 것을 안다."라고 하였으니, 이는 舊注에서 보았던 판본에 그때까지 '知'자로 되어 있었으니 잘못되지 않은 것이다.

19-66 如是者禁이

이와 같은 자를 금지하는 일이

○顧廣圻曰 句絶이라

○顧廣圻 : 구를 끊어야 한다.

19-67 主之道也니이다

임금의 도리입니다.

○顧廣圻曰 四字爲句라

○顧廣圻 : 네 글자가 한 구가 된다.

19-68 (禁)〔明〕[51]主之道는

英明한 임금의 도리는

○盧文弨曰 禁은 凌本에 作明이라 顧廣圻曰 禁字衍이라 主之道三字逗하야 屬下라 自若是者禁으로 至此히 今皆失其讀(두)라

○盧文弨 : '禁'은 凌本에 '明'으로 되어 있다.

顧廣圻 : '禁'자는 衍文이다. '主之道' 세 글자에서 쉬어 아래 글에 붙여야 한다. '若是者禁'에서부터 여기까지, 지금 모두 그 句讀를 잘못 끊었다.

19-69 必明於公私之分하야 明法制하고 去私恩이니이다 夫令必行하고 禁必止는 人主之公義也요 必行其私하고 信於朋友하며 不可爲賞勸하고 不可爲罰沮는 人臣之私義也니이다 私義行則亂하고 公義行則治라 故公私有分이니이다 人臣有私心하고 有公義하니 修身潔白而行公行(正)하고 居官無私는

반드시 公私의 구분을 명확히 하여 법제를 명시하고 사사로운 은혜를 없애야 합니다. 명령을 내리면 반드시 시행되고 금지하면 반드시 그치는 것은 임금의 公義이고, 반드시 자신의 私利로 행동하고 무리에게 신임을 얻으며, 賞으로도 권면할 수 없고 懲罰로도 저지하지 못하는 것은 신하의 私義입니다. 사의가 행해지면 어지러워지고, 공의가 행해지면 잘 다스려집니다. 그러므로 공사의 구분이 있어야 합니다. 신하에게는 私心이 있고 公義가 있으니, 결백하게 몸을 닦아 公明한 행위를 행하고 관직에 있으면서 사심이 없는 것은

○先愼曰 正字는 衍文이라

51) (禁)〔明〕: 저본에는 '禁'으로 되어 있으나, "凌本에 '明'으로 되어 있다."라고 한 盧文弨의 설과 "迂評本에 '明'자로 되어 있다."라고 한 陳奇猷의 설에 의거하여 '明'으로 바로잡았다.

○王先愼 : '正'자는 衍文이다.

19-70 人臣之公義也요 汙行從欲하고 安身利家는 人臣之私心也니이다 明主在上이면 則人臣去私心하고 行公義요 亂主在上이면 則人臣去公義하고 行私心이니이다 故君臣異心하야 君以計畜(휵)臣하고 臣以計事君하야 君臣之交 計也니이다 害身而利國을 臣弗爲也하고 害國而利臣을 君不爲也하나니이다

신하의 공의이고, 더러운 행위를 하고 마음껏 욕심을 부리며 자신의 안전과 제 집안의 이익만을 꾀하는 것은 신하의 사심입니다. 영명한 임금이 위에 있으면 신하는 사심을 버리고 공의를 행하게 되지만 혼란한 임금이 위에 있으면 신하는 공의를 버리고 사심을 행하게 됩니다. 그러므로 임금과 신하가 마음을 달리하여 임금은 계산을 하면서 신하를 기르고 신하는 계산을 하면서 임금을 섬겨서 임금과 신하의 교류가 계산으로 이루어집니다. 자신에게는 해가 되지만 나라에 이익이 되는 일을 신하는 하지 않고, 나라에는 해가 되지만 신하에 이익이 되는 일을 임금은 하지 않습니다.

○先愼曰 乾道本에 害作富하고 爲作行이라 案意林에 富作害하고 行作爲어늘 今據改하노라

○王先愼 : 乾道本에 '害'는 '富'로 되어 있고, '爲'는 '行'으로 되어 있다. 살펴보건대 ≪意林≫에 '富'는 '害'로 되어 있고, '行'은 '爲'로 되어 있기에 지금 이에 의거하여 고쳤다.

19-71 臣之情은 害身無利하고 君之情은 害國無親이니 君臣也者는 以計合者也니이다 至夫臨難必死하야 盡智竭力은 爲法爲之니이다

신하의 본심은 자신에게 해로운 일은 이익이 없다고 여기고, 임금의 본심은 나라에 해로운 일은 가까이 할 수 없다고 여기니, 임금과 신하는 계산적으로 결합한 관계입니다. 危難을 만나 반드시 죽기를 각오하여 지혜를 다 짜내고 있는 힘을 다 바치는 것은 법이 있기 때문에 그렇게 하는 것입니다.

○顧廣圻曰 藏本今本은 之下에 有也字라 王先謙曰 上爲字는 于僞反이라

○顧廣圻 : 藏本과 今本은 '之'자 아래에 '也'자가 있다.

王先謙 : 위에 있는 〈'爲法'의〉 '爲(위하여)'자는 于와 僞의 反切이다.

19-72 故先王明賞以勸之하고 嚴刑以威之하니 賞刑明이면 則民盡死하나니 民盡死면 則兵强主尊이니이다 刑賞不察이면 則民無功而求得하고 有罪而幸免이면 則兵弱主卑니이다 故先王賢佐盡力竭智라 故曰 公私不可不明이요 法禁不可不審이라하노니 先王知之矣니이다

그러므로 先王은 상을 내리는 법을 명시하여 권면하고 형벌의 집행을 엄정히 하여 위엄을 세웠습니다. 상과 벌이 분명하면 백성들은 죽을힘을 다하는 것이니, 백성들이 죽을힘을 다하면 병력은 강성해지고 임금은 존귀하게 됩니다. 벌과 상이 분명하지 않으면 백성들이 공로가 없는데도 상을 받기를 도모하고, 지은 죄가 있는데도 벌을 면하려고 요행을 바라게 되니, 그렇게 되면 병력은 약화되고 임금의 권위는 낮아집니다. 그러므로 선왕의 현명한 補佐는 있는 힘을 다하고 지혜를 다 짜냅니다. 그러므로 "公과 私를 분명히 구별하지 않으면 안 되고, 法律과 禁令을 명백하게 하지 않으면 안 된다."라고 말하는 것이니, 선왕은 이런 도리를 알고 있었습니다.

第二十 解老篇 제20편 ≪老子≫를 해석하다

'解老'란 ≪老子≫를 해석하였다는 뜻으로, 이 篇은 ≪노자≫ 중에서 ≪德經≫ 9장, ≪道經≫ 3장을 대상으로 전문 또는 부분을 해석하며 韓非子 자신의 철학사상 또는 정치사상을 전개한 것이다. 이 〈解老篇〉은 이어지는 〈喩老篇〉과 더불어 현존하는 ≪노자≫ 해설서 가운데 가장 오래된 문헌이다. 통행본 ≪노자≫는 ≪도경≫이 앞에, ≪덕경≫이 뒤에 있는데, 1973년 馬王堆에서 출토된 ≪帛書老子≫는 ≪덕경≫이 앞에, ≪도경≫이 뒤에 있다. 이 편의 편제가 바로 ≪백서노자≫와 편제가 같은 것으로 보아 ≪한비자≫에 인용된 ≪노자≫는 그 초기 판본으로 보인다. 한비자는 ≪노자≫를 해석하는 동시에 노자의 사상을 자신의 法治思想으로 정착시키고 있다. 우선 추상적이고 현묘한 노자의 道를 구체적이고 실용적인 道로 轉化시키면서 '理' 개념을 도입하여 자신의 법사상 체계의 이론적 근거로 삼고 있다는 점, 노자의 소극적인 無爲思想을 전화시키고 인간의 능동적 역량을 발휘하는 '因' 개념을 활용하여 無爲와 有爲의 적절한 조화를 추구하였다는 점, 노자의 治身의 문제를 적극적으로 治國의 문제와 결부시켜 자기 사상 체계의 단초를 삼았다는 점 등을 주목할 만하다. 〈喩老篇〉과 더불어 이 편은 내용 및 사상 면에서 ≪한비자≫의 다른 편과 이질적이라는 이유로 한비자가 직접 지은 것이 아니라는 주장이 있으나, ≪한비자≫에는 노자 사상을 끌어들여 자신의 법치사상을 논하는 경우를 흔히 볼 수 있으므로, 한비자가 노자에 대한 깊은 이해를 바탕으로 노자 사상을 자신의 사상으로 전환해서 응용하였다고 이해하는 것이 타당할 것이다.

○盧文弨曰 此及下篇은 當依老子各章分段이라

○盧文弨 : 이 편과 아래 편은 ≪老子≫의 각 장에 의거하여 단락을 나누어야 한다.

20-1 德者[1]는 內也요 得者는 外也니라 上德不德은 言其神不淫[2]於外也니라 神

1) 德者 : 여기부터 208쪽 20-50까지의 내용은 통행본 ≪道德經≫ 38장에 보인다.

2) 淫 : ≪廣雅≫ 〈釋言〉에 "淫은 돌아다님〔遊〕이다."라고 하였는데, '정신이 바깥에 돌아다닌

不淫於外則身全이요 **身全之謂得**이라 **得者**는 **得身也**니라

德은 내적인 것이고, 得은 외적인 것이다. ≪老子≫에 "최상의 덕은 덕이라고 하지 않는다."라고 한 것은 그 정신이 外物에 쏠리지 않는 것을 말한다. 정신이 외물에 쏠리지 않으면 몸이 온전하게 되고, 몸이 온전한 것을 得이라고 한다. 得이란 몸에서 얻는 것이다.

○**先愼曰 謂得得者兩得字**는 **各本作德**이라 **案身全之謂得得者得身也**는 **正承上得者言之**라 **御覽七百二十引正作得**이니 **明作德誤**일새 **今據正**하노라

○王先愼 : '謂得'과 '得者'의 두 '得'자는 각종 판본에 '德'으로 되어 있다. 살펴보건대 '身全之謂得得者得身也'는 바로 위의 '得者'를 이어서 말한 것이다. ≪太平御覽≫ 권720에 이 글을 인용하면서 바로 '得'으로 되어 있으니, '德'으로 된 것이 잘못임이 분명하기 때문에 지금 이에 의거하여 바로잡았다.

20-2 **凡德者**는 **以無爲集**하며 **以無欲成**하며 **以不思安**하며 **以不用固**니라 **爲之欲之**면 **則德無舍**요

무릇 德이란 억지로 함이 없음〔無爲〕으로써 모이고 욕심이 없음〔無欲〕으로써 이루어지며, 사고하지 않음〔不思〕으로써 편안해지고 함부로 쓰지 않음〔不用〕으로써 확고해진다. 억지로 하고 욕심을 가지면 德이 머물 곳이 없고,

○**王先謙曰 舍**는 **止也**라 **無舍**는 **言不能安其止**라

○王先謙 : '舍'는 '止(머무름)'이다. '無舍'는 그 머무름을 편안히 할 수 없음을 말한다.

20-3 **德無舍**면 **則不全**이니라 **用之思之**면 **則不固**요 **不固**면 **則無功**이요 **〔不全〕無功**이면 **則生有德**하니라

德이 머물 곳이 없으면 온전하지 못하다. 함부로 쓰고 생각하면 확고해지지 않고 확고해지지 않으면 功이 없으며, 온전하지 못하고 功이 없으면 인위적인 덕을

다.〔神不淫于外〕'는 것은 정신이 몸 바깥에 있는 것, 즉 외물에 쏠려서 이리저리 돌아다니는 것을 뜻한다.

낳는다.

○先愼曰 生有德은 承上不全無功兩者言이니 疑無功上脫不全二字라 乾道本에 有作於라 盧文弨云 藏本張凌本에 有作於하고 凌本無則字라 顧廣圻云 今本에 於作有니 誤라 先愼案 作生有德者 是也라 本無而致有之之謂生이니 老子云 下德爲之而有以爲也라하니 有以爲는 卽所謂生有德也라 改從今本하노라

○王先愼 : '生有德'은 위의 '不全'과 '無功' 두 가지를 이어서 말한 것이니, 아마도 '無功' 위에 '不全' 두 글자가 탈락된 듯하다. 乾道本에 '有'가 '於'으로 되어 있다. 盧文弨는 "藏本·張本·凌本에 '有'가 '於'로 되어 있고 凌本에는 '則'자가 없다."라고 하였다. 顧廣圻는 "今本에 '於'가 '有'로 되어 있으니, 잘못이다."라고 하였다. 내가 살펴보건대 '生有德'으로 된 것이 옳다. 본래 없다가 있게 되는 것을 '生'이라고 하니, ≪老子≫에 "下德은 의도적으로 하니, 인위적인 함이 있다.〔下德爲之而有以爲〕"라고 하였으니, '有以爲'가 바로 이른바 '生有德'이다. 今本을 따라 고쳤다.

20-4 〔生有〕德則無德하고

인위적인 덕을 낳으면 덕이 없게 되고

○王先謙曰 德은 非病也라 德則無德은 文不成義하니 德上에 當有生有二字라

○王先謙 : 덕은 병통이 아니다. '德則無德'은 문장의 의미가 성립되지 않으니, '德' 위에 '生有' 두 글자가 있어야 한다.

20-5 不德則有德이니라

인위적인 덕을 낳지 않으면 덕이 있게 된다.

○先愼曰 乾道本에 作不得則在有德이어늘 盧文弨云 在字疑衍이라하고 顧廣圻云 藏本今本에 得作德이라하니라 先愼案 作德是일새 今據改라 在字衍이니 張凌本無라 今據删이라

○王先愼 : 乾道本에 '不得則在有德'으로 되어 있는데, 盧文弨는 "'在'자는 아마도 衍文이다."라고 하였고, 顧廣圻는 "藏本과 今本에 '得'이 '德'으로 되어 있다."라고 하였다. 내가 살펴보건대 '德'으로 된 것이 옳기 때문에 이에 의거하여 고쳤다. '在'자는 연문이니, 張本

과 凌本에 없다. 지금 이에 의거하여 삭제하였다.

20-6 故曰 上德不德하니 是以有德이라하니라

그래서 ≪老子≫에서 "최상의 덕은 덕이라고 하지 않으니, 이 때문에 덕이 있게 된다."라고 한 것이다.

20-7 所以貴無爲無思爲虛者는

아무것도 하지 않고 생각도 하지 않아서 虛靜한 상태가 되는 것을 귀하게 여기는 까닭은

○先慎曰 舊連上이나 今提行하노라

○王先慎 : 예전에는 윗글과 연결되어 있었으나 지금은 행을 바꾸었다.

20-8 謂其意無所制也니라 夫無術者는 故以無爲無思爲虛也니라

그 뜻이 어떤 속박을 받지 않기 때문이라고 한다. 도술이 없는 자는 일부러 아무것도 하지 않고 생각도 하지 않은 채 허정한 상태가 되려고 한다.

○先慎曰 說文에 故는 使爲之也라하니 靈臺淸靜이면 自然而虛라 若無道術之人이 有意爲虛를 所謂故也라

○王先慎 : ≪說文解字≫에 "'故'는 하도록 함이다."라고 하였으니, 마음이 맑고 고요하면 자연히 虛靜해진다. 도술이 없는 사람이 허정해지려고 뜻을 두는 것과 같은 경우를 이른바 '일부러 함〔故〕'이라고 하는 것이다.

20-9 夫故以無爲無思爲虛者는 其意常不忘虛하니 是制於爲虛也니라 虛者는 謂其意(所無)〔無所〕制也니라

일부러 아무것도 하지 않고 생각하지 않은 채로 허정한 상태가 되려는 자는 그 뜻이 늘 허정함을 잊지 않고 있으니, 이는 허정한 상태가 되려는 데에 속박되는 것이다. 허정한 상태란 그 뜻이 속박됨이 없는 것을 말한다.

○盧文弨曰 所無는 疑倒라

○盧文弨 : '所無'는 도치된 듯하다.

20-10 今制於爲虛면 是不虛也니라 虛者之無爲也는 不以無爲爲有常이니 不以無爲爲有常이면 則虛요 虛하면 則德盛이니 德盛之謂上德이라 故曰 上德은 無爲而無不爲也라하니라

지금 허정한 상태가 되려는 마음에 속박되면 이는 허정한 상태가 되지 못한 것이다. 허정한 상태가 된 자가 아무것도 하지 않는 것은 아무것도 하지 않는 것으로 항상 마음에 담아두지 않는 것이니, 아무것도 하지 않는 것으로 항상 마음에 담아두지 않으면 허정해지고, 허정해지면 덕이 충만해진다. 덕이 충만해지는 것을 '최상의 덕〔上德〕'이라고 한다. 그러므로 ≪老子≫에서 "최상의 덕은 아무것도 하지 않으면서도 하지 않는 것이 없다."라고 한 것이다.

○先愼曰 德經河上公[3]王弼[4]本에 不作以요 葉夢得[5]은 不作非요 傅奕[6]本은 無無字요 各本無末也字라 按此篇及喩老每條末也字矣字는 多非老子文이라

○王先愼 : ≪德經≫의 河上公本과 王弼本은 '不'이 '以'로 되어 있고, 葉夢得은 '不'을 '非'로 썼으며, 傅奕本은 '無'자가 없고, 각 본에 끝의 '也'자는 없다. 살펴보건대 이 편과

---

3) 河上公 : 前漢 때의 道士로 성명은 미상이다. 文帝 때 河濱에 초가집을 짓고 살아 사람들이 河上公이라 불렀다고 한다. ≪老子≫를 주해하였다고 전하는데, ≪老子道德經河上公章句≫ 또는 ≪老子道德經河上注≫라는 서명으로 세상에 전한다.

4) 王弼 : 226~249. 魏나라 학자로 자는 輔嗣이다. 재능이 있어서 일찍 학계에서 두각을 나타냈다. 何晏과 함께 魏晉 시대 老莊學의 시조로 일컬어진다. 漢나라의 象數나 讖緯說을 배격하고 義理의 분석적이고 사변적인 학풍을 창설하였다고 평가된다. ≪老子註≫와 ≪周易註≫를 남겼는데, 六朝時代와 隋唐에서 성행하였다.

5) 葉夢得 : 1077~1148. 南宋 때의 학자로 자는 少蘊, 호는 石林居士이다. 晁補之, 張耒에게 수학하였고, 紹聖 4년(1097) 進士에 급제하여 中書舍人, 翰林學士, 龍圖閣直學士, 杭州知州事 등을 지냈다. 박학다식하고 시에 능하였다. ≪老子≫를 주석한 ≪老子解≫가 있다.

6) 傅奕 : 555~639. 隋末唐初의 道士로, 불교를 비판하고 老子를 특히 존숭하였다. 저서로 ≪老子注≫, ≪老子音義≫, ≪高識傳≫ 등이 있다. 傅奕本은 ≪老子≫의 王弼本과 河上公本을 비롯한 몇 가지 다른 판본을 비교하여 審定한 것으로 알려져 있다.

〈喩老篇〉의 매 조문의 끝에 있는 '也'자와 '矣'자는 대부분 ≪老子≫의 글이 아니다.

20-11 仁者는 謂其中心欣然愛人也니라 其喜人之有福하고 而惡(오)人之有禍也하니 生心之所不能已也요 非求其報也라 故曰 上仁은 爲之而無以爲也라하니라

仁은 마음속으로 흔쾌히 남을 사랑하는 것이다. 남이 복을 받는 것을 기뻐하고 남이 화를 입는 것을 싫어하니, 이는 마음에서 우러나와 그만둘 수 없는 것이지 보답을 구해서 그러는 것은 아니다. 그러므로 ≪老子≫에서 "최상의 仁은 인을 행하면서도 어떤 의도를 가지고 행하지 않는 것이다."라고 한 것이다.

○先愼曰 今德經에 無也字라

○王先愼 : 지금의 ≪德經≫에는 '也'자가 없다.

20-12 義者는 君臣上下之事며

義는 군주와 신하, 윗사람과 아랫사람 사이의 일에 관한 것이고,

○盧文弨曰 凌本에 事作禮라 先愼曰 御覽四百二十一引亦作禮라

○盧文弨 : 凌本에 '事'는 '禮'로 되어 있다.
王先愼 : ≪太平御覽≫ 권421에 이 글을 인용하면서 '禮'로 되어 있다.

20-13 父子貴賤之差也며 知交朋友之接也며 親疏內外之分也니라 臣事君宜하고 下懷上宜하며

아비와 아들, 존귀한 사람과 미천한 사람 사이의 차이에 관한 것이며, 지기와 붕우 사이의 교제에 관한 것이며, 친근한 사람과 소원한 사람, 안과 밖의 분간에 관한 것이다. 신하는 군주를 섬기는 것이 마땅하고, 아랫사람은 윗사람을 따르는 것이 마땅하며,

○先愼曰 乾道本은 脫下宜字라 顧廣圻云 此下當有宜字라하니라 先愼按 拾補有宜字일새 今依增하노라

○王先愼 : 乾道本은 아래 '宜'자가 탈락되었다. 顧廣圻는 "여기 아래의 '宜'자가 있어야 한다."라고 하였다. 내가 살펴보건대 ≪群書拾補≫에 '宜'자가 있으므로 지금 이에 의거하여 보충하였다.

20-14 子事父宜하고 賤敬貴宜하며

자식은 아비를 섬기는 것이 마땅하고, 미천한 사람은 존귀한 사람을 존경하는 것이 마땅하며,

○先愼曰 乾道本에 賤作衆이라 顧廣圻云 藏本今本에 衆作賤이라 今本에 無宜字니 誤라 藏本有라하니라 先愼按 衆字亦誤라 此承上父子貴賤言이니 明字當作賤이라 依藏本今本改하노라

○王先愼 : 乾道本에 '賤'이 '衆'으로 되어 있다. 顧廣圻는 "藏本과 今本에 '衆'이 '賤'으로 되어 있다. 今本에 '宜'자가 없으니 잘못이다. 藏本에는 있다."라고 하였다. 내가 살펴보건대 '衆'자는 역시 잘못이다. 이것은 위의 '富者', '貴賤'을 이어서 말한 것이니, 글자가 '賤'이 되는 것이 명확하다. 藏本과 今本에 의거하여 고쳤다.

20-15 知交友朋之相助也宜하고

지기와 붕우 사이에 서로 돕는 것이 마땅하고,

○先愼曰 九字爲句니 謂知交朋友宜相助也라 今本宜字屬下爲句니 非라 友朋은 依上當作朋友라

○王先愼 : 9자로 한 구가 되니, 지기와 붕우끼리는 마땅히 서로 도와야 한다는 말이다. 今本에는 '宜'자를 아래로 붙여서 구두를 떼었으니, 잘못이다. '友朋'은 윗글에 의거하여 '朋友'가 되어야 한다.

20-16 親者內而疏者外宜하니라

친근한 사람은 안에 두고 소원한 사람은 바깥에 두는 것이 마땅하다.

○顧廣圻曰 今本無宜字어늘 藏本有라

○顧廣圻 : 今本에는 '宜'자가 없는데 藏本에는 있다.

20-17 義者는 謂其宜也니 宜而爲之라 故曰 上義는 爲之而有以爲也라하니라

義란 마땅함을 말하니, 마땅하므로 그것을 행하는 것이다. 그러므로 ≪老子≫에서 "최상의 義는 의를 행하되 의도를 가지고 하는 것이다."라고 한 것이다.

20-18 禮者는 所以貌情也며

禮는 속내를 겉으로 드러내는 방식이며,

○先愼曰 乾道本은 貌情을 作情貌하니 下同이라 盧文弨云 情貌倒니 從張本作貌情이라하니라 先愼案 盧說是라 作情貌者는 涉下條禮爲情貌也[7]而誤라 貌與飾同義라 荀子大略篇에 文貌情用은 相爲表裏라하니 文貌는 卽文飾也라 禮記月令疏에 引定本飾謂容飾也라하니 容飾은 卽容貌也라 下文에 禮者는 外飾之所以諭內也라하니 內指情言이니 飾은 卽貌也라 御覽五百四十二에 引作禮者所以飾貌情也니 貌上更有飾字라 蓋校者旁注飾字以釋貌義어늘 刊書者失刪이요 亦見飾貌二字古通하야 而作情貌者誤일새 今據乙하노라

○王先愼 : 乾道本에는 '貌情'이 '情貌'로 되어 있으니, 아래도 같다. 盧文弨는 "'情貌'는 도치되었으니, 張本을 따라 '貌情'으로 썼다."라고 하였다. 내가 살펴보건대 노문초의 설이 옳다. '情貌'로 된 것은 아래 조문의 '禮爲情貌也'와 연계되어 잘못된 것이다. '貌'는 '飾(겉모습)'과 같은 뜻이다. ≪荀子≫ 〈大略篇〉에 "꾸민 겉모습과 마음속의 성실한 쓰임은 서로 표리를 이룬다.〔文貌情用相爲表裏〕"라고 하였으니, '文貌'는 文飾(꾸민 겉모습)이다. ≪禮記≫ 〈月令〉의 疏에 定本을 인용하여, "'飾'은 容飾이다."라고 하였으니, '容飾'은 곧 용모이다. 아래 글에 "예란 겉으로 모습을 꾸며서 속내를 드러내는 것이다.〔禮者外飾之所以諭內也〕"라고 하였는데, 속내는 마음을 가리켜 말한 것이니 '飾'은 곧 겉모습이다. ≪太平御覽≫ 권542에 이 글을 인용하면서 '禮者所以飾貌情也'로 되어 있으니, '貌' 위에 또 '飾'자가 있다. 이는 교정자가 '飾'자를 旁注로 달아 '貌'의 뜻을 해석한 것인데, 책을 간행하는 자가 놓치고 삭제하지 못한 것이고, 또한 '飾'과 '貌' 두 글자가 옛날에 통용된 것을 보고 '情貌'로 쓴 것은 잘못이므로, 지금 이에 의거하여 순서를 바꾸었다.

7) 禮爲情貌也 : 본서 199쪽 20-27에 보인다.

20-19 群義之文章也며 君臣父子之交也며 貴賤賢不肖之所以別也니라 中心懷而不諭라 故疾趨卑拜以明之요

갖가지 義를 표현하는 형식이며, 군주와 신하, 아비와 아들의 관계이며, 존귀한 사람과 미천한 사람, 현명한 사람과 불초한 사람을 구별하는 방법이다. 마음속으로 품고 있으면 상대가 알지 못하기 때문에 종종걸음으로 달려가 몸을 낮춰 절을 해서 분명하게 드러내는 것이고,

○先愼曰 乾道本에 故作其하고 以作而하니 誤라 下文故好言繁辭以信之는 與此正相對라 顧廣圻云 今本其作故라하니라 先愼案 御覽引其作故而作以일새 今據改하노라

○王先愼 : 乾道本에 '故'는 '其'로 되어 있고, '以'는 '而'로 되어 있으니, 잘못이다. 아래 글의 '故好言繁辭以信之'는 이 구와 정확히 대구가 된다. 顧廣圻는 "今本에 '其'가 '故'로 되어 있다."라고 하였다. 내가 살펴보건대 ≪太平御覽≫ 권542에 이 글을 인용하면서 '其'는 '故'로 되어 있고, '而'는 '以'로 되어 있으므로, 지금 이에 의거하여 고쳤다.

20-20 實心愛而不知라 故好言繁辭以信之니라 禮者는 外飾之所以諭內也라

진정으로 사랑한다 해도 상대가 알아주지 않기 때문에 듣기 좋은 말을 많이 늘어놓아 믿도록 한다. 禮란 겉으로 모습을 꾸며서 속내를 드러내는 것이다.

○先愼曰 乾道本에 飾은 誤作節이라 盧文弨云 凌本에 節이 作飾이라하니 今據改하노라

○王先愼 : 乾道本에 '飾'은 '節'로 잘못되어 있다. 盧文弨는 "凌本에 '節'이 '飾'으로 되어 있다."라고 하였으니, 지금 이에 의거하여 고쳤다.

20-21 故曰[8)] 禮以貌情也라하니라

그러므로 "禮는 속내를 겉으로 드러내는 것이다."라고 한 것이다.

○顧廣圻曰 當衍曰字라 案此及喩老凡故曰之下例必引老子文이어늘 其不然者는 卽有誤也일새 今皆正之라

---

8) 故曰 : ≪韓非子新校注≫에서 松皐圓은 이 '故曰'은 윗줄(禮者所以貌情也)을 다시 말한 것이지 ≪老子≫를 인용한 것이 아니라고 하였다.

○顧廣圻 : '曰'자는 당연히 衍文이다. 살펴보건대 이 편과 〈喩老篇〉은 대체로 '故曰' 뒤에는 으레 반드시 ≪老子≫의 글을 인용하였는데, 그렇지 않은 경우는 곧 잘못이 있는 것이므로 지금 모두 바로잡았다.

20-22 凡人之爲外物動也일새 不知其爲身之禮也니라 衆人之爲禮也는 以尊他人也라 故時勸時衰니라 君子之爲禮는 以爲其身이니

대체로 사람은 外物에 의해 마음이 움직이기 때문에 자기 몸을 다스리기 위해 예를 행하는 것을 알지 못한다. 보통 사람들이 예를 행하는 것은 남을 높이기 위해서이다. 그러므로 때로는 애를 써서 하고 때로는 게을리한다. 군자가 예를 행하는 것은 자기 몸을 다스리기 위해서이니,

○先愼曰 乾道本에 下之字作以라 顧廣圻云 今本에 上以字作之라하니라 先愼案作之者 是也니 以字涉下文而誤라 上文衆〔人〕[9]之爲禮與此君子之爲禮相對니 明此不當作以일새 改從今本하노라

○王先愼 : 乾道本에 아래 '之'자가 '以'로 되어 있다. 顧廣圻는 "今本에 위의 '以'자가 '之'로 되어 있다."라고 하였다. 내가 살펴보건대 '之'로 된 것이 옳으니, '以'자는 아래 글에 연계되어 잘못된 것이다. 윗글의 '衆人之爲禮'와 여기 '君子之爲禮'는 서로 대구이니, 이 글자가 '以'가 되어서는 안 되는 것이 분명하므로 今本에 따라 고쳤다.

20-23 以爲其身이라 故神[10]之爲上禮요 上禮神而衆人貳라 故不能相應이요 不能相應이라 故曰 上禮는 爲之而莫之應이라하니라 衆人雖貳나 聖人之復恭敬盡手足之禮也不衰라

자기 몸을 다스리기 위해 예를 행하기 때문에 진정성 있게 행하는 것을 최상의 예로 여기고, 최상의 예는 진정성이 있게 행하지만 보통사람은 두 마음을 갖고 행하므로 서로 호응할 수 없으며, 서로 호응할 수 없기 때문에 ≪老子≫에서 "최상의 禮는 禮를 행하되 그것에 호응하는 자가 없다."라고 한 것이다. 보통사람이 비

9) 〔人〕: 저본에는 '人'이 없으나, 윗글의 문맥에 의거하여 보충하였다.
10) 神 : ≪韓非子新校注≫에서 于思泊은 "'神'은 申과 信의 古字이다."라고 하였다.

록 두 마음을 갖고 행하지만 聖人은 공경을 행하고 행동거지의 예를 다하여 게을리하지 않는다.

○顧廣圻曰 藏本同이라 今本에 無上之字하니 誤라 案此以十四字爲一句라

○顧廣圻 : 藏本은 같다. 今本에 위의 '之'자가 없으니, 잘못이다. 살펴보건대 이 구절은 14글자가 한 구가 된다.

20-24 故曰 攘臂而仍之라하니라

그러므로 ≪老子≫에 "팔을 걷어붙이며 따르게 한다."라고 한 것이다.

○顧廣圻曰 經典釋文에 仍作扔이어늘 傅本及今德經에 皆作仍이라 先愼曰 仍은 王弼作扔이라 說文에 仍은 因也라 扔亦因也라하니 仍扔字異義同이라

○顧廣圻 : ≪經典釋文≫에 '仍'이 '扔'으로 되어 있는데, 傅奕本 및 지금의 ≪德經≫에 모두 '仍'으로 되어 있다.

王先愼 : '仍'은 王弼本에 '扔'으로 되어 있다. ≪說文解字≫에 "'仍'은 '因(따르다)'이다. '扔'도 '因'이다."라고 하였으니, '仍'과 '扔'은 글자는 다르나 뜻은 같다.

20-25 道有積而(德)〔積〕有功이니

道는 축적되는 것이며 축적되면 효과가 있게 되니,

○顧廣圻曰 德은 當作積이라

○顧廣圻 : '德'은 응당 '積'이 되어야 한다.

20-26 德者는 道之功이요 功有實而實有光이니 仁者는 德之光이요 光有澤而澤有事니 義者는 仁之事也요 事有禮而禮有文이니 禮者는 義之文也라 故曰 失道而後失德이며 失德而後失仁이며 失仁而後失義며 失義而後失禮[11]라하니라

---

11) 失道而後失德……失義而後失禮 : 이 구절은 통행본 ≪道德經≫ 38장에 나오는데, ≪帛書老子≫와 통행본의 각 구에는 '後' 아래에 '失'자가 없다. 이에 대해 ≪韓非子新校注≫에서 陳奇猷는 '失'이 없으면 韓非子의 사상으로 볼 때, 오히려 합당하지 않은 면이 있으므로 한비자

德은 道의 효과이다. 효과에는 충실함이 있으며 충실하면 빛이 나게 되니, 仁은 덕의 빛이다. 빛에는 윤택함이 있으며 윤택하면 일이 이루어지니, 義는 仁이 이루어진 일이다. 일에는 禮가 있으며 禮는 文飾이 있으니, 禮는 義의 文飾이다. 그러므로 ≪老子≫에 "道를 잃은 뒤에 德을 잃고, 德을 잃은 뒤에 仁을 잃으며, 仁을 잃은 뒤에 義를 잃고, 義를 잃은 뒤에 禮를 잃는다."라고 한 것이다.

○盧文弨曰 凡而後下俱不當有失字라 顧廣圻曰 傅本及德經에 無下失字라

○盧文弨 : 전체 '而後' 아래에 다 '失'자가 있어서는 안 된다.
顧廣圻 : 傅奕本과 ≪德經≫에 '後' 아래에 '失'자가 없다.

20-27 禮는 爲情貌者也요

禮는 속내를 겉으로 드러내는 것이고,

○先愼曰 乾道本連上이라 盧文弨云 當提行이라 此爲情貌與前文自別이라하니라 先愼案 盧說이 是니 今從拾補하야 提行하노라

○王先愼 : 乾道本은 위 구절에 이었다. 盧文弨는 "응당 행을 바꾸어야 한다. 이 구절의 '爲情貌'는 윗글과는 절로 구별이 된다."라고 하였다. 내가 생각하건대 盧文弨의 설이 옳으니, 지금 ≪群書拾補≫를 따라 행을 바꾸었다.

20-28 文은 爲質飾者也니라 夫君子는 取情而去貌하고 好質而惡飾하니 夫恃貌而論情者는 其情惡也요 須飾而論質者는 其質衰也니라 何以論之오 和氏之璧은 不飾以五采요 隋侯之珠[12]는 不飾以銀黃이니

文은 실질을 꾸미는 것이다. 군자는 속내를 취하고 겉모습을 버리며, 실질을 좋

가 의도적으로 넣었을 가능성도 배제할 수 없다고 하였고, ≪韓非子全釋≫에서 張覺은 '道', '德', '仁', '義', '禮'의 등이 主와 次의 관계로 서로 이어지는 문맥으로 보아 통행본 ≪老子≫보다 낫다고 하였다. 여기서도 이러한 견해에 따라 '失'을 넣어 번역하였다.

12) 隋侯之珠 : 隋나라는 西周 초에 分封된 姬姓의 나라로, 지금의 湖北省 隨州市 남쪽에 있었다. 춘추시대 후기에 楚나라의 附庸國이 되었다. ≪淮南子≫〈覽冥訓〉高誘의 注에 의하면, 隋侯가 상처 입은 큰 뱀 한 마리를 보고 약을 발라 구해주었는데, 훗날 그 뱀이 큰 구슬을 물고 와서 보은하였다고 한다. 이것을 '隋侯之珠'라고 일컫는다.

아하고 꾸밈은 싫어하니, 겉모습에 의지해 속내를 따지는 것은 그 속내가 나쁘기 때문이고 꾸밈을 기다려 실질을 따지는 것은 그 실질이 뒤떨어지기 때문이다. 어째서 그렇게 말하는가? 和氏의 璧玉은 다섯 가지 색으로 꾸미지 않았고, 隋侯의 진주는 은이나 황금으로 꾸미지 않았으니,

○先愼曰 御覽八百三八百六에 引隋竝作隨하고 八百六에 引銀黃作黃金이라

○王先愼 : ≪太平御覽≫ 권803·권806에 이 글을 인용하면서 '隋'가 모두 '隨'로 되어 있고, 권806에 이 글을 인용하면서 '銀黃'은 '黃金'으로 되어 있다.

20-29 其質至美하야 物不足以飾之니라 夫物之待飾而後行者는 其質不美也라 是以로 父子之間에 其禮樸而不明이니라

그 실질이 너무나 아름다워서 다른 것으로 꾸밀 수가 없다. 어떤 사물이 꾸밈을 기다린 뒤에야 통행되는 것은 그 실질이 아름답지 않아서이다. 이 때문에 아비와 자식 사이에는 그 禮가 소박해서 분명하게 드러나지 않는다.

○先愼曰 乾道本에 無樸字라 顧廣圻云 今本은 禮下에 有樸字라 按句有誤로되 未詳이라하니라 先愼案 樸而不明은 卽下文實厚者貌薄之意니 無樸字면 則文不成義일새 改從今本하노라

○王先愼 : 乾道本에 '樸'자가 없다. 顧廣圻는 "今本에는 '禮' 아래에 '樸'자가 있다. 살펴보건대 구에 오류가 있으나 자세하게 알 수는 없다."라고 하였다. 내가 살펴보건대 '樸而不明'은 아래 글의 '實厚者貌薄'의 뜻이니, '樸'자가 없으면 文義가 성립되지 않기 때문에 今本을 따라 고쳤다.

20-30 故曰 禮는 薄也라하니라

그러므로 ≪老子≫에서 "禮는 얄팍하다."라고 한 것이다.

○顧廣圻曰 句有誤라 先愼曰 顧氏謂曰下必引老子文이라 故疑誤어늘 不知此卽本老子夫禮者忠信之薄也일새 所以亦用故曰以明之니 非必盡引老子成文而不節也라 下文是謂深其根固其柢[13]를 本書無是謂二字요 善建者不拔[14]을 本書僅云

故曰拔之類是也라 又有增多其字以足義者하니 是謂道紀[15)]를 本書作道理之者也[16)]하고 喩老篇에 子孫以其祭祀世世不輟[17)]이라하되 而老子原文은 作子孫祭祀不輟이 是也라 此旣云禮薄也라하고 下又申明故曰夫禮者忠信之薄也[18)]는 正與下文故曰道之華也라하고 又申之以故曰前識者道之華也[19)]와 故曰迷라하고 又申之以故曰人之迷其日故以久矣[20)]와 故曰重積德이라하고 又申之以故曰蚤服是謂重積德[21)]과 故曰無不克이라하고 又申之以故曰無不克則莫知其極[22)]之類로 同例라

○顧廣圻 : 구에 오류가 있다.

王先愼 : 고광기는 '曰' 아래에는 반드시 ≪老子≫의 글을 인용해야 한다고 여겼으므로 오류라고 의심했는데, 이 구절이 곧 ≪노자≫의 "夫禮者忠信之薄也(무릇 예라고 하는 것은 충심과 신의가 얄팍한 것이다.)"에 근본을 두었으므로 역시 '故曰'을 써서 밝힌 것임을 알지 못한 것이니, ≪노자≫의 成文을 요약하지 않고 완전하게 인용해야 할 필요는 없다. 아래 글의 '是謂深其根固其柢(이것을 일러 그 중심 뿌리를 깊게 하고 그 끝 뿌리를 튼튼하게 해야 한다는 것이다.)'는 本書에는 '是謂' 두 글자가 없고, '善建者不拔(잘 세운 것은 뽑히지 아니한다.)'은 本書에는 겨우 '故曰拔'이라고 한 유형이 이 예이다. 또 글자를 더하여서 의미를 충족시킨 경우도 있으니, '是謂道紀(이를 일러 道의 벼리라고 한다.)'를 本書에서 '道理之者也'라 하고, 〈喩老篇〉에 '子孫以其祭祀世世不輟'이라 하였으나 ≪노자≫의 원문은 '子孫祭祀不輟(자손의 제사가 끊이지 않을 것이다.)'이라고 한 것이 이 예이다. 여기서 이미 '禮薄也'라 하고 아래에 다시 '故曰夫禮者忠信之薄也'라고 하여 의미를 자세히 밝힌 것은 바로 아래 글에 '故曰道之華也'라 하고 다시 '故曰前識者道之華也'라 하여 의미를 자세히 한 경우, '故曰迷'라 하고 다시 '故曰人之迷其日故以久矣'라 하여 의미를 자세히 한 경우, '故曰重積德'이라 하고 다시 '故曰蚤服是謂重積德'이라 하여 의미를 자세히 한 경우, '故曰無不

13) 是謂深其根固其柢 : 이 구절은 통행본 ≪道德經≫ 59장에 보인다.
14) 善建者不拔 : 이 구절은 통행본 ≪道德經≫ 54장에 보인다.
15) 是謂道紀 : 이 구절은 통행본 ≪道德經≫ 14장에 보인다.
16) 道理之者也 : 본서 245쪽 20-138에 보인다.
17) 子孫以其祭祀世世不輟 : 본서 287쪽 21-21에 보인다.
18) 夫禮者忠信之薄也 : 본서 203쪽 20-35에 보인다.
19) 故曰道之華也……道之華也 : 본서 206쪽 20-43과 207쪽 20-44에 각기 보인다.
20) 故曰迷……其日故以久矣 : 본서 212쪽 20-60과 213쪽 20-62에 각기 보인다.
21) 故曰重積德……重積德 : 본서 223쪽 20-86에 보인다.
22) 故曰無不克……莫知其極 : 본서 223쪽 20-87과 224쪽 20-89에 각기 보인다.

克'이라 하고 다시 '故曰無不克則莫知其極'이라 한 유형과 동일한 예이다.

20-31 凡物不竝盛하니 陰陽이 是也요 理相奪予하니 威德이 是也요 實厚者貌薄은 父子之禮 是也니라 由是觀之컨대 禮繁者는 實(心)衰也니라

무릇 사물은 대립되는 두 가지가 동시에 성할 수는 없으니 음과 양이 그렇고, 이치는 서로 빼앗고 주는 관계에 놓여 있으니 위엄과 덕이 그렇고, 실질은 두터운데 겉모습은 엷은 것은 아비와 아들의 禮가 그렇다. 이로 보건대 예가 번다한 것은 실질이 초라한 것이다.

○王先謙曰 禮繁者實衰는 與實(衰)〔厚〕[23)]者貌薄으로 對文이니 心字不當有라 此緣下文樸心而衍이라

○王先謙 : '禮繁者實衰'는 '實厚者貌薄'과 對文이니, '心'자가 있어서는 안 된다. 이것은 아래 글의 '樸心'과 연계되어 잘못 들어간 것이다.

20-32 然則爲禮者는 事通人之樸心者也니라

그렇다면 예를 행하는 것은 뭇사람의 소박한 본심을 일에 드러내는 것이다.

○王先謙曰 通人은 謂衆人이라 緣衆人之實心而形之於事則爲禮之貌라 故曰 爲禮者는 事通人之樸心者也라하니라

○王先謙 : '通人'은 뭇사람을 말한다. 뭇사람의 實心에서 연유해서 행사에 드러나면 예의 겉모습이 된다. 그러므로 "禮를 행하는 것은 뭇사람의 소박한 본심을 일에 드러내는 것이다."라고 한 것이다.

20-33 衆人之爲禮也에 人應則輕(歡)〔勸〕이어니와

뭇사람은 예를 행했을 적에 남이 응하면 쉽사리 애써서 하지만,

○顧廣圻曰 歡은 當作勸이니 上文云 時勸時衰라하니라

23) (衰)〔厚〕: 저본에는 '衰'로 되어 있으나, 위의 구절과 문맥을 감안하여 '厚'로 바로잡았다.

○顧廣圻 : '歡'은 '勸'이 되어야 하니, 윗글에 '時勸時衰(때로는 애를 써서 하고 때로는 게을리한다.)'라고 하였다.

20-34 **不應則責怨**이니라 **今爲禮者 事通人之樸心而資之以相責之分**하니 **能毋爭乎**아 **有爭則亂**이니라

응하지 않으면 꾸짖고 원망한다. 지금 예를 행하는 것이 뭇사람의 소박한 본심을 일에 드러내는 것인데도 서로 꾸짖는 구실을 제공하게 되니, 어찌 다툼이 없을 수 있겠는가. 다툼이 있으면 어지러워진다.

○**先愼曰 依下文是以曰愚之首也**[24] **文例**컨대 **此當脫是以曰亂之首也一句**라

○王先愼 : 아래 글의 '是以曰愚之首也(이 때문에 ≪老子≫에서 "어리석음의 시작이다."라고 한 것이다.)'라고 한 문구의 예에 의거하면 여기에 응당 '是以曰亂之首也(이 때문에 ≪노자≫에서 "어지러움의 시작이다."라고 한 것이다.)'라는 한 구가 탈락된 것이다.

20-35 **故曰 夫禮者**는 **忠信之薄也**요

그러므로 ≪老子≫에서 "무릇 예라고 하는 것은 충심과 신의가 얄팍한 것이요,

○**顧廣圻曰 傅本及今德經**에 **皆無也字**니 **下道之華也**도 **同**이라

○顧廣圻 : 傅奕本과 지금의 ≪德經≫에 모두 '也'자가 없으니, 아래의 '道之華也'도 마찬가지이다.

20-36 **而亂之首(乎)〔也〕**라하니라

어지러움의 시작이다."라고 한 것이다.

○**顧廣圻曰 今德經無乎字**하고 **傅本作也**라

○顧廣圻 : 지금의 ≪德經≫에는 '乎'자가 없고, 傅奕本에는 '也'로 되어 있다.

---

24) 是以曰愚之首也 : 본서 206쪽 20-43에 보인다.

20-37 先物行先理動之謂前識이니

사물이 나타나기에 앞서 행하고 사리가 드러나기에 앞서 움직이는 것을 '前識'이라고 하니,

○王先謙曰 與物來順應[25)]異라

○王先謙 : '사물이 오면 순응하는 것'과는 다르다.

20-38 前識者는 無緣而忘意度(탁)也니라

'前識'이란 아무런 근거 없이 제멋대로 어림짐작하는 것이다.

○先愼曰 忘與妄通이라 左傳哀二十七年注에 言公之多忘이라하니 釋文에 忘은 本又作妄이라하고 莊子盜跖篇에 故推正不忘耶라하니 釋文에 忘은 或作妄이라하니 此忘妄古通之證이라 無緣而忘意度은 謂無所因而妄以意忖度之也라 用人篇에 去規矩而妄意度이라하니 是其證이라

○王先愼 : '忘'은 '妄'과 통용한다. ≪春秋左氏傳≫ 哀公 27년의 注에 '言公之多忘(哀公의 망령된 행동이 많았음을 말한 것이다.)'이라고 하였는데, ≪釋文≫에 "'忘'은 본래 '妄'으로도 썼다."라고 하였고, ≪莊子≫ 〈盜跖篇〉에 '故推正不忘耶(정말로 바른 도를 추구하여 제멋대로 하지 않아서인가.)'라고 하였는데, ≪釋文≫에 "'忘'은 '妄'으로 쓴 경우도 있다."라고 하였으니, 이러한 것들이 '忘'과 '妄'이 예전에 통용된 증거이다. '無緣而忘意度'은 아무런 근거 없이 제멋대로 어림짐작하는 것을 이른다. ≪韓非子≫ 〈用人篇〉에 '去規矩而妄意度(정해진 규칙을 버리고 제멋대로 어림짐작한다.)'이라 하였으니, 이것이 그 증거이다.

20-39 何以論之오 詹何[26)]坐하고 弟子侍할새 有牛鳴於門外하니

---

25) 物來順應 : "장횡거가 정명도에게 '성품을 定할 적에 動하지 않을 수 없어서 아직도 외물에 얽매이니, 어떻게 해야 합니까?'라고 묻자, 정명도가 '이른바 定이라는 것은 動하여도 定하고, 靜하여도 定하여, 보냄과 맞이함이 없고 안과 밖이 없는 것이다.……군자의 학문은 확연히 크게 공정하여 사물이 오면 순응하는 것이다.'라고 대답하였다.〔橫渠先生 問於明道先生曰 定性 未能不動 猶累於外物 何如 明道先生曰 所謂定者 動亦定 靜亦定 無將迎 無內外……君子之學 莫若擴然而大公 物來而順應〕"(≪近思錄≫ 〈爲學〉)

26) 詹何 : 楚나라 隱者로 낚시를 잘하여 명주실로 낚싯줄, 보리수염으로 낚싯바늘, 가시나무

어찌하여 그렇게 말하는가? 詹何가 앉아 있고 제자가 모시고 있을 적에 문밖에서 소 울음소리가 들려왔다.

○先愼曰 乾道本에 無有字라 顧廣圻云 藏本今本에 有有字라하니라 先愼案 御覽八百九十九와 事類賦二十二에 引竝有일새 今據補하노라

○王先愼：乾道本에 '有'자가 없다. 顧廣圻는 "藏本과 今本에 '有'자가 있다."라고 하였다. 내가 살펴보건대 ≪太平御覽≫ 권899와 ≪事類賦≫ 권22에 이 부분을 인용하면서 모두 '有'가 있으므로 지금 이에 의거하여 보충하였다.

20-40 弟子曰 是黑牛也어늘 而白在其題니이다한대

제자가 말하기를 "이 소는 검정소인데, 그 이마가 하얗습니다."라고 하자,

○先愼曰 乾道本에 無在其二字라 案下文而白在其角은 文法一律이니 明乾道本脫在其二字라 今據御覽事類賦引補라 題는 御覽事類賦에 作蹏라

○王先愼：乾道本에 '在其' 두 글자가 없다. 살펴보건대 아래 글의 '而白在其角'은 문법이 〈여기의 글과〉 동일한 형식이니, 건도본에 '在其' 두 글자가 탈락된 것이 분명하다. 지금 ≪太平御覽≫과 ≪事類賦≫에 의거하여 보충하였다. '題'는 ≪太平御覽≫ 권899과 ≪事類賦≫ 권22에 '蹏'로 되어 있다.

20-41 詹何曰 然하다 是黑牛也어늘 而白在其角이니라하야

첨하가 말하기를 "그렇다. 이 소는 검정소인데, 그 뿔이 하얗구나."라고 하여,

○先愼曰 御覽引無是字하고 角作頭하니 誤라 下仍作角하니 可證이라

○王先愼：≪太平御覽≫ 권899에 이 부분을 인용하면서 '是'자가 없고, '角'은 '頭'로 되어 있으니, 잘못이다. 아래 글에 그대로 '角'으로 되어 있으니, 증명이 될 만하다.

20-42 使人視之하니 果黑牛而以布裹其角이라 以詹子之術로 嬰衆人之心이면

로 낚싯대, 쪼갠 낟알로 미끼를 만들었는데도 수레에 가득 찰 만큼 물고기를 낚았다고 한다. (≪列子≫ 〈湯問〉, 〈說符〉)

華焉殆矣라

사람을 시켜 소를 살펴보게 하니, 과연 검정소인데다 흰색 삼베로 그 뿔을 싸고 있었다. 첨하의 술수로 뭇사람의 마음을 미혹시키면 겉만 화려하게 꾸미는 데 가까울 것이다.

○**先愼曰 竭其聰明**하고 **役其智力**하야 **使衆人之心**으로 **爲之營惑**이면 **如華之末**에 **庶幾近之**라

○王先愼 : 聰明을 다하고 智力을 부려서 뭇사람의 마음으로 하여금 그것에 미혹되게 하니, 마치 화려한 말단에 거의 가까울 것이다.

20-43 **故曰 道之華也**라하니라 **嘗試釋詹子之察**하야 **而使五尺之愚童子**로 **視之**라도 **亦知其黑牛而以布裹其角也**라 **故以詹子之察**로 **苦心傷神**하고 **而後與五尺之愚童子**로 **同功**이라 **是以**로 **曰愚之首也**라하니라

그러므로 ≪老子≫에서 "도의 겉만 화려한 것이다."라고 한 것이다. 만약 시험삼아 첨하의 推察을 제쳐두고 어리석은 5척 어린아이로 하여금 살펴보게 하였더라도 역시 그 소가 검정소이고 흰 베로 뿔을 싸고 있다는 것을 알았을 것이다. 따라서 첨하는 추찰함으로써 마음을 괴롭히고 정신을 피곤하게 한 뒤에 기껏 5척 어린아이가 한 것과 똑같은 효과를 얻었을 뿐이다. 이 때문에 ≪老子≫에서 "어리석음의 시작이다."라고 한 것이다.

○**顧廣圻曰 句有誤**하니 **當衍以曰二字**라 **先愼曰 是以二字不誤**니 **與故字同用**이라 **上文故曰道之華也**와 **此言是以曰愚之首也**는 **語正相同**하니 **皆本老子文**이라 **變故言是以者**는 **避下故曰以成文也**라

○顧廣圻 : 구에 오류가 있으니, '以曰' 두 글자는 응당 衍文이 되어야 한다.

王先愼 : '是以' 두 글자는 오류가 아니니, '故'자와 용법이 같다. 윗글의 '故曰道之華也'와 여기서 말한 '是以曰愚之首也'는 어구가 정확히 서로 같으니, 모두 ≪老子≫의 글을 근본으로 한다. '故'를 바꾸어 '是以'라고 말한 것은 아래의 '故曰'을 피해 문구를 이루었기 때문이다.

20-44 故曰 前識者는 道之華也요

그러므로 ≪老子≫에서 "前識이라는 것은 도의 겉만 화려한 것이고,

○先愼曰 也字는 德經諸本皆無라

○王先愼 : '也'자는 ≪德經≫의 여러 판본에 모두 없다.

20-45 而愚之首也라하니라

어리석음의 시작이다."라고 한 것이다.

○顧廣圻曰 今德經無也字어늘 傅本有하니 與此合이라 首皆作始라

○顧廣圻 : 지금의 ≪德經≫에 '也'자가 없는데, 傅奕本에는 있으니 이 乾道本과 합치된다. '首'는 모두 '始'로 되어 있다.

20-46 所謂大丈夫者는 謂其智之大也니라 所謂處其厚不處其薄者는

≪老子≫에서 말한 '大丈夫'는 지혜가 큰 사람을 말한다. ≪老子≫에서 말한 "도타운 데 머물고 얄팍한 데 머물지 않는다."는 것은

○顧廣圻曰 今德經에 下處字作居는 非니 傅本與此合이라 下不處其華同이라

○顧廣圻 : 지금의 ≪德經≫에 아래 '處'자가 '居'로 되어 있는 것은 잘못이니, 傅奕本은 이 乾道本과 합치된다. 아래의 '不處其華'도 마찬가지이다.

20-47 行情實而去禮貌也니라 所謂處其實不處其華者는 必緣理不徑絶也니라

속마음의 진실을 행하고 禮의 겉모습은 버린다는 것이다. ≪老子≫에서 말한 "진실한 데 머물고 겉만 화려한 데 머물지 않는다."는 것은 반드시 事理에 근거하며 섣불리 판단하지 않는다는 것이다.

○先愼曰 徑絶은 卽妄意度(탁)也라 徑絶與經絶同義니 解見下文이라

○王先愼 : '徑絶'은 곧 망령되게 헤아리는 것이다. '徑絶'은 '經絶'과 같은 뜻이니, 풀이는 아래 글에 보인다.

20-48 所謂去彼取此者는 去〔禮〕貌徑絶하야

≪老子≫에서 말한 "저것을 버리고 이것을 취한다."는 것은 예의 겉모습과 섣부른 판단을 버리고서

○顧廣圻曰 去下當有禮字라

○顧廣圻 : '去' 아래에 응당 '禮'자가 있어야 한다.

20-49 而取緣理(好)情實也니라

사리에 근거하며 속마음의 진실을 취한다는 것이다.

○顧廣圻曰 當衍好字라

○顧廣圻 : 응당 '好'자는 衍文이라야 한다.

20-50 故曰 去彼取此라하니라

그러므로 ≪老子≫에서 "저것을 버리고 이것을 취한다."라고 한 것이다.

○先愼曰 以上見三十八章이라

○王先愼 : 이상은 ≪老子≫ 38장에 보인다.

20-51 人有禍[27)]면 則心畏恐이요 心畏恐이면 則行端直이요 行端直이면 則思慮熟이요 思慮熟이면 則得事理라 行端直이면 則無禍害요 無禍害면 則盡天年이요 得事理면 則必成功이니라 盡天年이면 則全而壽요 必成功이면 則富與貴니 全壽富貴之謂福이니라

사람이 화를 당하면 마음이 두려워지고, 마음이 두려우면 행동이 단정해지고, 행동이 단정해지면 사려가 깊어지고, 사려가 깊어지면 사리를 알게 된다. 행동이 단정해지면 禍와 害가 없어지고, 화와 해가 없어지면 天壽를 다 누리게 되고, 사리를 알게 되면 반드시 공을 이루게 된다. 천수를 다 누리게 되면 몸이 온전하고

27) 人有禍 : 여기부터 218쪽 20-76까지의 내용은 통행본 ≪道德經≫ 58장에 보인다.

도 장수하고, 반드시 공을 이루게 되면 부유하고 존귀해지니, 몸이 온전하고 장수하며 부유하고 존귀해지는 것을 福이라고 한다.

○先愼曰 乾道本은 富下에 無貴字라 盧文弨云 脫이니 張本有라하고 顧廣圻云 藏本에 有貴(者)〔字〕[28]하니 是也라하니라 先愼案 依上文應有일새 今據補하노라

○王先愼 : 乾道本은 '富' 아래에 '貴'자가 없다. 盧文弨는 "탈락되었으니, 張本에는 있다."라고 하였고, 顧廣圻는 "藏本에는 '貴'자가 있으니, 옳다."라고 하였다. 내가 살펴보건대 윗글에 의거하면 〈'貴'자가〉 있어야 하므로 지금 이에 의거하여 보충하였다.

20-52 而福本於有禍라 故曰 禍兮福之所倚라하니라

복은 본래 화가 있는 데서 나온다. 그러므로 ≪老子≫에서 "화는 복이 의지하는 곳이다."라고 한 것이다.

○先愼曰 老子明皇陸希聲本[29]에 無之字라 倚는 因也라

○王先愼 : ≪老子≫ 明皇本과 陸希聲本에 '之'자가 없다. '倚'는 '因(의지함)'이다.

20-53 以成其功也[30]니라

그것으로써 공을 이룬다는 것이다.

20-54 人有福이면 則富貴至요 富貴至면 則衣食美요

사람이 복이 있으면 부귀가 이르고, 부귀가 이르면 먹고 입는 것이 호사스러워지고,

○先愼曰 乾道本은 至下에 無則字라 顧廣圻云 藏本에 有則字하니 是也라하니라 先

28) (者)〔字〕: 저본에는 '者'로 되어 있으나, 문맥을 감안하여 '字'로 바로잡았다.

29) 老子明皇陸希聲本 : ≪老子≫ 明皇本은 ≪唐玄宗御注道德眞經≫이다. 明皇은 唐 玄宗을 가리킨다. 이 책은 開元 20년(732)에서 21년(733)에 이루어졌으며, 당 현종이 注한 것이다. 陸希聲本은 唐 昭宗 시기 재상인 陸希聲의 ≪道德經傳≫이다.

30) 以成其功也 : ≪韓非子解詁≫에서 津田鳳卿은 正文에 잘못 섞여 들어간 것이라고 하였다. (≪韓非子全譯≫)

愼案 御覽四百七十二의 引亦有則字하니 今據補하노라

○王先愼 : 乾道本은 '至' 아래에 '則'자가 없다. 顧廣圻는 "藏本에 '則'자가 있으니, 옳다."라고 하였다. 내가 살펴보건대 ≪太平御覽≫ 권472에 이 글을 인용한 데에도 역시 '則'자가 있으니, 지금 이에 의거하여 보충하였다.

20-55 衣食美면 則驕心生이요 驕心生이면 則行邪僻而動棄理니라

입고 먹는 것이 호사스러우면 교만한 마음이 생기고, 교만한 마음이 생기면 행위가 삿되고 치우치며 행동이 도리를 저버린다.

○先愼曰 乾道本에 無行字라 顧廣圻云 今本은 則下에 有行字하니 依下文當補라하니라 先愼案 御覽引有行字하니 今據補하노라 理下御覽有也字라

○王先愼 : 乾道本에 '行'자가 없다. 顧廣圻는 "今本은 '則' 아래에 '行'자가 있으니, 아래 글에 의거하여 응당 보충해야 한다."라고 하였다. 내가 살펴보건대 ≪太平御覽≫에 이 글을 인용하면서 '行'자가 있으니, 지금 이에 의거하여 보충하였다. '理' 아래에 ≪太平御覽≫에는 '也'자가 있다.

20-56 行邪僻이면 則身死夭요 動棄理면 則無成功이니라 夫內有死夭之難而外無成功之名者는 大禍也니라 而禍本(生)於有福이라

행위가 삿되고 치우치면 몸이 요절하고 행동이 도리를 저버리면 공을 이루지 못한다. 안으로 요절하는 재난이 있고 밖으로 공을 이룬 명성이 없는 것은 큰 화이다. 화는 본래 복이 있는 데서 나온다.

○王先謙曰 上福本於有禍는 與此對文이니 不當更有生字라 此緣上生字而誤衍이라

○王先謙 : 윗글의 '福本於有禍'는 이 구절과 對文이니, 다시 '生'자가 있어서는 안 된다. 이것은 위의 '生'자와 연계되어 잘못 들어간 衍文이다.

20-57 故曰 福兮禍之所伏이라하니라

그러므로 ≪老子≫에서 "복은 화가 숨어 있는 곳이다."라고 한 것이다.

○先愼曰 明皇陸希聲本에 無之字라 伏은 匿也라

○王先愼 : 明皇本과 陸希聲本에 '之'자가 없다. '伏'은 '匿(숨음)'이다.

20-58 夫緣道理以從事者는 無不能成이요 無不能成者는 大能成天子之勢尊하고 而小易得卿相將軍之賞祿이니라 夫棄道理而妄擧動者는 雖上有天子諸侯之勢尊하고 而下有倚頓[31]陶朱[32]卜祝[33]之富라도

대저 도리에 따라서 일을 하는 자는 이루지 못할 것이 없고, 이루지 못할 것이 없는 자는 크게는 천자의 권세와 존엄을 이룰 수 있으며, 작게는 卿相이나 將軍의 포상과 봉록을 쉽게 얻을 수 있다. 대저 도리를 버리고 제멋대로 행동하는 자는 비록 위로 천자나 제후의 권세와 존엄을 지녔거나 아래로 倚頓, 陶朱公, 卜祝의 부를 가졌더라도

○先愼曰 乾道本은 下上에 有天字라 顧廣圻云 藏本今本에 無天字라 卜祝은 未詳이라하니라 先愼案 天字衍이니 今依顧校刪이라 卜祝은 疑爲十倍之譌라

○王先愼 : 乾道本은 '下' 위에 '天'자가 있다. 顧廣圻는 "藏本과 今本에 '天'자가 없다. '卜祝'은 미상이다."라고 하였다. 내가 생각하건대 '天'자는 연문이니, 지금 고광기의 교감에 의거하여 삭제하였다. '卜祝'은 아마도 '十倍'의 오자인 듯하다.

20-59 猶失其民人而亡其財資也리라 衆人之輕棄道理而易妄擧動者는 不知其禍福之深大而道闊遠若是也라 故諭人曰 孰知其極이리오하니라

오히려 백성들에게 버림을 받고 재산을 잃게 될 것이다. 뭇사람들이 가벼이 도

31) 倚頓 : 춘추시대 魯나라 사람으로 원래 가난한 선비였으나, 소금장사로 큰 부자가 되었다고 한다.(≪史記≫ 〈貨殖列傳〉)

32) 陶朱 : 춘추시대 越나라 대부인 范蠡를 말한다. 越王 句踐을 도와 吳나라를 격파하고는 이름을 바꾸고 장사를 하여 巨富가 되었다고 한다. 陶 땅에 살았으므로 자칭 '陶朱公'이라고 한 것이다.(≪史記≫ 〈貨殖列傳〉)

33) 卜祝 : 본래 길흉을 점치고 축복을 기원하는 일에 종사하는 사람이다. 人名이라는 설도 있고, 王先愼은 '十倍'의 오자인 것 같다고 하였으나, 여기서는 그러한 일로 富를 이룬 사람을 통칭한 것으로 보는 것이 타당할 듯하다.

리를 버리고 쉽게 제멋대로 행동하는 것은 화와 복의 관계가 그토록 심오하고 원대하며 도가 그렇게 광활하고 심원한지를 모르기 때문이다. 그러므로 ≪老子≫에서 사람들을 깨우쳐서 말하기를 "누가 그 끝을 알겠는가?"라고 한 것이다.

○先愼曰 此變文而言이니 與是以曰愚之首也[34]로 同例라

○王先愼 : 이 구절은 글을 바꾸어 말한 것이니, '是以曰愚之首也'와 동일한 예이다.

20-60 人莫不欲富貴全壽로되 而未有能免於貧賤死夭之禍也니라 心欲富貴全壽나 而今貧賤死夭하니 是不能至於其所欲至也니라 凡失其所欲之路而妄行者之謂迷하니 迷則不能至於其所欲至矣니라 今衆人之不能至於其所欲至라 故曰 迷라하니라

사람은 누구나 부귀와 장수를 바라지만 빈천과 요절의 화를 벗어나지 못한다. 마음속으로 부귀와 장수를 바라지만 현실은 빈천하고 요절하니, 이는 이르고자 하는 곳에 이르지 못한 것이다. 이르고자 하는 곳으로 가는 길을 잃고 제멋대로 행동하는 것을 일러 '헤맨다[迷]'고 한다. 헤매면 이르고자 하는 곳에 이를 수 없다. 지금 뭇사람들이 이르고자 하는 곳에 이르지 못하기 때문에 '헤맨다'고 한 것이다.

○先愼曰 與失路等이라 下故曰拔[35]은 與此句例同이라

○王先愼 : 〈'迷'는〉 '失路(길을 잃다)'와 같다. 아래의 '故曰拔'은 이 구와 동일한 예이다.

20-61 衆人之所不能至於其所欲至也는 自天地之剖判以至于今이라

뭇사람들이 이르고자 하는 곳에 이를 수 없는 것은 천지가 개벽한 이래로 지금까지 줄곧 있어왔다.

○盧文弨曰 于字張本無라

---

34) 是以曰愚之首也 : 본서 206쪽 20-43에 보인다.

35) 故曰拔 : 본서 273쪽 20-210에 보인다.

○盧文弨 : '于'자는 張本에 없다.

20-62 故曰 人之迷也는 其日故以久矣라하니라

그러므로 ≪老子≫에서 "사람이 헤매는 것은 그 시일이 실로 오래되었다."라고 한 것이다.

○盧文弨曰 日字는 淩本에 無라 顧廣圻曰 今德經에 人作民하고 無也字矣字하니 傅本與此合이라 故는 皆作固하고 皆無以字라 先愼曰 王弼作人이니 與此同이라 陸希聲趙孟頫[36]本에 作民迷其日固以久矣라

○盧文弨 : '日'자는 淩本에 없다.

顧廣圻 : 지금의 ≪德經≫에 '人'은 '民'으로 되어 있고, '也'자와 '矣'자가 없으니, 傅奕本이 乾道本과 합치된다. '故'는 모두 '固'로 되어 있고, 모두 '以'자가 없다.

王先愼 : 王弼本에는 '人'으로 되어 있으니, 이와 같다. 陸希聲本과 趙孟頫本에 '民迷其日固以久矣'로 되어 있다.

20-63 所謂方者는 內外相應也하고

≪老子≫에서 말한 '반듯함[方]'이라는 것은 속마음과 겉모습이 서로 호응하고

○盧文弨曰 內外二字 淩本倒라

○盧文弨 : '內外' 두 글자가 淩本에는 도치되어 있다.

20-64 言行相稱也니라

말과 행동이 서로 걸맞은 것이다.

○先愼曰 稱은 副也니 昌證反이라

---

36) 趙孟頫 : 1254~1322. 元나라 때의 서예가로 자는 子昻이고, 호는 松雪, 水精宮道人, 鷗波이다. 宋나라 종실의 후손으로 원나라 때 벼슬에 나가 翰林學士, 榮祿大夫에 이르렀으며, 죽은 후 魏國公에 봉해졌다. 박학다식하고 詩文과 書畵에 능했는데 특히 行書, 楷書에 조예가 깊었다. 그가 延祐 3년(1316) 63세에 小楷體로 쓴 ≪道德經≫이 전한다.

○王先愼："'稱'은 '副(부합함)'이니, 昌과 證의 反切이다.

20-65 所謂廉者는 必生死之命也하고

≪老子≫에서 말한 '청렴함〔廉〕'이라는 것은 반드시 삶과 죽음을 명으로 받아들이고,

○先愼曰 謂能死節이라

○王先愼 : 절개를 죽음으로 지켜냄을 이른다.

20-66 輕恬資財也니라

재물을 대수롭지 않게 여기는 것이다.

○先愼曰 恬은 淡也라

○王先愼 : '恬'은 '淡(담담하다)'이다.

20-67 所謂直者는 義必公正하고 心不偏黨也니라

≪老子≫에서 말한 '곧음〔直〕'이라는 것은 의론이 공정하고 마음이 한쪽으로 치우치지 않는 것이다.

○先愼曰 乾道本은 心上에 有公字라 顧廣圻云 今本公作立이니 當衍此字라하고 盧文弨云 下立字는 淩本에 無此字라하니라 先愼案 顧說이 是니 今依淩本删하노라

○王先愼 : 乾道本은 '心' 위에 '公'자가 있다. 顧廣圻는 "今本에 '公'은 '立'으로 되어 있으니, 응당 이 글자는 연문이 되어야 한다."라고 하였고, 盧文弨는 "〈'義必公正'의〉 아래의 '立'자는 淩本에 이 글자가 없다."라고 하였다. 내가 생각하건대 고광기의 설이 옳으니, 지금 淩本에 의거하여 삭제하였다.

20-68 所謂光者는 官爵尊貴하고 衣裘壯麗也니라 今有道之士는 雖中外信順이나 不以誹謗窮墮요

≪老子≫에서 말한 '빛남〔光〕'이라는 것은 관작이 존귀하고 의복이 壯麗한 것이다. 지금 도술을 지닌 선비는 비록 자신은 속마음을 미덥게 하고 겉모습을 유순하게 하더라도 남을 험담하고 바르지 못한 말을 하는 사람을 비방하거나 추궁하지 않고,

○盧文弨曰 誹는 張本에 作非라 先愼曰 論語에 子貢方人이라하니 釋文에 鄭本作謗이니 謂言人之過惡이라하니라 墮는 當作隋라 禮記曲禮上에 言不隋라하니 注에 隋는 不正之言이라하니라 順從自不言人之過惡(오)요 忠信則無不正之言이라 然己雖信順自持나 不以信順責人하니 則世之謗隋者를 吾不誹之窮之라 所謂方而不割이라

○盧文弨 : '誹'는 張本에 '非'로 되어 있다.

王先愼 : ≪論語≫ 〈憲問〉에 "子貢이 사람을 비교하였다.〔子貢方人〕"라고 하였는데, ≪釋文≫에 "鄭本에는 '謗'으로 되어 있으니, 남의 잘못이나 나쁜 점에 대해 말하는 것을 이른다."라고 하였다. '墮'는 '隋'가 되어야 한다. ≪禮記≫ 〈曲禮 上〉에 '言不隋'라고 하였는데, 注에 "'隋'는 바르지 않은 말이다."라고 하였다. 유순하게 따르면 스스로 남의 잘못이나 나쁜 점에 대해 말하지 않고, 충성스럽고 미더우면 바르지 않은 말이 없다. 그러나 자기는 비록 미더우며 유순하게 자신을 견지하지만 미더우며 유순함을 남에게 요구하지 않으니, 세상의 비방을 일삼고 바르지 못한 자를 내가 비방하거나 핍박하지 않는다. 이것이 ≪老子≫에서 이른바 "자신은 반듯하되 남을 해치지 않는다.〔方而不割〕"라는 것이다.

20-69 雖死節輕財나 不以侮罷羞貪하고 雖義端不黨이나

비록 자신은 절의를 위해 죽고 재물을 가벼이 여길지라도 무능한 자를 깔보거나 탐욕스러운 자를 욕보이지 않고, 비록 자신은 의롭고 단정하여 패거리를 짓지 않지만

○顧廣圻曰 藏本同이라 今本에 義作異하니 誤라 端은 正也라

○顧廣圻 : 藏本도 같다. 今本에 '義'는 '異'로 되어 있으니, 잘못이다. '端'은 '正(바름)'이다.

20-70 不以去邪罪私하고 雖勢尊衣美나 不以夸賤欺貧하니 其故何也오 使失路

者라도 而肯聽習問知면 卽不成迷也니라

간사한 자를 물리치거나 사욕을 좇는 자를 죄주지 않고, 비록 자신은 권세가 높고 의복은 화려할지라도 비천한 자에게 과시하거나 가난한 자를 업신여기지 않으니, 그 까닭은 무엇인가? 설사 길을 잃은 자라도 기꺼이 길에 익숙한 이에게 듣고 길을 잘 아는 이에게 묻는다면 곧 길을 헤매게 되지는 않을 것이다.

○王渭曰 習은 當作能이니 見下文이라 顧廣圻曰 案下文二能字는 或本皆作習이어늘 而後人改之耳라 知는 如字라

○王渭 : '習'은 '能'이 되어야 하니, 아래 글에 보인다.

顧廣圻 : 살펴보건대 아래 글의 두 '能'자는 아마도 본래 모두 '習'으로 되어 있었는데, 뒷사람이 고친 것일 뿐이다. '知(알다)'는 本音대로 읽는다.

20-71 今衆人之所以欲成功而反爲敗者는 生於不知道理而不肯問知而聽能이라 衆人不肯問知聽能이어늘 而聖人强以其禍敗適之니 則怨이니라

지금 뭇사람들이 공을 이루고자 하면서도 도리어 실패하는 것은 도리를 알지 못하면서도 기꺼이 아는 이에게 묻거나 능력 있는 이에게 들으려고 하지 않는 데서 생겨난다. 뭇사람들이 기꺼이 아는 이에게 묻거나 능력 있는 이에게 들으려고 하지 않는데도 성인이란 자가 억지로 그 화와 실패를 가지고 꾸짖으면 성인은 뭇사람들에게 원망을 사게 된다.

○王渭曰 適은 讀爲讁이라

○王渭 : '適'은 '讁(꾸짖다)'으로 읽는다.

20-72 衆人多而聖人寡하니 寡之不勝衆은 數[37)]也니라

뭇사람들은 많고 성인은 적으니, 적은 수로 많은 수를 이기지 못하는 것은 당연

---

37) 數 : 王先愼의 설에 따라 索과 角의 반절이면 음은 '삭'으로, '빠르다', '여러 번' 등의 뜻이 되는데, 문맥상 뜻이 분명하지 않기 때문에 음을 '수'로 읽어서 '법칙', '이치'의 뜻으로 보고 번역하였다.

한 이치이다.

○先愼曰 數(삭)은 音索角反이라

○王先愼 : '數(자주)'은 음이 索과 角의 反切이다.

20-73 今擧動而與天下爲讐는

지금 몸을 움직여 천하 사람들과 원수가 되는 것은

○先愼曰 乾道本은 下下에 有之字라 顧廣圻云 今本에 無之字라하니 今據刪하노라

○王先愼 : 乾道本은 '下' 아래에 '之'자가 있다. 顧廣圻는 "今本에 '之'자가 없다."라고 하였으니, 지금 이에 의거하여 삭제하였다.

20-74 非全身長生之道也라 是以로 行軌節而擧之[38)]也니라

몸을 온전히 하고 오래 사는 방도가 아니다. 이 때문에 법도를 행하면서 뭇사람들과 함께해야 한다.

○顧廣圻曰 句有誤라 先愼曰 行은 謂已之所行이라 軌節은 卽方廉直光이라 擧之는 謂以此正衆人也라 呂覽自知에 所以擧過也라하야늘 注에 擧는 猶正也라하니 是其證이라

○顧廣圻 : 句에 오류가 있다.

王先愼 : '行'은 몸으로 행동하는 것을 이른다. '軌節'은 곧 '반듯함〔方〕', '청렴함〔廉〕', '곧음〔直〕', '빛남〔光〕'이다. '擧之'는 이것으로 뭇사람들을 바로잡는 것을 이른다. ≪呂氏春秋≫ 〈自知篇〉에 "所以擧過也(잘못을 바로잡는 것이다.)"라 하였는데, 高誘의 注에 "'擧'는 '正(바로잡다)'과 같다."라고 하였으니, 이것이 그 증거이다.

20-75 故曰 方而不割하며 廉而不劌(귀)하며

38) 擧之 : 王先愼은 '擧'를 '正'으로 보았으나 윗글에 성인이 뭇사람들과 배치됨으로써 원망을 산다는 내용과 상치된다. ≪韓非子新校注≫에서 于省吾는 '擧'는 '與'와 고대에 통용한 것을 근거로 '親與(함께함, 가까이함)'의 뜻으로 보았는데, 문맥상 타당하므로 여기서는 이 설에 따라 번역하였다.

그러므로 ≪老子≫에서 "자신은 반듯하면서도 남을 해치지 않으며, 자신은 청렴하면서도 남을 상하게 하지 않으며,

○先愼曰 乾道本에 劌는 作穢라 顧廣圻云 藏本에 穢는 作劌하며 今德經에 作害하며 傅本에 作劌하며 經典釋文云 劌은 河上作害하며 淮南子道應訓引亦作劌라 今案藏本은 乃以他本老子改耳니 韓子自作穢라 上文云 不以侮罷羞貪이라하니 卽不穢之義라하니라 先愼案 王弼注에 劌는 傷也니 不以淸廉劌傷於物也라하니 卽死節輕財나 不以侮罷羞貪之義라 劌穢은 聲近而誤니 非韓子本作穢也라 今據藏本改하노라

○王先愼 : 乾道本에 '劌'는 '穢'로 되어 있다. 顧廣圻는 "藏本에 '穢'는 '劌'로 되어 있고, 지금의 ≪德經≫에 '害'로 되어 있고, 傅奕本에 '劌'로 되어 있고, ≪經典釋文≫에 '「劌」는 河上公本에 「害」로 되어 있다.'라고 하였고, ≪淮南子≫ 〈道應訓〉에 이 글을 인용하면서 역시 '劌'로 되어 있다. 지금 살펴보건대 藏本은 곧 다른 本 ≪老子≫를 가지고 고친 것일 뿐이니, ≪韓非子≫에는 본래 '穢'로 되어 있다. 윗글에 '不以侮罷羞貪(무능한 자를 깔보거나 탐욕스러운 자를 욕보이지 않는다.)'이라고 하였으니, 곧 '不穢'의 뜻이다."라고 하였다.
내가 살펴보건대 王弼의 注에 "'劌'는 '傷(상처를 입히다)'이니, 청렴함으로 남에게 상처를 입히지 않는다는 것이다."라고 하였으니, 곧 '死節輕財 不以侮罷羞貪(절의를 위해 죽고 재물을 가벼이 여길지라도 무능한 자를 깔보거나 탐욕스러운 자를 욕보이지 않는다.)'의 뜻이다. '劌'와 '穢'는 성음이 비슷해서 잘못된 것이니, ≪한비자≫에는 본래 '穢'로 되어 있지 않다. 지금 藏本에 의거하여 고쳤다.

20-76 直而不肆하며 光而不耀라하니라

자신은 곧으면서도 남에게 함부로 굴지 않고 자신은 빛이 나면서도 남에게 드러내지 않는다."라고 한 것이다.

○先愼曰 說文에 無耀字라 河上公作曜하고 傅本作燿라 李約[39]本은 作方而不割直而不肆光而不煇廉而不劌라하야 與各本全異하니 誤倒라 以上見五十八章이라

○王先愼 : ≪說文解字≫에 '耀'자가 없다. 河上公本에는 '曜'라고 되어 있고, 傅奕本에는 '燿'로 되어 있다. 李約本은 '方而不割 直而不肆 光而不煇 廉而不劌'라 하여 각 본과 완전

39) 李約 : 唐나라 宗室로 자는 存博이고 자칭 蕭蕭이다. 元和 연간에 兵部員外郎을 지냈다. 매화 그림을 잘 그렸고, 楷書와 隸書도 잘 썼다. ≪老子道德經新注≫가 전한다.

히 다르니, 잘못 도치된 것이다. 이상 내용은 ≪老子≫ 58장에 보인다.

20-77 **聽明睿智**[40]**는 天也요 動靜思慮는 人也라 人也者는 乘於天明以視하며 寄於天聽以聽하며 託於天智以思慮라 故視强則目不明하며 聽甚則耳不聰하며 思慮過度則智識亂이라 目不明則不能決黑白之(分)〔色〕하며**

聽明과 睿知는 하늘로부터 타고난 것이고, 動靜과 思慮는 사람이 하는 것이다. 사람이란 하늘로부터 타고난 시력에 기대어 보고 하늘로부터 타고난 청력에 의지하여 들으며 하늘로부터 타고난 지혜에 의탁하여 생각한다. 그러므로 시력을 무리하게 사용하면 눈은 밝게 보지 못하고, 청력을 심하게 사용하면 귀는 똑똑히 듣지 못하며, 생각을 지나치게 하면 지혜와 식견이 혼란스러워진다. 눈이 밝게 보지 못하면 검은색과 흰색을 판별할 수 없고,

○先愼曰 分은 當依下文作色이라

○王先愼 : '分'은 응당 아래 글에 의거하여 '色'이 되어야 한다.

20-78 **耳不聰則不能別淸濁之聲하며 智識亂則不能審得失之地라 目不能決黑白之色則謂之盲이요 耳不能別淸濁之聲則謂之聾이요 心不能審得失之地則謂之狂이라 盲則不能避晝日之險이요**

귀가 똑똑히 듣지 못하면 맑은 소리와 탁한 소리를 구별할 수 없으며, 지혜와 식견이 혼란스러우면 성공하고 실패하는 배경을 헤아릴 수가 없다. 눈이 검은색과 흰색을 판별할 수 없으면 '장님〔盲〕'이라 하고, 귀가 맑은 소리와 탁한 소리를 구별할 수 없으면 '귀머거리〔聾〕'라고 하며, 마음이 성공하고 실패하는 배경을 헤아릴 수 없으면 '미치광이〔狂〕'라고 한다. 장님이 되면 대낮에도 위험을 피할 수 없고,

○王先謙曰 言非獨夜迷라

○王先謙 : 밤에만 헤매는 것이 아니라는 말이다.

40) 聽明睿智 : 여기부터 227쪽 20-95까지의 내용은 통행본 ≪道德經≫ 59장에 보인다.

20-79 聾則不能知雷霆之害하며 狂則不能免人間法令之禍니라 書之所謂治人者는

귀머거리가 되면 천둥 번개의 피해를 알 수가 없으며, 미치광이가 되면 인간 세상의 법령으로 형벌하는 화를 면할 수 없다. ≪老子≫에서 말한 “사람을 다스린다.〔治人〕”는 것은

○先愼曰 書는 謂德經이라

○王先愼 : ‘書’는 ≪德經≫을 이른다.

20-80 適動靜之節하고 省思慮之費也니라 所謂事天者는 不極聰明之力하고 不盡智識之任이라 苟極盡則費神多하고 費神多則盲聾悖狂之禍至라 是以로 嗇之니 嗇之者는 愛其精神하고 嗇其智識也니라 故曰 治人事天莫如嗇이라하니라

動靜의 절도를 알맞게 하고 思慮의 소비를 줄이는 것이다. ≪老子≫에서 말한 “하늘을 섬긴다.〔事天〕”는 것은 청력과 시력을 끝까지 쓰지 않고 지혜와 식견의 맡은 역량을 다 쓰지 않는 것이다. 만약 끝까지 다 써버린다면 정신을 허비함이 많아지고, 정신을 허비함이 많아지면 장님, 귀머거리, 미치광이가 당하는 화가 닥치게 된다. 이 때문에 아껴야 하니, 아낀다는 것은 그 정신을 소중히 하고 지혜와 식견을 아끼는 것이다. 그러므로 ≪老子≫에서 “사람을 다스리고 하늘을 섬기는데 아끼는 것보다 나은 것이 없다.”라고 한 것이다.

○顧廣圻曰 傅本及今德經에 如皆作若이라 經典釋文에 作如니 同此라 先愼曰 趙孟頫本에 亦作如라

○顧廣圻 : 傅奕本과 지금의 ≪德經≫에 ‘如’는 모두 ‘若’으로 되어 있다. ≪經典釋文≫에 ‘如’로 되어 있으니, 이와 같다.

王先愼 : 趙孟頫本에도 ‘如’로 되어 있다.

20-81 衆人之用神也躁하니 躁則多費어늘 多費之謂侈라 聖人之用神也靜하니 靜則少費어늘 少費之謂嗇이라 嗇之(謂)〔爲〕術也는 生於道理니라

뭇사람들의 의식 작용은 늘 부산스러우니, 부산스러우면 낭비가 많은데, 낭비가 많은 것을 '사치스럽다〔侈〕'라고 한다. 성인의 의식 작용은 고요하니, 고요하면 낭비가 적은데, 낭비가 적은 것을 '아낀다〔嗇〕'라고 한다. 아끼는 방법은 道理에서 나온다.

○盧文弨曰 謂는 張本에 作爲라 先愼曰 爲謂古通이어늘 俗人妄改라

○盧文弨 : '謂'는 張本에 '爲'로 되어 있다.
王先愼 : '爲'와 '謂'는 옛날에 통용되었는데, 俗人이 함부로 고친 것이다.

20-82 夫能嗇也는 是從於道而服於理者也니라 衆人은 離於患하고

아낄 수 있다는 것은 道를 따르고 理에 복종하는 것이다. 뭇사람들은 환난에 걸리고

○先愼曰 離는 罹也라

○王先愼 : '離'는 '罹(걸리다)'이다.

20-83 陷於禍라도 猶未知退하고 而不服從道理니라 聖人은 雖未見(현)禍患之形이라도

화에 빠지더라도 물러설 줄을 모르고 도리에 따르려 하지도 않는다. 성인은 비록 환난과 화의 모습이 아직 드러나지 않았더라도

○盧文弨曰 禍患二字는 張淩本倒라

○盧文弨 : '禍'와 '患' 두 글자는 張本과 淩本에 도치되었다.

20-84 虛無服從於道理하니 以稱早服이라 故曰 夫謂嗇하니 是以早服이라하니라

마음을 비우고 도리에 따르니, 이 때문에 '일찌감치 따른다.〔早服〕'라고 한다. 그러므로 ≪노자≫에서 "아끼기 때문에 일찌감치 도리에 따른다."라고 한 것이다.

○盧文弨曰 張本에 謂作惟하고 以作謂라 淩本에 服作復하니 上下句皆同이라 王弼

本에 作復이라 釋文에 復은 音服이라하니라 顧廣圻曰 傅本及今德經에 謂皆作惟하고 今德經에 以作謂하니 傅本與此合이라 先愼曰 淩本에 作復者는 用老子誤本改也라 上文從於道而服於理하며 又云不服從道理하며 又云虛無服從道理라하니 卽解老子早服之義라 服從之服字當作服은 更無疑義니 知韓子所見德經本作服이요 不作復也라 困學紀聞卷十引老子服作復하고 竝引司馬公朱文公說云不遠而復[41)]하야 謂王弼本作早服하고 而注云早服常也니 亦當作復이라하니라 據此則王弼本仍作服이니 與本書合이라 宋儒據釋文爲訓하야 未檢韓子也라 淩氏依誤本老子改本書하니 非是라

○盧文弨 : 張本에 '謂'는 '惟'로 되어 있고, '以'는 '謂'로 되어 있다. 淩本에 '服'은 '復'으로 되어 있으니, 위아래 구에도 모두 동일하게 '復'으로 되어 있다. 王弼本에 '復'으로 되어 있다. ≪釋文≫에 "'復'은 음이 '服'이다."라고 하였다.

顧廣圻 : 傅奕本과 지금의 ≪德經≫에 '謂'는 모두 '惟'로 되어 있고, 지금의 ≪德經≫에 '以'는 '謂'로 되어 있으니, 傅奕本이 이 乾道本과 합치된다.

王先愼 : 淩本에 '復'으로 되어 있는 것은 ≪老子≫의 잘못된 본을 써서 고친 것이다. 윗글에 '從於道而服於理'라 하였고, 또 '不服從道理'라 하였으며, 또 '虛無服從道理'라 하였으니, 곧 ≪老子≫의 '早服'의 뜻을 해석한 것이다. '服從'의 '服'자가 당연히 '服'이 되어야 하는 것은 다시 의심할 게 없으니, 韓非子가 보았던 ≪덕경≫본은 '服'으로 되어 있었고 '復'으로 되어 있지 않았음을 알 수 있다. ≪困學紀聞≫ 권10에 ≪노자≫를 인용하면서 '服'이 '復'으로 되어 있고, 아울러서 司馬公과 朱文公이 말한 '不遠而復'을 인용하면서 이르기를 "王弼本에는 '早服'이라 하였는데, 注에 '「早服」은 「常」이다.'라고 하였으니, 또한 응당 '復'이 되어야 한다."라고 하였다. 이에 의거하면 王弼本에는 여전히 '服'으로 되어 있었으니, 本書와 합치된다. 宋儒들은 ≪釋文≫에 의거하여 뜻을 풀어서 ≪韓非子≫를 參檢하지는 못하였다. 淩瀛初가 잘못된 판본의 ≪老子≫에 의거하여 本書를 고친 것은 옳지 않다.

20-85 知治人者는 其思慮靜하고 知事天者는 其孔竅虛라 思慮靜이면 〔則〕故德不去요

41) 不遠而復 : 원래 ≪周易≫ 復卦 初九에 "멀리 가지 않아서 되돌아오니, 후회하는 일이 없을 것이요, 크게 좋을 것이다.〔不遠復无祗悔元吉〕"라고 한 데에서 유래한 말로, 잘못을 깨닫고서 금세 바른 길로 돌아서는 것을 말한다.

사람을 다스릴 줄 아는 자는 그 사려가 고요하고, 하늘을 섬길 줄 아는 자는 그 감각 기관이 텅 비어 있다. 사려가 고요하면 본래 지니고 있던 德을 잃어버리지 않을 것이고,

○先愼曰 故上에 當有則字라 故는 舊也라

○王先愼 : '故' 위에 응당 '則'자가 있어야 한다. '故'는 '舊(오래되다)'이다.

20-86 孔竅虛면 則和氣日入이라 故曰 重積德이라하니라 夫能令故德不去하고 新和氣日至者 早服者也라 故曰 早服은 是謂重積德이라하니라

감각기관이 텅 비어 있으면 和氣가 날로 들어올 것이다. 그러므로 ≪老子≫에서 "거듭거듭 德을 쌓아야 한다."라고 한 것이다. 본래 지니고 있던 德을 잃어버리지 않고 새로운 화기가 날로 이르게 하는 자가 일찌감치 도리에 따르는 자이다. 그러므로 ≪老子≫에서 "일찌감치 도리에 따르는 것은 거듭거듭 德을 쌓는 것을 이른다."라고 한 것이다.

○顧廣圻曰 今德經及傅本에 是謂는 皆作謂之라 先愼曰 河上公作是謂니 與此合이라

○顧廣圻 : 지금의 ≪德經≫과 傅奕本에 '是謂'는 모두 '謂之'로 되어 있다.
王先愼 : 河上公本에 '是謂'로 되어 있으니, 이 乾道本과 합치된다.

20-87 積德而後神靜하며 神靜而後和多하며 和多而後計得하며 計得而後能御萬物하니 能御萬物則戰易勝敵하며 戰易勝敵而論必蓋世하며 論必蓋世라 故曰 無不克이라하니라

덕을 쌓은 뒤에 정신이 고요해지고, 정신이 고요해진 뒤에 화기가 많아지며, 화기가 많아진 뒤에 헤아림이 들어맞고, 헤아림이 들어맞은 뒤에 만물을 제어할 수 있으니, 만물을 제어할 수 있으면 전쟁에서 쉽게 적을 이길 수 있고, 전쟁에서 쉽게 적을 이길 수 있으면 논변으로 반드시 세상을 압도할 수 있으며, 논변으로 반드시 세상을 압도할 수 있기 때문에 ≪老子≫에서 "이기지 못할 게 없다.〔無不克〕"

라고 한 것이다.

○先愼曰 河上公作剋하니 下同이라

○王先愼 : 河上公本에는 '剋'으로 되어 있으니, 아래도 같다.

20-88 無不克은 本於重積德이라 故曰 重積德이면 則無不克이라하니라 戰易勝敵이면 則兼有天下요 論必蓋世면 則民人從이라 進兼天下而退從民人은 其術遠하니 則衆人莫見其端末이니라 莫見其端末하니

이기지 못할 게 없다는 것은 거듭거듭 덕을 쌓는 데 뿌리를 둔다. 그러므로 ≪老子≫에서 "거듭거듭 德을 쌓으면 이기지 못할 게 없다."라고 한 것이다. 전쟁에서 쉽게 적을 이길 수 있으면 천하를 다 차지할 수 있고, 논변이 반드시 세상을 압도하면 백성들이 따를 것이다. 나아가서는 천하를 다 차지하고 물러나서는 백성들을 따르게 하는 것은 그 方術이 심원하므로 뭇사람들은 그 처음과 끝을 볼 수가 없다. 그 처음과 끝을 보지 못하니,

○先愼曰 下末字는 乾道本에 無라 顧廣圻云 藏本今本은 端下에 有末字라하니 今據增하노라

○王先愼 : 아래 '末'자는 乾道本에 없다. 顧廣圻는 "藏本과 今本은 '端' 아래에 '末'자가 있다."라고 하였으니, 지금 이에 의거하여 보충하였다.

20-89 是以로 莫知其極이라 故曰 無不克이면 則莫知其極이라하니라

이 때문에 그 궁극의 경지를 알지 못한다. 그러므로 ≪老子≫에서 "이기지 못할 게 없다면 아무도 그 궁극을 알 수 없다."라고 한 것이다.

20-90 凡有國而後亡之하고 有身而後殃之면 不可謂能有其國能保其身이니라 夫能有其國이면 必能安其社稷이요 能保其身이면 必能終其天年이니 而後可謂能有其國能保其身矣라 夫能有其國保其身者는 必且體道니 體道면 則其智深이요 其智深이면 則其會[42]遠이요 其會遠이면 衆人莫能見其所極이니라 唯夫

〔體道〕能令人不見其事極이니

무릇 나라를 보유하였다가 나중에 망하게 하고 몸을 건사하다가 나중에 위해를 당하였다면 나라를 보유하고 몸을 보존할 수 있다고 할 수 없다. 나라를 잘 보유할 수 있으면 반드시 사직을 안정시킬 수 있고, 몸을 잘 건사할 수 있으면 반드시 천수를 마칠 수 있을 것이니, 그런 다음에야 나라를 보유하고 몸을 보존할 수 있다고 할 수 있다. 나라를 보유하고 몸을 보존할 수 있는 자는 반드시 도를 체득하니, 도를 체득하면 지혜가 깊어지고 지혜가 깊어지면 계책이 원대해지고 계책이 원대해지면 뭇사람들이 궁극을 알지 못한다. 오직 도를 체득한 자라야 사람들로 하여금 일의 궁극을 볼 수 없게 할 수 있으니,

○盧文弨曰 夫는 張本에 作天이라 顧廣圻曰 能上에 當有體道二字라 先愼曰 顧說是라

○盧文弨 : '夫'는 張本에 '天'으로 되어 있다.
顧廣圻 : '能' 위에 '體道' 두 글자가 있어야 한다.
王先愼 : 顧廣圻의 설이 옳다.

20-91 不見其事極者는 爲能保其身有其國이라

일의 궁극을 볼 수 없게 하는 자는 몸을 보존하고 나라를 보유할 수 있다.

○先愼曰 乾道本은 見下에 脫其字하고 爲下에 脫能字라 盧文弨云 張本有라하니 今據增하노라

○王先愼 : 乾道本은 '見' 아래에 '其'자가 탈락되었고, '爲' 아래에 '能'자가 탈락되었다. 盧文弨는 "張本에는 있다."라고 하였으니, 지금 이에 의거하여 보충하였다.

20-92 故曰 (莫知其極) 莫知其極이면 則可以有國이라하니라

그러므로 ≪老子≫에서 "그 궁극을 알지 못하게 하면 나라를 보유할 수 있다."라

---

42) 會 : ≪韓非子解詁≫에서 津田鳳卿는 "'會'는 계책이다.〔會計算〕"라고 하였으니, 이에 따라 번역하였다.(≪韓非子全譯≫)

고 한 것이다.

○盧文弨曰 複莫知其極四字니 疑衍이라 顧廣圻曰 今德經及傅本에 皆無則字라

○盧文弨 : '莫知其極' 4자가 중복되었으니, 아마도 연문인 듯하다.
顧廣圻 : 지금의 ≪德經≫과 傅奕本에 모두 '則'자가 없다.

20-93 所謂有國之母라하니 母者는 道也요 道也者는 生於所以有國之術이라 所以有國之術이라 故謂之有國之母라하니라 夫道以與世周旋者일새 其建生也長하고 持祿也久라 故曰 有國之母는 可以長久라하니라 樹木은 有曼根하고 有直根하니 〔直〕根者는 書之所謂柢也니라

≪老子≫에서 이른바 "나라를 보유하는 어머니〔有國之母〕"라고 하였는데, 어머니는 道이고, 道라는 것은 나라를 보유할 수 있는 방법을 낳는다. 나라를 보유할 수 있는 방법인 까닭에 "나라를 보유하는 어머니"라고 하는 것이다. 무릇 도는 세상과 더불어 두루 돌아가는 것이기에 얻은 생명을 길게 이어가게 하고 녹봉을 오래도록 유지하게 한다. 그러므로 ≪老子≫에서 "나라를 보유하는 어머니는 장구하게 할 수 있다."라고 한 것이다.

나무에는 사방으로 퍼져가는 뿌리〔曼根〕가 있고 아래로 곧게 뻗는 뿌리〔直根〕가 있으니, 곧게 뻗는 뿌리는 ≪老子≫에서 말한 '밑뿌리〔柢〕'이다.

○顧廣圻曰 今德經에 柢는 作蔕(체)라 傅本에 作柢하니 與此合이라 經典釋文云 柢는 亦作蔕라하니 今案 蔕字는 非此之用이라 兪樾曰 根上에 當有直字라 上云 有曼根有直根이라하고 此云 直根者와 下云 曼根者는 蓋承上而分釋之라 韓子之意以老子所謂深根固柢者의 根은 卽曼根이요 柢는 是直根也라 今奪直字는 失其旨矣라

○顧廣圻 : 지금의 ≪德經≫에 '柢'는 '蔕(줄기)'로 되어 있다. 傅奕本에는 '柢'로 되어 있으니, 이 乾道本과 합치된다. ≪經典釋文≫에 "'柢'는 '蔕'로 된 본도 있다."라고 하였다. 지금 살펴보건대 '蔕'자는 여기에 쓰일 글자가 아니다.
兪樾 : '根' 위에 '直'자가 있어야 한다. 위에서 '有曼根有直根'이라 하고, 여기에 '直根者', 아래에 '曼根者'라고 한 것은 윗글을 이어서 구분하여 해석한 것이다. 韓非子의 뜻은 ≪老子≫에 이른바 '深根固柢者'의 '根'은 곧 '曼根'이고, '柢'는 바로 '直根'이라는 것이다.

지금 '直'자가 탈락된 것은 그 本旨를 잃은 것이다.

20-94 柢也者는 木之所以建生也요 曼根者는 木之所以持生也니라

아래로 곧게 뻗은 뿌리는 나무가 생명을 얻기 위한 것이고, 사방으로 퍼져가는 뿌리는 나무가 생명을 유지하기 위한 것이다.

○先愼曰 乾道本은 持上에 脫以字라 顧廣圻云 今本은 所下에 有以字하니 依下文當補라하니라 先愼案 上文에 亦有以字하니 明乾道本脫일새 改從今本하노라

○王先愼 : 乾道本은 '持' 위에 '以'자가 탈락되었다. 顧廣圻는 "今本은 '所' 아래에 '以'자가 있으니, 아래 글(人之所以建生也)에 의거하여 보충하여야 한다."라고 하였다. 내가 살펴보건대 윗글에 역시 '以'자가 있으니, 乾道本에서 탈락된 것이 분명하므로 今本을 따라 고쳤다.

20-95 德也者는 人之所以建生也요 祿也者는 人之所以持生也니라 今建於理者는 其持祿也久라 故曰 深其根이라하니라 體其道者는 其生日長이라 故曰 固其柢라하니라 柢固則生長하고 根深則視久라 故曰 深其根固其柢 長生久視之道也니라

덕이라는 것은 사람이 생명을 얻기 위한 것이고, 녹봉이란 것은 사람이 생명을 유지하기 위한 것이다. 지금 이치에 따라 삶을 수립해나가는 사람은 오래도록 녹봉을 유지할 수 있다. 그러므로 ≪老子≫에서 "그 뿌리의 중심을 깊게 해야 한다."라고 한 것이다. 도를 체득한 사람은 그 생명은 날로 늘어날 것이다. 그러므로 ≪老子≫에서 "그 밑뿌리를 튼튼하게 해야 한다."라고 한 것이다. 밑뿌리가 튼튼하면 생명이 늘어나고 밑뿌리가 깊어지면 오래 살 수 있다. 그러므로 ≪老子≫에서 "뿌리의 중심을 깊게 하고 밑뿌리를 튼튼하게 하는 것이 생명을 늘리고 오래 살게 하는 방법이다."라고 한 것이다.

○顧廣圻曰 傅本及今德經에 皆無兩其字也字하고 深上에 有是謂二字라 先愼曰 是謂二字는 本韓子節去라 彼以是謂承上文하고 此以故曰二字代之니 顧說非라 以

上見五十九章이라

○顧廣圻 : 傅奕本과 지금의 ≪德經≫에 모두 두 '其'자와 '也'자가 없고, '深' 위에 '是謂' 두 글자가 있다.

王先愼 : '是謂' 두 글자는 본래 韓非子가 줄여 없앤 것이다. 저 책(≪道德經≫)은 '是謂'로 윗글을 이었고 여기서(≪韓非子≫)는 '故曰' 두 자로 대신하였으니, 顧廣圻의 설이 잘못되었다. 위의 내용은 ≪老子≫ 59장에 보인다.

20-96 工人이 數(삭)變業이면 則失其功이요 作者 數(삭)搖徙면 則亡其功이니라 一人之作에 日亡半日이면 十日則亡五人之功矣요

工人이 자주 일을 바꾸면 성과를 거두지 못할 것이고, 농부가 자주 옮겨 다니면 농사를 망칠 것이다. 한 사람이 일을 하는 데 하루에 반나절을 허비하면 열흘이면 5명의 성과를 잃게 되고,

○先愼曰 治要에 無矣字라

○王先愼 : ≪群書治要≫에 '矣'자가 없다.

20-97 萬人之作에 日亡半日이면 十日則亡五萬人之功矣니라

1만 명이 농사를 짓는 데 하루에 반나절을 허비하면 열흘이면 5만 명 몫의 농사를 망치게 된다.

○先愼曰 治要에 無矣字라

○王先愼 : ≪群書治要≫에 '矣'자가 없다.

20-98 然則數變業者는 其人彌衆에 其虧彌大矣니라 凡法令更則利害易하고

그렇다면 자주 일을 바꿀 경우에 그 사람이 많을수록 그 손실은 더욱 커진다. 무릇 법령이 바뀌면 利害가 바뀌게 되고,

○先愼曰 乾道本은 提行이라 顧廣圻云 藏本은 連上하니 自工人數變業으로 至若烹小鮮止를 通爲一條 是也라하니라 先愼案 治要에 亦連上爲一條하니 今據改하노라 易은

音夷益切이라

○王先愼：乾道本은 행을 바꾸었다. 顧廣圻는 "藏本은 윗글과 연결시켰으니, '工人數變業'에서부터 '若烹小鮮'까지를 합해서 한 조목으로 삼는 것이 옳다."라고 하였다. 내가 살펴보건대 ≪群書治要≫에도 윗글과 연결하여 한 조목으로 삼았으니, 지금 이에 의거하여 고쳤다. '易(바뀌다)'은 음이 夷와 益의 反切이다.

20-99 **利害易則民務變**하니 **民務變**을 **謂之變業**이라

이해가 바뀌면 백성이 할 일도 바뀌게 되니, 백성이 할 일이 바뀌는 것을 일러 '變業'이라고 한다.

○先愼曰 各本에 無下民字하고 謂之作之謂어늘 據治要改하노라

○王先愼：각 본에는 아래 '民'자가 없고, '謂之'는 '之謂'로 되어 있는데, ≪群書治要≫에 의거하여 고쳤다.

20-100 **故以理觀之**컨대 **事大衆而數搖之**면 **則少成功**이요 **藏大器而數徙之**면 **則多敗傷**이요 **烹小鮮而數撓之**면 **則賊其(宰)〔澤〕**[43]이요

그러므로 이치로 살펴보자면 많은 사람들을 쓰면서 자주 일을 바꾸면 일의 성과가 적을 것이고, 귀중한 기물을 보관해놓고 자주 옮기면 손상되는 곳이 많을 것이며, 작은 생선을 익히면서 자주 쑤석거리면 윤기를 해칠 것이고,

○先愼曰 各本에 宰는 作澤이라 案澤字誤니 當作宰라 割烹은 宰夫之職이니 當烹時而頻數撓亂이면 則宰夫不能盡其烹飪之功이니 是謂賊害其宰라 宰與睪은 隷形相似일새 因譌爲睪이어늘 淺人不審하야 妄加水旁作澤耳라 治要引作宰니 明唐本韓子[44]不誤일새 今據改라

43) (宰)〔澤〕：王先愼은 '宰'로 교감하였으나, 여러 판본이나 제가의 설에서 모두 '澤(윤기)'으로 되어 있다. 생선을 익힐 때 자주 쑤석거리면 제대로 요리를 할 수 없으므로, 생선의 윤기를 잃는다는 것으로 보는 것이 문맥상 타당하다. 여기서는 왕선신의 설을 따르지 않고 제가의 설에 따라 '澤'으로 바로잡아 번역하였다.

44) 唐本韓子：이는 ≪群書治要≫에 실려 있는 ≪韓非子≫를 말한 것이다. ≪群書治要≫는 唐나라 魏徵 등이 太宗의 명을 받들어 撰한 것으로 貞觀 5년(631)에 上呈되었다.

○王先愼 : 각 본에는 '宰'는 '澤'으로 되어 있다. 살펴보건대 '澤'자는 오자이니, '宰'가 되어야 한다. 쪼개고 익히는 것은 요리사〔宰夫〕의 직무이니, 익힐 때를 당해 자주 교란시키면 요리사가 익히는 일을 제대로 수행하지 못할 것이니, 이를 일러 요리사를 해친다고 한 것이다. '宰'와 '睪'은 隷書의 형태가 서로 비슷하므로 잘못 '睪'으로 썼는데, 식견이 얕은 사람이 잘 살피지 못하고서 함부로 水旁(氵)을 더하여 '澤'으로 된 것일 뿐이다. ≪群書治要≫에 이 글을 인용하면서 '宰'로 되어 있으니, 唐本 ≪韓非子≫가 잘못되지 않았음이 분명하므로 지금 이에 의거하여 고쳤다.

20-101 治大國而數變法이면 則民苦之라 是以로 有道之君은 貴虛靜하고 而重變法이라

큰 나라를 다스리면서 자주 법을 바꾸면 백성들이 괴로워한다. 이 때문에 도를 터득한 군주는 텅 비어 고요함〔虛靜〕을 귀하게 여기고 법을 바꾸는 것을 어렵게 여긴다.

○先愼曰 各本에 無虛字하고 而作不이라 案 不字는 誤라 重은 猶難也라 貴虛靜而難變法은 文曲而有致어늘 作不則率然矣라 治要와 藝文類聚五十四와 御覽六百三十八引靜上竝有虛字일새 據補하고 治要와 藝文類聚에 不作而일새 據改하노라

○王先愼 : 각 본에는 '虛'자가 없고, '而'는 '不'로 되어 있다. 살펴보건대 '不'자는 오자이다. '重'은 '難(어렵게 여김)'과 같다. '貴虛靜而難變法'은 글이 곡진하고 이치가 닿는데, '不'이 되면 엉성한 면이 있다. ≪群書治要≫와 ≪藝文類聚≫ 권54, ≪太平御覽≫ 권638에 이 글을 인용하면서 '靜' 위에 모두 '虛'자가 있으므로 이에 의거하여 보충하였고, ≪군서치요≫와 ≪예문유취≫에 '不'은 '而'로 되어 있으므로 이에 의거하여 고쳤다.

20-102 故曰 治大國者는 若烹小鮮이라하니라

그러므로 ≪老子≫에서 "큰 나라를 다스리는 것은 마치 작은 생선을 익히는 것과 같다."라고 한 것이다.

○顧廣圻曰 傅本及今德經에 皆無者字라 先愼曰 治要에 有者字라

○顧廣圻 : 傅奕本과 지금의 ≪德經≫에 모두 '者'자가 없다.

王先愼 : ≪群書治要≫에 '者'자가 있다.

20-103 **人處疾則貴醫**하고

사람이 병이 나면 의사를 귀하게 여기고,

○**先愼曰 舊連上**이나 **今提行**하노라

○王先愼 : 예전에는 위로 연결하였으나 지금은 행을 바꾸었다.

20-104 **有禍則畏鬼**니라 **聖人在上**이면 **則民少欲**이요 **民少欲**이면 **則血氣治而擧動理**요 〔**血氣治而**〕**擧動理則少禍害**니라

재앙이 들면 귀신을 두려워한다. 성인이 윗자리에 있으면 백성들은 욕심이 적어지고, 백성들이 욕심이 적어지면 혈기가 다스려져서 행동이 이치에 맞을 것이며, 혈기가 다스려져서 행동이 이치에 맞으면 재앙과 해가 적어질 것이다.

○**先愼曰 乾道本**에 **不重擧動理三字**라 **顧廣圻云 藏本今本**에 **重擧動理**라 **按當重血氣治而擧動理七字**라하니라 **先愼案 顧說是**라 **今據藏本今本**하야 **增三字**하노라

○王先愼 : 乾道本에 '擧動理' 3자가 중복되어 있지 않다. 顧廣圻는 "藏本과 今本에 '擧動理'가 중복되어 있다. 살펴보건대 '血氣治而擧動理' 7자가 중복되어야 한다."라고 하였다. 내가 살펴보건대 顧廣圻의 설이 옳다. 지금 藏本과 今本에 의거하여 3자를 보충하였다.

20-105 **夫內無痤疽癉痔**(좌저단치)**之害**하고

무릇 안으로 부스럼, 종기, 황달, 치질 따위와 같은 병의 피해가 없고,

○**顧廣圻曰 痔**는 **當作疛**(주)니 **說文**에 **疛**는 (小)〔**心**〕[45] **腹病也**라하고 **小徐本**[46] **云**

45) (小)〔心〕: 저본에는 '小'로 되어 있으나, ≪說文解字≫ 〈段玉裁注〉에 의거하여 '心'으로 바로잡았다.

46) 小徐本 : ≪說文解字≫의 현행 판본으로, 五代末・宋初의 徐鉉・徐鍇 형제가 각기 교정한 판본이 있는데, 徐鉉이 교정한 판본을 '大徐本', 徐鍇가 교정한 판본을 '小徐本'이라고 한다. '小徐本'은 일명 ≪說文繫傳≫이라고도 한다.

讀若紂라하고 詩小弁釋文云 擣(도)는 韓詩作疛라하고 集韻四十九宥疛𤻲云 或從壽라하니라 先愼曰 疛字不誤라 此皆指身可見之病而言이니 說文에 痤는 小腫也라 疽는 癰也라 痺은 勞病也니 謂勞倦이라 痔는 後病也라하니라 急就篇에 痺熱瘻痔眵𧄧眼이라하야늘 痺痔는 古本連文이니 無庸改疛라

○顧廣圻 : '痔'는 '疛'가 되어야 하니, ≪說文解字≫에 "疛는 뱃속의 병이다.〔心腹病也〕"라고 하였고, 小徐本에 "독음은 '紂'와 같다." 하였으며, ≪詩經≫ 〈小雅 小弁〉의 ≪釋文≫에 "'擣'는 ≪韓詩外傳≫에 '疛'로 되어 있다."고 하였고, ≪集韻≫ 〈去聲 下〉 第49 宥韻의 疛𤻲에 "혹 '壽'를 따른다."라고 하였다.

王先愼 : '疛'자는 오자가 아니다. 이것은 모두 몸에서 볼 수 있는 병을 가리켜 말한 것이니, ≪설문해자≫에 "'痤'는 부스럼이다. '疽'는 등창이다. '痺'은 피로한 병이니, 고단함을 이른다. '痔'는 치질이다."라고 하였다. ≪急就篇≫에 '痺熱瘻痔眵𧄧眼'이라 하였는데, '痺痔'는 옛날에 본래 連文이었으니, '疛'로 고칠 필요가 없다.

20-106 而外無刑罰法誅之禍者면 其輕恬鬼也甚이라

밖으로 형벌을 받거나 법으로 주벌되는 화가 없다면 귀신을 매우 가볍고 편안히 여길 것이다.

○先愼曰 恬은 安也니 相安不以爲怪也라 荀子富國篇에 輕非譽而恬失民이라하야늘 輕恬은 對文이니 是輕恬은 義近이라

○王先愼 : '恬'은 '安(편안함)'이니, 편안히 여기고 괴이하게 여기지 않는다는 것이다. ≪荀子≫ 〈富國篇〉에 "명예가 아닌 것을 가벼이 여기고 백성을 잃는 것을 편안히 여긴다."라고 하였는데, '輕'과 '恬'은 對文이다. 여기서 '輕'과 '恬'은 뜻이 비슷하다.

20-107 故曰 以道莅天下면

그러므로 ≪老子≫에서 "도로써 천하에 임하면,

○顧廣圻曰 傅本은 此下에 有者字하니 與各本全異라 先愼曰 治要引老子도 亦有者字하니 蓋唐人所見老子本에 有者字라

○顧廣圻 : 傅奕本은 이 아래에 '者'자가 있으니, 각 본과 완전히 다르다.

王先愼 : ≪群書治要≫에 인용된 ≪老子≫에도 '者'자가 있으니, 아마도 唐나라 사람이 보았던 ≪老子≫의 본에 '者'자가 있었던 듯하다.

20-108 其鬼不神이라하니라 治世之民은 不與鬼神相害也라 故曰 非其鬼不神也라 其神不傷人也라하니라

귀신이 신통함을 발휘하지 못한다."라고 한 것이다. 잘 다스려지는 세상에 사는 백성은 귀신과 서로 해치지 않는다. 그러므로 ≪老子≫에서 "귀신이 신통하지 않은 것이 아니라, 그 신통함으로 사람을 해치지 않는 것이다."라고 한 것이다.

○先愼曰 乾道本에 無人字라 盧文弨云 傷下脫人字니 張凌本皆有라하고 顧廣圻云 傅本及今德經에 皆無上下兩也字라 藏本은 傷下에 有人字하니 是也라 傅本及今德經에 皆有라하니라 今據補하노라

○王先愼 : 乾道本에 '人'자가 없다. 盧文弨는 "'傷' 아래에 '人'자가 탈락되었으니, 張本과 凌本에는 모두 있다."라고 하였고, 顧廣圻는 "傅奕本과 지금의 ≪德經≫에 모두 위아래의 두 '也'자가 없다. 藏本은 '傷' 아래에 '人'자가 있으니, 옳다. 傅奕本과 지금의 ≪德經≫에 모두 있다."라고 하였다. 지금 이에 의거하여 보충하였다.

20-109 鬼祟(也)疾人之謂鬼傷人이요

귀신이 빌미가 되어 사람을 병들게 하는 것을 두고 귀신이 사람을 해친다고 하고,

○王渭曰 也字는 衍이라 鬼祟疾人四字作一句讀니 與下文民犯法令同이라 又按人逐除之上刑戮民句例皆同[47]이라

○王渭 : '也'자는 연문이다. '鬼祟疾人' 네 글자가 하나의 구두가 되니, 아래 글의 '民犯法令'과 같다. 또 살펴보건대 '人逐除之'와 '上刑戮民' 구의 예도 모두 같다.

20-110 人逐除之之謂人傷鬼也요 民犯法令之謂民傷上이요 上刑戮民之謂上傷民이니라 民不犯法이면 則上亦不行刑하니 上(下)[48]不行刑之謂上不傷人이라

47) 王渭曰……句例皆同 : 이는 원래 저본의 '鬼祟也疾人' 아래에 달려 있는 注이다. 번역상의 편의로 아래 글 '之謂鬼傷人'과 연결하여 이처럼 편집하였다.

故曰 聖人亦不傷民이라하니라

사람이 그 빌미를 물리치는 것을 두고 사람이 귀신을 해친다고 하며, 백성이 법령을 어기는 것을 두고 백성이 군주를 해친다고 하고, 군주가 백성을 형벌로 죽이는 것을 두고 군주가 백성을 해친다고 한다. 백성이 법을 어기지 않는다면 군주도 형벌을 시행하지 않을 것이니, 군주가 형벌을 시행하지 않는 것을 두고 군주가 사람을 해치지 않는다고 한다. 그러므로 ≪老子≫에서 "성인 또한 사람을 해치지 않는다."라고 한 것이다.

○顧廣圻曰 傳本及今德經에 民皆作人이라 按韓子自作民이라 先愼曰 上當有非其神不傷人句어늘 惟趙孟頫本無라 疑刊本書者 從誤本老子하야 删之也라 河上公王弼傳本에 竝有라

○顧廣圻 : 傅奕本과 지금의 ≪德經≫에 '民'은 모두 '人'으로 되어 있다. 살펴보건대 ≪韓非子≫에 본래 '民'으로 되어 있었다.

王先愼 : 위에 응당 '非其神不傷人' 句가 있어야 하는데, 〈≪老子≫의 판본 중에〉 오직 趙孟頫本에만 없다. 아마도 本書를 간행하였던 자가 잘못된 ≪노자≫의 판본을 따라서 삭제한 듯하다. 河上公本, 王弼本, 傅奕本에는 모두 있다.

20-111 **上不與民相害**하고 **而人不與鬼相傷**이라 **故曰 兩不相傷**이라하니라 **民不敢犯法**이면 **則上內不用刑罰而外不事利其產業**이요 **上內不用刑罰而外不事利其產業**이면 **則民蕃息**이요 **民蕃息而蓄積盛**이니 **民蕃息而蓄積盛之謂有德**이니라 **凡所謂祟者**는 **魂魄去而精神亂**이니 **精神亂則無德**이니라 **鬼不祟人則魂魄不去**요 **魂魄不去則精神不亂**이니

군주가 백성들과 서로 해치지 않고 사람이 귀신과 서로 해치지 않는다. 그러므로 ≪老子≫에서 "양쪽이 서로 해치지 않는다."라고 한 것이다. 백성이 감히 법을 어기지 않으면 군주는 안으로 형벌을 쓰지 않고 밖으로 백성의 생업에서 이익 취하기를 일삼지 않을 것이고, 군주가 안으로 형벌을 쓰지 않고 밖으로 백성의 생업에서 이익 취하기를 일삼지 않으면 백성들이 번창할 것이며, 백성들이 번창하면

48) (下) : 저본에는 '下'가 있으나, ≪韓非子集解≫ 光緖年間本에 의거하여 衍文으로 처리하였다.

재화의 축적이 풍성해질 것이니, 백성들이 번창하고 재화의 축적이 풍성한 것을 두고 덕이 있다고 한다. 무릇 이른바 '빌미〔祟〕'라는 것은 혼백이 빠져나가고 정신이 어지러워지는 것이니, 정신이 어지러워지면 덕이 없게 된다. 귀신이 사람에게 빌미를 끼치지 않으면 혼백이 빠져나가지 않을 것이고, 혼백이 빠져나가지 않으면 정신이 어지러워지지 않을 것이니,

○先愼曰 乾道本에 下則字는 作而라 盧文弨云 凌本에 而作則이라하니 今據改하노라

○王先愼 : 乾道本에 아래 '則'자는 '而'로 되어 있다. 盧文弨는 "凌本에 '而'는 '則'으로 되어 있다."라고 하였으니, 지금 이에 의거하여 고쳤다.

20-112 **精神不亂之謂有德**이니라 **上盛蓄積而鬼不亂其精神**이면 **則德盡在於民矣**라 **故曰 兩不相傷**이면 **則德交歸焉**이라하니

정신이 어지럽지 않은 것을 일러 덕이 있다고 한다. 군주가 재화를 풍성하게 축적하고 귀신이 그의 정신을 어지럽히지 못하면 덕이 백성들에게 다 베풀어질 것이다. 그러므로 ≪老子≫에서 "양쪽이 서로 해치지 않으면 덕이 번갈아 돌아간다."라고 한 것이니,

○顧廣圻曰 傅本及今德經에 則皆作故라 先愼曰 兩上竝有夫字라

○顧廣圻 : 傅奕本과 지금의 ≪德經≫에 '則'은 모두 '故'로 되어 있다.
王先愼 : 〈≪老子≫에는〉 '兩' 위에 모두 '夫'자가 있다.

20-113 **言其德上下交盛而俱歸於民也**니라

이는 덕이 군주와 백성에게 번갈아 풍성해져서 결국 모두 백성에게 돌아간다는 말이다.

○先愼曰 以上見六十章이라

○王先愼 : 이상의 내용은 ≪老子≫ 60장에 보인다.

20-114 **有道之君**[49)]은 **外無怨讐於隣敵**하고 **而內有德澤於人民**이니라 **夫外無**

怨讐於隣敵者는 **其遇諸侯也(外)有禮義**요

도를 터득한 군주는 밖으로 이웃 적국과 원수를 지지 않고 안으로 백성에게 덕과 은택을 베푼다. 밖으로 이웃 적국과 원수를 지지 않는다는 것은 제후와 사귐에 예의를 갖춘다는 것이고,

○顧廣圻曰 外字는 當衍이니 八字爲一句라

○顧廣圻 : '外'자는 연문이 되어야 하니, 8자가 한 구가 된다.

20-115 **內有德澤於人民者**는 **其治(人)〔民〕事也務本**이니라

안으로 백성에게 덕과 은택을 베푼다는 것은 민사를 다스림에 근본에 힘쓴다는 것이다.

○先愼曰 人當作民이니 下文治民事務本이 卽承此而言이라

○王先愼 : '人'은 응당 '民'이 되어야 하니, 아래 글의 '治民事務本'이 이 구를 이어서 한 말이다.

20-116 **遇諸侯有禮義**면 **則役希起**요 **治民事務本**이면 **則淫奢止**니라 **凡馬之所以大用者**는 **外供甲兵而內給淫奢也**니라 **今有道之君**은 **外希用甲兵**하고 **而內禁淫奢**니라 **上不事馬於戰鬪逐北**(배)하고 **而民不以馬遠通淫物**이면

제후와 사귐에 예의를 갖추면 전쟁날 일이 드물 것이고, 민사를 다스림에 근본에 힘쓰면 지나친 사치가 그칠 것이다. 무릇 말이 크게 소용되는 까닭은 밖으로 갑옷과 무기를 공급하고 안으로 지나친 사치품을 제공하기 때문이다. 지금 도를 터득한 군주는 밖으로 갑옷과 무기를 쓸 일이 드물고 안으로 지나친 사치를 금한다. 군주가 전투하거나 적을 좇는 데에 말을 부리지 않고 백성들이 멀리까지 사치품을 나르는 데에 말을 쓰지 않으면,

○先愼曰 乾道本에 通淫은 作淫通이라 顧廣圻云 今本에 作通淫이니 誤라하니라 先

49) 有道之君 : 여기부터 244쪽 20-136까지의 내용은 통행본 ≪道德經≫ 46장에 보인다.

愼案 顧說은 非라 禮王制疏에 淫은 謂過奢侈라하니 是淫物은 奢侈之物이니 謂不以馬遠致奢侈之物也라 若作遠淫通物이면 則不辭矣라 下文에 得於好惡怵於淫物[50]이라하니 淫物連文이 是其證이라 改從今本하노라

○王先愼 : 乾道本에 '通淫'은 '淫通'으로 되어 있다. 顧廣圻는 "今本에 '通淫'으로 되어 있으니, 잘못이다."라고 하였다. 내가 살펴보건대 顧廣圻의 설은 잘못되었다. ≪禮記≫ 〈王制〉의 疏에 "淫은 지나치게 사치함이다."라고 하였으니, 여기의 '淫物'은 사치스러운 물건이니, 말을 써서 사치스러운 물건을 멀리 보냄을 이른다. 만약 '遠淫通物'이라고 쓰면 말이 되지 않는다. 아래 글에 '得於好惡 怵於淫物'이라 하니 '淫物'이 連文이라는 것은 이것이 그 증거이다. 今本을 따라 고쳤다.

20-117 所積力은 唯田疇라 積力於田疇면

힘을 쏟을 곳은 오직 논밭일 뿐이다. 논밭에 힘을 쏟으면,

○先愼曰 乾道本에 無積力於田疇五字라 顧廣圻云 藏本有라 今本於仍作唯라하니 今據藏本補하노라

○王先愼 : 乾道本에 '積力於田疇' 5자가 없다. 顧廣圻는 "藏本에는 있다. 今本에 '於'는 그대로 '唯'로 되어 있다."라고 하였으니, 지금 藏本에 의거하여 보충하였다.

20-118 必且糞灌이라 故曰 天下有道면 卻走馬以糞也라하니라

반드시 거름 주고 물 대는 데에 말을 쓴다. 그러므로 ≪老子≫에서 "천하에 도가 있으면 戰馬를 돌려보내 거름을 주는 데 쓴다."라고 한 것이다.

○顧廣圻曰 傅本에 糞은 作播니 與各本全異라 又傅本及今德經에 皆無也字니 按喩老無라 先愼曰 糞播는 古通이라

○顧廣圻 : 傅奕本에 '糞'은 '播'로 되어 있으니, 각 본과 완전히 다르다. 또 傅奕本과 지금의 ≪德經≫에 모두 '也'자가 없으니, 〈喩老篇〉을 살펴보아도 없다.
王先愼 : '糞'과 '播'는 옛날에 통용하였다.

---

50) 得於好惡怵於淫物 : 본서 273쪽 20-210에 보인다.

20-119 人君者無道면

군주가 도를 터득하지 못하면

○先愼曰 乾道本에 無者字하고 道下에 更有道字라 盧文弨云 張淩本은 君下에 有者字라하고 顧廣圻云 藏本은 君下에 有者字하니 乾道本重道字는 譌라하니라 先愼按乾道本에 脫者字하야 空格於下어늘 淺人妄增道字以補之라 今據盧顧校改하노라

○王先愼 : 乾道本에 '者'자가 없고 '道' 아래에 또 '道'자가 있다. 盧文弨는 "張本과 凌本은 '君' 아래에 '者'자가 있다."라고 하였고, 顧廣圻는 "藏本은 '君' 아래에 '者'자가 있으니, 乾道本에 '道'자를 거듭 쓴 것은 잘못이다."라고 하였다. 내가 살펴보건대 乾道本에 '者'자가 탈락하여 그 아래에 칸이 비었는데, 식견이 얕은 사람이 함부로 '道'자를 넣어서 보충한 것이다. 지금 盧文弨와 顧廣圻의 교감에 의거하여 고쳤다.

20-120 則內暴虐其民하고 而外侵欺其隣國이라 內暴虐이면 則民產絶이요 外侵欺면 則兵數起라 民產絶이면 則畜生少요 兵數起면 則士卒盡이라 畜生少면 則戎馬乏이요 士卒盡이면 則軍危殆라 戎馬乏이면 則(將)〔牸(자)〕馬出이요

안으로 백성들에게 포학하게 굴고 밖으로 이웃나라를 침략한다. 안으로 백성들에게 포학하게 굴면 백성들의 생업이 끊어지고 밖으로 이웃나라를 침략하면 전쟁이 자주 일어난다. 백성들의 생업이 끊어지면 가축이 줄고 전쟁이 자주 일어나면 병사들이 다 죽는다. 가축이 줄면 戰馬가 부족해지고 병사들이 다 죽으면 군대는 위태롭게 된다. 전마가 부족해지면 어미 말까지 전쟁에 나가게 되고

○顧廣圻曰 將은 當作牸니 形近之誤라 鹽鐵論未通云 當此之時하야 卻走馬以糞이러니 其後師旅數發에 戎馬不足하니 牸牝(빈)入陣이라 故駒犢生於戰地라하니 卽本於此也라 他書又作字니 史記平準書云 而乘字牝者擯而不得聚會라하니 下文於將馬近臣은 誤同이라

○顧廣圻 : '將'은 '牸'가 되어야 하니, 모양이 비슷해서 잘못된 것이다. ≪鹽鐵論≫ 〈未通〉에 "이때를 당해서 전장을 달리던 말을 농경에 돌렸는데, 그 후에 전쟁이 자주 일어나 전마가 부족해지자 어미 말까지 군진에 들어갔으므로 망아지가 전장에서 태어나게 되었다." 하였으니, 이 글이 바로 여기에서 근본을 두었다. 다른 글에 또 '字'로 된 것도

있으니, ≪史記≫ 〈平準書〉에 "어미 말을 탄 사람들은 배척되어 모임에 낄 수가 없었다." 라고 하였으니, 아래 글의 '於將馬近臣'은 잘못이 동일하다.

20-121 軍危殆면 **則近臣役**이니라 **馬者**는 **軍之大用**이요 **郊者**는 **言其近也**라 **今所以給軍之具於(將)〔牸〕馬近臣**이라

군대가 위태로워지면 측근의 신하까지 출정하게 된다. 말은 군대에서 중요하게 쓰는 것이고 郊外는 가까운 곳을 말한다. 지금 어미 말과 측근의 신하까지 軍備로 공급되고 있다.

○**先愼曰 牸馬近臣**은 **非軍中之用**이어늘 **今因乏殆**라 **故竝及之**라

○王先愼 : 어미 말과 측근의 신하는 군대에 쓰일 것이 아닌데, 지금 부족하고 위태롭기 때문에 아울러 군비로 소용되는 데 이른 것이다.

20-122 故曰 天下無道면 **戎馬生於郊矣**라하니라

그러므로 ≪老子≫에서 "천하에 도가 없으면 戎馬가 郊外에서 새끼를 낳는다." 라고 한 것이다.

○**顧廣圻曰 傅本及今德經**에 **皆無矣字**라 **喩老無**라

○顧廣圻 : 傅奕本과 지금의 ≪德經≫에 모두 '矣'자가 없다. 〈喩老篇〉에도 없다.

20-123 人有欲이면 **則計會亂**이요 **計會亂**이면 **(而)〔則〕有欲甚**이요

사람이 욕심을 가지면 사려가 흐트러지고, 사려가 흐트러지면 욕심이 심해지며,

○**先愼曰 而字**는 **依上下文**컨대 **當作則**이라

○王先愼 : '而'자는 위아래 글에 의거하면 응당 '則'이 되어야 한다.

20-124 有欲甚이면 **則邪心勝**이요 **邪心勝**이면 **則事經絶**이요 **事經絶**이면 **則禍難生**이니라

욕심이 심해지면 간사한 마음이 이기고, 간사한 마음이 이기면 일을 이치에 맞게 진행하지 못하고, 일을 이치에 맞게 진행하지 못하면 재앙과 환난이 생긴다.

○盧文弨曰 二經字는 張本에 作輕이라 顧廣圻曰 藏本에 二經字는 皆作輕이라 按經은 當作徑이라 上文에 必緣理不徑絶也[51]라하야늘 陸行不緣理爲徑이니 周禮云 楚徑踰者 是也라 水行不緣理爲絶이니 爾雅云 正絶流曰亂이 是也라 藏本所改는 失之라 先愼曰 經徑二字는 義同이라 易上經釋文과 廣雅釋言에 經은 徑也라하고 釋名에 徑은 經也니 言人之所經由也라하니 二字는 疊訓이라 左僖二十五年傳에 趙衰以壺飧從徑이라하야늘 釋文에 徑은 讀爲經이라하니 是經徑古通用이라

○盧文弨 : 두 '經'자는 張本에 '輕'으로 되어 있다.

顧廣圻 : 藏本에 두 '經'자는 모두 '輕'으로 되어 있다. 살펴보건대, '經'은 '徑'이 되어야 한다. 윗글에 '必緣理不徑絶也'라 하였는데, 육로를 가면서 이치대로 가지 않는 것이 '徑'이니, ≪周禮≫에 "楚나라가 徑路(지름길)를 넘었다."라고 한 것이 이 예이다. 수로를 가면서 이치대로 가지 않는 것이 '絶'이니, ≪爾雅≫에 "물을 가로질러 건너는 것을 '亂'이라 한다."라고 한 것이 이 예이다. 藏本에서 고친 것은 잘못이다.

王先愼 : '經'과 '徑' 두 글자는 뜻이 같다. ≪周易≫ '上經'의 ≪釋文≫과 ≪廣雅≫ 〈釋言〉에 "'經'은 '徑'이다."라고 하였고, ≪釋名≫에 "'徑'은 '經'이니, 사람들이 경유하는 곳이다."라고 하였으니, 이 두 글자는 훈이 서로 중첩된다. ≪春秋左氏傳≫ 僖公 25년(B.C. 635)에 "趙衰가 壺飧을 가지고 主君이 가는 길을 따라갔다."라고 하였는데, ≪釋文≫에 "'徑'은 '經'으로 읽는다."라고 하였으니, 이 '經'과 '徑'은 옛날에 통용하였다.

20-125 由是觀之컨대 禍難은 生於邪心이요 邪心은 誘於可欲이라 可欲之類는 進則敎良民爲姦하고 退則令善人有禍라

이로 보면 재앙과 환난은 간사한 마음에서 생기고, 간사한 마음은 욕심을 부리는 것에서 나온다. 욕심을 부리게 하는 것들은 나아가서는 선량한 백성들을 간사하게 만들고, 물러나서는 선한 사람에게 화를 입힌다.

---

51) 必緣理不徑絶也 : 본서 207쪽 20-47에 보인다.

○王先謙曰 可欲之類는 非善人이면 不能退之나 旣退之後에 更思闚伺中傷이라 故令有禍也라

○王先謙 : 욕심을 부릴 만한 것들은 善人이 아니면 물리칠 수가 없으나, 이미 물러난 뒤에 다시 틈을 엿보고 선인을 중상하기를 생각한다. 그러므로 화를 입히는 것이다.

20-126 姦起면 則上侵弱君이요 禍至면 則(民人)〔人民〕多傷이라

간사한 자가 생겨나면 위로 군주를 침해해서 약하게 만들고, 재앙이 닥치면 백성들을 많이 상하게 한다.

○先愼曰 依下文하면 民人은 當作人民이라

○王先愼 : 아래 글에 의거하면 '民人'은 '人民'이 되어야 한다.

20-127 然則可欲之類는 上侵弱君而下傷人民이라 夫上侵弱君而下傷人民者는 大罪也라 故曰 (禍)〔罪〕莫大於可欲이라하니라

그렇다면 욕심을 부리게 하는 것들은 위로 군주를 침해해서 약하게 만들고 아래로 백성들을 상하게 한다. 대저 위로 군주를 침해해서 약하게 하고 아래로 백성들을 상하게 하는 것은 큰 죄악이다. 그러므로 ≪老子≫에서 "죄가 욕심을 부리는 것보다 큰 것이 없다."라고 한 것이다.

○顧廣圻曰 禍는 當作罪니 與上文大罪也로 相承이라 喩老不誤라 傅本及今德經에 皆作罪어늘 據經典釋文王弼老子無此句는 非是라

○顧廣圻 : '禍'는 '罪'가 되어야 하니, 윗 구의 '大罪'와 이어진다. 〈喩老篇〉에는 잘못되어 있지 않다. 傅奕本과 지금의 ≪德經≫에 모두 '罪'로 되어 있는데, 이 구가 없는 ≪經典釋文≫과 王弼本 ≪老子≫에 의거하는 것은 옳지 않다.

20-128 是以로 聖人은 不引五色하고 不淫於聲樂이요 明君은 賤玩好而去淫麗니라

이 때문에 성인은 현란한 오색에 이끌리지 않고 아름다운 음악에 탐닉하지 않으며, 현명한 군주는 귀한 노리개를 천시하고 지나치게 화려한 것은 물리친다.

20-129 人無毛羽하니

사람에게는 털이나 깃이 없으므로

○先愼曰 舊連上이나 今提行하노라

○王先愼 : 예전에는 위의 글과 연결하였으나 지금은 행을 바꾸었다.

20-130 不衣則不犯寒이니라

옷을 입지 않으면 추위를 견딜 수 없다.

○兪樾曰 犯寒上에 當有足以二字니 下文故聖人衣足以犯寒이 是其證이라 先愼曰 兪說은 非라 此與下文不食則不能活句로 例正同하니 不當有足以二字라 犯은 勝也라

○兪樾 : '犯寒' 위에 '足以' 두 글자가 있어야 하니, 아래 글의 '故聖人衣足以犯寒'이 바로 그 증거이다.

王先愼 : 兪樾의 설은 잘못되었다. 이 구는 아래 글의 '不食則不能活'과 예가 똑같으니, '足以' 두 글자가 있어서는 안 된다. '犯'은 '勝(견디다)'이다.

20-131 上不屬天하고 而下不著地하니 以腸胃爲根本하야 不食則不能活이라 是以로 不免於欲利之心이니라 欲利之心不除 其身之憂也라 故聖人은 衣足以犯寒하고 食足以充虛면 則不憂矣니라 衆人則不然하야 大爲諸侯하고 小餘千金之資라도 其欲得之憂를 不除也니라 胥靡有免하고 死罪時活[52)]이나

위로 하늘에 매달려 있지 못하고 아래로 땅에 붙어 있지 못하니, 위장을 근본으로 삼아 먹지 않으면 살 수가 없다. 이 때문에 이득을 바라는 마음에서 벗어나지 못한다. 이득을 바라는 마음을 없애지 못하는 것이 인간 자신의 근심이다. 그러므로 성인은 옷이 추위를 견디기에 충분하고 음식이 허기를 채우는 데 충분할 정도

52) 胥靡有免 死罪時活 : '胥靡'는 ≪莊子≫ 〈庚桑楚〉의 成玄英의 疏에 "徒役之人"이라고 한 것에 의거하면 곧 노역에 복무하는 죄수를 뜻한다. 저본 그대로 보아도 무리가 없으므로 王先謙의 교감은 취하지 않는다.

면 근심하지 않는다. 뭇사람들은 그렇지 못해서 크게는 제후가 되고 작게는 천금의 재물을 축적하더라도 이득을 얻으려는 데서 비롯되는 근심을 없애지 못한다. 죄수가 방면되기도 하고 죽을죄도 때론 살기도 하지만

○王先謙曰 有字는 當在罪字下니 罪有時活은 與終身不解로 文義相對라

○王先謙 : '有'자는 '罪'자 아래에 있어야 하니, '罪有時活'은 '終身不解'와 文義가 서로 대구가 된다.

20-132 **今不知足者之憂**는 **終身不解**라 **故曰 禍莫大於不知足**이라하니라

지금 만족할 줄 모르는 사람의 근심은 종신토록 풀리지 않는다. 그러므로 ≪老子≫에서 "화는 만족할 줄 모르는 것보다 큰 것이 없다."라고 한 것이다.

20-133 **故欲利甚於**[53]**憂**하며

그러므로 이익을 바라는 마음이 심하면 근심하게 되고

○先愼曰 舊連上이나 今提行하노라

○王先愼 : 예전에는 위의 글과 연결하였으나 지금은 행을 바꾸었다.

20-134 **憂則疾生**하며 **疾生而智慧衰**하며 **智慧衰則失度**(탁)**量**하며 **失度量則妄擧動**하며 **妄擧動則禍害至**하며 **禍害至而疾嬰內**하며 **疾嬰內則痛**하며 **禍薄外則苦**하며

근심하면 질병이 생기고 질병이 생기면 지혜가 쇠하며, 지혜가 쇠하면 분별을 잃고 분별을 잃으면 함부로 행동하게 되며, 함부로 행동하게 되면 재앙과 해악이 이르고 재앙과 해악이 이르면 질병이 마음속을 어지럽히며, 질병이 마음속을 어지럽히면 아프고 재앙이 밖에서 닥쳐오면 괴로우며,

○先愼曰 乾道本에 重痛禍薄外四字하고 苦下에 有痛雜於腸胃之間七字라 盧文

53) 於 : '則'과 같다.(≪韓非子全譯≫)

弨云 張本에 不復痛禍薄外四字하고 苦下에 痛雜於腸胃之間七字는 衍이라하고 顧廣圻云 痛禍薄外四字는 藏本不重이라 按此疾嬰內則痛爲一句하고 禍薄外則苦爲一句니 下多複衍이라하니라 先愼按 盧顧說是라 據藏本張本刪四字하고 依拾補刪七字하노라

○王先愼 : 乾道本에 '痛禍薄外' 4자가 중복되어 있고, '苦' 아래에 '痛雜於腸胃之間' 7자가 있다. 盧文弨는 "張本에 '痛禍薄外' 4자가 중복되어 있지 않고, '苦' 아래에 '痛雜於腸胃之間' 7자는 연문이다."라고 하였고, 顧廣圻는 "'痛禍薄外' 4자는 藏本에 중복되어 있지 않다. 살펴보건대 이 구절은 '疾嬰內則痛'이 한 구, '禍薄外則苦'가 한 구가 되니, 아래에 더 있는 글자는 잘못 중복된 것이다."라고 하였다. 내가 살펴보건대 노문초와 고광기의 설이 옳다. 藏本과 張本에 의거하여 4자를 삭제하고, ≪群書拾補≫에 의거하여 7자를 삭제하였다.

20-135 苦痛雜於(腸胃)〔外內〕之間하면

괴로움과 아픔이 안팎으로 마구 모여들면

○顧廣圻曰 八字爲句니 腸胃는 當作外內라

○顧廣圻 : 8자가 한 구가 되니, '腸胃'는 응당 '外內'가 되어야 한다.

20-136 則傷人也憯하며 憯則退而自咎하니 退而自咎也는 生於欲(利)〔得〕이라 故曰 咎莫憯於欲(利)〔得〕이라하니라

사람을 상하게 하여 비참하게 하며, 비참해지면 물러나 스스로 허물하니, 물러나 스스로 허물하는 것은 이득을 바라는 마음에서 비롯된다. 그러므로 ≪老子≫에서 "허물을 자책하는 것으로는 이득을 바라는 것보다 더 비참한 것은 없다."라고 한 것이다.

○顧廣圻曰 今德經에 憯은 作大니 非라 傅本與此合이라 傅本及德經에 利는 皆作得이라 按當作得이니 上文云 欲利는 猶欲得也라 又云其欲得之憂不除也[54]라하니 仍作得可證이라 喩老不誤라 先愼曰 李約本에 憯은 作甚하고 說文에 憯은 痛也라하니

54) 其欲得之憂不除也 : 본서 242쪽 20-131에 보인다.

古音은 甚憯同이라 利當作得이니 顧說이 是라 以上見四十六章이라

○顧廣圻 : 지금의 ≪德經≫에 '憯'은 '大'로 되어 있으니, 잘못이다. 傅奕本은 이와 합치된다. 傅奕本과 ≪德經≫에 '利'는 모두 '得'으로 되어 있다. 살펴보건대 응당 '得'이 되어야 하니, 윗글에 '欲利'라고 한 것은 '欲得'과 같다. 또 '其欲得之憂不除也'라고 하였으니, 곧 '得'이 되는 것이 증명된다. 〈喩老篇〉은 잘못되어 있지 않다.

王先愼 : 李約本에 '憯'은 '甚'으로 되어 있고, ≪說文解字≫에 "憯은 痛이다." 하였으니, 古音으로는 '甚'과 '憯'이 같다. '利'는 '得'이 되어야 하니, 顧廣圻의 설이 옳다. 이상의 내용은 ≪老子≫ 46장에 보인다.

20-137 道者는 萬物之所然也[55]요

道는 온갖 사물이 그렇게 존재하는 근거이며,

○先愼曰 然은 可也라

○王先愼 : '然'은 그렇게 할 수 있게 함이다.

20-138 萬理之所稽也라 理者는 成物之文也요 道者는 萬物之所以成也라 故曰 道는 理之者也라하니라

온갖 이치가 돌아가 머무는 근원이다. 이치는 각각의 사물을 이루는 조리이고, 도는 온갖 사물이 이루어지는 근거이다. 그러므로 "도는 온갖 사물에 이치가 있게 하는 것이다."라고 한 것이다.

○顧廣圻曰 句有誤라 按自上文道者萬物之所然也以下는 不見所解何文이라 詳老子컨대 第十四章에 有云是謂道紀하니 此當解彼也라 紀는 理也라 先愼曰 顧說이 是也라 道字逗라 紀理義同이라 故道經作紀어늘 韓子改爲理라

○顧廣圻 : 구에 오류가 있다. 살펴보건대 윗글의 '道者萬物之所然也' 이하는 ≪老子≫의 어떤 글을 풀이한 것인지 알 수 없다. ≪老子≫를 상고해보건대 제14장에 '是謂道紀'라는 말이 있으니, 이것은 응당 저 말을 풀이한 것이다. '紀'는 '理(이치)'이다.

55) 道者 萬物之所然也 : 여기부터 251쪽 20-151까지의 내용은 통행본 ≪道德經≫ 14장에 보인다.

王先愼 : 顧廣圻의 설이 옳다. '道'자에서 쉰다. '紀'와 '理'는 뜻이 같다. 따라서 ≪道經≫에 '紀'라고 썼는데, 韓非子가 '理'로 고친 것이다.

20-139 **物有理**하야 **不可以相薄**이요

사물은 각기 이치가 있어 서로 핍박할 수 없고,

○王先謙曰 薄은 迫也라

○王先謙 : '薄'은 '迫(다그침)'이다.

20-140 **物有理不可以相薄**이라 **故理之爲物之制**라 **萬物各異理**하니

사물은 각기 이치가 있어 서로 핍박할 수 없으므로 이치가 사물의 지배자가 된다. 만물은 각기 다른 이치를 가지니,

○王先謙曰 制上之字衍이라

○王先謙 : '制' 위의 '之'자는 연문이다.

20-141 **萬物各異理而道盡**이라

만물은 각기 다른 이치를 가지되 도는 다 존재한다.

○先愼曰 乾道本에 萬下五字不重이라 顧廣圻云 藏本今本重이라하니 今據補하노라

○王先愼 : 乾道本에 '萬' 아래 5자(萬物各異理)가 중복되어 있지 않다. 顧廣圻는 "藏本과 今本에 중복되어 있다."라고 하였으니, 지금 이에 의거하여 보충하였다.

20-142 **稽萬物之理**라 **故不得不化**요

만물의 이치를 통괄하기 때문에 변화하지 않을 수 없으며,

○王先謙曰 稽合萬物之理하니 不變則不通이라

○王先謙 : 만물의 이치를 통괄하니, 변화하지 않으면 통할 수 없다.

20-143 **不得不化**라 **故無常操**요

변화하지 않을 수 없기 때문에 하나로 고정된 모습이 없고,

○王先謙曰 言不執一이라

○王先謙 : 한 가지를 고집하지 않음을 말한다.

20-144 **無常操**니 **是以**로 **死生氣稟焉**하며 **萬智斟酌焉**하며 **萬事廢興焉**하니라 **天得之以高**하며 **地得之以藏**하며 **維斗得之以成其威**하며

하나로 고정된 모습이 없기 때문에 죽거나 사는 기운을 여기서 받고, 온갖 지혜는 여기서 취해지며, 온갖 일들이 여기서 폐하고 흥한다. 하늘은 도를 얻어서 높아지고 땅은 도를 얻어서 만물을 품으며, 북두성은 도를 얻어서 그 위엄을 이루고,

○先愼曰 乾道本에 無之字라 顧廣圻云 今本은 得下에 有之字라 按依上下文當補라하니라 先愼案 顧說이 是라 依今本補라 莊子大宗師篇에 維斗得之하야 終古不忒하며 日月得之하야 終古不息이라하야늘 竝有之字하니 是其證이라

○王先愼 : 乾道本에 '之'자가 없다. 顧廣圻는 "今本은 '得' 아래에 '之'자가 있다. 살펴보건대 위아래 글에 의거하면 응당 보충해야 한다."라고 하였다. 내가 생각하건대 고광기의 설이 옳다. 今本에 의거하여 보충하였다. ≪莊子≫ 〈大宗師篇〉에 "북두성이 이를 얻어 종내 어긋나지 않으며, 해와 달이 이를 얻어 종내 쉼이 없다." 하였는데, 모두 '之'자가 있으니, 바로 그 증거이다.

20-145 **日月得之以恆其光**하며

해와 달은 도를 얻어 항구히 빛을 내며,

○先愼曰 乾道本에 無之字라 顧廣圻云 藏本今本은 得下에 有之字라하니 今據補하노라

○王先愼 : 乾道本에 '之'자가 없다. 顧廣圻는 "藏本과 今本은 '得' 아래에 '之'자가 있다."라고 하였으니, 지금 의거하여 보충하였다.

20-146 五常得之以常其位하며 列星得之以端其行하며 四時得之以御其變氣하며 軒轅[56)]得之以擅四方하며 赤松[57)]得之與天地(統)〔終〕하며

다섯 행성(金, 木, 水, 火, 土)은 도를 얻어 제자리를 유지하고 뭇별들은 도를 얻어 그 운행이 일정하며, 四時는 도를 얻어 기후 변화를 조절하고 軒轅은 도를 얻어 천하를 지배하였으며, 赤松子는 도를 얻어 천지와 더불어 장수하였고

○孫詒讓曰 統은 疑當作終이니 言壽與天地同長也라 終統二字는 篆文形相近而誤라

○孫詒讓 : '統'은 아마도 '終'이 되어야 하니, 수명이 천지와 더불어 똑같이 길다는 말이다. '終'과 '統' 두 글자는 篆文의 형태가 비슷하기 때문에 잘못된 것이다.

赤松子(≪列仙全傳≫)

20-147 聖人得之以成文章하니라 道는 與堯舜俱智하며 與接輿[58)]俱狂하며 與桀

56) 軒轅 : 고대 전설상의 제왕이니, 黃帝라고도 한다. 三皇의 한 사람으로, 중국을 처음으로 통일한 군주이자 문명의 창시자로 숭배되고 있다. 제후들이 서로 침략하고 공격하며 백성들에게 포학하게 굴었는데, 헌원이 방패와 창 쓰는 법을 익혀서 정벌하자 제후들이 와서 복종하였다고 한다.(≪史記≫ 〈五帝本紀〉)

57) 赤松 : 상고시대 전설상의 神仙으로 王喬라고도 한다. 神農氏 시대의 雨師였으며, 水晶을 복용하는 법에 대하여 신농씨에게 가르쳐주었고, 불속에 들어가서 스스로를 태울 수도 있었다고 하며, 세상을 초탈하여 죽지 않았다고 한다.(≪論衡≫ 〈無形篇〉·≪搜神記 8≫)

58) 接輿 : 춘추시대 楚나라 隱士로 이름은 陸通이고 接輿는 자이다. 미친 것처럼 가장해 세상을 피해서 楚狂 또는 狂接輿라고 불렸다. 어느 날 孔子의 앞을 지나며, "鳳이여! 鳳이여! 어찌 덕이 쇠했는가. 지나간 것을 諫할 수 없지만 오는 것은 오히려 따를 수 있으니, 그만두어라! 그만두어라! 오늘날 정치에 종사하는 자는 위험하다.〔鳳兮鳳兮 何德之衰 往者不可諫 來者

紂俱滅하며 **與湯武俱昌**하니라 **以爲近乎**아 **遊於四極**이요 **以爲遠乎**아 **常在吾側**이요 **以爲暗乎**아 **其光昭昭**요

성인은 도를 얻어서 문물제도를 만들었다. 도는 堯·舜을 만나서는 함께 지혜로 드러났고 接輿를 만나서는 함께 狂으로 드러났으며, 桀·紂와 만나서는 함께 멸망하였고 湯·武를 만나서는 함께 昌盛하였다. 가까이 있는가 싶으면 사방 끝에 노닐고 있고 멀리 있는가 싶으면 늘 내 옆에 있으며, 어둑하다 싶으면 그 빛이 환히 비치고

○**先愼曰 乾道本**에 **無其字**라 **顧廣圻云 藏本今本**은 **光上**에 **有其字**라하니 **今據補**하노라

○王先愼 : 乾道本에 '其'자가 없다. 顧廣圻는 "藏本과 今本은 '光' 위에 '其'자가 있다."라고 하였으니, 지금 이에 의거하여 보충하였다.

楚狂接輿(≪孔子聖積圖≫)

猶可追 已而已而 今之從政者 殆而]"라고 노래하였다고 한다.(≪論語≫ 〈微子〉)

20-148 以爲明乎아 其物冥冥이라 而功成天地하고 和化雷霆하니 宇內之物은 恃之以成하니라 凡道之情은 不制不形하며 柔弱隨時하고 與理相應하니라 萬物得之以死하며 得之以生하고 萬事得之以敗하며 得之以成하니라

밝다 싶으면 그 모습이 어렴풋해 보이지 않는다. 도의 功能은 하늘과 땅을 이루고 조화는 천둥과 번개를 생성하니, 우주의 사물은 그에 의지하여 이루어진다. 무릇 도의 실체는 어떠한 제약도 받지 않고 어떠한 꼴도 갖추지 않으며, 부드러우면서도 여리게 때에 따라 변하고 이치와 서로 호응한다. 만물은 이를 얻어 죽고 이를 얻어 살며, 온갖 일들은 이것을 얻어 실패하고 이것을 얻어 성공한다.

○先愼曰 乾道本에 事作物이라 案物字緣上文而誤일새 依拾補改하노라

○王先愼 : 乾道本에 '事'는 '物'로 되어 있다. 살펴보건대 '物'자는 윗글과 연계되어 잘못되었으므로 ≪群書拾補≫에 의거하여 고쳤다.

20-149 道는 譬(諸)〔之〕若水하니

도는 비유하자면 물과 같으니,

○先愼曰 意林에 諸作之라

○王先愼 : ≪意林≫에 '諸'는 '之'로 되어 있다.

20-150 溺者多飮之卽死하고 渴者適飮之卽生이요 譬之若劍戟하니 愚人以行忿則禍生하고 聖人以誅暴則福成이라 故〔曰〕得之以死하며 得之以生하며 得之以敗하며 得之以成이라하니라

물에 빠진 자가 물을 너무 많이 마시면 죽고 목이 마른 자가 제때 물을 마시면 살아나는 격이고, 또 비유하자면 칼과 창과 같으니, 어리석은 사람이 분노해 휘두르면 화가 생기고 성인이 포악한 자를 주륙하면 복이 생기는 격이다. 그러므로 ≪老子≫에서 "이를 얻어서 죽고 이를 얻어서 살며, 이를 얻어서 실패하고 이를 얻어서 성공한다."라고 한 것이다.

○先愼曰 故下에 當有曰字라 得之以死四句는 老子各本無하니 蓋佚文也라

○王先愼 : '故' 아래에 '曰'자가 있어야 한다. '得之以死' 4구는 ≪老子≫ 각 본에 없으니, 대개 佚文이다.

20-151 人希見生象也일새 而得死象之骨하야 案其圖以想其生也라 故諸人之所以意想者를 皆謂之象也니라 今道雖不可得聞見이나 聖人執其見(현)功하야 以處見(현)其形이라

사람들은 살아 있는 코끼리를 본 적이 거의 없으므로 죽은 코끼리의 뼈를 얻어서 그 모양에 비추어 살아 있는 코끼리를 상상한다. 그러므로 여러 사람들이 마음속으로 상상해낸 것을 모두 '象'이라고 한다. 지금 도는 비록 듣거나 볼 수 없지만 성인은 그 드러난 功能을 잡아서 그 형상을 헤아려 내보인다.

○先愼曰 今人不聞道見一[59]이나 聖人則執其顯見之功하야 以處見其形也라

○王先愼 : 지금 사람들은 도를 듣거나 보지 못하지만 성인은 드러난 功能를 잡아서 그 형상을 헤아려 내보인다.

20-152 故曰 無狀之狀이요 無物之象이라하니라

그러므로 ≪老子≫에서 "모양 없는 모양이고, 물체 없는 형상이다."라고 한 것이다.

○先愼曰 趙孟頫本에 物은 作象이라 以上見十四章이라

○王先愼 : 趙孟頫本에 '物'은 '象'으로 되어 있다. 이상의 내용은 ≪老子≫ 14장에 보인다.

20-153 凡理者는 方圓短長麤靡堅脆之分也라 故理定而後物可得道也라

무릇 이치〔理〕란 네모난 것과 둥근 것, 짧은 것과 긴 것, 거친 것과 가는 것, 단

59) 見一 : '一'은 ≪韓非子≫ 〈揚搉篇〉의 "聖人執一以靜(성인은 道를 지키고 고요히 있다.)"이라고 한 구절을 참고할 때, '道'를 가리키는 것으로 볼 수 있다.

단한 것과 무른 것 등의 구분이 있다. 그러므로 이치가 정해진 뒤에야 道를 얻을 수 있다.

○先愼曰 乾道本에 無物字라 盧文弨云 張凌本에 有라하니 今據補하노라

○王先愼 : 乾道本에 '物'자가 없다. 盧文弨는 "張本과 凌本에는 있다."라고 하였으니, 지금 이에 의거하여 보충하였다.

20-154 故定理有存亡하며 有死生하며 有盛衰하니라 夫物之一存一亡과 乍死乍生과 初盛而後衰者는 不可謂常이니라 唯夫與天地之剖判也로 俱生하고

따라서 이치가 정해지면 존재함과 사라짐, 죽음과 삶, 흥성함과 쇠퇴함 등이 나타난다. 대저 사물이 한때 존재했다가 사라지는 것, 문득 죽었다가 살아나는 것, 처음에 흥성했다가 나중에 쇠퇴하는 것들은 늘 그러하다〔常〕 할 수 없다. 오직 하늘과 땅이 갈라져서 나누어질 때부터 함께 생겨나고,

○先愼曰 乾道本은 地上에 有與字하고 俱作具라 顧廣圻云 藏本今本에 無下與字요 今本에 具作俱는 誤라하니라 先愼案 與字는 衍이니 今據刪하고 俱字是니 今據改하노라

○王先愼 : 乾道本은 '地' 위에 '與'자가 있고, '俱'는 '具'로 되어 있다. 顧廣圻는 "藏本과 今本에 아래 '與'자는 없고, 今本에 '具'가 '俱'로 되어 있는 것은 잘못이다."라고 하였다. 내가 살펴보건대 '與'자는 연문이니 지금 이에 의거하여 삭제하였고, '俱'자는 옳으니 지금 이에 의거하여 고쳤다.

20-155 至天地之消散也히 不死不衰者를 謂常이라 而常者는 無攸易하고 無定理하니라

하늘과 땅이 흩어져 사라질 때까지 죽지 않고 쇠퇴하지 않는 것을 '늘 그러함〔常〕'이라고 한다. 늘 그러하다는 것은 바뀌는 것도 없고 고정된 이치도 없다.

○先愼曰 乾道本에 下者字는 在謂常下라 盧文弨云 謂常下者字는 衍이라 張凌本에 俱無라하고 顧廣圻云 藏本에 者字在而常下하니 是也라 謂常二字句絶하야 屬上하고 而常者三字逗하야 屬下라 今本은 兩常下에 各有者字하니 誤라하니라 先愼案 顧盧說이

是하니 據改하노라 無攸易은 謂無所變易也라

○王先愼 : 乾道本에 아래 '者'자는 '謂常' 아래에 있다. 盧文弨는 "'謂常' 아래 '者'자는 연문이다. 張本과 淩本에 모두 없다."라고 하였고, 顧廣圻는 "藏本에 '者'자가 '而常' 아래에 있으니, 옳다. '謂常' 2자로 구두를 끊어서 위의 구절로 이어지고, '而常者' 3자에서 쉬고서 아래 구절로 이어진다. 今本은 두 '常' 아래에 각기 '者'자가 있으니, 잘못이다."라고 하였다. 내가 살펴보건대 고광기와 노문초의 설이 옳으니, 이에 의거하여 고쳤다. '無攸易'은 바뀌는 것이 없다는 말이다.

20-156 無定理하고 非在於常이니 是以로 不可道也니라

고정된 이치가 없고 늘 그러한 데 있지도 않으니, 이 때문에 무어라 말할 수 없다.

○先愼曰 乾道本은 常下에 有所字라 盧文弨云 所字衍이니 張淩本에 俱無라하고 顧廣圻云 藏本에 無所字라하고 王渭云 常字句絶이라하니라 先愼案 盧顧說이 是하니 今據刪하노라

○王先愼 : 乾道本은 '常' 아래에 '所'자가 있다. 盧文弨는 "'所'자는 연문이니, 張本과 淩本에 없다."라고 하였고, 顧廣圻는 "藏本에 '所'자가 없다."라고 하였으며, 王渭는 "'常'자에 구두를 끊는다."라고 하였다. 내가 살펴보건대 노문초와 고광기의 설이 옳으니, 지금 이에 의거하여 삭제하였다.

20-157 聖人觀其玄虛하고 用其周行하야 强字之曰道[60]라하니

성인은 그 현묘하고 허무한 속성을 살피고 두루 통하는 원리를 써서 억지로 글자로 나타내어 '道'라고 하였으니,

○顧廣圻曰 傅本第二十五章云 故强字之曰道라하니 與此合이라 今道經에 無故强二字하니 非也라

○顧廣圻 : 傅奕本 제25장에 '故强字之曰道(그러므로 억지로 글자로 나타내어 '道'라 한다.)'라 하였으니, 이 구절과 부합한다. 지금의 ≪道經≫에 '故强' 두 글자가 없으니, 잘못이다.

---

60) 强字之曰道 : 통행본 ≪道德經≫ 25장에 보인다. 다만 '强'자가 없다.

20-158 **然而可論**이라

그렇게 해야만 논해볼 수 있기 때문이다.

○王先謙曰 惟有名이라 故可言이라

○王先謙 : 오직 이름이 있으므로 말할 수 있는 것이다.

20-159 **故曰 道之可道**는 **非常道也**라하니라

그러므로 ≪老子≫에서 "도를 도라고 말하면 늘 그러한 도가 아니다."라고 한 것이다.

○盧文弨曰 道下之字는 凌本에 無라 顧廣圻曰 傅本及今道經에 無之字也字라 先愼曰 見第一章이라

○盧文弨 : '道' 아래 '之'자는 凌本에 없다.
顧廣圻 : 傅奕本과 지금의 ≪道經≫에 '之'자와 '也'자가 없다.
王先愼 : ≪老子≫ 1장에 보인다.

20-160 **人始於生而卒於死**[61]라 **始之謂出**이요 **卒之謂入**이라 **故曰 出生入死**라하니라 **人之身**이 **三百六十節**하니 **四肢九竅 其大具也**라 **四肢與九竅**는 **十有三者**니

사람은 출생에서 시작해 죽음에서 마친다. 시작하는 것을 '나옴〔出〕'이라 하고 마치는 것을 '들어감〔入〕'이라 한다. 그러므로 ≪老子≫에서 "생에서 나와서 죽음으로 들어간다."라고 한 것이다. 사람의 몸이 360개의 마디가 있으니, 사지와 아홉 구멍이 그중에서 가장 중요한 기관이다. 사지와 아홉 구멍을 합하면 열세 가지이니,

○先愼曰 者字는 緣下而衍이라

○王先愼 : '者'자는 아래 글과 연계되어 잘못 들어갔다.

---

61) 人始於生而卒於死 : 여기부터 261쪽 20-178까지의 내용은 통행본 ≪道德經≫ 50장에 보인다.

20-161 十有三者之動靜은 盡屬於生焉이니라 屬之謂徒也라 故曰 生之徒(也)十有三(者)라하니라

이 열세 가지가 움직이고 멈추는 것은 모두 생에 속한다. 이에 속하는 것을 '부류〔徒〕'라고 한다. 그러므로 ≪老子≫에서 "생의 부류에 열세 가지가 있다."라고 한 것이다.

○盧文弨曰 徒下也字는 一本無하고 三下者字는 衍이라 顧廣圻曰 德經에 無也字者字라 按本書之例컨대 當作故曰生之徒十有三也라 先愼曰 也者二字는 皆衍이라

○盧文弨 : '徒' 아래 '也'자는 어떤 본에는 없고, '三' 아래 '者'자는 연문이다.

顧廣圻 : ≪德經≫에 '也'자와 '者'자가 없다. 본서의 예를 살펴보건대, '故曰生之徒十有三也'가 되어야 한다.

王先愼 : '也', '者' 두 글자는 모두 연문이다.

20-162 至其死也면

죽음에 이르게 되면

○先愼曰 乾道本은 至下에 無其字라 顧廣圻云 藏本今本에 有其字라하니 今據補하노라

○王先愼 : 乾道本에 '至' 아래에 '其'자가 없다. 顧廣圻는 "藏本과 今本에 '其'자가 있다."라고 하였으니, 지금 이에 의거하여 보충하였다.

20-163 十有三具者는 皆還而屬之於死하니 死之徒亦(有十)〔十有〕三이라

열세 가지 기관은 모두 돌아가서 죽음에 속하게 되니, 죽음의 부류도 역시 열세 가지가 있다.

○先愼曰 有十二字誤倒라

○王先愼 : '有十' 두 글자는 잘못 도치되었다.

20-164 故曰 生之徒十有三이요 死之徒十有三이라하니라

그러므로 ≪老子≫에서 “생의 부류에도 열세 가지가 있고, 죽음의 부류에도 열세 가지가 있다.”라고 한 것이다.

○先愼曰 據此면 明上有也字者字는 皆非原文이라

○王先愼 : 이 구절(生之徒十有三)에 의거하면 위의 ‘也’자와 ‘者’자가 있는 것(生之徒也十有三者)은 모두 원래의 글이 아님이 분명하다.

20-165 凡民之生生而生者는 固動이니 動盡則損也로되 而動不止하니 是損而不止也니라 損而不止면 則生盡이요 生盡之謂死니 則十有三具者 皆爲死死地也라

무릇 사람이 끊임없이 삶을 살아가는 것은 진실로 활동하는 것이니, 활동이 다하면 생명이 줄어들지만 활동은 그치지 않으니, 이는 생명이 줄어들면서 그치지 않는 것이다. 생명이 줄어들면서 그치지 않으면 생명이 다할 것이고, 생명이 다하는 것을 ‘죽음〔死〕’이라 하니, 열세 가지가 모두 끊임없이 죽을 곳으로 모는 것이다.

○盧文弨曰 下死字는 衍이니 淩本은 不重이라 先愼曰 盧說은 誤니 見下라

○盧文弨 : 아래 ‘死’자는 연문이니, 淩本은 중복되어 있지 않다.
王先愼 : 盧文弨의 설은 잘못이니, 이에 대한 설명이 아래에 보인다.

20-166 故曰 民之生生而動이요

그러므로 ≪老子≫에서 “사람은 끊임없이 살면서 움직이고,

○顧廣圻曰 當於此句라

○顧廣圻 : 여기에 구를 끊어야 한다.

20-167 動皆之死地니

움직여서 모두 죽을 곳으로 가니

○顧廣圻曰 當於此句라

○顧廣圻 : 여기에 구를 끊어야 한다.

20-168 亦十有三이라하니라

또한 열세 가지 때문이다."라고 한 것이다.

○先愼曰 乾道本에 亦作之어늘 拾補에 作亦이라 顧廣圻云 傅本에 之作亦이요 餘盡與此合이라 今德經에 作人之生動之死地十有三은 非也라 按上文云 凡民之生生而生者固動이라하고 又云 皆爲死死地也라하야늘 生生與死死相對는 所以解此文之生生也니 可見韓子自如此라 先愼按 王弼本에 之作亦이니 今據拾補改하노라

○王先愼 : 乾道本에 '亦'은 '之'로 되어 있는데, ≪群書拾補≫에는 '亦'으로 되어 있다. 顧廣圻는 "傅奕本에 '之'는 '亦'으로 되어 있고 나머지도 이와 합치된다. 지금의 ≪德經≫에 '人之生動之死地十有三'으로 된 것은 잘못이다. 살펴보건대 위의 글에 '凡民之生生而生者固動'이라 하고 또 '皆爲死死地也'라 하였는데, '生生'이 '死死'와 서로 對文을 이룬 것은 이 글(民之生生而動)의 '生生'을 풀이하기 위한 것이니, ≪韓非子≫가 본래 이와 같았음을 볼 수 있다."라고 하였다. 내가 살펴보건대 王弼本에 '之'는 '亦'으로 되어 있으니, 지금 ≪群書拾補≫에 의거하여 고쳤다.

20-169 是以로 聖人은 愛精神而貴處靜하니라 此甚大於兕(시)虎之害니라 夫兕虎는 有域하고 動靜有時하니 避其域하고 省其時면 則免其兕虎之害矣라 民獨知兕虎之有爪角也요 而莫知萬物之盡有爪角也니 不免於萬物之害니라 何以論之오 時雨降集할새 曠野閒靜이나 而以昏晨犯山川이면 則風露之爪角이 害之요

이 때문에 성인은 정신을 아끼고 고요한 곳에 머무는 것을 귀하게 여긴다. 죽을 곳으로 모는 것은 외뿔소나 범의 피해보다 더 심하다. 외뿔소나 범은 사는 영역이 있고 움직임도 일정한 시기가 있으니, 그들의 영역을 피하고 그들이 움직이는 때를 살피면 외뿔소와 범의 피해를 벗어날 수 있다. 그런데 사람들은 외뿔소와

兕(≪三才圖會≫)

범이 발톱과 뿔을 갖고 있다는 것만을 알고 만물이 다 발톱과 뿔을 갖고 있다는 것은 알지 못하니, 만물이 끼치는 피해를 벗어나지 못한다. 어찌하여 그렇게 말하는가? 때맞추어 비가 쏟아져 내릴 적에 광야는 한가하고 고요하지만, 해질녘이나 새벽녘에 산천을 다니면 바람과 이슬이라는 발톱과 뿔이 해를 끼칠 것이고,

○先愼曰 乾道本에 風露作虎兕하니 誤라 顧廣圻云 今本에 兕虎作風露라하니 今據改라

○王先愼 : 乾道本에 '風露'는 '虎兕'로 되어 있으니, 잘못이다. 顧廣圻는 "今本에 '兕虎'는 '風露'로 되어 있다."라고 하였으니, 지금 이에 의거하여 고쳤다.

20-170 事上不忠하고 輕犯禁令하면 則刑法之爪角이 害之요 處鄉不節하고 憎愛無度하면 則爭鬪之爪角이 害之요 嗜慾無限하고 動靜不節하면 則痤疽之爪角이 害之요

군주를 섬기면서 충성스럽지 않고 禁令을 가벼이 어기면 형법이라는 발톱과 뿔이 해를 끼칠 것이며, 시골에 살면서 몸을 단속하지 않고 사람을 미워하고 사랑함에 절도가 없으면 다툼이라는 발톱과 뿔이 해를 끼칠 것이며, 좋아하여 즐기려는 욕심이 한도가 없고 행동이 절제가 없으면 부스럼과 종기라는 발톱과 뿔이 해를 끼칠 것이며,

○先愼曰 乾道本은 痤上에 衍虛字라 顧廣圻云 藏本今本에 無虛字라하니 今據刪하노라

○王先愼 : 乾道本은 '痤' 위에 잘못 '虛'가 들어가 있다. 顧廣圻는 "藏本과 今本에 '虛'자가 없다."라고 하였으니, 지금 이에 의거하여 삭제하였다.

20-171 好用其私智而棄道理하면 則網羅之爪角이 害之니라 兕虎有域하고 而萬害有原하니 避其域하고 塞其原이면 則免於諸害矣니라 凡兵革者는 所以備害也니라

삿된 지혜를 즐겨 쓰며 도리를 저버리면 法網이라는 뿔과 발톱이 해를 끼칠 것이다. 외뿔소와 범이 영역이 있듯이 온갖 해악에도 근원이 있으니, 영역을 피하고 근원을 막으면 여러 가지 해악에서 벗어날 수 있다. 무기와 갑옷은 피해를 방비하

기 위한 것이다.

○顧廣圻曰 乾道本藏本은 皆提行이어늘 今本은 誤連이라 先愼曰 上卽解陸行不遇兕虎三句니 不當提行이라 改從今本하노라

○顧廣圻 : 乾道本과 藏本은 모두 행을 바꾸었는데, 今本은 잘못 연결시켰다.
王先愼 : 위 구절은 곧 '陸行不遇兕虎' 3구를 풀이한 것이니, 행을 바꾸어서는 안 된다. 今本을 따라 고쳤다.

20-172 重生者는 雖入軍이라도 無忿爭之心이요 無忿爭之心이면 則無所用救害之備니라 此非獨謂野處之軍也니 聖人之遊世也는 無害人之心이니라 無害人之心이면

생명을 중시하는 사람은 비록 군대에 들어가더라도 성내며 다투려는 마음이 없고, 성내며 다투려는 마음이 없으면 피해를 면하기 위한 방비를 쓸 데가 없다. 이는 단지 들판에 진을 치고 싸우는 군대에만 해당되는 것이 아니니, 성인이 세상을 사는 데에도 다른 사람을 해치려는 마음이 없다. 다른 사람을 해치려는 마음이 없으면

○先愼曰 乾道本에 不重無害人之心句어늘 顧廣圻云 藏本은 重하니 是也라하니 今據補하노라

○王先愼 : 乾道本에 '無害人之心' 구가 중복되어 있지 않은데, 顧廣圻는 "藏本은 중복되어 있으니, 옳다."라고 하였으니, 지금 이에 의거하여 보충하였다.

20-173 則必無人害요 無人害면 則不備人이라 故曰 陸行不遇兕虎라하니라

반드시 다른 사람에게서 해를 입을 일도 없고, 다른 사람에게서 해를 입을 일이 없으면 다른 사람에 대해 방비할 필요가 없다. 그러므로 ≪老子≫에서 "육지를 다니면서도 외뿔소와 범을 만나지 않는다."라고 한 것이다.

○先愼曰 河上王弼本에 兕虎는 作虎兕하고 傅本趙本은 與此合이라

○王先愼 : 河上公本과 王弼本에 '兕虎'는 '虎兕'로 되어 있고, 傅奕本과 趙孟頫本은 이와

합치된다.

20-174 入(山)〔軍〕[62]不恃備以救害라

군대에 들어가더라도 피해를 면하기 위한 방비에 의지할 필요가 없다.

○顧廣圻曰 山은 當作世라

○顧廣圻 : '山'은 응당 '世'가 되어야 한다.

20-175 故曰 入軍不備甲兵이라하니라

그러므로 ≪老子≫에서 "군대에 들어가더라도 갑옷과 무기를 갖출 필요가 없다."라고 한 것이다.

○盧文弨曰 張淩本에 備는 作被라 顧廣圻曰 藏本作被하며 德經作避하며 傅本作被하며 經典釋文云 被는 皮彼反이라하니라 案藏本은 以他本老子改耳니 韓子自作備라 先愼曰 備被는 義同이라 廣雅釋詁에 備는 具也라하고 史記絳侯世家集解引張揖注에 被는 具也라하니라 故本書作備하고 王弼本作被라 甲兵以在己者言이니 明作備作被二字竝通이라 河上本作避는 聲之誤也요 注謂不好戰以殺人은 則依文立訓이니 非是라

○盧文弨 : 張本과 淩本에 '備'는 '被'로 되어 있다.

顧廣圻 : 藏本은 '被'로 되어 있고, ≪德經≫은 '避'로 되어 있으며, 傅奕本은 '被'로 되어 있으며, ≪經典釋文≫에 "'被'는 皮와 彼의 反切이다." 하였다. 살펴보건대 藏本은 다른 본 ≪老子≫로 개정한 것일 뿐이니, ≪韓非子≫에는 본래 '備'로 되어 있었다.

王先愼 : '備'와 '被'는 뜻이 같다. ≪廣雅≫ 〈釋詁〉에 "'備'는 '具(갖추다)'이다." 하였고 ≪史記≫ 〈絳侯世家〉의 ≪史記集解≫에 張揖의 注를 인용하여 "'被'는 '具'이다." 하였다. 그러므로 본서에 '備'로 되어 있고 王弼本에 '被'로 되어 있는 것이다. 갑옷과 무기는 몸에 있는 것으로 말한 것이니, '備'자로 되거나 '被'자로 되거나 두 글자가 모두 통용되는 것이 분명하다. 河上公本에 '避'로 되어 있는 것은 聲音으로 인해 잘못된 것이고, 그 注에

---

62) (山)〔軍〕: 저본에는 '山'으로 되어 있으나, "아래 구(入軍不備甲兵)와의 호응으로 보아야 한다."라고 한 ≪韓非子新校注≫ 陳奇猷의 설에 따라 '軍'으로 바로잡았다.

"전쟁을 좋아해 사람을 죽이는 일이 없다."라고 한 것은 본문에 의거하여 뜻을 세운 것이니, 잘못이다.

20-176 **遠諸害**라 **故曰 兕無所投其角**하며 **虎無所錯其爪**하며 **兵無所容其刃**이라하니라

여러 가지 해악으로부터 멀리 떨어져 있는 것이다. 그러므로 ≪老子≫에서 "외뿔소는 뿔을 받을 데가 없고, 범은 발톱을 할퀼 데가 없으며, 무기는 날을 쓸 데가 없다."라고 한 것이다.

○先愼曰 乾道本에 容作害라 顧廣圻云 今本에 作容하고 德經亦作容이라하니라 先愼案 釋名에 容은 用也니 合事宜之用也라하니 害는 乃容字形近之誤라 改從今本하노라

○王先愼 : 乾道本에 '容'은 '害'로 되어 있다. 顧廣圻는 "今本에 '容'으로 되어 있고, ≪德經≫에도 '容'으로 되어 있다."라고 하였다. 내가 살펴보건대 ≪釋名≫에 "'容'은 '用(쓰다)'이니, 일의 마땅한 쓰임에 부합함이다."라고 하였으니, '害'는 곧 '容'자가 모양이 비슷해서 생긴 잘못이다. 今本을 따라 고쳤다.

20-177 **不設備而必無害**는 **天地之道理也**니라 **體天地之道**라 **故曰 無死地焉**이라하니라

방비를 마련하지 않아도 반드시 해가 없는 것이 천지의 도리이다. 천지의 도리를 체득하였으므로 ≪老子≫에서 "죽을 곳이 없다."라고 한 것이다.

○顧廣圻曰 今德經에 無焉字어늘 傅本에 有하니 與此合이라

○顧廣圻 : 지금의 ≪德經≫에 '焉'자가 없는데, 傅奕本에는 있으니, 이와 합치된다.

20-178 **動無死地**하니 **而謂之善攝生矣**라하니라

활동을 하되 죽을 곳이 없으니, ≪老子≫에서 이를 일러 "생명을 잘 지킨다."라고 하였다.

○先愼曰 德經에 無矣字라 以上見五十章이라

○王先愼 : ≪德經≫에 '矣'자가 없다. 이상의 내용은 ≪老子≫ 50장에 보인다.

20-179 **愛子者**[63]는 **慈於子**하며 **重生者**는 **慈於身**하며 **貴功者**는 **慈於事**니라 **慈母之於弱子也**에 **務致其福**하니 **務致其福**하면

자식을 사랑하는 자는 자식에게 자애롭고, 생명을 중시하는 자는 몸을 소중히 하며, 공업을 귀하게 여기는 자는 사업에 주의를 기울인다. 자애로운 어미는 어린 자식이 행복해지도록 힘쓰니, 행복해지도록 힘쓰면

○**先愼曰 乾道本**에 **四字不重**이어늘 **盧文弨云 張凌本**에 **皆重**이라하고 **顧廣圻云 藏本**에 **重務致其福**하니 **是也**라하니 **今據補**하노라

○王先愼 : 乾道本에 4자가 중복되지 않았는데, 盧文弨는 "張本과 凌本에 모두 중복되어 있다." 하였고, 顧廣圻는 "장본에 '務致其福'이 중복되어 있으니, 옳다." 하였으니, 지금 이에 의거하여 보충하였다.

20-180 **則事除其禍**요 **事除其禍**하면 **則思慮熟**이요 **思慮熟**하면 **則得事理**요 **得事理**하면 **則必成功**이요 **必成功**하면 **則其行之也不疑**하니 **不疑之謂勇**이니라 **聖人之於萬事也**에 **盡如慈母之爲弱子慮也**라 **故見必行之道**니라 **見必行之道**면

화를 제거하기를 일삼고 화를 제거하기를 일삼으면 사려가 깊어지며, 사려가 깊어지면 사리를 터득하고 사리를 터득하면 반드시 공을 이루며, 반드시 공을 이루면 행동에 망설임이 없으니, 행동에 망설임이 없는 것을 '용감하다〔勇〕'고 한다. 성인은 어떤 일을 하든지 자애로운 어미가 어린 자식을 위해 생각하는 것과 똑같이 하므로 반드시 행해야 하는 道를 본다. 반드시 행해야 할 도를 보면

○**先愼曰 乾道本**에 **不重見必行之道五字**어늘 **顧廣圻云 藏本今本**에 **重**이라하니 **今據補**하노라

○王先愼 : 乾道本에 '見必行之道' 5자가 중복되지 않았는데, 顧廣圻는 "藏本과 今本에 중복되어 있다."라고 하였으니, 지금 이에 의거하여 보충하였다.

20-181 **則其從事亦不疑**니

---

63) 愛子者 : 여기부터 268쪽 20-195까지의 내용은 통행본 ≪道德經≫ 67장에 보인다.

일을 함에 역시 망설임이 없으니,

○先愼曰 乾道本은 其上에 有明字어늘 今據張榜本하야 刪하노라

○王先愼 : 乾道本은 '其' 위에 '明'자가 있는데, 지금 張榜本에 의거하여 삭제하였다.

20-182 **不疑之謂勇**이니라 **不疑**는 **生於慈**라 **故曰 慈故能勇**이라하니라

망설임이 없는 것을 '용감하다〔勇〕'고 한다. 망설임이 없는 것은 자애로움에서 나온다. 그러므로 ≪老子≫에서 "자애로우므로 용감할 수 있다."라고 한 것이다.

○先愼曰 傅本은 慈上에 有夫字라

○王先愼 : 傅奕本은 '慈' 위에 '夫'자가 있다.

20-183 **周公曰**

周公이 말하기를

○先愼曰 舊連上이나 今提行하노라

○王先愼 : 예전에는 윗글과 연결되어 있었으나 지금은 행을 바꾸었다.

周公(≪萬古際會圖像≫)

20-184 **冬日之閉凍也不固**면 **則春夏之長草木也不茂**라하니 **天地不能常侈常費**어든 **而況於人乎**아 **故萬物**은 **必有盛衰**하며 **萬事**는 **必有弛張**하며 **國家**는 **必有文武**하며 **官治**는 **必有賞罰**이라 **是以**로 **智士儉用其財則家富**요 **聖人愛寶其神則精盛**이요 **人君重戰其卒則民衆**이요 **民衆則國廣**이라 **是以**로 **擧之曰 儉故能廣**이라하니라

"겨울에 산하가 꽁꽁 얼어붙지 않으면 봄여름에 초목이 무성하게 자라지 않는다."라고 하였으니, 천지라고 하더라도 언제나 사치하고 낭비할 수 없는 것인데, 하물며 사람이야 더 말할 것이 있겠는가. 그러므로 만물은 반드시 흥성하거나 쇠

퇴하는 때가 있고 모든 일은 반드시 이완하거나 긴장하는 경우가 있으며, 국가는 반드시 文教와 武功이 있고 관부의 다스림은 반드시 포상과 처벌이 있는 것이다. 그러므로 지혜로운 자가 재물을 아껴 쓰면 집안이 부유해질 것이고, 성인이 정신을 아끼고 소중히 하면 정기가 왕성해질 것이며, 군주가 병사들을 싸움터에 내몰기를 신중히 한다면 백성이 많아질 것이고, 백성이 많아지면 국토가 넓어질 것이다. 이 때문에 이를 들어서 ≪老子≫에서 "검약하기 때문에 넓힐 수 있다."라고 한 것이다.

○顧廣圻曰 之下에 當有脫文이라 先愼曰 此與上故謂之善攝生矣句로 同一律이니 皆變文也[64]라 顧說은 非라

○顧廣圻 : '之' 아래에 응당 탈락된 글이 있다.

王先愼 : 이것은 위의 '故謂之善攝生矣' 구와 동일한 형식이니, 모두 글을 변화시킨 것이다. 顧廣圻의 설은 잘못되었다.

20-185 凡物之有形者는 易(이)裁也하고 易割也니라 何以論之오 有形則有短長하며 有短長則有小大하며 有小大則有方圓하며 有方圓則有堅脆(취)하며 有堅脆則有輕重하며 有輕重則有白黑이라 短長大小方圓堅脆輕重白黑之謂理니라

무릇 물건 중에 형체가 있는 것은 마름질하기 쉽고 나누기도 쉽다. 어찌하여 이렇게 말하는가? 형체가 있으면 긴 것과 짧은 것이 있고 긴 것과 짧은 것이 있으면 큰 것과 작은 것이 있으며, 큰 것과 작은 것이 있으면 둥근 것과 모난 것이 있고 둥근 것과 모난 것이 있으면 무른 것과 단단한 것이 있으며, 무른 것과 단단한 것이 있으면 가벼운 것과 무거운 것이 있고 가벼운 것과 무거운 것이 있으면 검은 것과 흰 것이 있다. 짧고 긺, 크고 작음, 모나고 둥긂, 단단하고 무름, 가볍고 무거움, 희고 검음 등을 일러 '이치〔理〕'라고 한다.

○先愼曰 大小는 當依上文하야 作小大라

---

64) 上故謂之善攝生矣句……皆變文也 : '故謂之善攝生'은 본서 261쪽 20-178에 보인다. 다만 여기에는 '故'가 아닌 '而'로 되어 있다. 〈解老篇〉에서 보통 ≪老子≫의 말을 인용할 때 '故曰'을 앞에 다는데 여기서는 '是以擧之曰'로 글을 변화시켰다.

○王先愼 : '大小'는 응당 윗글에 의거하여 '小大'가 되어야 한다.

20-186 **理定而物易割也**라 **故議於大庭而後言則立**이니

이치가 정해지면 사물은 쉽게 나눌 수 있다. 그러므로 조정에 모여 의논이 이루어진 뒤에 자기 의견을 말하면 논리가 설 것이니,

○王先謙曰 後言者는 集議而後斷之[65)]라

○王先謙 : '後言'은 모여서 의논을 한 뒤에 판단하는 것이다.

20-187 **權議之士知之矣**라

권모를 알아서 논의를 잘하는 사람은 이를 안다.

○先愼曰 有權謀者는 能決議於大庭이라

○王先愼 : 권모를 지닌 자는 조정에서 논의를 결정할 수 있다.

20-188 **故欲成方圓而隨其規矩**면 **則萬事之功形矣**어늘 **而萬物莫不有規矩**니 **議言之士**는 **計會規矩也**니라 **聖人**은 **盡隨於萬物之規矩**라 **故曰 不敢爲天下先**이라하니라 **不敢爲天下先**이면 **則事無不事**하고 **功無不功**하야 **而議必蓋世**어든 **欲無處大官**이라도 **其可得乎**아 **處大官之謂(爲)成事長**이니라

그러므로 네모와 동그라미를 그리려고 하면서 그림쇠와 곱자를 따르면 모든 일에 효과가 드러날 것인데, 어떤 사물에도 그림쇠나 곱자와 같은 법칙이 없는 경우는 없으니, 계책을 논의하는 사람은 그림쇠나 곱자와 같은 법칙을 잘 헤아려야 한다. 성인은 무슨 일에서나 그림쇠와 곱자를 따른다. 그러므로 ≪老子≫에서 "감히 천하보다 앞서지 않는다."라고 한 것이다. 감히 천하보다 앞서지 않으면 일마다 되지 않는 일이 없고 무슨 공이든 이루지 못하는 경우가 없어서 의견을 내기만 하면 반드시 세상을 압도하게 되는데, 고관의 지위에 있지 않으려 해도 가능한 일이겠는가.

65) 王先謙曰……集議而後斷之 : 이는 원래 저본의 '故議於大庭而後言' 아래에 달려 있는 注이다. 번역상의 편의로 아래 글 '則立'과 연결하여 이처럼 편집하였다.

고관의 지위에 있는 것을 일러 “일을 이루는 우두머리〔成事長〕”라고 한다.

○王先謙曰 爲字는 衍이라 謂爲는 一也니 謂下에 不當更有爲字라

○王先謙 : ‘爲’자는 연문이다. ‘謂’와 ‘爲’는 같으니, ‘謂’ 아래에 다시 ‘爲’자가 있어서는 안 된다.

20-189 是以故曰

그러므로 ≪老子≫에서

○顧廣圻曰 以下에 當有脫文이라 先愼曰 顧說은 非也라 此當衍故字어나 或衍是以字니 上文或作是以曰 或作故曰이 是其證이라

○顧廣圻 : ‘以’ 아래에 응당 탈락된 글이 있다.

王先愼 : 顧廣圻의 설은 잘못되었다. 이는 응당 ‘故’자가 연문이거나 ‘是以’자가 연문이니, 윗글에 ‘是以曰’ 또는 ‘故曰’이라 한 것이 그 증거이다.

20-190 不敢爲天下先이라 故能爲成事長이라하니라

“감히 천하보다 앞서지 않으므로 일을 이루는 우두머리가 될 수 있다.”라고 한 것이다.

○顧廣圻曰 傅本及今德經에 皆無爲字하며 事皆作器요 經典釋文에 作器어늘 韓子自作事라

○顧廣圻 : 傅奕本과 지금의 ≪德經≫에 모두 ‘爲’자가 없고, ‘事’는 모두 ‘器’로 되어 있으며, ≪經典釋文≫에 ‘器’로 되어 있는데, ≪韓非子≫에는 본래 ‘事’로 되어 있다.

20-191 慈於子者는 不敢絶衣食하며 慈於身者는 不敢離法度하며 慈於方圓者는 不敢舍規矩라 故臨兵而慈於士吏면 則戰勝敵이요 慈於器械면 則城堅固라 故曰 慈하야 (於)〔以〕戰則勝이요 以守則固라하니라

자식에게 자애로운 자는 감히 입는 것과 먹는 것을 끊지 않고, 자기 몸을 소중히 하는 자는 법도를 벗어나지 않으며, 네모와 동그라미를 잘 그리려는 자는 감히

그림쇠와 곱자를 버리지 않는다. 그러므로 전쟁을 앞두고 사졸을 애호하면 적과의 전투에서 승리할 것이고, 무기와 장비를 아끼면 성이 공고해질 것이다. 그러므로 ≪老子≫에서 "자애롭게 하여 그것으로 싸우면 승리하고, 그것으로 지키면 공고할 것이다."라고 한 것이다.

○顧廣圻曰 傅本及今德經에 於는 皆作以하고 傅本에 戰은 作陣이니 與各本全異라 先愼曰 傅本에 勝은 作正이라 案王注에 相慜而不避於難이라 故勝也라하니 是晉時本作勝이니 傅本은 誤라 於는 當作以라 慈字逗니 老子慈上에 有夫字라

○顧廣圻 : 傅奕本과 지금의 ≪德經≫에 '於'는 모두 '以'로 되어 있고, 傅奕本에 '戰'은 '陣'으로 되어 있으니, 각 본과 전연 다르다.

王先愼 : 傅奕本에 '勝'은 '正'으로 되어 있다. 살펴보건대 王弼의 注에 '相慜而不避於難故勝也(서로 聰敏해서 어려움을 피하지 않기 때문에 승리한다.)'라고 하였으니, 이는 晉나라 때의 本에 '勝'으로 되어 있는 것이니, 傅奕本은 잘못되었다. '於'는 '以'가 되어야 한다. '慈'자에서 쉬어야 하니, ≪老子≫에는 '慈' 위에 '夫'자가 있다.

20-192 夫能自全也而盡隨於萬物之理者는 必且有天生하니 天生也者는

스스로 보전하면서도 전적으로 만물의 이치를 따를 수 있는 자는 반드시 또한 하늘이 살게 해줄 것이니, 하늘이 살게 해준다는 것은

○顧廣圻曰 德經六十七章云 天將救之라하니라 此解彼也니 當是韓子所引有不同이어늘 今未詳이라

○顧廣圻 : ≪德經≫ 67장에 "하늘이 구원할 것이다.〔天將救之〕"라고 하였다. 여기서는 ≪德經≫의 저 말을 풀이한 것이니, 응당 ≪韓非子≫에서 인용한 것과 다름이 있는데, 지금 자세히 알 수 없다.

20-193 生心也라

선한 마음으로 말미암아 살게 된다는 것이다.

○王先謙曰 有善心이라 故天救而生之라

○王先謙 : 선한 마음이 있기 때문에 하늘이 구원하여 살게 된다.

20-194 故天下之道는 盡之生也일새 若以慈衛之也면

그러므로 천하의 도는 모두가 그 마음으로 말미암아 살아가는 것이기에 만약 자애로움으로 이를 지킨다면

○王先謙曰 盡下之字는 訓爲往이라 天下之道는 皆往生於其心이라 是以로 慈衛之也라

○王先謙 : '盡' 아래의 '之'자는 '往(말미암음)'으로 訓釋된다. 천하의 도는 모두 그 마음으로 말미암아 살아간다. 이 때문에 자애로움으로 이를 지키는 것이다.

20-195 事必萬全하고 而擧無不當하니 則謂之寶矣라 故曰 吾有三寶하니 持而寶之라하니라

모든 일이 반드시 완전해지고 마땅하지 않은 행동이 없게 될 것이니, 이를 일러 '보배〔寶〕'라고 한다. 그러므로 ≪老子≫에서 "나에게 세 가지 보배가 있으니, 이를 쥐고서 소중하게 여긴다."라고 한 것이다.

○先愼曰 河上王弼本에 吾는 作我하며 寶之는 作保之하고 陸希聲趙孟頫에 作保而持之어늘 傅本與此合이라 以上見六十七章이라

○王先愼 : 河上公本과 王弼本에 '吾'는 '我'로 되어 있고 '寶之'는 '保之'로 되어 있으며, 陸希聲本과 趙孟頫本에 '保而持之'라고 되어 있는데, 傅奕本은 이와 부합된다. 이상의 내용은 ≪老子≫ 67장에 보인다.

20-196 書之所謂大道也者[66]는 端道也요

≪老子≫에서 이른바 '大道'라고 한 것은 바른길이며

○顧廣圻曰 解第五十三章行於大道也라 先愼曰 各本連上이나 今依拾補分段하노라

66) 書之所謂大道也者 : 여기부터 273쪽 20-209까지의 내용은 통행본 ≪道德經≫ 53장에 보인다.

○顧廣圻 : ≪老子≫ 제53장의 '行於大道(대도를 행한다.)'를 풀이한 것이다.

王先愼 : 각 본은 위로 연결하였으나 지금 ≪群書拾補≫에 의거하여 단락을 나누었다.

20-197 所謂貌施(이)也者는

이른바 겉꾸밈이 사특하다는 것은

○顧廣圻曰 德經에 作惟施是畏니 此未詳이라 先愼曰 貌는 飾也니 下文所謂飾巧詐[67]也라 施는 讀爲迆(이)니 迆는 邪也①라

① 說詳老子集解라

이에 대한 내용은 ≪老子集解≫에 자세하다.

○顧廣圻 : ≪德經≫에 '惟施是畏'로 되어 있으니, 이에 대해서는 상세히 알 수 없다.

王先愼 : '貌'는 '飾(꾸밈)'이니, 아래 글에 이른바 '飾巧詐'이다. '施'는 '迆'로 읽어야 하니, '迆'는 '邪(간사함)'이다.

20-198 邪道也요 所謂徑(大)也者는

삿된 길이며, 이른바 기울어져 바르지 않다는 것은

○先愼曰 德經에 大道甚夷而民好徑이라하야늘 河上公云 徑은 邪不平正也라하니 此大字는 衍이라

○王先愼 : ≪德經≫에 '大道甚夷而民好徑(大道는 매우 평탄하지만 사람들은 기울어져 바르지 않은 길을 좋아한다.)'라고 하였는데, 河上公은 "'徑'은 기울어져 바르지 않음이다." 하였으니, 여기서 '大'자는 연문이다.

20-199 佳麗也요

곱고 화려한 것이며,

○先愼曰 謂服文采라

○王先愼 : 무늬가 화려한 옷을 입음을 말한다.

---

67) 飾巧詐 : 본서 270쪽 20-202에 보인다.

20-200 **佳麗也者**는 **邪道之分也**니라 **朝甚除也者**는 **獄訟繁也**니 **獄訟繁**이면 **則田荒**하며

곱고 화려하다는 것은 삿된 길의 한 갈래이다. 조정이 몹시 깨끗하다는 것은 獄訟이 빈번하다는 것이니, 옥송이 빈번하면 논밭은 황폐해지고

○顧廣圻曰 德經에 作田甚蕪어늘 經典釋文에 蕪는 音無라하니라

○顧廣圻 : ≪德經≫에 '田甚蕪'로 되어 있는데, ≪經典釋文≫에 "蕪는 음이 無이다."라고 하였다.

20-201 **田荒**이면 **則府倉虛**하며

논밭이 황폐해지면 곳간이 텅 비며,

○顧廣圻曰 德經에 作倉甚虛라

○顧廣圻 : ≪德經≫에 '倉甚虛'로 되어 있다.

20-202 **府倉虛**면 **則國貧**하며 **國貧**이면 **而民俗淫侈**하며 **民俗淫侈**면 **則衣食之業絶**하며 **衣食之業絶**이면 **則民不得無飾巧詐**하며 **飾巧詐**면 **則知采文**하니 **知采文之謂服文采**니라

곳간이 텅 비면 나라가 가난해지고 나라가 가난해지면 백성의 풍속이 너무 사치스러워지며, 백성의 풍속이 너무 사치스러워지면 입고 먹기 위한 생업이 끊어지고, 입고 먹기 위한 생업이 끊어지면 백성들은 모습을 꾸미고 교묘히 속이는 짓을 하지 않을 수 없으며, 모습을 꾸미고 교묘히 속이는 짓을 하면 무늬를 화려하게 꾸밀 줄을 알게 되니, 무늬를 화려하게 꾸밀 줄을 아는 것을 "무늬가 화려한 옷을 입는다."고 한다.

○先愼曰 王弼河上公本에 采는 作綵어늘 傅本는 與此合이라

○王先愼 : 王弼本과 河上公本에 '采'는 '綵'로 되어 있는데, 傅奕本는 이와 부합한다.

20-203 獄訟繁하고 倉廩虛하야 而有以淫侈爲俗이면 則國之傷也는 若以利劍刺之라

옥송이 번다하고 곳간이 텅 비어 풍속이 너무 사치스러워지면 나라의 손상은 마치 예리한 칼에 베이는 것과 같다.

○先愼曰 國之受傷이 猶身受利劍之刺라

○王先愼 : 나라가 손상되는 것이 마치 몸이 예리한 칼에 베이는 것과 같다.

20-204 故曰 帶利劍이라하니라

그러므로 ≪老子≫에서 "예리한 칼을 차고 다닌다."라고 한 것이다.

○先愼曰 此下未解厭飮食이니 疑有脫文이라

○王先愼 : 이 아래에 ≪老子≫ 53장의 '厭飮食(배 터지게 마시고 먹다.)'을 풀이하지 않았으니, 아마도 탈락된 글이 있는 듯하다.

20-205 諸夫飾智故[68]以至於傷國者는

지혜와 기교를 꾸며서 나라에 상해를 입히기까지 하는 자들은

○顧廣圻曰 十一字爲一句라

○顧廣圻 : 11자가 한 구가 된다.

20-206 其私家必富하니 私家必富라 故曰 資貨有餘라하니라

그 자신의 집은 반드시 부유할 것이니, 그 자신의 집이 반드시 부유하기 때문에 ≪老子≫에서 "재화가 남아돈다."라고 한 것이다.

○盧文弨曰 資는 老子에 作財라 顧廣圻曰 資貨는 下文에 作貨資[69]하고 傅本에 作

68) 故 : ≪韓非子新校注≫에서 高亨은 '故'는 '巧(기교)'와 같다고 하였는데, 여기서는 이 설에 따라 번역하였다.

69) 下文 作貨資 : 이는 273쪽 20-209의 '資貨有餘者'를 가리킨 것이다. 여기 '資貨'는 乾道本에 '貨資'로 된 것을 王先愼이 교감한 것이다.

貨財하니 **今德經**에 **作財貨**는 **非**라

○盧文弨 : '資'는 ≪老子≫에 '財'로 되어 있다.

顧廣圻 : '資貨'는 아래 글에 '貨資'로 되어 있고 傅奕本에 '貨財'로 되어 있으니, 지금의 ≪德經≫에 '財貨'로 되어 있는 것은 잘못이다.

20-207 **國有若是者**면 **則愚民不得無術**[70]**而效之**니 **效之則小盜生**이라 **由是觀之**컨대 **大姦作則小盜隨**하고

나라에 이런 자가 있으면 어리석은 백성들이 홀려서 본받지 않을 수 없으니, 본받게 되면 작은 도둑이 생긴다. 이로 보면 크게 간사한 자가 일어나면 작은 도둑이 뒤따르고

○**先愼曰 乾道本**은 **作下**에 **無則字**라 **顧廣圻云 今本有**라하니 **改從今本**하노라

○王先愼 : 乾道本은 '作' 아래에 '則'자가 없다. 顧廣圻는 "今本에 있다."라고 하였으니, 지금 今本을 따라 고쳤다.

20-208 **大姦唱則小盜和**하니라 **竽**(우)**也者**는 **五聲之長者也**라 **故竽先則鍾瑟皆隨**하고

크게 간사한 자가 부르면 작은 도둑이 화답한다. 竽라는 악기에서 나는 소리는 다섯 가지 소리의 으뜸이다. 그러므로 竽가 앞서 울리면 鐘과 瑟이 모두 따라 울고

○**先愼曰 鐘古通用鍾**이라

○王先愼 : '鐘'은 옛날에 '鍾'과 통용하였다.

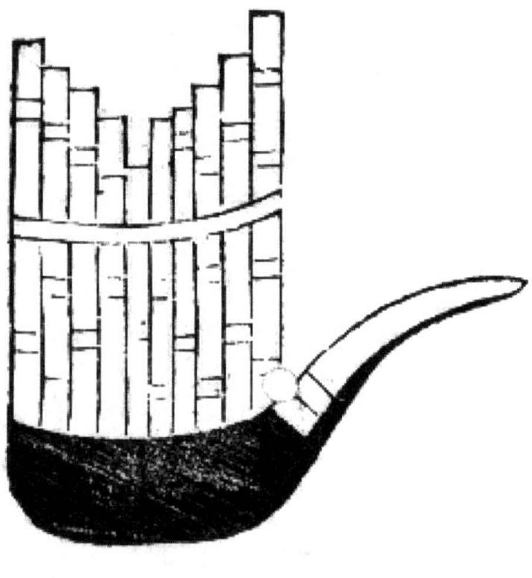

竽(≪新定三禮圖≫)

---

70) 術 : ≪韓非子新校注≫에서 張覺은 '術'이 '怵'과 통용하는데, '怵'은 '訹'과 字源이 같다고 하여, '꾀다', '유혹하다'의 뜻으로 보았다. 여기서는 이 설에 따라 번역하였다.

20-209 竽**唱則諸樂皆和**니라 **今大姦作**이면 **則俗之民唱**하고 **俗之民唱**이면 **則小盜必和**라 **故〔曰〕服文采**하며 **帶利劍**하며 **厭飮食**호되 **而資貨有餘者**를 **是之謂盜竽矣**라하니라

竽가 소리를 내면 여러 악기들이 모두 화답한다. 지금 크게 간사한 자가 일어나면 세속 사람들이 뒤따라 부르고, 세속 사람들이 뒤따라 부르면 작은 도둑이 반드시 화답한다. 그러므로 ≪老子≫에서 "무늬가 화려한 옷을 입고 예리한 칼을 차며 배 터지게 마시고 먹으면서도 재화가 남아도는 자를 일러 '盜竽(도둑의 우두머리)'라고 한다."라고 한 것이다.

○**顧廣圻曰 故下**에 **當有曰字**라 **德經**에 **無而者之矣四字**하고 竽는 **作夸**니 **今按韓子自作**竽라 **先愼曰 乾道本**에 **資貨**는 **作貨資**어늘 **據道藏本拾補校**라 **張淩本乙**이요 **上文正作資貨**하니 **不誤**라 **夸字無義**니 **當依此訂正**이라 **以上見五十三章**이라

○顧廣圻 : '故' 아래에 '曰'자가 있어야 한다. ≪德經≫에 '而', '者', '之', '矣' 네 자가 없고, '竽'는 '夸'로 되어 있으니, 지금 살펴보건대 ≪韓非子≫에 본래 '竽'로 되어 있었다.
王先愼 : 乾道本에 '資貨'는 '貨資'로 되어 있는데, 道藏本과 ≪群書拾補≫에 의거하여 교정하였다. 張本과 淩本에 순서가 뒤바뀌어 있고 윗글에 바로 '資貨'로 되어 있으니, 잘못이 아니다. '夸'자는 뜻이 되지 않으니, 응당 이 글에 의거하여 바로잡아야 한다. 이상 내용은 ≪老子≫ 53장에 보인다.

20-210 **人無愚智**[71)]히 **莫不有趨舍**니라 **恬淡平安**에 **莫不知禍福之所由來**어니와 **得於好惡**하고 怵**於淫物**하야 **而後變亂**이니라 **所以然者**는 **引於外物**하고 **亂於玩好也**니라 **恬淡有趨舍之義**요 **平安知禍福之計**어늘 **而今也**에 **玩好變之**하고 **外物引之**하니 **引之而往**이라 **故曰 拔**이라하니라

사람은 어리석거나 지혜롭거나 할 것 없이 누구나 취하거나 버리는 것이 없을 수 없다. 마음이 담백하고 편안할 때에는 禍나 福이 비롯되는 까닭을 누구나 다 알지만 좋아하거나 미워하는 감정에 사로잡히고 음란한 물건에 이끌리고 나면 혼란스러워진다. 그렇게 되는 까닭은 外物에 이끌리고 좋아하는 물건에 어지럽혀졌기 때

71) 人無愚智 : 여기부터 278쪽 20-222까지의 내용은 통행본 ≪道德經≫ 54장에 보인다.

문이다. 담백하면 취하거나 버리는 데에 잣대가 있게 되고, 편안하면 화와 복을 헤아릴 줄 알 것인데, 지금 좋아하는 것에 마음이 바뀌고 외물에 이끌리게 되니, 그렇게 그것에 이끌려가기 때문에 ≪老子≫에서 "뽑힌다.〔拔〕"고 말한 것이다.

○先愼曰 此는 與上故曰迷로 同例라

○王先愼 : 이것은 위의 '故曰迷'와 동일한 예이다.

20-211 至聖人不然이라 一建其趨舍면 雖見所好之物이라도 不能引하니 不能引之謂不拔이라하니라

聖人에 이르러서는 그렇지 않다. 한 번 취하고 버리는 잣대를 세우면 비록 좋아하는 물건을 보더라도 이끌리지 않으니, 이끌리지 않는 것을 일러 ≪老子≫에서 "뽑히지 않는다.〔不拔〕"라고 하였다.

○先愼曰 德經에 善建者不拔이라하니라

○王先愼 : ≪德經≫에 "잘 세운 사람은 뽑히지 않는다."라고 하였다.

20-212 一於其情이면 雖有可欲之類라도 神不爲動하니 神不爲動之謂不脫이라하니라

그 마음을 오롯하게 지니면 비록 욕심낼 만한 것들이 있더라도 정신이 흔들리지 않으니, 정신이 흔들리지 않는 것을 일러 ≪老子≫에서 "떨어지지 않는다.〔不脫〕"라고 하였다.

○先愼曰 德經에 善裒(포)者不脫이라하니라

○王先愼 : ≪德經≫에 "잘 감싸 안은 자는 떨어지지 않는다."라고 하였다.

20-213 爲人子孫者 體此道하야 以守宗廟不滅之謂祭祀不(絶)〔輟〕이라하니라

사람의 자손이 된 자가 이 도를 체득하여 宗廟를 지켜 멸절하지 않게 하는 것을 일러 ≪老子≫에서 "제사가 끊어지지 않는다."라고 하였다.

○顧廣圻曰 藏本今本에 重宗廟어늘 按此不當重이라 傅本及德經에 絶皆作輟하니

經典釋文에 **不輟**은 **張劣反**이라하고 **喻老篇**에 **作輟**이라 **先愼曰 此亦當作輟**이라

○顧廣圻 : 藏本과 今本에 '宗廟'가 중복되어 있는데, 살펴보건대 중복되어서는 안 된다. 傅奕本과 ≪德經≫에 '絶'은 모두 '輟'로 되어 있으니, ≪經典釋文≫에 "不輟〈의 '輟(그치다)'〉은 張과 劣의 反切이다." 하였고, 〈喻老篇〉에 '輟'로 되어 있다.

王先愼 : 이 글자는 역시 '輟'이 되어야 한다.

20-214 **身以積精爲德**하며 **家以資財爲德**하며 **鄕國天下皆以民爲德**이라 **今治身而外物不能亂其精神**이라 **故曰 修之身**이면 **其德乃眞**이라하니라

몸은 精氣를 쌓아서 德으로 삼고, 집은 재산을 모아 덕으로 삼으며, 고을, 나라, 천하는 모두 백성을 덕으로 삼는다. 이제 몸을 다스려 외물이 그 정신을 어지럽히지 않기 때문에 ≪老子≫에서 말하기를 "이 道를 몸에 닦으면 그 덕이 진실해진다."라고 한 것이다.

○**顧廣圻曰 今德經**은 **之下**에 **有於字**하니 **非**라 **傅本**은 **無**하니 **與此合**이니 **下四句同**이라 **按淮南子道應訓引此句**에 **亦無於字**라 **先愼曰 趙寫本**에 **無於字**라

○顧廣圻 : 지금의 ≪德經≫은 '之' 아래에 '於'자가 있으니, 잘못이다. 傅奕本은 없으니, 이와 부합된다. 아래 4구도 같다. 살펴보건대 ≪淮南子≫ 〈道應訓〉에서 이 구절을 인용하면서 역시 '於'자가 없다.

王先愼 : 趙孟頫의 寫本에 '於'자가 없다.

20-215 **眞者**는 (愼)〔**德**〕[72]**之固也**니라 **治家者**

진실하다는 것은 덕이 확고하다는 것이다. 집안을 다스리는 자가

○**先愼曰 者字**는 **依拾補引馮校**하야 **增**하노라

○王先愼 : '者'자는 ≪群書拾補≫에서 인용한 馮登府의 교정에 의거하여 보충하였다.

20-216 **無用之物**이 **不能動其計**면 **則資有餘**라 **故曰 修之家**면 **其德**(有)〔**乃**〕

72) (愼)〔德〕: 저본은 '愼'으로 되어 있는데, ≪韓非子新校注≫에서 高亨이 '愼'은 '悳'자의 잘못이라고 한 설을 따라 '德'으로 바로잡고, 이에 따라 번역하였다.

餘라하니라

쓸데없는 물건이 그 헤아림을 흔들지 못하면 재화가 넉넉할 것이다. 그러므로 ≪老子≫에서 "이 道를 집안에서 닦으면 그 덕이 넉넉하게 된다."라고 한 것이다.

○盧文弨曰 有는 老子에 作乃일새 當據改니 與上下一例라 顧廣圻曰 有는 當作乃어늘 涉上下文而誤라

○盧文弨 : '有'는 ≪老子≫에 '乃'로 되어 있으므로 이에 의거하여 바로잡아야 하니, 위아래 글과 격식이 동일하다.

顧廣圻 : '有'는 '乃'가 되어야 하니, 위아래의 글에 연계되어 잘못되었다.

20-217 治鄕者 行此節이면 則家之有餘者益衆이라 故曰 修之鄕이면 其德乃長이라하니라 治邦者 行此節이면 則鄕之有德者益衆이라 故曰 修之邦이면 其德乃豐이라하니라

고을을 다스리는 자가 이러한 절도를 행한다면 넉넉한 집안이 더욱 많아질 것이다. 그러므로 ≪老子≫에서 "그 도를 고을에서 닦으면 그 덕이 늘어난다."라고 한 것이다. 나라를 다스리는 자가 이러한 절도를 행한다면 고을마다 덕을 갖춘 자가 더욱 많아질 것이다. 그러므로 ≪老子≫에서 "그 도를 나라에서 닦으면 그 덕이 풍성해진다."라고 한 것이다.

○顧廣圻曰 今德經에 邦은 作國이니 非라 傅本에 作邦하니 與此合이라 先愼曰 作國者는 漢人避諱改也라 邦與豐은 (均)〔韻〕[73)]이라

○顧廣圻 : 지금의 ≪德經≫에 '邦'은 '國'으로 되어 있으니, 잘못이다. 傅奕本에 '邦'으로 되어 있으니, 이와 부합된다.

王先愼 : '國'으로 된 것은 漢나라 사람이 〈漢 高祖 劉邦을〉 避諱하여 고친 것이다. '邦'과 '豐'은 韻字이다.

---

73) (均)〔韻〕: 저본에는 '均'으로 되어 있으나, 문맥과 ≪韓非子新校注≫ 陳奇猷의 설에 의거하여 '韻'으로 바로잡았다.

20-218 莅天下者 行此節이면 則民之生莫不受其澤이라 故曰 修之天下면 其德乃普라하니라

천하를 다스리는 자가 이러한 절도를 행하면 백성들의 생활에 은택을 입지 않는 자가 없을 것이다. 그러므로 ≪老子≫에서 "그 도를 천하에 닦으면 그 덕이 두루 퍼진다."라고 한 것이다.

○顧廣圻曰 傅本에 普作溥라 按普溥는 同字也라

○顧廣圻 : 傅奕本에 '普'는 '溥'로 되어 있다. 살펴보건대 '普'와 '溥'는 같은 글자이다.

20-219 修身者는 以此別君子小人하고 治鄕治邦莅天下者는 各以此科適觀息耗[74)]하면 則萬不失一이라

몸을 닦는 자는 이것으로써 군자와 소인을 구별하고, 고을, 나라, 천하를 다스리는 자는 저마다 이 조목으로써 성쇠와 존망을 자세히 살핀다면 만에 하나도 놓치지 않을 것이다.

○先愼曰 用此程法하야 靜觀動止면 自無不知者라

○王先愼 : 이러한 법도를 써서 고요히 動靜을 살피면 절로 알지 못할 것이 없게 된다.

20-220 故曰 以身觀身하고 以家觀家하며 以鄕觀鄕하고

그러므로 ≪老子≫에서 "한 몸으로써 한 몸을 살피고, 집안으로써 집안을 살피며, 고을로써 고을을 살피고,

○顧廣圻曰 藏本에 有此句하고 德經亦有라 先愼曰 乾道本에 脫以鄕觀鄕四字어늘 據藏本補하노라

○顧廣圻 : 藏本에 이 구가 있고, ≪德經≫에도 있다.
王先愼 : 乾道本에 '以鄕觀鄕' 4자가 탈락되었는데, 藏本에 의거하여 보충하였다.

---

74) 各以此科適觀息耗 : ≪韓非子新校注≫에서 陳奇猷는 '科'는 條目(곧 長·豐·普), '適'은 자세함〔審〕, '息耗'는 消長·生滅로 풀이하였는데, 여기서는 이에 따라 번역하였다.

20-221 以邦觀邦하며

나라로써 나라를 살피며,

○先愼曰 王弼河上本에 邦은 作國이라

○王先愼 : 王弼本과 河上公本에 '邦'은 '國'으로 되어 있다.

20-222 以天下觀天下니라 吾奚以知天下之然也오 以此라하니라

천하로써 천하를 살핀다. 내가 어찌 천하가 그러한 줄을 알겠는가. 이것들에 근거해서이다."라고 한 것이다.

○顧廣圻曰 今德經에 奚는 作何니 非라 傅本에 作奚니 與此合이라 也는 皆作哉라 先愼曰 王弼本에 無知字라 以上見五十(三)〔四〕[75]章이라

○顧廣圻 : 지금의 ≪德經≫에 '奚'는 '何'로 되어 있으니, 잘못이다. 傅奕本에 '奚'로 되어 있으니, 이와 부합된다. '也'는 모두 '哉'로 되어 있다.

王先愼 : 王弼本에 '知'자가 없다. 이상의 내용은 ≪老子≫ 54장에 보인다.

---

75) (三)〔四〕: 저본에는 '三'으로 되어 있으나, 통행본 ≪道德經≫에 54장으로 되어 있는 것에 의거하여 '四'로 바로잡았다.

第二十一 喩老篇 제21편 ≪老子≫로 비유하다

〈解老篇〉에서는 ≪老子≫의 구절을 해석하였고, 이 편에서는 ≪노자≫의 구절을 가지고 역사적인 사실들을 비유하였다. ≪노자≫의 주제와 사상을 계승 및 변화시켜 자신의 이론적 체계를 구성한 다음, 그 이론을 비유적으로 설명할 수 있는 실제의 사건과 고사들을 열거하고 있다. 예컨대 ≪노자≫ 46장의 "화는 족함을 알지 못하는 것보다 큰 것이 없고, 재앙은 얻고자 함보다 더 큰 것이 없다.〔禍莫大於不知足 咎莫大於欲得〕"라는 구절을 비유적으로 설명하기 위해서, 더 많은 명예와 이익을 추구하려다 화를 당한 徐 偃王과 虞·虢의 사실을 열거하였다. 또 ≪노자≫ 26장의 "가벼우면 근본을 잃게 되고 성급하면 군주의 지위를 잃게 된다.〔輕則失本 躁則失君〕"라는 구절을 비유적으로 설명하기 위해서, 趙 武靈王 집권 도중에 처신을 가볍게 하여 王子에게 왕위를 물려주고 자신은 즐겁게 지냈지만 결국 나라가 멸망한 사실을 거론하였다. 또 ≪노자≫ 33장의 "스스로를 이기는 자는 강하다.〔自勝者强〕"라는 구절을 설명하기 위해서, 子夏와 曾子의 일화를 소개하였다. 하루는 증자가 살이 찐 자하에게 그 연유를 묻자, 자하는 싸움에서 승리하였기 때문이라고 대답하였다. 이어서 자하가 말하기를 "내가 집에 들어가서 先王의 의리를 보면 그것을 기뻐하였고, 집을 나가서 부귀한 자의 즐거움을 보면 또 그것을 기뻐하였으니, 이 두 가지가 마음속에서 싸워 그 승부를 알 수 없었기 때문에 여위었다. 그런데 지금은 선왕의 의리가 이겼기 때문에 살이 쪘다."라고 하였다. 이것은 뜻을 세우기 어려운 것은 남을 이기는 데에 있지 않고 스스로를 이기는 데에 있기 때문이었다. 이와 같은 사례들처럼 이 편에서는 ≪노자≫ 가운데 역사적인 사실을 통해 설명할 수 있는 몇몇 구절들을 선별하여 그 의미를 쉽게 이해할 수 있도록 비유하고 있다.

○盧文弨曰 藏本連六卷中[1)]이라

○盧文弨 : 藏本에는 6권 중에 이어져 있다.

---

1) 藏本連六卷中 : 乾道本을 비롯한 통행본 ≪韓非子≫에는 〈喩老篇〉이 권7에 속해 있으나, 道藏本에는 〈解老篇〉과 함께 권6에 이어져 있다는 말이다.

21-1 天下有道[2)]면 無急患이니 則(曰)〔日〕靜하야

천하에 도가 있으면 위급한 환난이 없으니 날마다 고요하여

○顧廣圻曰 曰當作日이라

○顧廣圻 : '曰'은 응당 '日'이 되어야 한다.

21-2 遽傳不用이라 故曰 卻走馬以糞[3)]이라하니라

驛車와 傳舍가 쓸모없게 된다. 그러므로 ≪老子≫에 "戰馬를 돌려보내 거름을 나르게 한다."라고 하였다.

○先愼曰 解老有也字니 說詳上[4)]이라

○王先愼 : 〈解老篇〉에 '也'자가 있으니 설명은 위에 상세하다.

21-3 天下無道면 攻擊不休하야 相守數年不已하니 甲冑生蟣蝨(기슬)하고 鷰(연)雀處帷幄이라도 而兵不歸라 故曰 戎馬生於郊라하니라

천하에 도가 없으면 공격이 끊이질 않아 서로 수비하느라 몇 해가 지나도 그치질 않으니, 갑옷과 투구에 서캐와 이가 생기고 제비와 참새가 막사에 둥지를 틀더라도 병사들은 돌아가지 못한다. 그러므로 ≪老子≫에 "戎馬가 교외에서 새끼를 낳는다."라고 하였다.

○先愼曰 解老有矣字라

○王先愼 : 〈解老篇〉에 '矣'자가 있다.

21-4 翟人有獻豐狐玄豹之皮於晉文公이러니 文公受客皮而歎曰 此以皮之美

---

2) 天下有道 : 여기부터 285쪽 21-15까지의 내용은 통행본 ≪道德經≫ 46장에 보인다.

3) 卻走馬以糞 : ≪道德經≫ 46장에 "천하에 도가 있으면 戰馬를 돌려보내 거름을 나르게 하고, 천하에 도가 없으면 戎馬가 교외에서 새끼를 낳는다.〔天下有道 却走馬以糞 天下無道 戎馬生於郊〕"라고 하였다.

4) 說詳上 : 본서 237쪽 20-118에 보인다.

自爲罪라하니라

翟 땅 사람이 큰 여우와 검정 표범의 가죽을 晉 文公에게 바쳤는데, 文公이 객이 바치는 가죽을 받고서 탄식하며 말하기를 "이 짐승들은 아름다운 가죽 때문에 스스로 화를 입었구나."라고 하였다.

21-5 夫治國者는 **以名號爲罪**하니 **徐偃王**[5)]**是也**요 **以城與地爲罪**하니 **虞虢**(괵)[6)] **是也**라

나라를 다스리는 자는 명예 때문에 화를 입으니 徐 偃王이 이런 경우이고, 성과 땅 때문에 화를 입으니 虞와 虢이 이런 경우이다.

○先愼曰 乾道本에 以城上有則字라 盧文弨云 凌張本에 者下有則字라하니라 顧廣圻云 今本에 以城上無則字니 誤라 按則은 讀爲卽이라 藏本에 竝上句亦添則字니 非也라하니라 先愼案 藏本張凌本은 卽沿乾道本下則字而誤增이라 以城與地爲罪承夫治國者言之니 亦不當有則字니 顧說非라 今竝依今本刪하노라

○王先愼 : 乾道本에 '以城' 위에 '則'자가 있다. 盧文弨는 "凌本과 張本에 '者' 아래에 '則'자가 있다."라고 하였다. 顧廣圻는 "今本에 '以城' 위에 '則'자가 없으니 잘못되었다. 생각건대 '則'은 '卽'자로 읽어야 된다. 藏本에는 아울러 윗구(夫治國者則)에 또한 '則'자가 첨가되어 있으니 잘못되었다."라고 하였다. 내가 살펴보건대 藏本・張本・凌本은 乾道本에서 아래(則城與地)에 '則'자가 있는 것을 따랐기에 잘못 더해졌다. "성과 땅 때문에 화를 입는다.〔以城與地爲罪〕"는 것은 "나라를 다스리는 자〔夫治國者〕"를 받아서 말한 것이니 응당

---

5) 徐偃王 : 周 穆王 때 徐나라의 임금으로 이름은 誕이다. 서 언왕에 대해서 ≪史記≫에서는 주 목왕이 서쪽으로 巡狩하여 향락에 빠졌을 때를 틈타 반역을 꾀하다 토벌당한 임금으로 서술하였다. 韓愈가 지은 〈衢州徐偃王廟碑〉에서는 仁義를 행하여 백성들의 신임을 얻자, 주 목왕이 두려움을 느껴 楚나라와 연합하여 서나라를 정벌하였고, 서 언왕은 백성들을 싸움터로 내보낼 수 없어서 彭城의 武源山 아래로 도망가서 죽었다고 서술하였다.

6) 虞虢(괵) : 춘추시대 晉나라가 虞나라에게 虢나라를 칠 테니 길을 좀 빌려달라고 요청하자, 우나라의 현신인 宮之奇가 우나라와 괵나라는 수레의 덧방나무와 바퀴가 서로 떨어질 수 없는 관계와 같고 입술이 없어지면 치아가 시린 관계와 같으니 그 요구를 들어주면 안 된다고 임금에게 간했으나 이를 듣지 않다가, 끝내는 괵을 멸망시키고 돌아오는 진나라 군대에게 우나라까지 멸망을 당하였다.

'則'자가 있어서는 안 된다. 고광기의 說이 잘못되었다. 지금 모두 今本에 의거하여 삭제하였다.

21-6 故曰 罪莫大於可欲[7)]이라하니라

그러므로 ≪老子≫에 "죄는 욕심을 부리는 것보다 더 큰 것은 없다."라고 하였다.

21-7 智伯[8)]이 兼范中行하고 而攻趙不已러니 韓魏反之하다

智伯이 范氏와 中行氏의 영토를 겸병하고 趙를 끊임없이 공격하였는데 韓과 魏가 배반하였다.

21-8 軍敗晉陽하고 身死高梁之東하야

智伯의 군대는 晉陽에서 패하고 자기는 高梁의 동쪽에서 죽어서

○盧文弨曰 淩本에 梁作良이라

○盧文弨 : 淩本에 '梁'자가 '良'자로 되어 있다.

21-9 遂卒被分하고

마침내 영토는 나뉘고

○先愼曰 十過篇云 國分爲三[9)]이라하니라

---

7) 罪莫大於可欲 : 통행본 ≪道德經≫ 46장에 보인다. 다만 王弼本에는 이 구가 없다.

8) 智伯 : 춘추 말기 晉나라 六卿의 한 사람이다. 知伯으로도 쓴다. 氏는 荀, 이름은 瑤, 시호는 襄子이다. 智武子 罃의 玄孫으로, 韓·趙·魏 三家와 함께 範氏·中行氏를 멸망시키고 그 땅을 나누어 차지하였다. 뒤에 또 韓·魏와 연합하여 趙襄子를 공격하다가 패배하여 죽고 집안도 멸망하였다.

9) 十過篇云 國分爲三 : ≪韓非子≫ 〈十過篇〉에 "智伯이 자신은 죽고 군대는 격파당하였으며 영토는 셋으로 나뉘어 남의 소유가 되어 천하 사람들의 웃음거리가 되었다. 그러므로 탐욕스럽고 괴팍하며 이익을 좋아하면 나라를 멸망시키고 자신을 죽이게 하는 근본이라고 말하는 것이다.〔知伯身死軍破 國分爲三 爲天下笑 故曰 貪愎好利 則滅國殺身之本也〕"라고 한 내용이 보인다.

○王先愼 : 〈十過篇〉에 "영토는 셋으로 나뉘었다.〔國分爲三〕"라고 하였다.

21-10 漆其首以爲溲(수)器라

그의 두개골은 옻칠하여 술 담는 그릇으로 만들었다.

○先愼曰 說苑建本篇에 作酒器라 說文에 溲는 浸沃也라하니 浸沃은 若今人之溲麪이라 士虞禮의 明齊溲酒에 鄭注 明齊는 新水也니 言以新水溲釀此酒也라하니라 溲器는 卽釀酒之器라 淮南道應訓에 作飮器라하니 飮器亦酒器也라 左傳에 行人執榼承飮하야 造於子重이라하니라 褚少孫補大宛傳의 飮器에 韋注 椑榼也라하니 皆爲酒器라 後人不識溲字本義하야 遂以晉語少溲於豕牢而得文王①之溲釋之라

① 韋注 少溲는 小便이니 言其易也라하니라
韋昭의 주석에서 "少溲는 소변이니 쉽게 낳았다는 것을 말한다."라고 하였다.

○王先愼 : ≪說苑≫ 〈建本篇〉에 '酒器'로 되어 있다. ≪說文解字≫에 "溲는 담그는 것〔浸沃〕이다."라고 하니 '浸沃'은 지금 사람들이 면을 씻는 것과 같다. ≪儀禮≫ 〈士虞禮〉의 "明齊로 술을 빚는다."라는 내용에 대한 鄭玄의 注에 "明齊는 新水이니 新水로 이 술을 빚는다는 것을 말한다."라고 하였다. '溲器'는 곧 술을 빚는 그릇이다. ≪淮南子≫ 〈道應訓〉에 '飮器'로 되어 있으니 飮器 또한 酒器이다. ≪春秋左氏傳≫ 成公 16년 조에 "行人이 술통에다 술을 담아서 子重에게 바쳤다."라고 하였다. 褚少孫이 보완한 ≪史記≫ 〈大宛傳〉의 '飮器'에 대한 韋昭의 注에 '椑榼(술통)'이라고 했으니 모두 酒器를 뜻한다. 후대 사람이 '溲'자의 본뜻을 알지 못하고 마침내 ≪國語≫ 〈晉語〉에 "〈太任이 文王을 잉태했을 적에〉 화장실에서 少溲(소변)를 보듯이 쉽게 문왕을 낳았다."에 나오는 溲의 뜻으로 해석하였다.

21-11 故曰 禍莫大於不知足[10)]이라하니라

그러므로 ≪老子≫에 "화는 만족할 줄 모르는 것보다 큰 것이 없다."라고 하였다.

10) 禍莫大於不知足 : ≪老子≫ 46장에 "화는 만족할 줄 모르는 것보다 큰 것이 없고, 허물은 얻으려고 하는 욕심보다 큰 것이 없다. 그러므로 만족할 줄 안다면 항상 만족하게 된다.〔禍莫大於不知足 咎莫大於欲得 故知足之足 常足矣〕"라고 하였다.

21-12 **虞君**[11]**欲屈産之乘與垂棘之璧**하야 **不聽宮之奇**일새 **故邦亡身死**라 **故曰 咎莫憯於欲得**이라하니라

虞나라 군주는 屈에서 생산되는 준마와 垂棘의 벽옥에 욕심을 부려 宮之奇의 간언을 듣지 않았기에 나라도 망하고 자신도 죽임을 당했다. 그러므로 "허물은 얻으려고 하는 욕심보다 더 참혹한 것이 없다."라고 하였다.

21-13 **邦以存爲常**이라야 **霸王其可也**요

나라는 있는 그대로 보존하는 것으로써 정상을 삼아야 霸王도 가능하고

○先愼曰 乾道本에 無王字라 顧廣圻云 藏本今本에 霸下有王字라 先愼案 此與富貴其可也로 相對成文이니 不當少一字라 今據補하노라 有國者不務廣土하고 先圖自立이라야 邦基旣定이라 故可霸王이라

○王先愼 : 乾道本에 '王'자가 없다. 顧廣圻는 "藏本과 今本에 '霸'자 아래에 '王'자가 있다."라고 하였다. 내가 살펴보건대 이 구는 "富貴其可也(부귀도 가능하다.)"와 상대하여 문장을 이루니 응당 한 글자가 적어서는 안 된다. 지금 이에 의거하여 보충하였다. 나라를 소유한 자는 영토를 넓히는 데 힘쓰지 않고 우선 스스로 세우는 것을 도모해야 나라의 기초가 이미 안정된다. 그러므로 霸王도 가능한 것이다.

21-14 **身以生爲常**이라야 **富貴其可也**라

몸은 생명을 유지하는 것으로써 정상을 삼아야 富貴도 가능해진다.

○先愼曰 不求於外하고 先修其內라야 身體無恙이라 故可富貴라

○王先愼 : 밖에서 구하지 않고 우선 안에서 닦아야 신체가 무탈하게 된다. 그러므로 부귀도 가능한 것이다.

---

11) 虞君 : 춘추시대 虞나라의 임금이다. 晉나라 사람이 虢나라를 치기 위해 虞나라 임금에게 屈 땅에서 생산되는 말과 垂棘의 벽옥을 선물로 주면서 길을 빌려달라고 청하자, 우나라의 賢臣이었던 百里奚는 간하지 않았고, 宮之奇는 간했으나 虞公이 재물에 눈이 어두워 듣지 않고 길을 빌려주었다. 진나라 사람이 괵나라를 치고 돌아오는 길에 우나라마저 쳐서 멸망시켰다.(≪孟子≫ 〈萬章 上〉)

21-15 不欲自害면 則邦不亡하고 身不死라 故曰 知足之〔足〕(爲)〔常〕足矣라하니라

욕심으로 스스로를 해치지 않으면 나라도 망하지 않고 자신도 죽지 않는다. 그러므로 ≪老子≫에 "만족할 줄 알면 항상 만족하게 된다."라고 하였다.

○顧廣圻曰 今德經에 無矣字라 傅本有니 與此合이라 皆作知足之足常足이라 先愼曰 德經에 句上有故字라 本書當依德經於之下補足字요 爲當作常이라 人無欲心이면 則能常守其眞根이라 故曰知足之足常足이라 以上見四十六章이라

○顧廣圻 : 지금 ≪德經≫에 '矣'자가 없다. 傅奕本에는 '矣'자가 있으니 여기와 합치된다. 모두 '知足之足常足'으로 되어 있다.

王先愼 : ≪德經≫에는 해당 구절 위에 '故'자가 있다. 본서는 응당 ≪德經≫에 의거하여 '之'자 아래에 '足'자를 보충해야 하고, '爲'자는 응당 '常'이 되어야 한다. 사람이 욕심이 없으면 항상 자신의 참된 근본을 지킬 수 있다. 그러므로 "만족할 줄 알면 항상 만족하게 된다."라고 한 것이다. 이상은 ≪老子≫ 46장에 보인다.

21-16 楚莊王旣勝[12)]하고

楚 莊王이 이미 승리하고

○先愼曰 乾道本에 連上이라 盧文弨云 凌本에 提行이라하니 今據改하노라

○王先愼 : 乾道本에는 윗글과 이어져 있다. 盧文弨는 "凌本에는 행을 바꾸었다."라고 하니, 지금 이에 의거하여 고쳤다.

21-17 狩于河雍하야 歸而賞孫叔敖라 孫叔敖請漢間之地와 沙石之處라 楚邦之法에 祿臣再世而收地어늘 唯孫叔敖獨在라

河雍에서 사냥을 하고 돌아와 孫叔敖에게 상을 내렸다. 손숙오는 漢水 가의 땅과 모래와 돌이 많은 지역을 청하였다. 楚나라 국법에 신하에게 봉록을 내릴 경우 두 세대가 지나면 땅을 회수하는데, 오직 손숙오만 그대로 가지고 있었다.

○先愼曰 呂氏春秋孟冬紀에 楚孫叔敖有功於國이러니 疾將死할새 戒其子曰 王數

---

12) 楚莊王旣勝 : 여기부터 287쪽 21-22까지의 내용은 통행본 ≪道德經≫ 54장에 보인다.

欲封我어늘 我辭不受라 我死에 必封汝하리니 汝無受利地하라 荊楚間有寢邱者하니 其爲地不利라 而前有妬谷하고 後有戾邱하니 其名惡이라 可長有也라하니 其子從之라 楚功臣封二世而收어늘 唯寢邱不奪也라하니라 獨在는 藝文類聚五十一에 引作獨存하니 存在는 義同이라 言惟孫叔敖所請之地不收也라

○王先愼 : ≪呂氏春秋≫ 〈孟冬紀篇〉에 "楚나라 孫叔敖가 나라에 공적이 있었는데, 병으로 세상을 떠나려고 할 적에 아들에게 경계하며 말하기를 '왕께서 수차례 나를 봉하고자 했거늘 나는 사양하고 받지 않았다. 내가 죽으면 반드시 너를 봉할 것이니 너는 이로운 땅은 받지 말아야 한다. 荊楚 땅 사이에 寢邱라는 곳이 있는데 그 땅은 이롭지 못하다. 그 앞에는 妬谷이 있고 뒤에는 戾邱가 있으니 惡地로 이름이 났다. 그러므로 오랫동안 소유할 수 있을 것이다.'라고 하니 아들이 그의 말을 따랐다. 楚나라 功臣에게는 두 세대 동안 봉하고 땅을 회수하는데 오직 寢邱만큼은 빼앗지 않았다."라고 하였다. '獨在'는 ≪藝文類聚≫ 권51에 이 글을 인용하면서 '獨存'으로 되어 있으니, '存'과 '在'는 뜻이 똑같다. 오직 孫叔敖가 청한 땅은 회수하지 않았음을 말한 것이다.

21-18 此不以其邦爲收者는 瘠也라

이렇게 封地를 회수하지 않은 것은 그곳이 척박하기 때문이다.

○顧廣圻曰 邦은 讀爲封이라

○顧廣圻 : '邦'은 '封'으로 읽어야 한다.

21-19 故九世而祀不絶이라

그래서 아홉 세대에 이르는 동안 제사가 끊이지 않았다.

○先愼曰 史記優孟傳에 九世作十世라

○王先愼 : ≪史記≫ 〈優孟列傳〉에 '九世'가 '十世'로 되어 있다.

21-20 故曰 善建不拔이요 善抱不脫[13)]이니

13) 善建不拔 善抱不脫 : ≪老子≫ 54장에 "확고히 세운 것은 쉽게 뽑히지 않고 제대로 안은 것은 벗어나지 않는다. 그래서 자손의 제사가 끊이지 않는다.〔善建者不拔 善抱者不脫 子孫以祭

그러므로 ≪老子≫에 "확고하게 세운 것은 잘 뽑히지 않고 제대로 안은 것은 떨어져나가지 않으니

○顧廣圻曰 德經에 兩不上皆有者字라

○顧廣圻 : ≪德經≫에 두 개의 '不'자 위에 모두 '者'자가 있다.

21-21 子孫以其祭祀로 世世不輟이라하니라

자손들이 그 제사를 대대로 그치지 않는다."라고 하였다.

○顧廣圻曰 德經에 無以其世世四字라 先愼曰 王弼有以字라

○顧廣圻 : ≪德經≫에 '以其', '世世' 네 글자가 없다.
王先愼 : 王弼本에는 '以'자가 있다.

21-22 孫叔敖之謂也니라

바로 孫叔敖를 두고 하는 말이다.

○先愼曰 見五十(三)〔四〕[14)]章이라

○王先愼 : ≪老子≫ 54장에 보인다.

21-23 制在己曰重[15)]이라하고

통제의 권한이 자신에게 있는 것을 '重'이라 하고

○先愼曰 乾道本에 連上이나 今依趙本提行하노라

○王先愼 : 乾道本에는 윗글과 이어져 있으나 지금 趙本에 의거하여 행을 바꾸었다.

祀不輟〕"라고 하였다.

14) (三)〔四〕 : 저본에는 '三'으로 되어 있으나, 통행본 ≪道德經≫에 54장으로 되어 있는 것에 의거하여 '四'로 바로잡았다.

15) 制在己曰重 : 여기부터 290쪽 21-31까지의 내용은 통행본 ≪道德經≫ 26장에 보인다.

21-24 **不離位曰靜**이라하니라

지위를 떠나지 않는 것을 '靜'이라고 한다.

21-25 **重則能使輕**하고 **靜則能使躁**하니라

무거우면 가벼운 것을 부릴 수 있고, 고요하면 성급한 것을 부릴 수 있다.

○王先謙曰 重은 可御輕하고 靜은 可鎭躁하니 使之謂也니라

○王先謙 : 重은 가벼운 것을 통제할 수 있고 靜은 성급한 것을 다스릴 수 있으니, 부리는 것을 이른 것이다.

21-26 **故曰 重爲輕根**이요 **靜爲躁君**이라 (故曰)〔是以〕**君子終日行**에 **不離輜重也**[16]라하니라

그러므로 ≪老子≫에 "무거운 것은 가벼운 것의 근본이 되고 고요한 것은 성급한 것의 주인이 된다. 이 때문에 군자가 하루 종일 길을 가면서도 輜重(짐)을 버리지 않는다."라고 하였다.

○顧廣圻曰 今道經에 君子作聖人이니 非라 傅本에 作君子니 與此合이라 下也字는 皆無라 先慎曰 此與上二句道經連文이니 不應有故曰二字라 故曰當爲是以之譌니 道經作是以 卽其證이라 傅趙本에 離下有其字라

○顧廣圻 : 지금 ≪道經≫에는 '君子'가 '聖人'으로 되어 있으니 잘못되었다. 傅奕本에는 '君子'로 되어 있으니 여기와 합치된다. 아래의 '也'자는 모두 없다.

王先愼 : 여기(君子終日行 不離輜重)와 위의 두 구(重爲輕根 靜爲躁君)가 ≪道經≫에는 이어지는 문장이니 응당 '故曰' 두 자가 있어서는 안 된다. '故曰'은 응당 '是以'의 잘못이니

16) 重爲輕根……不離輜重也 : ≪老子≫ 26장에 "무거운 것은 가벼운 것의 근본이 되고 고요한 것은 성급한 것의 주인이 된다. 그러므로 성인은 하루 종일 길을 가면서도 짐을 몸에서 버리지 않고 화려하고 아름다운 것에도 한가로이 초연하다. 어찌 만승의 군주가 세상에 대해 몸을 가볍게 움직이겠는가. 가벼우면 근본을 잃게 되고 성급하면 군주의 지위를 잃게 된다.〔重爲輕根 靜爲躁君 是以聖人終日行 不離輜重 雖有榮觀 燕處超然 奈何萬乘之主 而以身輕天下 輕則失本 躁則失君〕"라고 하였다.

≪道經≫에 '是以'로 되어 있는 것이 곧 그 증거이다. 傅奕本과 趙本에는 '離'자 아래에 '其'자가 있다.

21-27 **邦者**는 **人君之輜重也**니라

나라는 군주의 輜重이다.

21-28 **主父**(보)**生傳其邦**하니

主父가 살아 있을 때 나라를 물려주었으니

○先愼曰 史記趙世家에 武靈王二十七年傳國하야 立王子何以爲王하고 自稱爲主父라하니라

○王先愼 : ≪史記≫ 〈趙世家〉에 "武靈王 27년(B.C. 299)에 나라를 물려주어 王子 何를 세워 왕으로 삼고 스스로를 主父라 칭하였다."라고 하였다.

21-29 **此離其輜重者也**라 **故雖有代雲中之樂**이나 **超然已無趙矣**니라 **主父**는 **萬乘之主**로 **而以身輕於天下**하니라 **無勢之謂輕**이요 **離位之謂躁**라하니 **是以生幽而死**하니라

이것은 치중을 버린 것이다. 그래서 비록 代와 雲中의 즐거움이 있었지만 초연하여 이미 趙나라를 잃었다. 주보는 萬乘의 군주로서 제 몸을 천하에 가볍게 처신한 것이다. 권세를 잃는 것을 '輕'이라 하고 지위를 버리는 것을 '躁'라 하니 이 때문에 산 채로 유폐되었다가 죽은 것이다.

○先愼曰 惠文王四年에 公子成李兌圍主父宮三月餘에 而餓死沙邱宮이라

○王先愼 : 惠文王 4년에 公子 成과 李兌가 主父의 宮을 3개월 넘게 포위하였는데 주보가 沙邱宮에서 굶어 죽었다.

21-30 **故曰 輕則失**(臣)〔**本**〕하고 **躁則失君**이라하니라

그러므로 ≪老子≫에 "가볍게 처신하면 근본을 잃게 되고 성급하면 군주의 지위

를 잃게 된다."라고 하였다.

○顧廣圻曰 臣當作本이니 傳本에 作本이라 經典釋文云 本은 河上作臣이라하니라 按上文云重爲輕根이라하니 本은 根也라 河上은 非是라

○顧廣圻 : '臣'자는 응당 '本'이 되어야 하니 傅奕本에 '本'으로 되어 있다. ≪經典釋文≫에 "'本'은 河上本에 '臣'으로 되어 있다."라고 하였다. 살펴보건대 윗글에서 '重爲輕根(무거운 것은 가벼운 것의 근본이 된다.)'이라 하였으니 '本'은 '根'이다. 河上本은 옳지 않다.

21-31 主父之謂也니라

바로 주보를 두고 하는 말이다.

○先愼曰 : 以上見二十六章이라

○王先愼 : 이상은 ≪老子≫ 26장에 보인다.

21-32 勢重者[17)]는 人君之淵也라

막중한 권세는 군주에게 있어서 못이다.

21-33 君人者 勢重於人臣之間이라가

군주가 신하 사이에서 막중한 권세를 휘두르다가

○先愼曰 君於臣不當以間言이니 間은 疑上之誤라

○王先愼 : 군주가 신하에 대해 응당 '間(사이)'이라고 말해서는 안 되니, '間'은 '上'의 오류인 듯하다.

21-34 失則不可復得也니라

권세를 잃게 되면 다시 군주가 될 수 없다.

○先愼曰 失其勢重이면 則不得爲君이라

17) 勢重者 : 여기부터 295쪽 21-48까지의 내용은 통행본 ≪道德經≫ 36장에 보인다.

○王先愼 : 막중한 권세를 잃게 되면 군주가 될 수 없다.

21-35 **簡公失之於田成**[18]하고 **晉公失之於六卿**[19]하야 **而邦亡身死**라 **故曰 魚不可脫於(深)淵**[20]이라하니라

齊 簡公은 田成에게 권세를 빼앗겼고 晉公은 六卿에게 권세를 빼앗겨 나라가 망하고 자신은 죽임을 당했다. 그러므로 ≪老子≫에 "물고기는 못 밖으로 벗어날 수 없다."라고 하였다.

○**顧廣圻曰 道經**에 **無深字**라 **先愼曰 深字**는 **衍**이니 **唐諱淵改深**이어늘 **後人回改**하고 **兼存深字耳**라 **上人君之淵**에 **亦無深字**니 **卽其證**이라

○顧廣圻 : ≪道經≫에 '深'자가 없다.

王先愼 : '深'자는 衍文이니 唐나라에서 〈唐 高祖 李淵의〉 '淵'을 피휘하여 '深'으로 바꾸었는데, 후대 사람이 도로 〈'淵'으로〉 고치고 아울러 '深'자를 남겨둔 것이다. 위의 '人君之淵'에 또한 '深'자가 없으니 바로 그 증거이다.

21-36 **賞罰者**는 **邦之利器也**라 **在君則制臣**이요 **在臣則勝君**이라 **君見賞**에 **臣則損之以爲德**하고 **君見罰**에 **臣則益之以爲威**라 **人君見**(현)**賞**하야 **而人臣用其勢**하고 **人君見**(현)**罰**하야 **而人臣乘其威**라

賞罰이라는 것은 나라의 利器이다. 이것이 군주에게 있으면 신하를 제어하고 이것이 신하에게 있으면 군주를 이긴다. 군주가 상을 주려는 뜻을 보일 때 신하는 그것을 줄여 자신의 덕으로 여기고, 군주가 벌을 내리려는 뜻을 보일 때 신하는

---

18) 簡公失之於田成 : 田成은 陳成子, 田成子, 田常이라고도 한다. 陳나라의 내란 때 齊나라로 망명하여 성을 田氏로 바꾸어 齊나라에서 벼슬을 하였다. 齊나라 悼公 때 田乞은 정권을 장악하였고, 그의 아들 田成은 결국 齊 簡公을 시해하고 권력을 잡았다.

19) 晉公失之於六卿 : 晉나라는 范氏・中行(항)氏・知(智)氏・韓氏・趙氏・魏氏 등 六卿이 국정을 장악하여 서로 이어가면서 富强을 도모하고 서로 兼倂하여 晉나라 公室을 약화시켰다. 그러다가 결국에는 趙・韓・魏의 세 나라로 分立하였다.

20) 魚不可脫於(深)淵 : ≪老子≫ 36장에 "물고기가 못 밖으로 벗어날 수 없는 법이니 나라의 利器는 남에게 보여서는 안 된다.〔魚不可脫於淵 國之利器 不可以示人〕"라고 하였다.

그것을 보태어 자신의 위력으로 여긴다. 군주가 상을 주려는 뜻을 보여 신하가 그 권세를 이용하고 군주가 벌을 내리려는 뜻을 보여 신하가 그 위력을 타는 것이다.

○先愼曰 乾道本에 無而字라 顧廣圻云 今本에 有하니 依上句當有라하니 今據補하노라

○王先愼 : 乾道本에 '而'자가 없다. 顧廣圻는 "今本에 있으니 위의 구(人君見賞 而人臣用其勢)에 의거하면 응당 있어야 한다."라고 하니 지금 이에 의거하여 보충하였다.

21-37 故曰 邦之利器를 不可以示人이라하니라

그러므로 ≪老子≫에 "나라의 利器를 남에게 보여서는 안 된다."라고 하였다.

○先愼曰 六微篇에 邦作國이요 河上王弼에 竝作國이요 莊子에 引作國이요 後漢翟酺傳에 亦作國이요 說苑에 作國之利器 不可以借人이라하니라 唯傅本에 作邦이라 案國爲邦字避改니 說見上[21]이라

○王先愼 : ≪韓非子≫ 〈內信者說 下 六微篇〉에 '邦'이 '國'으로 되어 있고, 河上本과 王弼本에 모두 '國'으로 되어 있고, ≪莊子≫에 이 글을 인용하면서 '國'으로 되어 있고, ≪後漢書≫ 〈翟酺傳〉에 또한 '國'으로 되어 있고, ≪說苑≫에 '國之利器 不可以借人(나라의 利器를 남에게 빌려주지 않는다.)'이라고 되어 있다. 오직 傅奕本에 '邦'으로 되어 있으니, 살펴보건대 '國'은 '邦'자를 避諱하여 고친 것이니 설명은 위에 보인다.

21-38 越王入宦於吳하야 而觀之伐齊以弊吳[22]라

越王이 吳나라에 들어가 신하가 되어서 齊나라를 정벌해야 하는 뜻을 보이면서 오나라를 피폐하게 만들었다.

○顧廣圻曰 藏本今本에 觀作勸이라 按觀은 示也니 勸字非라

○顧廣圻 : 藏本과 今本에 '觀'이 '勸'으로 되어 있다. 살펴보건대 '觀'은 보인다는 것이니

---

21) 說見上 : 본서 276쪽 20-217에 보인다.

22) 越王入宦於吳 而觀之伐齊以弊吳 : 越王 句踐이 會稽山에서 吳王 夫差에게 패하여 자신의 아내를 오왕의 첩으로, 자신은 오왕의 신하가 되겠다고 하면서 굴욕을 참고 재기의 기회를 노렸다. 이에 구천은 오나라의 국력을 피폐시킬 목적으로 부차에게 齊나라를 정벌할 것을 권하였다.

'勸'자는 잘못되었다.

21-39 吳兵旣勝齊人於艾陵하고 張之於江濟하고 强之於黃池라 故可制於五湖라

오나라 군사가 이미 艾陵에서 제나라 군사를 이기고 長江과 濟水로 세력을 확장하며 黃池에서 세력을 강하게 하였다. 그래서 五湖를 제압할 수 있었다.

○先愼曰 越語에 吳越戰於五湖라하니 韋注 五湖는 今太湖라하니라 初學記七引揚州記[23]曰 太湖는 一名笠(립)澤이라하고 左哀十七年傳에 越子伐吳하니 吳子禦之笠澤이라하니 是也라

○王先愼 : ≪國語≫ 〈越語〉에 "吳나라와 越나라가 五湖에서 싸웠다."라고 하니 韋昭의 注에 "五湖는 지금의 太湖이다."라고 하였고, ≪初學記≫ 권7에 인용된 ≪揚州記≫에 "太湖는 일명 笠澤이라고 한다."라고 하였고, ≪春秋左氏傳≫ 哀公 17년에 "越子가 吳나라를 토벌하니 吳子가 笠澤에서 越나라 군대를 방어하였다."라고 하였으니, 바로 이것이다.

21-40 故曰 將欲翕之[24]인댄

그러므로 ≪老子≫에 "장차 움츠리게 하려면

○顧廣圻曰 傅本에 作翕이니 與此合이라 經典釋文에 偙(흡)은 河上本에 作噏(흡)이라하니라 先愼曰 古無偙噏二字니 梁簡文[25]에 作歙(흡)이요 說文에 歙은 縮鼻也라하니라 歙은 有縮義라 故與張爲對라 翕乃歙之省文이라

○顧廣圻 : 傅奕本에 '翕'으로 되어 있으니 여기와 합치된다. ≪經典釋文≫에 "'偙'은 河上本에 '噏'으로 되어 있다."라고 하였다.

王先愼 : 옛날에는 '偙'과 '噏' 두 자가 없었으니 梁簡文本에 '歙'으로 되어 있고, ≪說文

---

23) 揚州記 : ≪初學記≫ 권7에는 '揚州記'가 아닌 '豫州記'로 되어 있다.

24) 將欲翕之 : ≪老子≫ 36장에 "장차 움츠리게 하려면 반드시 잠시 펴지게 해주고, 장차 약하게 하려면 반드시 잠시 강하게 해주고, 장차 없애려고 하면 반드시 잠시 흥하게 해주고, 장차 빼앗으려고 하면 반드시 잠시 준다. 이것을 微明이라 하니, 유약한 것은 굳세고 강한 것을 이긴다.〔將欲翕之 必固張之 將欲弱之 必固强之 將欲廢之 必固興之 將欲奪之 必固與之 是謂微明 柔弱勝剛强〕"라고 하였다.

25) 梁簡文 : 南朝 梁나라 簡文帝 때의 ≪老子≫ 판본을 가리킨다.

解字≫에 "'歙'은 코를 찡그리는 것이다."라고 하였다. '歙'은 움츠리는 뜻이므로 '張(확대하다)'과 상대가 된다. '翕'은 곧 '歙'자를 간략히 한 것이다.

21-41 **必固張之**하고 **將欲弱之**인댄

반드시 잠시 펴지게 해주고, 장차 약하게 하려면

○**先愼曰 河上本**에 **欲或作使**니 **非**라

○王先愼 : 河上本에 '欲'이 '使'로 되어 있는 것도 있으니 잘못되었다.

21-42 **必固强之**라하니라

반드시 잠시 강하게 해준다."라고 하였다.

21-43 **晉獻公**이 **將欲襲虞**에 **遺之以璧馬**하고 **知伯**이 **將〔欲〕襲仇由**에

晉 獻公이 장차 虞나라를 습격하려고 하면서 벽옥과 준마를 보냈고, 知伯이 장차 仇由를 습격하려고 하면서

○**先愼曰 將下當有欲字**라

○王先愼 : '將'자 아래에 응당 '欲'자가 있어야 된다.

21-44 **遺之以廣車**라

큰 수레를 보냈다.

○**先愼曰 西周策**에 **昔智伯欲伐厹**(구)**由**에 **遺之大鐘**하야 **載以廣車**러니 **因隨入以兵**이라하니라 **高注 廣車**는 **大車也**라하니라

○王先愼 : ≪戰國策≫ 〈西周策〉에 "옛날 智伯이 厹由를 정벌하려고 하면서 큰 수레에 大鐘을 실어서 보냈는데, 이를 통해 군대를 뒤따라 보냈다."라고 하였다. 高誘의 注에 "廣車는 큰 수레이다."라고 하였다.

21-45 **故曰 將欲取之**인댄 **必固與之**라하니라

그러므로 ≪老子≫에 "장차 취하려고 하면 반드시 잠시 준다."라고 하였다.

○**顧廣圻曰 道經**에 **取作奪**이라

○顧廣圻 : ≪道經≫에 '取'자가 '奪'자로 되어 있다.

21-46 **起事於無形**하야

형체가 없는 데서 일을 일으켜

○**盧文弨曰 當分段**이라 **先愼曰 盧說**은 **誤**라 **至弱勝强也**히 **合上爲一章**이라

○盧文弨 : 응당 단락을 나누어야 한다.

王先愼 : 盧文弨의 說은 잘못되었다. '弱勝强也'에 이르기까지 윗글과 합하여 한 章을 이룬다.

21-47 **而要大功於天下**라 **〔故曰〕是謂微明**이라하니라

천하에 큰 공을 세워야 한다. 그러므로 ≪老子≫에 "이것을 微明이라고 한다."라고 하였다.

○**顧廣圻曰 是上當有故曰二字**라

○顧廣圻 : '是'자 위에 응당 '故曰' 두 자가 있어야 한다.

21-48 **處小弱而重自卑〔損之〕謂(損)弱勝强也**라하니라

작고 약한 곳에 처하면서 거듭 자신을 낮추고 덜어내는 것을 일러 약한 것이 강한 것을 이긴다고 한다.

○**顧廣圻曰 當作而重自卑損之謂弱勝强也**니 **損**에 **句絶**이라 **傅本云 柔之勝剛**이요 **弱之勝强**이라하고 **今道經云 柔弱勝剛强**이라하니 **傅本與此爲近之**라 **先愼曰 顧說是**라 **以上見三十六章**이라

○顧廣圻 : 응당 "而重自卑損之謂弱勝强也"가 되어야 하니, '損'에 구가 끊어진다. 傅奕

本에 "柔之勝剛 弱之勝强(부드러움이 굳센 것을 이기고 약함이 강한 것을 이긴다.)"이라 하였고, 지금의 ≪道經≫에 "柔弱勝剛强(유약한 것이 굳세고 강한 것을 이긴다.)"이라 하였으니, 부혁본이 여기에 가깝다.

王先愼 : 顧廣圻의 說이 옳다. 이상은 ≪老子≫ 36장에 보인다.

21-49 有形之類[26]에

형체가 있는 부류 가운데

○先愼曰 舊連上이나 今提行하노라

○王先愼 : 예전에는 윗글과 이어져 있었으나 여기서는 행을 바꿨다.

21-50 大必起於小하고 行久之物에 族必起於少니라

큰 것은 반드시 작은 데서 시작되고, 오래가는 사물 가운데 많은 것은 반드시 적은 데서 시작된다.

○先愼曰 族은 衆也라

○王先愼 : '族'은 '衆(많음)'이다.

21-51 故曰 天下之難事는 必作於易(이)하고 天下之大事는 必作於細[27]라하니라

그러므로 ≪老子≫에 "천하의 어려운 일은 반드시 쉬운 데서 시작되고, 천하의 큰 일은 반드시 미세한 데서 시작된다."라고 하였다.

○先愼曰 河上王弼本에 均無兩之字요 傅本有라

○王先愼 : 河上本과 王弼本에는 모두 두 개의 '之'자가 없고, 傅奕本에는 있다.

---

26) 有形之類 : 여기부터 303쪽 21-71까지의 내용은 통행본 ≪道德經≫ 63장에 보인다.

27) 天下之難事……必作於細 : ≪老子≫ 63장에 "천하의 어려운 일은 반드시 쉬운 데서 시작되고 천하의 큰일은 반드시 미세한 데서 시작된다. 이 때문에 성인은 끝내 큰일을 하려 하지 않으므로 오히려 큰일을 이룰 수 있다.〔天下難事 必作於易 天下大事 必作於細 是以聖人 終不爲大 故能成其大〕"라고 하였다.

21-52 **是以欲制物者於其細也**니라

이 때문에 사물을 제어하려고 하는 자는 그것이 미세할 때에 처리한다.

○先愼曰 是以下有脫文이니 此當承上兩句言이라야 乃與下引老子合이라

○王先愼 : '是以' 아래에 탈락된 문장이 있으니, 여기는 응당 위의 두 구를 이어서 말해야 아래에서 인용한 ≪老子≫의 말과 합치된다.

21-53 **故曰 圖難於其易也**요 **爲大於其細也**라하니라

그러므로 ≪老子≫에 "어려운 일은 쉬운 데서 도모하고, 큰일은 미세한 데서 처리한다."라고 하였다.

○盧文弨曰 張本에 難下大下竝有乎字라하니라 顧廣圻曰 藏本에 有乎字라 傅本에 有하고 無也字라 今德經에 乎字也字皆無라

○盧文弨 : 張本에 '難'자 아래와 '大'자 아래에 모두 '乎'자가 있다.

顧廣圻 : 藏本에 '乎'자가 있다. 傅奕本에도 '乎'자가 있고 '也'자는 없다. 지금의 ≪德經≫에는 '乎'자와 '也'자 모두 없다.

21-54 **千丈之隄 以螻蟻之穴潰**하고 **百尺之室**이 **以突隙之**(烟)〔熛(표)〕**焚**이라

천 길 되는 제방이 땅강아지와 개미굴 때문에 무너지고, 백 척 되는 집이 굴뚝 틈새로 나오는 불똥 때문에 불태워진다.

○王引之曰 突隙之烟은 不能焚室이니 烟은 當爲熛라 熛誤爲煙이요 又轉寫爲烟耳라 舊本北堂書鈔地部十三에 引此正作熛①라 說文에 熛는 火飛也니 讀若標라하니라 一切經音義十四에 引三倉云 熛는 迸火也라하니라 呂氏春秋愼小篇云 巨防容螻而漂邑殺人하고 突泄一熛而焚宮燒積②이라하니라 淮南人間訓曰 千里之堤는 以螻螘之穴漏하고 百尋之屋은 以突隙之熛焚③이라하니라 語意竝與此同이라 世人多見煙하고 少見熛이라 故諸書中熛字多誤作煙④이라

① 陳禹謨本에 刪去라

陳禹謨本에는 산삭하였다.

② 今本에 熛字亦誤作煙이니 一切經音義十三에 引此正作熛라

今本에 '熛'자 또한 '煙'으로 잘못되어 있으니, ≪一切經音義≫ 권13에 이 글을 인용하면서 바로 '熛'로 되어 있다.

③ 今本에 亦誤作煙이니 御覽蟲豸部四에 引此正作熛라

今本에 또한 '煙'으로 잘못되어 있으니, ≪太平御覽≫ 〈蟲豸部〉 권4에 이 글을 인용하면서 바로 '熛'로 되어 있다.

④ 說見呂氏春秋煙火下라

설명은 ≪呂氏春秋≫의 '煙火' 아래에 보인다.

○王引之 : 굴뚝 틈새에서 나오는 연기는 집을 불태울 수 없으니, '烟(연기)'은 응당 '熛(불똥)'가 되어야 한다. '熛'를 '煙'으로 잘못 여긴 것이고, 또 옮겨 쓰다가 '烟'이라고 쓴 것이다. 舊本의 ≪北堂書鈔≫ 〈地部〉 권13에 이 글을 인용하면서 바로 '熛'로 되어 있다. ≪說文解字≫에 "'熛'는 불똥이 날아다니는 것이니 '標'와 같이 읽는다."라고 하였다. ≪一切經音義≫ 권14에 ≪三倉說文≫을 인용하면서 "'熛'는 불길이 솟아오르는 것이다."라고 하였다. ≪呂氏春秋≫ 〈愼小篇〉에 "큰 제방에 개미굴이 생기면 마을을 범람하고 사람을 익사시키며, 굴뚝에서 한 개의 불똥이 빠져나오면 궁을 불태우고 積澤을 불사른다."라고 하였다. ≪淮南子≫ 〈人間訓〉에 이르기를 "천 리에 펼쳐진 제방은 땅강아지와 개미굴 때문에 물이 새고 백 자가 되는 집은 굴뚝 틈새로 나오는 불똥 때문에 불태워진다."라고 하였다. 말의 뜻은 모두 이것과 똑같다. 세상 사람들이 연기는 많이 보고 불똥은 많이 보지 못했기 때문에 여러 서적 중에 '熛'자가 '煙'으로 잘못되어 있는 것이 많다.

21-55 故(曰)白圭之行隄也에 塞其穴[28)]하고

그래서 白圭가 제방을 돌아볼 적에 구멍 난 곳을 막았고

○顧廣圻曰 曰字는 當衍이라 先愼曰 曰은 卽白字之誤而複者라

○顧廣圻 : '曰'자는 응당 衍文이다.

王先愼 : '曰'자는 곧 '白'자가 잘못되어 중복된 것이다.

28) 白圭之行隄也 塞其穴 : 白圭는 전국시대 魏나라 사람으로 이름은 丹이고, 圭는 그의 자이다. 治水에 뛰어난 공적을 보였는데, 孟子에게 "나의 홍수를 다스리는 것이 夏禹보다 낫지요?" 하자, 맹자는 "하우는 사해를 물이 빠지는 구렁으로 삼았는데, 자네는 이웃 나라를 물이 빠지는 구렁으로 삼았는걸."이라고 한 일이 있다.

21-56 **丈人之愼火也**에 **塗其隙**이라

丈人이 불을 대비할 적에 틈새를 흙으로 발랐다.

○**先愼曰 易師**에 **丈人吉**이라하니 **鄭注 丈之言長**이니 **能以法度長於人**이라 **是以丈人爲位尊者之稱**이라하니라 **襄九年**에 **宋災**하다 **樂喜爲司城以爲政**이러니 **使伯氏司里積土塗**하야 **以備火之乘隙而入也**라하니라

○王先愼 : ≪周易≫ 師卦에 "丈人이라야 吉하다."라고 하니, 鄭玄의 注에 "丈은 훌륭하다는 말이니 법도가 남보다 훌륭한 것이다. 이 때문에 丈人은 지위가 높은 자를 일컫는 것이다."라고 하였다. ≪春秋左氏傳≫ 襄公 9년(B.C. 565)에 "宋나라에 火災가 났다. 樂喜가 司城으로 국정을 맡았는데, 伯氏로 하여금 城內의 거리를 맡아서 〈불길이 아직 미치지 않은 곳에〉 흙과 진흙을 쌓아놓게 해서 불길이 틈새를 파고들어가는 것을 막도록 하였다."라고 하였다.

21-57 **是以白圭無水難**이요 **丈人無火患**이라

이 때문에 白圭는 홍수의 재난이 없었고 丈人은 화재의 우환이 없었다.

先愼曰 初學記二十五引難患互易이라

王先愼 : ≪初學記≫ 권25에 이 글을 인용한 곳에는 '難'자와 '患'자가 서로 바뀌어 있다.

21-58 **此皆愼易以避難**하고 **敬細以遠大者也**니라

이는 모두 쉬울 때에 대비하여 재난을 피하고 미세할 때에 삼가 큰 변고를 멀리한 것이다.

21-59 **扁鵲**[29] **見**(현)**蔡桓公**하야

扁鵲이 蔡 桓公을 알현하여

29) 扁鵲 : 전국시대의 名醫로 이름이 秦越人이다. 편작은 그의 號이다. 神人 長桑君이 일찍이 자기 품속에 간직했던 약을 扁鵲에게 주면서 이르기를 "이 약을 上池水로 30일 동안 복용하고 나면 눈이 밝아져서 의당 鬼物을 환히 보게 될 것이다."라고 한 고사가 전한다.(≪史記≫ 권105 〈扁鵲列傳〉)

○顧廣圻曰 史記列傳新序에 作齊桓公이라

○顧廣圻 : ≪史記≫ 〈扁鵲列傳〉과 ≪新序≫에는 '齊桓公'으로 되어 있다.

21-60 立有間이라 扁鵲曰 君有疾在腠(주)理하니 不治將恐深하리이다하니 桓侯曰 寡人無疾이라하니라

한동안 서 있었다. 편작이 말하길 "군주의 병이 살갗에 있으니 치료하지 않으면 장차 더욱 깊어질 듯합니다."라고 하였다. 桓侯가 말하길 "과인은 병이 없다."라고 하였다.

○先愼曰 各本無疾字라 盧文弨云 無下脫疾字라 新序史記扁鵲傳에 皆有疾字라하니 今依拾補增하노라

○王先愼 : 각 본에는 '疾'자가 없다. 盧文弨는 "'無'자 아래에 '疾'자가 탈락되었다. ≪新序≫ 및 ≪史記≫ 〈扁鵲列傳〉에 모두 '疾'자가 있다."라고 하였으니, 지금 ≪群書拾補≫에 의거하여 보충하였다.

21-61 扁鵲出에 桓侯曰 醫之好治하야 不病以爲功이라하니라 居十日에 扁鵲復見(현)曰 君之病在肌膚하니 不治將益深하리이다하니 桓侯不應하고 扁鵲出에 桓侯又不悅이라

편작이 물러나자 환후가 말하길 "의원은 병을 치료하길 좋아하여 병이 없는데도 치료하여 공으로 삼으려고 한다."라고 하였다. 10일이 지난 후에 편작이 다시 환후을 알현하여 말하길 "군주의 병이 살갗 안으로 들어갔으니 치료하지 않으면 장차 더욱 깊어질 것입니다."라고 하니, 환후는 응답하지 않고 편작이 물러나자 환후는 또 불쾌히 여겼다.

21-62 居十日에 扁鵲復見(현)曰 君之病在腸胃하니 不治將益深하리이다하니 桓侯又不應하고 扁鵲出에

10일이 지난 후에 편작이 다시 환후을 알현하여 말하길 "군주의 병이 위장에 있

으니 치료하지 않으면 장차 더욱 깊어질 것입니다."라고 하니, 환후는 또 응답하지 않고 편작이 물러나자

○先愼曰 乾道本에 無出字라 顧廣圻云 藏本今本에 有出字라하니라 先愼案 史記亦有하니 今據補하노라

○王先愼 : 乾道本에 '出'자가 없다. 顧廣圻는 "藏本과 今本에 '出'자가 있다."라고 하였다. 내가 살펴보건대 ≪史記≫ 〈扁鵲列傳〉에도 '出'자가 또 있으니 지금 이에 의거하여 보충하였다.

21-63 桓侯又不悅이라

환후는 또 불쾌히 여겼다.

21-64 居十日에 扁鵲望桓侯而還走하니

10일이 지난 후에 편작이 환후를 멀리서 바라보다가 뒤돌아 달아나니

○先愼曰 還走는 反走也라

○王先愼 : '還走'는 뒤돌아 달아나는 것이다.

21-65 桓侯(故)使人問之라

환후가 사람을 시켜 그 이유를 물어보았다.

○先愼曰 張榜本에 無故字라

○王先愼 : 張榜本에는 '故'자가 없다.

21-66 扁鵲曰 疾在腠理면 湯熨(위)之所及也요

편작이 말하길 "병이 살갗에 있으면 뜨거운 물로 찜질을 해서 치료할 수 있고,

○先愼曰 乾道本에 無也字라 顧廣圻云 今本에 有也字하니 依下二句當有라하니라 先愼案 史記亦有하니 今據補하노라

○王先愼 : 乾道本에 '也'자가 없다. 顧廣圻는 "今本에 '也'자가 있으니 이에 의거하여 아래 두 구에도 응당 '也'자가 있어야 한다."라고 하였다. 내가 살펴보건대 ≪史記≫ 〈扁鵲列傳〉에도 '也'자가 있으니 지금 이에 의거하여 보충하였다.

21-67 在肌膚면 鍼石之所及也요 在腸胃면 火齊之所及也리이다

병이 살갗 안에 있으면 침술로 치료할 수 있고, 병이 위장에 있으면 火劑湯으로 치료할 수 있습니다.

○盧文弨曰 火齊는 新序作大劑라 先愼曰 火齊湯은 治腸胃病이라 倉公傳에 齊郎中令循 不得前後溲三日한대 飮以火齊湯而疾愈라하고 又齊王太后病하야 難於大小溲溺한대 飮火齊湯而病已라하니라 新序에 作大劑者는 齊劑古通이요 大乃火字之誤니 當依此訂正이라

○盧文弨 : '火齊'는 ≪新序≫에 '大劑'라고 되어 있다.

王先愼 : 火齊湯은 위장병을 치료하는 것이다. ≪史記≫ 〈倉公列傳〉에 "齊나라 郎中令 循이 3일 동안 대소변을 보지 못했는데, 火齊湯을 마시고 병이 나았다."라고 하였고, 또 "齊나라 王太后가 병이 들어 대소변을 잘 보지 못했는데 火齊湯을 마시고 병이 나았다."라고 하였다. ≪新序≫에 '大劑'로 되어 있는 것은 '齊'와 '劑'가 古字에서 통용이고, '大'는 '火'자의 오기이니, 응당 이에 의거하여 바로잡아야 한다.

21-68 在骨髓면 司命之所屬이라 無奈何也니이다

그러나 병이 골수에 있으면 司命(목숨을 관장하는 神)이 관장하는 것이라 어찌할 수 없습니다.

○盧文弨曰 屬字는 新序無라

○盧文弨 : '屬'자는 ≪新序≫에는 없다.

21-69 今在骨髓하니 臣是以無請也니이다하니라

지금은 병이 골수에 있으니 신은 이 때문에 따로 청을 드릴 게 없습니다."라고 하였다.

21-70 居五日에 桓侯體痛하야 使人索扁鵲이나 已逃秦矣하고 桓侯遂死라

5일이 지나자 환후는 몸이 아파 사람을 시켜 편작을 찾았지만 그는 이미 秦나라로 도망을 가버렸고 환후는 마침내 세상을 떠났다.

21-71 故良醫之治病也에 攻之於腠理하니 此皆爭之於小者也라 夫事之禍福도 亦有腠理之地하니 故(曰)聖人蚤從事焉이라

그러므로 훌륭한 의원은 병을 치료할 적에 병이 살갗에 있을 때 다스리니, 이는 모두 병이 작은 것일 때 싸우는 것이다. 일의 禍福도 병이 살갗에 있는 것과 같은 경우가 있으니 그래서 聖人은 일찍 그 일을 처리하는 것이다.

○顧廣圻曰 曰字는 當衍이라 新序云 故聖人早從事矣라하니 其明證也라 先愼曰 以上見德經六十三章이라

○顧廣圻 : '曰'자는 응당 衍文이다. ≪新序≫에 이르기를 "故聖人早從事矣(그래서 聖人은 일찍 그 일을 처리한다.)"라고 되어 있으니 분명한 증거이다.

王先愼 : 이상은 ≪德經≫ 63章에 보인다.

21-72 昔晉公子重耳[30]出亡하야

옛날에 晉나라 公子 重耳가 망명하여

○先愼曰 各本에 連上이라 盧文弨曰 當分段이라하니 今從之하노라

○王先愼 : 각 본에는 윗글과 연결되어 있다. 盧文弨는 "응당 단락을 구분해야 한다."라고 하였으니 지금은 이를 따랐다.

21-73 過鄭이러니 鄭君不禮라 叔瞻이 諫曰 此賢公子也니 君厚待之하시면 可以積德이니이다하니 鄭君不聽이라 叔瞻이 又諫曰 不厚待之인댄 不若殺之하야

鄭나라에 들렀는데 정나라 군주가 예우해주지 않았다. 叔瞻이 간언하기를 "이

30) 重耳 : 春秋五霸의 하나인 晉나라 文公이다. 19년 동안의 망명생활 끝에 귀국하여 임금이 되었다.

사람은 어진 公子이니, 군주께서 그를 후하게 대우하면 덕을 쌓으실 수 있습니다."라고 하니 정나라 군주는 듣지 않았다. 숙첨이 또 간언하기를 "후하게 대우하지 않을 것이라면 그를 죽여

○盧文弨曰 張淩本에 無待之二字라

○盧文弨 : 張本과 淩本에 '待之' 두 자가 없다.

21-74 **無令有後患**이니이다하니

후환을 없애는 것만 못합니다."라고 하니

21-75 **鄭**(公)〔**君**〕**又不聽**이라

鄭나라 군주는 또 듣지 않았다.

○先愼曰 公은 當作君이라

○王先愼 : '公'은 응당 '君'이 되어야 한다.

21-76 **及公子返晉邦**하야 **擧兵伐鄭**하야 **大破之**하고 **取八城焉**이라

公子가 晉나라로 돌아가자 군사를 일으켜 鄭나라를 쳐서 대파하고 8개의 성을 빼앗았다.

21-77 **晉獻公以垂棘之璧**[31]으로 **假道於虞而伐虢**이러니 **大夫宮之奇諫曰 不可**니이다 **脣亡而齒寒**이니 **虞虢相救**는 **非相德也**니이다

晉나라 獻公이 垂棘의 璧玉을 가지고 虞나라에게 길을 빌려 虢나라를 치려고 했

31) 晉獻公以垂棘之璧 : ≪春秋左氏傳≫ 僖公 2년 조와 5년 조에 다음과 같은 내용이 보인다. 晉나라 荀息이 屈 땅에서 생산된 말과 垂棘에서 생산된 璧玉을 虞나라에 주고서 길을 빌려 虢나라를 치자고 獻公에게 건의하였다. 헌공이 말하기를 "이것은 나의 보배이니 줄 수 없다."라고 하니, 순식이 말하기를 "만약 우나라에게 길을 빌릴 수만 있다면, 보배를 바깥 창고에 보관해두는 것과 같습니다." 하였다.

는데, 大夫 宮之奇가 〈우나라 군주에게〉 간언하기를 "불가합니다. 입술이 없어지면 이가 시리니, 우나라와 괵나라가 서로 구원해주는 것은 서로에게 덕을 베풀기 위해서가 아닙니다.

○先愼曰 虞虢之所以相救者는 非彼此見德이니 緣滅亡隨之耳라

○王先愼 : 虞나라와 虢나라가 서로 구원해주는 것은 피차간에 덕을 보여주기 위해서가 아니라 한 나라가 멸망하면 다른 나라가 따라서 멸망하기 때문이다.

21-78 今日晉滅虢하면 明日虞必隨之亡하리이다하니 虞君不聽하고 受其璧而假之道라 晉已取虢하고 還反滅虞라

오늘 진나라가 괵나라를 멸망시킨다면 다음날 우나라는 필시 따라서 멸망할 것입니다."라고 하니 우나라 군주는 듣지 않고 벽옥을 받고서는 진나라에게 길을 빌려주었다. 진나라가 이로 인해 괵나라를 취하고 돌아오는 길에 우나라를 멸망시켰다.

○先愼曰 張榜本에 已作以라

○王先愼 : 張榜本에 '已'가 '以'로 되어 있다.

21-79 此二臣者皆爭於腠理者也어늘 而二君不用也라 然則叔瞻宮之奇도 亦虞鄭之扁鵲也어늘 而二君不聽이라 故鄭以破하고 虞以亡이라 故曰 其安易持也요 其未兆易謀也라하니라

이 두 신하는 모두 병이 살갗에 있을 때 간쟁한 경우이거늘 두 군주는 쓰지 않았다. 그렇다면 숙첨과 궁지기 또한 우나라와 정나라의 편작이거늘 두 군주는 듣지 않았으므로 정나라는 격파당하고 우나라는 멸망하였다. 그래서 ≪老子≫에 "편안할 때 지키기가 쉽고, 징조가 아직 나타나기 전에 도모하기가 쉽다."라고 하였다.

○顧廣圻曰 德經皆無兩也字라 先愼曰 見六十四章이라

○顧廣圻 : ≪德經≫에 두 개의 '也'자가 모두 없다.

王先愼 : ≪老子≫ 64장에 보인다.

21-80 昔者紂爲象箸러니

옛날에 紂가 상아 젓가락을 만들자

○先愼曰 乾道本에 連上이나 盧文弨云 當分段이라하니 今從之하노라

○王先愼 : 乾道本에는 윗글과 이어져 있으나 盧文弨는 "응당 단락을 나누어야 한다." 라고 하였으니 지금 이를 따랐다.

21-81 而箕子怖하야

箕子가 두려워하면서

○盧文弨曰 怖는 史記淮南에 作唏요 凌本同이라 此自作怖하니 後同이라 顧廣圻曰 怖는 當作悕니 下文及說林上同[32)]이라 先愼曰 顧說은 非라 說文에 怖는 惶也라 怖는 或从布聲이라하고 唏는 笑也라 一曰哀痛不泣曰唏라하니라 按下文吾懼其卒 故怖其始컨대 卒言懼하니 則始當言惶이라 不得於始卽哀痛也라 史記淮南에 作唏는 誤니 當依此訂正이라 藝文類聚七十三 御覽七百五十九에 引作怖라

○盧文弨 : '怖'는 ≪史記≫와 ≪淮南子≫에 '唏'로 되어 있고, 凌本도 마찬가지다. 이는 본래 '怖'로 되어 있던 것이니 그 후로도 마찬가지다.

顧廣圻 : '怖'는 응당 '悕'가 되어야 하니 아래 글과 〈說林 上〉도 마찬가지다.

王先愼 : 顧廣圻의 설은 잘못되었다. ≪說文解字≫에 "'怖'는 '惶(두려움)'이다. 怖는 布聲을 따르는 경우도 있다."라고 하였고 "'唏'는 웃는다〔笑〕는 것이다. 어떤 경우에는 애통

32) 下文及說林上同 : ≪韓非子≫ 〈說林 上〉에 "紂가 상아 젓가락을 만들자 箕子가 두려워하면서 생각하기를 '상아 젓가락을 쓰면 반드시 질그릇에 국을 담아 먹지 않을 것이다. 그러면 반드시 犀角이나 玉으로 만든 술잔을 함께 쓸 것이고, 玉杯와 상아 젓가락을 쓸 경우엔 반드시 콩잎 같은 음식을 담아 먹지 않을 것이니, 반드시 旄牛·코끼리·표범의 胎를 먹으려 할 것이고, 旄牛·코끼리·표범의 胎를 먹을 경우엔 반드시 짧은 거친 베옷을 입거나 띠로 지붕을 인 집에 살려고 하지 않을 것이니, 반드시 비단옷을 아홉 겹으로 껴입고 높고 넓은 집에서 살려고 할 것이다.' 하였다.〔紂爲象箸 而箕子怖以爲象箸 必不盛羹於土鉶 則必犀玉之杯 玉杯象箸 必不盛菽藿 則必旄象豹胎 旄象豹胎 必不衣短褐而舍茅茨之下 則必錦衣九重 高臺廣室也〕"라고 하였다.

하면서 울지 않는 것을 '唏'라고 한다."라고 하였다. 아래 글의 '吾懼其卒 故怖其始(그 마지막이 두렵기 때문에 그 시작부터 두려워한 것이다.)'를 살펴보건대, 마지막에서 두렵다고 말했으니 처음에 응당 두렵다고 말한 것이다. 처음부터 제대로 하지 않으면 곧 애통해하는 것이다. ≪史記≫와 ≪淮南子≫에 '唏'로 되어 있는 것은 잘못되었으니, 응당 이에 의거하여 바로잡아야 한다. ≪藝文類聚≫ 권73과 ≪太平御覽≫ 권759에 이 글을 인용하면서 '怖'로 되어 있다.

21-82 **以爲象箸**면 **必不加於土鉶**(형)이니 **必將犀玉之杯**요 **象箸玉杯**엔 **必不羹菽藿**이니 **則必旄象豹胎**요

다음과 같이 생각하였다. 상아 젓가락을 쓰면 반드시 질그릇(土鉶)에 국을 담아 먹지 않을 것이니 반드시 犀角이나 玉으로 만든 술잔을 함께 쓸 것이고, 玉杯와 상아 젓가락을 쓸 경우엔 반드시 콩잎국 같은 음식을 담아 먹지 않을 것이니, 반드시 旄牛·코끼리·표범의 胎를 먹으려 할 것이고,

○**先愼曰 乾道本**에 **無則字**라 **盧文弨云 必上脫則字**니 **張凌本**에 **有**라하니 **今據補**하노라 **顧廣圻云 旄**는 **讀爲芼**라하니라 **先愼按 顧讀**은 **誤**라 **呂氏春秋本味篇**에 **肉之美者旄象之約**이라하니 **高注**에 **旄**는 **旄牛也**라하니라 **旄象二字**는 **藝文類聚御覽**에 **均作薦字**하니 **誤**라 **說林上篇**에 **亦作旄象**이라

○王先愼 : 乾道本에 '則'자가 없다. 盧文弨는 "'必'자 위에 '則'자가 탈락된 것이니 張本과 凌本에 '則'자가 있다."라고 하였으니 지금 이에 의거하여 보충하였다. 顧廣圻는 "'旄'는 '芼'로 읽는다."라고 하였다. 내가 살펴보건대 고광기가 읽은 것은 잘못되었다. ≪呂氏春秋≫ 〈本味篇〉에 '肉之美者旄象之約(맛있는 고기는 旄牛와 코끼리의 허리 부분이다.)'이라 하니 高誘의 注에 "'旄'는 旄牛이다."라고 하였다. '旄象' 두 자는 ≪藝文類聚≫ 권73과 ≪太平御覽≫ 권759에 모두 '薦'자로 되어 있으니 잘못되었다. 〈說林 上〉편에도 '旄象'으로 되어 있다.

21-83 **旄象豹胎**엔 **必不衣短褐而食於茅屋之下**니

旄牛·코끼리·표범의 胎를 먹을 경우엔 반드시 짧은 거친 베옷을 입거나 띠로 지붕을 인 집에 살려고 하지 않을 것이니,

○顧廣圻曰 藏本同이라 今本에 短作裋(수)하니 誤라 按本書說林上에 亦作短이라 王命論[33)]에 思有短褐之襲(습)이라하니 文選注云 韋昭以短爲裋라 裋는 襦也요 短은 丁管切이라하니라 依此컨대 短褐은 自有所出이니 不必改爲裋矣라

○顧廣圻 : 藏本도 마찬가지다. 今本에 '短'은 '裋'로 되어 있으니 잘못되었다. 살펴보건대 本書 〈說林 上〉에도 '短'으로 되어 있다. 班彪의 〈王命論〉에 '思有短褐之襲(짧은 거친 베옷이 담긴 큰 상자를 생각함)'이라 하니, ≪文選≫ 注에 이르기를 "韋昭는 '短'을 '裋'으로 여겼다. '裋'는 저고리이고 '短'은 丁과 管의 反切이다."라고 하였다. 이것에 의거하면 '短褐'은 본래 유래가 있으니 굳이 '裋'로 바꿀 필요가 없다.

21-84 則〔必〕錦衣九重하며 廣室高臺라

반드시 비단옷을 아홉 겹으로 껴입고 높고 넓은 집에서 살려고 할 것이다.

○先愼曰 則下當有必字라 說林上有하니 是其證이라

○王先愼 : '則'자 아래에 응당 '必'자가 있어야 한다. 〈說林 上〉에 '必'자가 있으니 그 증거이다.

21-85 吾畏其卒이라 故怖其始니라

나는 그 마지막이 두렵기 때문에 그 시작부터 두려워한 것이다.

21-86 居五年에 紂爲肉圃하고 設炮烙하며

〈즉위한 지〉 5년이 되었을 때 紂가 고기를 늘어놓은 정원을 만들고 고기 굽는 架子를 설치하며

○兪樾曰 段氏玉裁謂 炮烙은 本作炮格이라 史記索隱引鄒誕云 烙 一音閣이라하니라 楊倞注荀子議兵篇云 烙은 音古責反이라하니라 觀鄒楊所音皆是格字無疑라 鄭康成注周禮牛人云 互는 若今屠家縣肉格이라하니 意紂所爲亦相似라하니라 段氏此說은

33) 王命論 : 後漢의 班彪가 지은 〈王命論〉을 가리킨다. 〈왕명론〉은 漢나라 황실의 부흥을 꾀하는 논설문이다.

洵足訂正向來傳寫之誤라 惟炮格似有二義하니 荀子議兵篇에 紂刳比干하고 囚箕子하야 爲炮格刑이라하니라 楊注引列女傳曰 炮格은 爲膏銅柱하고 加之炭上하야 令有罪者行焉이러니 輒墜火中하면 紂與妲己大笑라하니라 此則炮格爲淫刑以逞之事니 是一義也라 若此文云 紂爲肉圃하고 設炮格하며 登糟邱하고 臨酒池는 則似爲飲食奢侈之事니 別爲一義라 蓋爲銅格하야 布火其下하야 欲食者於肉圃取肉置格上하야 炮而食之也라 如此說方與肉圃糟邱酒池一類라 且因爲象箸而至此히 正見其由小而大하니 箕子所以畏其卒而怖其始也라 若是炮格之刑인댄 則不特與肉圃諸事不類하고 且與上文爲象箸事亦絕不相干矣라 呂氏春秋過理篇云 糟邱酒池하고 肉圃爲格이라하니 格은 卽炮格이니 不言炮格而直曰爲格은 卽承肉圃之下라 是於肉圃中爲格也니 其爲炮肉之格明矣라 高注에 格以銅爲之하고 布火其下하야 以人置上하면 人爛墮火而死라하니라 夫糟邱酒池肉圃는 皆是飲食之地니 何故卽於其地炮炙人乎리오 蓋古書說炮格者는 本有二義니 當各依本書說之라 學者但知有前一義하고 不知有後一義하야 古事之失傳久矣라 先愼曰 本書亦有二義니 如難一篇에 炮烙을 連斬涉者之脛言하고 難二篇에 兩言請解炮烙之刑이라하고 難勢篇에 桀紂爲高臺深池以盡民力하고 爲炮烙以傷民性이라하니 是皆以炮烙爲淫刑이라 此炮烙은 與肉圃糟邱酒池竝言하니 則指飲食奢侈之事라 兪氏知古義之有二나 而不知本書之義亦有二라 故詳說之하노라

○兪樾：段玉裁가 이르기를 "'炮烙'은 원래 '炮格'으로 되어 있으니, ≪史記索隱≫에서 鄒誕의 말을 인용하면서 '「烙」은 또 다른 音이 「閣」이다.'라고 하였다. ≪荀子≫〈議兵篇〉의 楊倞의 注에 이르기를 '「烙」은 音이 古와 責의 反切이다.'라고 하였다. 추탄과 양경이 설명한 '烙'자의 音을 살펴보면 모두 '格'자임이 틀림없다. ≪周禮≫〈地官 牛人〉鄭康成(鄭玄)의 注에 이르기를 '互는 지금 屠家에서 고기를 매달아놓는 架子인 格과 같다.'라고 하였으니, 생각건대 紂의 행위 또한 이와 비슷할 것이다."라고 하였다. 단옥재의 이 설명은 참으로 종래에 잘못 전하는 오류를 바로잡은 것이다.

다만 炮格은 두 가지의 뜻이 있는 듯하니 ≪荀子≫〈議兵篇〉에서 "紂가 比干의 심장을 도려내고 箕子를 옥에 가두어 炮格刑을 집행하였다."라고 하였는데 楊倞의 注에서 ≪列女傳≫을 인용하면서 이르기를 "炮格은 구리기둥에 기름을 바르고 거기에 숯불을 달구어 죄인으로 하여금 그곳을 걸어가게 하는 것이니 죄인이 대번이 불속으로 떨어지면 紂와 妲己는 크게 웃었다."라고 하였다. 이것은 炮格이 참혹한 형벌로써 주와 달기를 즐겁게

한 일이니, 炮格의 한 가지 뜻이다.

이 글과 같이 "紂가 고기를 늘어놓은 정원〔肉圃〕을 만들고 고기 굽는 架子〔炮格〕를 설치하며 술지게미 언덕〔糟邱〕을 오르고 술로 채운 못〔酒池〕에서 노닌다."고 한 것은 음식을 사치스럽게 한 일이니 炮格의 또 다른 뜻이다. 구리로 만든 架子를 설치하여 그 아래에 불을 지펴서, 고기를 먹으려는 자가 고기를 늘어놓은 정원에서 고기를 가져와 架子 위에 얹고 불로 구워서 먹는 것이다. 이와 같은 설명이라야 고기를 늘어놓은 정원〔肉圃〕, 술지게미 언덕〔糟邱〕, 술로 채운 못〔酒池〕 등과 같은 부류가 된다.

또 상아 젓가락을 만든 것에서부터 시작하여 여기에 이르기까지, 작은 것에서부터 시작하여 큰 것에 이르는 것을 제대로 볼 수 있으니, 이것이 箕子가 그 마지막을 두려워하여 그 시작부터 두려워한 이유이다. 炮格이 炮格刑을 가리키는 것이라면 고기를 늘어놓은 정원〔肉圃〕 등의 사치스런 일과는 같은 부류가 아닐 뿐만 아니라 게다가 윗글에서 상아 젓가락을 만든 일과는 전혀 상관이 없다.

≪呂氏春秋≫ 〈過理篇〉에서 "糟邱酒池 肉圃爲格(술지게미 언덕을 만들고 술로 채운 못에 노닐며 고기를 늘어놓은 정원에 고기 굽는 架子를 설치하였다.)"이라 하였다. '格'은 곧 '炮格'이니 '炮格'이라 말하지 않고 다만 '爲格'이라고 말한 것은 '肉圃'의 의미를 아래에서 이은 것이다. 이것은 고기를 늘어놓은 정원〔肉圃〕 안에 고기 굽는 架子를 설치한 것〔爲格〕이니, 고기를 굽는 架子〔炮肉之格〕를 가리키는 것이 분명하다.

高誘의 注에 "格을 구리로 만들고 그 아래에 불을 지펴 사람을 그 위에 있게 하면 사람이 불에 데어서 불속에 떨어져 죽게 된다."라고 하였다. 술지게미 언덕, 술로 채운 못, 고기를 늘어놓은 정원 등은 모두 음식을 먹는 상황이니, 무슨 이유로 이런 상황에서 사람을 구워서 먹겠는가. 고서에 炮格을 설명한 것은 본래 두 가지 뜻이 있으니, 응당 각각 本書에 의거하여 설명해야 한다. 배우는 자는 다만 앞의 한 가지 뜻만 알고 뒤의 또 다른 뜻은 알지 못하여 고사가 잘못 전해진 지 오래되었다.

王先愼 : 本書에도 두 가지 뜻이 있으니 예컨대 〈難一篇〉에 炮烙을 "물을 건넌 자의 정강이를 자른다.〔斬涉者之脛〕"는 내용과 연결해서 말하고, 〈難二篇〉에 "炮烙刑을 폐지하기를 청한다.〔請解炮烙之刑〕"는 말을 두 차례하고, 〈難勢篇〉에 "桀과 紂는 높은 누대와 깊은 연못을 만들어 백성의 힘을 고갈시키고, 炮烙刑을 만들어 백성의 생명을 해쳤다."라고 하였으니, 이것들은 모두 炮烙이 참혹한 형벌을 가리키는 것이다. 여기서의 炮烙은 고기를 늘어놓은 정원, 술지게미 언덕, 술로 채운 못 등과 함께 말했으니 음식을 사치스럽게 한 일을 가리킨 것이다. 兪樾은 炮烙의 옛날 뜻이 두 가지가 있음을 알았지만 本書에서 사용된 뜻에도 두 가지가 있음을 알지 못했으므로 내가 상세히 설명하였다.

21-87 **登糟邱**하고

술지게미 언덕을 오르고

○先愼曰 張榜本에 糟作曹라

○王先愼 : 張榜本에 '糟'는 '曹'로 되어 있다.

21-88 **臨酒池**하야 **紂遂以亡**이라 **故箕子見象箸以知天下之禍**라 **故曰 見小曰明**이라하니라

술로 채운 못에서 노닐어 紂는 마침내 멸망하였다. 그러므로 箕子는 상아 젓가락을 보고 천하의 화란을 미리 알 수 있었다. 이 때문에 ≪老子≫에 "작은 것을 보고 미리 아는 것을 明이라고 한다."라고 하였다.

○顧廣圻曰 今德經에 曰作日이요 傅本與此合이라 先愼曰 王弼에 作曰이요 淮南同이요 下同이라 見五十二章이라

○顧廣圻 : 지금 ≪德經≫에 '曰'자가 '日'자로 되어 있고 傅奕本도 이와 같다.
王先愼 : 王弼本에 '曰'로 되어 있고 ≪淮南子≫도 마찬가지고 아래에서도 마찬가지다. 이는 ≪老子≫ 52장에 보인다.

21-89 **句踐**이 **入宦於吳**하야

句踐은 吳나라에 들어가 신하가 되어

○先愼曰 舊連上이나 今提行하노라

○王先愼 : 예전에는 윗글과 이어져 있었으나 여기서는 행을 바꿨다.

21-90 **身執干戈**하야 **爲吳王洗(선)馬**라

몸소 창과 방패를 잡고 吳王의 洗馬가 되었으므로

○顧廣圻曰 洗는 他書又作先이라 先愼曰 洗과 先은 古通이니 謂前馬而走라 越語에 其身親爲夫差前馬라하니 是也라 古本賤役이라가 至漢始以此名官이라 百官公卿

表에 太子太傅屬官有先馬라하니 如淳云 前驅也니 先이 或作洗이라하니라 汲黯傳에 作洗馬하니 是其證이라

○顧廣圻 : '洗'은 다른 책에 또한 '先'으로 되어 있다.

王先愼 : '洗'과 '先'은 古字에서 통용이니 앞에서 말을 몰고 달려가는 것을 말한다. ≪國語≫ 〈越語〉에 "몸소 夫差를 위해 앞에서 말을 몰았다."라고 한 것이 이것이다. 옛날에는 본래 비천한 일이었다가 漢나라에 와서 비로소 이 이름으로 관직을 삼았다. ≪漢書≫ 〈百官公卿表〉에 "太子太傅의 소속된 관리 가운데 先馬가 있다."라고 했으니, 如淳이 이르기를 "앞에서 말을 모는 것이니, '先'자가 '洗'으로 되어 있는 것도 있다."라고 하였다. ≪史記≫ 〈汲黯列傳〉에 '洗馬'로 되어 있으니, 이것이 그 증거이다.

21-91 故能殺夫差於姑蘇라

夫差를 姑蘇에서 죽일 수 있었다.

○先愼曰 北堂書鈔一百二十三引於作破라

○王先愼 : ≪北堂書鈔≫ 권123에 이것을 인용하면서 '於'가 '破'로 되어 있다.

21-92 周文王見詈(리)於(王)〔玉〕門이나

周 文王은 玉門에서 치욕을 당했으나

○盧文弨曰 王은 卽古玉字라 顧廣圻曰 戰國策云 而武王羈於王門이라하고 又呂氏春秋云 武王事之 夙夜不懈 亦不忘王門之辱이라하니라 高注에 文王得歸하야 乃築靈臺하고 作玉門하야 相女童하니 武王以此爲恥而不忘也라하니 王은 卽玉字라 高所說見淮南道應訓이라 彼注에 玉門은 以玉飾門이라하니 可證也라 武王은 不當有羈事니 策에 羈는 當卽詈之譌라

○盧文弨 : '王'자는 곧 옛날의 '玉'자이다.

顧廣圻 : ≪戰國策≫ 〈趙策〉에 "武王이 王門에서 억류되었다."라고 하였고, 또 ≪呂氏春秋≫ 〈孝行覽〉에 "武王이 紂를 섬겨 밤낮으로 게을리하지 않고 또한 王門의 치욕을 잊지 않았다."라고 하였다. 高誘의 注에 "文王이 돌아와 靈臺를 축조하고 玉門을 만들어 女童을 살피니 武王이 이것을 치욕으로 여겨 잊지 않았다."라고 하였으니 '王'자는 곧 '玉'자이

다. 高誘의 설명은 ≪淮南子≫ 〈道應訓〉에 보인다. 거기의 注에서 "玉門은 옥으로 장식한 문이다."라고 하였으니 그 증거이다. 武王은 玉門에서 억류된 일이 없으니 ≪戰國策≫ 〈趙策〉에 '羈'자는 응당 '詈(욕을 당하다)'자의 잘못이다.

21-93 顔色不變하야 而武王擒紂於牧野라 故曰 守柔曰强[34]이라하니라

안색을 바꾸지 않아서 武王이 牧野에서 紂를 사로잡을 수 있었다. 이 때문에 ≪老子≫에 "柔를 지키는 것을 强이라고 한다."라고 하였다.

21-94 越王之霸也는 不病宧이요

越王이 패자가 된 것은 夫差의 신하가 되는 것을 병통으로 여기지 않았기 때문이고,

○先愼曰 宧은 趙本作官하니 誤라

○王先愼 : '宧'은 趙本에 '官'으로 되어 있으니 잘못되었다.

21-95 武王之王也는 不病詈라 故曰 聖人之不病也는 以其不病이라 是以無病也라하니라

武王이 왕 노릇 한 것은 치욕을 병통으로 여기지 않았기 때문이다. 이 때문에 말하기를 "聖人이 병통이 없는 것은 그것을 병통으로 여기지 않아서이다. 이 때문에 병통이 없는 것이다."라고 하였다.

○顧廣圻曰 今德經에 無之字요 傅本有하니 與此合이요 皆無也字라 以其不病은 傅本及德經에 皆作以其病病이라 按韓子自作不病이라 是以無病也는 傅本作是以不吾病하고 今德經作是以不病이로되 皆無也字라 先愼曰 此謂不以爲病故能除病이라 以上見七十一章이라

○顧廣圻 : 지금 ≪德經≫에는 '之'자가 없고, 傅奕本에는 있으니 이와 합치되고, 둘 다 '也'가 없다. '以其不病'은 傅奕本과 ≪德經≫에 모두 '以其病病'으로 되어 있다. 살펴보건

34) 守柔曰强 : 통행본 ≪道德經≫ 52장에 보인다.

대 ≪韓非子≫에는 본래 '不病'으로 되어 있다. '是以無病也'는 傅奕本에 '是以不吾病'으로 되어 있고 지금 ≪德經≫에 '是以不病'으로 되어 있는데, 둘 다 '也'자가 없다.

王先愼 : 이것은 병통으로 여기지 않기 때문에 병통을 능히 제거할 수 있다는 말이다. 이상은 ≪老子≫ 71장에 보인다.

21-96 宋之鄙人이

宋나라의 시골 사람이

○盧文弨曰 下二條皆當連이라

○盧文弨 : 아래 두 조목은 모두 응당 이어진다.

21-97 得璞玉而獻之子罕[35)]하니

璞玉을 얻어서 子罕에게 바치니

○先愼曰 見左襄十五年傳이라 二柄篇에 有子罕이로되 當別一人이라

○王先愼 : ≪春秋左氏傳≫ 襄公 15년(B.C. 559) 조에 보인다. ≪韓非子≫ 〈二柄篇〉에 子罕이 나오는데 응당 다른 사람이다.

21-98 子罕不受라 鄙人曰 此寶也는 宜爲君子器요 不宜爲細人用이니이다하니라 子罕曰 爾以玉爲寶나 我以不受子玉爲寶라하니라 是鄙人欲玉이나 而子罕不欲玉이라 故曰 欲不欲하고 而不貴難得之貨[36)]라하니라

자한이 박옥을 받지 않았다. 시골 사람이 말하길 "이 보배는 응당 君子의 물건이요, 응당 미천한 사람이 사용하는 물건이 아닙니다."라고 하였다. 자한이 말하길 "그대는 박옥을 보배로 여기지만 나는 그대의 박옥을 받지 않는 것을 보배로 여긴다."라고 하였다. 이것은 시골 사람이 박옥을 원했으나 자한은 박옥을 원하지

35) 子罕 : 宋나라의 賢臣으로 司城子罕을 가리킨다. 이름은 喜이고 청렴한 관리로 이름이 높았다. 한편 ≪韓非子≫ 〈二柄篇〉에 군주의 권력을 잠식하여 결국은 宋 桓侯를 시해한 인물인 子罕이 나오는데, 여기에 나오는 子罕과는 다른 사람이다.

36) 欲不欲 而不貴難得之貨 : 통행본 ≪道德經≫ 64장에 보인다.

않은 것이다. 이 때문에 ≪老子≫에 "남이 원하지 않는 것을 원하고, 얻기 어려운 재화를 귀하게 여기지 않는다."라고 하였다.

○顧廣圻曰 藏本同이라 今本에 無而字요 傅本及今德經에 皆無而字라

○顧廣圻 : 藏本과 마찬가지다. 今本에 '而'자가 없고 傅奕本과 지금의 ≪德經≫에 모두 '而'자가 없다.

21-99 王壽負書而行이라가 見徐馮於周라 (塗)〔徐〕馮曰

王壽가 책을 짊어지고 가다가 周나라에서 徐馮을 만났다. 서풍이 말하길

○顧廣圻曰 周字句絶이니 讀依淮南道應訓이라 塗字는 淮南作徐라 此文上徐下塗는 未詳孰是라 先愼曰 依淮南作徐是也라 涂는 爲徐字形近之誤요 後人又加土於其下耳라

○顧廣圻 : '周'자에서 구두를 끊어야 되니 ≪淮南子≫ 〈道應訓〉에 의거하여 읽어야 한다. '塗'자는 ≪淮南子≫에 '徐'로 되어 있다. 이 글에서 위의 '徐'자와 아래의 '塗'자는 무엇이 맞는지 미상이다.

王先愼 : ≪淮南子≫에 '徐'로 되어 있는 것을 의거하는 것이 옳다. '涂'자는 '徐'자와 글자 모양이 비슷해서 생긴 오류이고, 후세 사람이 또 그 아래에 '土'자를 덧붙인 것이다.

21-100 事者는 爲也니 爲生於時하고 (知)〔時〕者無常事라

"일이라는 것은 하는 것이니, 하는 것은 때에 따라 생겨나고 이 때라는 것은 정해진 일이 없다.

○王渭曰 知는 當作時라 先愼曰 王說是라 道應訓에 時上有知字하니 乃誤衍이라 當依此訂正이라

○王渭 : '知'자는 응당 '時'가 되어야 한다.

王先愼 : 王渭의 설이 옳다. ≪淮南子≫ 〈道應訓〉에 '時'자 위에 '知'자가 있으니 잘못 들어간 衍文이다. 응당 이에 의거하여 바로잡아야 한다.

21-101 書者는 言也니 言生於知하고 知者不藏書라

책이라는 것은 말을 실은 것이니, 말은 지혜에서 생겨나고 이 지혜라는 것은 책에 담겨 있지 않다.

○顧廣圻曰 淮南子에 無不字라 先愼曰 淮南脫不字라 知는 讀曰智라

○顧廣圻 : ≪淮南子≫에는 '不'자가 없다.
王先愼 : ≪淮南子≫는 '不'자가 탈락된 것이다. '知'는 '智(지혜롭다)'로 읽어야 한다.

21-102 今子何獨負之而行고라하니 於是王壽因焚其書而儛之라

지금 그대는 어째서 홀로 책을 짊어지고 가는가."라고 하니, 이에 왕수는 책을 불태우고 춤을 추었다.

○先愼曰 高誘注에 自喜焚其書라 故舞之也라하니라

○王先愼 : 高誘의 注에 "스스로 책을 불태우는 것을 기뻐했기 때문에 춤을 춘 것이다."라고 하였다.

21-103 故知者不以言談教요 而慧者不以藏書篋(협)이라

그러므로 지혜는 말로써 가르칠 수 없고, 슬기로움은 책 상자에 담을 수 없다.

○王先謙曰 書字는 當在藏字上이라

○王先謙 : '書'자는 응당 '藏'자 위에 있어야 한다.

21-104 此世之所過也어늘 而王壽復之하니

이것은 세상 사람들이 지나쳐버리는 것인데 왕수는 근본을 회복하였으니

○先愼曰 河上公注에 復之者는 使反本也라하니라

○王先愼 : 河上公의 注에 "'復之'라는 것은 근본으로 돌이키게 하는 것이다."라고 하였다.

21-105 是學不學也라 故曰 學不學하야 復(歸)[37]衆人之所過也[38]라하니라

이것은 배우지 않는 것을 배운 것이다. 이 때문에 ≪老子≫에 "배우지 않는 것을 배워서 뭇사람들이 지나쳐버린 것을 회복하는 것이다."라고 하였다.

○顧廣圻曰 傅本及德經에 無歸字也字라 又傅本에 復上有以字하니 與各本全異라 先愼曰 王弼注에 學不學하야 以復衆人之過라하니 歸字는 疑衍이라

○顧廣圻 : 傅奕本과 ≪德經≫에 '歸'자와 '也'자가 없다. 또 傅奕本에 '復'자 위에 '以'자가 있으니 각 本과 전혀 다르다.

王先愼 : 王弼의 注에 '學不學 以復衆人之過'라고 했으니, '歸'자는 衍文인 듯하다.

21-106 夫物有常容하야 因乘以導之하니 因隨物之容이라

사물은 일정한 형태가 있어서 〈그 기틀을〉 따라 인도하니 그것을 따라 사물의 형태를 이룬다.

○顧廣圻曰 有誤나 未詳이라 先愼曰 顧說은 非也라 下因字微逗니 其義甚明이라 物有定形하야 乘其機以引導之하니 不待雕琢而聽其自然以成形이라

○顧廣圻 : 오류가 있지만 미상이다.

王先愼 : 顧廣圻의 설은 잘못되었다. 아래의 '因'자가 짧은 한 구이니 그 뜻이 매우 분명하다. 사물은 일정한 형태가 있어서 그 기틀을 따라 인도하니 아로새길 필요 없이 자연에 순응하여 형태를 이루는 것이다.

21-107 故靜則建乎德하고 動則順乎道니라

그러므로 고요하면 德을 세우고 움직이면 道에 순응한다.

○王先謙曰 靜則心有常主요 動則物來順應이라

○王先謙 : 고요하면 마음에 고정된 주체가 있고, 움직이면 사물이 와서 거기에 순응하는 것이다.

---

37) (歸) : 저본에는 '歸'가 있으나, 王弼의 注에 의거하여 衍文으로 보아 번역하지 않았다.

38) 學不學……所過也 : 통행본 ≪道德經≫ 64장에 보인다.

21-108 宋人有爲其君以象爲楮葉者러니

宋나라 사람 가운데 그 군주를 위해 상아로 닥나무 잎을 만든 자가 있었는데

○顧廣圻曰 象은 列子說符篇作玉이라

○顧廣圻 : '象'자는 ≪列子≫ 〈說符篇〉에 '玉'자로 되어 있다.

21-109 三年而成이라 豐殺(쇄)莖柯와

3년이 지나서 완성하였다. 두텁고 얇은 줄기와 가지,

○顧廣圻曰 豐은 列子作鋒이라 先愼曰 作豐是라 豐殺는 謂肥瘦也요 殺音所拜反이라

○顧廣圻 : '豐'자는 ≪列子≫에 '鋒'자로 되어 있다.

王先愼 : '豐'으로 되어 있는 것이 옳다. '豐殺'는 살지고 여윈 것을 말한 것이고, '殺(작다)'는 音이 所와 拜의 反切이다.

21-110 毫芒繁澤을 亂之楮葉之中而不可別也라

윤기 나는 잔털을 실제 닥나무 잎들 속에 뒤섞어놓아도 구별할 수가 없었다.

○先愼曰 列子同이라 白孔六帖八十三引亂作雜이요 別作辨이라

○王先愼 : ≪列子≫도 마찬가지다. ≪白孔六帖≫ 권83에 이 글을 인용하면서 '亂'자는 '雜'자로 되어 있고 '別'자는 '辨'자로 되어 있다.

21-111 此人遂以(功)〔巧〕食祿於宋邦이라

이 사람은 마침내 공교로운 솜씨로 송나라에서 봉록을 받았다.

○顧廣圻曰 功은 列子作巧라 先愼曰 功은 當作巧라 列子下文云 聖人恃道化而不恃智巧[39]라하니 張湛注에 此明用巧能不足以贍物이요 因道而化則無不周라하니라 卽

39) 聖人恃道化而不恃智巧 : ≪列子≫ 〈說符篇〉에 "列子가 이 소식을 듣고 말했다. '천지가 사물을 만들 때 3년이 지나 하나의 잎을 이루게 한다면 잎이 달려 있는 사물이 적을 것이다.

承此巧字言之라 功巧는 形近而誤라

○顧廣圻 : '功'자는 ≪列子≫에 '巧'로 되어 있다.

王先愼 : '功'자는 응당 '巧'자가 되어야 한다. ≪列子≫의 아래 글에 이르기를 '성인은 자연의 변화에 의지하고 지혜나 공교함에 의지하지 않는다.〔聖人恃道化而不恃智巧〕'라고 하였으니, 張湛의 注에 "이것은 공교로움을 가지고는 사물을 넉넉하게 만들기에 부족하고, 자연의 변화에 순응하면 두루 미치지 않는 것이 없음을 밝힌 것이다."라고 하였다. 이는 바로 '巧'자를 받아서 말한 것이다. '功'과 '巧'는 모양이 비슷해서 생긴 오류이다.

21-112 列子聞之曰 使天地三年而成一葉인댄 則物之有葉者寡矣리라하니라

列子가 이 소식을 듣고 말하기를 "天地로 하여금 3년이 지나 하나의 잎을 이루게 한다면 잎이 달려 있는 사물이 적을 것이다."라고 하였다.

○先愼曰 白孔六帖引天地作造化요 寡作鮮이라

○王先愼 : ≪白孔六帖≫에 이 글을 인용하면서 '天地'는 '造化'로 되어 있고 '寡'는 '鮮'으로 되어 있다.

21-113 故不乘天地之資而載一人之身하고 不隨道理之數而學一人之智하면

그러므로 天地의 도움을 받지 않고 한 사람의 몸에 맡기며, 道理의 數를 따르지 않고 한 사람의 지혜를 배우면

○先愼曰 乾道本에 智上無之字요 趙本에 有라 依上文當有하니 改從趙本하노라

○王先愼 : 乾道本에 '智'자 위에 '之'자 없고, 趙本에는 있다. 윗글에 의거하여 응당 있어야 하니 趙本을 따라 고쳤다.

21-114 此皆一葉之行也라 故冬耕之稼는 后稷[40]不能(羨)〔美〕也요

그러므로 성인은 자연의 변화에 의지하고 지혜나 공교함에 의지하지 않는다.'〔列子聞之曰 使天地之生物 三年而成一葉 則物之有葉者寡矣 故聖人恃道化而不恃智巧〕"라고 하였다.

40) 后稷 : 周나라의 시조로, 어머니인 姜嫄이 巨人의 발자국을 밟아서 임신하였다고 한다. 周代에 農業을 다스리는 神으로 숭배되었다.

이것은 모두 하나의 잎을 인위적으로 만드는 행위이다. 그래서 겨울철에 농사를 지어 수확하는 것은 后稷이라도 성공할 수 없고,

○兪樾曰 羨은 當作美字之誤也라 下文云 豐年大禾는 臧獲不能惡也라하니 美는 與惡相對라

○兪樾 : '羨'은 응당 '美'자로 되어 있던 것의 오류이다. 아래 글에 '豐年大禾 臧獲不能惡也'라 하였으니 '美'는 '惡'와 상대가 된다.

后稷(≪萬古際會圖像≫)

21-115 豐年大禾는 臧獲不能惡也니라 以一人之力하면 則后稷不足이나 隨自然하면 則臧獲有餘니라 故曰 恃萬物之自然而不敢爲也라하니라

풍년이 들어 크게 수확하는 것은 臧獲(노비)이라도 망칠 수 없다. 한 사람의 힘만으로 하면 후직이라도 부족하지만, 자연을 따르면 장획이라도 넉넉함이 있는 것이다. 이 때문에 ≪老子≫에 "만물의 자연에 의지하고 감히 작위를 일삼지 않는다."라고 하였다.

○顧廣圻曰 恃字는 傳本及今德經에 皆作以輔라 下也字는 今德經無요 傳本有與此合이라 先愼曰 治要引老子也作焉이라 以上見六十四章이라

○顧廣圻 : '恃'자는 傳奕本과 지금의 ≪德經≫에 모두 '以輔'로 되어 있다. 아래의 '也'자는 지금의 ≪德經≫에는 없고, 傳奕本은 이와 합치된다.

王先愼 : ≪群書治要≫에 ≪老子≫를 인용하면서 '也'자가 '焉'으로 되어 있다. 이상은 ≪老子≫ 64장에 보인다.

21-116 空竅者는 神明之戶牖也라

신체에 구멍이 난 곳은 神明이 드나드는 문이며 창문이다.

○先愼曰 乾道本에 連上이라 盧文弨云 當分段이라하니 今從拾補하노라

○王先愼：乾道本에는 윗글에 이어져 있다. 盧文弨는 "응당 단락을 구분해야 한다."라고 하였으니 지금은 ≪群書拾補≫를 따랐다.

21-117 耳目竭於聲色하고 精神竭於外貌라 故中無主니라 中無主면 則禍福雖如丘山이라도 無從識之니라 故曰 不出於戶라도 可以知天下요 不闚於牖라도 可以知天道[41)]라하니라

귀와 눈은 聲色에만 다하고 정신은 외모에만 다하기 때문에 마음에 주체가 없게 된다. 마음에 주체가 없게 되면 禍福이 산더미처럼 쌓여 있더라도 그것을 알 수 있는 방법이 없다. 이 때문에 ≪老子≫에 "문을 나서지 않더라도 天下를 알 수 있고, 창문으로 들여다보지 않더라도 天道를 알 수 있다."라고 하였다.

○顧廣圻曰 兩可以二字는 今德經無요 傅本有니 與此合이라 皆無於字라 下知字는 今德經作見이요 傅本作知하니 與此合이라 淮南道應訓引有以字요 無於字요 下知字亦作見이라 先愼曰 闚는 河上公及傅本作規라 畢沅考異[42)]云 說文에 窺는 小視也라 闚는 閃也라 閃은 闚頭門中也라하니라 方言에 凡相竊視를 南楚謂之闚라하니라 蓋穴中竊視曰窺요 門中竊視曰闚라 老子는 楚人이니 用楚語作窺요 韓子自作闚라

○顧廣圻：두 차례 나오는 '可以' 두 자는 지금의 ≪德經≫에 없고, 傅奕本에는 있으니 이와 합치된다. 두 곳 모두 '於'자가 없다. 아래의 '知'자는 지금의 ≪德經≫에는 '見'으로 되어 있고, 傅奕本에는 '知'로 되어 있으니 이와 합치된다. ≪淮南子≫ 〈道應訓〉에 이 글을 인용하면서 '以'자가 있고, '於'자는 없고, 아래의 '知'자 또한 '見'으로 되어 있다.

王先愼：'闚'는 河上公本과 傅奕本에 '規'로 되어 있다. 畢沅의 ≪道德經考異≫에 이르기를 "≪說文解字≫에 '窺'는 작게 들여다보는 것〔小視〕이라 하였고 '闚'는 엿보는 것〔閃〕이라 하였으며, '閃'은 頭門을 통해서 엿보는 것이라고 하였다. ≪方言≫에 '서로 엿보는 것

---

41) 不出於戶……可以知天道：통행본 ≪道德經≫ 41장에 보인다.

42) 畢沅考異：畢沅의 ≪道德經考異≫를 가리킨다. 畢沅(1730~1797)은 字가 襄蘅・秋帆, 自號가 靈岩山人으로 淸나라 학자이다. 章學誠, 孫星衍, 汪中, 段玉裁 등과 같은 淸나라를 대표할 만한 학자들이 모두 그의 제자였다. 그의 저술 가운데 ≪續資治通鑑≫ 220권이 가장 유명하다.

을 남쪽의 楚나라에서 「闚」라 한다.'고 했다."라고 하였다. 구멍을 통해서 몰래 엿보는 것은 '窺'이고, 문을 통해서 몰래 엿보는 것은 '闚'이다. 老子는 초나라 사람이니 초나라 말을 사용하여 '窺'라고 한 것이고, ≪韓非子≫에는 본래 '闚'로 되어 있었다.

21-118 **此言神明之不離其實也**라

이것은 神明이 그 실질에서 벗어나지 않는 것을 말한다.

21-119 **趙襄主 學御於王子〔於〕期**러니

趙襄主(趙襄子)가 王子於期(王良)로부터 마차를 모는 법을 배웠는데,

○顧廣圻曰 期上當有於字하니 下文及本書外儲說右下皆同이라 先愼曰 顧說是라 古於字作于하니 與子形近이라 淺人以爲複衍而妄刪之요 下已改于爲於라 故得存其眞耳라 盧本에 反據此하야 以改下文於字爲子하니 誤라

○顧廣圻 : '期'자 위에 응당 '於'자가 있어야 하니 아래 글과 本書 〈外儲說 右下〉에 모두 마찬가지다.

王先愼 : 顧廣圻의 설이 옳다. 옛날에 '於'자는 '于'로 되어 있으니 '子'자와 모양이 비슷하기 때문에 견문이 얕은 사람이 중복된 衍文으로 생각하여 함부로 삭제하였고, 아래에서는 이미 '于'자를 '於'자로 고쳤기 때문에 본래의 글자가 남게 되었다. 盧文弨가 교감한 本에는 반대로 이것에 의거하여 아래 글의 '於'자를 '子'자로 고쳤으니 잘못되었다.

21-120 **俄而與於期逐**하야 **三易馬而三後**라 **襄主曰**

얼마 되지도 않아 王子於期와 마차 경주를 하여 세 번 말을 바꿨는데도 세 번 모두 뒤쳐졌다. 이에 趙襄主가 말하기를

○先愼曰 趙本主作王하니 誤라

○王先愼 : 趙本에 '主'자가 '王'자로 되어 있으니 잘못되었다.

21-121 **子之教我御**에 **術未盡也**라하니라

"그대가 내게 마차를 모는 법을 가르칠 적에 기술을 다 가르쳐주지 않았군요." 라고 하였다.

21-122 對曰 術已盡이어늘 用之則過也니이다 凡御之所貴는 馬體安於車요 人心調於馬니 而後可以進速致遠이니이다 今君後則欲逮臣이요 先則恐逮於臣이니이다 夫誘道爭遠에 非先則後也어늘

王子於期가 대답하기를 "기술은 이미 다 가르쳐드렸는데, 그것을 사용하는 것이 잘못되어서입니다. 마차를 모는 법에서 중요한 것은 말의 몸이 수레에 안정되게 하고 사람의 마음이 말과 조화를 이루는 데 있으니, 이렇게 된 이후에 빨리 달리고 멀리 이를 수 있습니다. 지금 그대께서 뒤처져 있으면 신을 따라잡으려 하고, 앞서 달리면 신에게 따라잡힐까 두려워합니다. 길에서 말을 인도하여 먼 거리를 경쟁할 적에 앞서지 않으면 뒤처지기 마련인데

○先愼曰 誘道는 誘馬於道也라

○王先愼 : '誘道'는 길에서 말을 인도하는 것이다.

21-123 而先後心在於臣하니 (上)〔尙〕何以調於馬리오

앞서거나 뒤처졌을 때의 마음이 모두 신에게만 있으니, 오히려 어떻게 말과 조화를 이를 수 있겠습니까.

○顧廣圻曰 今本에 上作尙이라 先愼曰 上尙古通이라 張榜本에 何作可하니 誤라

○顧廣圻 : 今本에 '上'자가 '尙'으로 되어 있다.
王先愼 : '上'과 '尙'은 古字에 통용이다. 張榜本에 '何'자가 '可'로 되어 있으니 잘못되었다.

21-124 此君之所以後也니이다하니라

이것이 그대께서 뒤처지는 까닭입니다."라고 하였다.

○先愼曰 此當連下하야 爲一條라

○王先愼 : 이는 응당 아래 글과 이어져 하나의 조목이 된다.

21-125 白公勝[43)]慮亂이러니

白公 勝이 반란을 꾀하였는데

○先愼曰 秦策高注에 慮는 謀也라하니라

○王先愼 : ≪戰國策≫ 〈秦策〉의 高誘 注에 "'慮'는 '謀(꾀함)'이다."라고 하였다.

21-126 罷朝에 倒杖而策銳貫頓(이)하야

조정에서 물러날 적에 지팡이를 거꾸로 짚다가 지팡이 끝의 쇠붙이가 턱을 찔러

○顧廣圻曰 淮南子道應訓과 列子說符篇에 作罷朝而立 倒杖策 錣上貫頤라하니라 按頓는 卽頤字之別體也라 玉藻鄭注에 頤는 或爲霤(이)라하니 可借證矣라 先愼曰 御覽三百六十八引無而字요 頓作頤라

○顧廣圻 : ≪淮南子≫ 〈道應訓〉과 ≪列子≫ 〈說符篇〉에는 "罷朝而立 倒杖策 錣上貫頤(조정에서 물러나 서 있되 지팡이를 거꾸로 짚고 있었는데 지팡이의 쇠붙이가 턱을 찔렀다.)"라고 되어 있다. 살펴보건대 '頓'는 곧 '頤'자의 이체자이다. ≪禮記≫ 〈玉藻〉의 鄭玄 注에 "'頤'는 혹 '霤(턱)'로 되어 있다."라고 하니 끌어다 증거로 삼을 수 있다.

王先愼 : ≪太平御覽≫ 권368에 이 글을 인용하면서 '而'자는 없고 '頓'는 '頤'로 되어 있다.

21-127 血流至於地어늘 而不知라 鄭人聞之曰 頓之忘하니 將何(爲)〔不〕忘哉리오하니라

피가 땅에 흘러내리는데도 알지 못하였다. 鄭나라 사람들이 이를 듣고 말하기를 "턱이 어떻게 되었는지도 잊을 정도이니 장차 무엇인들 잊지 않겠는가."라고 하였다.

○顧廣圻曰 爲는 淮南子와 列子에 作不이라 先愼曰 作不是요 爲字誤라

---

43) 白公勝 : 楚나라 태자 建의 아들이고 平王의 손자이다. 초나라의 伍子胥가 吳나라로 도망칠 때 따라가서 오나라에 있었는데, 초나라의 영윤으로 있던 子西가 데려다가 백공으로 삼았다. 뒤에 난리를 일으켜 자서를 죽이고 즉위하였다.(≪史記≫ 권66 〈伍子胥列傳〉)

○顧廣圻 : '爲'자는 ≪淮南子≫와 ≪列子≫에 '不'자로 되어 있다.
王先愼 : '不'자로 되어 있는 것이 옳고, '爲'자는 잘못되었다.

21-128 **故曰 其出彌遠(者)**에 **其智彌少**[44)]라하니라

그러므로 ≪老子≫에 "멀리 나가면 나갈수록 아는 것은 더욱 적어진다."라고 하였다.

○**顧廣圻曰 傳本及今德經**에 **皆無者字**라 **少**는 **傳本作尟**(선)이니 **與各本異**라

○顧廣圻 : 傳奕本과 지금의 ≪德經≫에 모두 '者'자가 없다. '少'자는 傳奕本에 '尟'으로 되어 있으니 각 본들과 다르다.

21-129 **此言智周乎遠**이면 **則所遺在近也**니라

이는 아는 것이 먼 데까지 미치면 가까이 있는 것을 잃게 됨을 말한 것이다.

○**王先謙曰 思遠則忽近**이라

○王先謙 : 멀리 있는 것을 생각하면 가까이 있는 것은 소홀하게 된다.

21-130 **是以聖人無常行也**니라 **能竝智**라 **故曰 不行而知**라하고 **能竝視**라 **故曰 不見而(明)〔名〕**이라하니라

이 때문에 성인은 常行(고정된 행위)이 없다. 능히 아울러 알기 때문에 ≪老子≫에 "돌아다니지 않아도 알 수 있다."라고 하였고, 능히 아울러 보기 때문에 "보지 않아도 형용할 수 있다."라고 하였다.

○**顧廣圻曰 傳本及今德經**에 **明皆作名**이라

○顧廣圻 : 傳奕本과 지금의 ≪德經≫에 '明'자는 모두 '名'으로 되어 있다.

21-131 **隨時以擧事**하고 **因資而立功**하며 **用萬物之能而獲利其上**이라 **故曰 不**

---

44) 其出彌遠(者) 其智彌少 : 통행본 ≪道德經≫ 47장에 보인다.

爲而成이라하니라

때에 맞게 일을 하고 자질에 근거하여 공을 세우며 만물의 기능을 사용하여 그 이상의 이익을 얻으므로 ≪老子≫에 "작위하지 않아도 성취한다."라고 하였다.

○先愼曰 趙孟頫本不作無라 以上見四十七章이라

○王先愼 : 趙孟頫本에는 '不'자가 '無'자로 되어 있다. 이상은 ≪老子≫ 47장에 보인다.

21-132 楚莊王莅政三年토록

楚나라 莊王이 즉위한 지 3년이 되도록

○先愼曰 乾道本連上이라 盧文弨云 當分段이라하고 淩本提行이니 今據改하노라

○王先愼 : 乾道本에는 윗글과 이어져 있다. 盧文弨는 "응당 단락을 나누어야 한다."라고 하였고, 淩本에는 행이 바뀌어져 있으니 지금 이에 의거하여 고쳤다.

21-133 無令發이요 無政爲也라

법령을 내리는 일도 없었고 정사를 행한 적도 없었다.

21-134 右司馬御座라가

右司馬가 곁에서 모시다가

○盧文弨曰 張淩本에 座作坐라

○盧文弨 : 張本과 淩本에는 '座'자가 '坐'로 되어 있다.

21-135 而與王隱曰 有鳥止南方之阜하야 三年不翅하고 不飛不鳴하며

왕에게 수수께끼를 내며 말하길 "어떤 새가 남쪽 언덕에 앉아 있으면서 3년 동안 날갯짓도 하지 않고, 날지도 울지도 않으며

○顧廣圻曰 史記楚世家와 新序에 無不翅요 餘亦各不同이라 呂氏春秋重言篇에

不翅作不動이라

○顧廣圻 : ≪史記≫ 〈楚世家〉와 ≪新序≫에 '不翅'가 없다. 나머지 또한 각각 같지 않다. ≪呂氏春秋≫ 〈重言篇〉에는 '不翅'가 '不動'으로 되어 있다.

21-136 嘿然無聲이니 此爲何名잇가라하니라

묵묵히 소리를 내지 않고 있으니, 이 새의 이름은 무엇일까요?"라고 하였다.

21-137 王曰 三年不翅는 將以長羽翼이요

왕이 대답하였다. "3년 동안 날갯짓 하지 않는 것은 장차 날개를 크게 펼치기 위한 것이고,

○先愼曰 乾道本에 長上有觀字라 顧廣圻云 藏本今本에 無觀字라하니 今據刪하노라

○王先愼 : 乾道本에는 '長'자 위에 '觀'자가 있다. 顧廣圻는 "藏本과 今本에는 '觀'자가 없다."라고 하였으니, 지금 이에 의거하여 삭제하였다.

21-138 不飛不鳴은 將以觀民則(칙)이라

날지도 울지도 않는 것은 장차 백성을 다스리는 법도를 관찰하기 위한 것이다.

○先愼曰 則은 法也라

○王先愼 : '則'은 '法(법도)'이다.

21-139 雖無飛라도 飛必沖天이요 雖無鳴이라도 鳴必驚人이라 子釋之하라 不穀知之矣라하니라

비록 날지 않더라도 날게 되면 반드시 하늘을 찌를 것이요, 비록 울지 않더라도 울게 되면 반드시 사람들을 놀라게 만들 것이다. 그대는 걱정하지 말거라. 내가 잘 알고 있다."

21-140 處半年에 乃自聽政하다 所廢者十이요 所起者九요 誅大臣五요 擧處士

六이니 而邦大治라 擧兵誅齊하야 敗之徐州하고

반년이 지났을 때 비로소 왕은 스스로 정사를 보았다. 폐기한 제도가 열 가지요, 새로 일으킨 사업이 아홉 가지요, 주벌한 대신이 다섯이요, 등용한 처사가 여섯이니, 이에 나라가 크게 다스려졌다. 군사를 일으켜 齊나라를 쳐서 徐州에서 패배시켰고,

○顧廣圻曰 史記年表에 威王七年圍齊於徐州라하니 楚世家同이라 或此莊王謂威王也라

○顧廣圻 : ≪史記≫ 〈六國表〉에 "威王 7년에 徐州에서 齊나라를 포위했다."라고 하니 〈楚世家〉도 마찬가지다. 혹자는 이 莊王이 威王이라고 한다.

21-141 勝晉於河雍하며 合諸侯於宋하야 遂霸天下하다

河雍에서 晉나라에게 승리하였으며, 宋나라에서 제후들과 회맹하여 마침내 천하의 霸者가 되었다.

21-142 莊王不爲小(害)善이라 故有大名이요

莊王은 작은 善은 행하지 않았으므로 큰 명성이 있었고,

○王先謙曰 害字不當有니 蓋與善形近하야 誤衍이라

○王先謙 : '害'자는 응당 있어서는 안 되니, '善'자와 모양이 비슷하여 잘못 들어간 衍文이다.

21-143 不蚤見示라 故有大功이라 故曰 大器晩成이요 大音希聲이라하니라

조급하게 드러내 보이지 않았으므로 큰 공적이 있었다. 이 때문에 ≪老子≫에 "큰 그릇은 늦게 이루어지고 큰 소리는 소리가 들리지 않는다."라고 하였다.

○顧廣圻曰 傅本에 希作稀라 按希稀는 同字也라 先愼曰 傅本에 音作言이니 與各本全異라 見四十一章이라

○顧廣圻 : 傅奕本에 '希'자는 '稀'자로 되어 있다. 살펴보건대 '希'와 '稀'는 똑같은 글자이다.

王先愼 : 傅奕本에 '音'자는 '言'자로 되어 있으니 각 본들과 완전히 다르다. ≪老子≫ 41章에 보인다.

21-144 楚莊王欲伐越할새

楚나라 莊王이 越나라를 정벌하려고 하자

○盧文弨曰 連下爲一條라 顧廣圻曰 荀子楊倞注引無莊字라 按莊王與莊蹻不同時라 或此莊王亦謂威王也라 古今人表[45]下에 有嚴蹻與威王相接이라

○盧文弨 : 아래 글과 이어져 한 조목이 된다.

顧廣圻 : ≪荀子≫ 楊倞의 注에 이 글을 인용한 곳에는 '莊'자가 없다. 살펴보건대 莊王은 莊蹻와 동시대 사람이 아니다. 혹자는 이 莊王 또한 威王이라고 한다. ≪漢書≫ 〈古今人表〉의 下 등급에 嚴蹻와 威王이 이어져 나온다.

21-145 莊子諫曰

莊子가 간언하기를

○先愼曰 乾道本에 莊作杜라 顧廣圻云 楊注引此杜作莊이라하니라 先愼案 杜는 乃莊之誤라 御覽三百六十六引作莊이요 下同이니 今據改하노라

○王先愼 : 乾道本에는 '莊'자가 '杜'로 되어 있다. 顧廣圻는 "楊倞의 注에 이 글을 인용하면서 '杜'자가 '莊'으로 되어 있다."라고 하였다. 내가 살펴보건대 '杜'는 '莊'자의 오류이다. ≪太平御覽≫ 권366에 이 글을 인용하면서 '莊'자로 되어 있고 아래에서도 마찬가지니, 지금 이에 의거하여 고쳤다.

21-146 王之伐越은 何也잇가라하니 曰 政亂兵弱이라하니라 莊子曰 臣患智之如目

45) 古今人表 : 班固가 옛 유명인사 1,931명을 上中下로 나누고 상중하를 각기 상중하로 나누어 아홉 등급으로 분류하고, 上上을 聖人, 上中을 仁人, 上下를 智人, 下下를 愚人이라고 명명하였다.

也니이다

왕께서 越나라를 정벌하려고 하시는 것은 무엇 때문입니까?"라고 하니, 莊王이 대답하기를 "정치가 어지럽고 군사가 약해서이다."라고 하였다. 莊子가 말하기를 "신은 지혜가 눈과 같음을 두려합니다.

○先愼曰 乾道本에 臣下有愚字요 智之作之智라 盧文弨云 愚字는 衍이니 張凌本에 無라 之智는 當作智之니 舊倒譌라하니라 王渭云 患下有脫字라하니라 先愼案 盧說是니 下此智之如目也는 卽承此句라 王渭不知之智二字之倒라 故疑有脫文이라 御覽引正作臣患知之如目也니 今據删하노라

○王先愼 : 乾道本에는 '臣'자 아래에 '愚'자가 있다. '智之'는 '之智'로 되어 있다. 盧文弨는 "'愚'자는 衍文이니 張本과 凌本에는 '愚'자가 없다. '之智'는 응당 '智之'가 되어야 하니 예전에 잘못 도치된 것이다."라고 하였다. 王渭는 "'患'자 아래에 脫字자가 있다."라고 하였다. 내가 살펴보건대 盧文弨의 說이 옳으니, 아래에 '此智之如目也(이것이 지혜가 눈과 같다는 것입니다.)'는 곧 이 구절을 이어받은 것이다. 왕위는 '之智' 두 자가 도치된 것을 알지 못했기 때문에 脫文이 있다고 의심하였다. ≪太平御覽≫ 권366에서 이 글을 인용하면서 바로 '臣患知之如目也'라고 되어 있으니, 지금 이에 의거하여 삭제하였다.

21-147 能見百步之外나 而不能自見其睫(첩)이니이다

능히 백 보 밖은 보지만 능히 자신의 눈썹은 스스로 보지 못합니다.

○先愼曰 御覽引無自字요 睫作眥(자)라

○王先愼 : ≪太平御覽≫에 이 글을 인용하면서 '自'자는 없고 '睫'자는 '眥'로 되어 있다.

21-148 王之兵自敗於秦晉으로 喪地數百里하니 此兵之弱也요 莊蹻爲盜於境內어늘

왕의 군사가 秦나라와 晉나라에게 패배한 이후로 수백 리의 땅을 잃으니 이는 군사가 약한 것이요, 莊蹻가 경내에서 도적질을 하는데도

○先愼曰 乾道本에 蹻上有蹊字라 顧廣圻云 藏本今本에 無蹊字라 按蹊字는 當

衍이니 荀子議兵篇에 莊蹻起에 楚分爲三四라하니 楊倞注引此無蹊字라 史記西南夷列傳에 始楚威王時에 使將軍莊蹻將兵이라하고 又云 莊蹻者는 故楚莊王苗裔也라하니라 索隱에 楚莊王弟爲盜者라하니 當是據此耳라 呂氏春秋介立篇云 莊蹻之暴郢이라하니라 高誘注에 莊蹻는 楚成王之大盜라하니 成은 當作威라 又異用篇云 跖與企足이라하니 高誘注에 企足은 莊蹻也니 皆大盜人名이라하니라 蹻誤作蹊니 校者旁改하야 遂致兩有라하니라 先愼按 顧說是니 今據删하노라

○王先愼 : 乾道本에는 '蹻'자 위에 '蹊'자가 있다. 顧廣圻는 "藏本과 今本에는 '蹊'자가 없다. 살펴보건대 '蹊'자는 응당 衍文이니 ≪荀子≫ 〈議兵篇〉에 '莊蹻起 楚分爲三四(莊蹻가 봉기하여 楚나라가 서넛으로 나뉘었다.)'라고 하니 楊倞의 注에 이 글을 인용하면서 '蹊'자가 없다. ≪史記≫ 〈西南夷列傳〉에 '始楚威王時 使將軍莊蹻將兵(예전 楚나라 威王 때에 장군 莊蹻로 하여금 군사를 거느리게 하였다.)'이라 하고, 또 '莊蹻者 故楚莊王苗裔也(莊蹻라는 자는 죽은 楚나라 莊王의 후예이다.)'라고 하였다. ≪史記索隱≫에 '楚莊王弟爲盜者(楚나라 莊王의 아우가 도적이 되었다.)'라고 하니 응당 이에 의거해야 한다. ≪呂氏春秋≫ 〈介立篇〉에 이르기를 '莊蹻之暴郢(莊蹻가 郢 땅에서 폭정을 행하였다.)'이라고 하였다. 高誘의 注에 '莊蹻는 楚나라 成王 시기의 큰 도적이다.'라고 하였으니, '成'자는 응당 '威'자가 되어야 한다. 또 ≪呂氏春秋≫ 〈異用篇〉에 이르기를 '盜跖과 企足'이라고 하니 高誘의 注에 '企足은 莊蹻이니 모두 큰 도적의 인명이다.'라고 하였다. '蹻'자가 '蹊'로 잘못 되어 있는 것이니, 교감하는 자가 함부로 고쳐 마침내 두 가지 경우가 있게 된 것이다."라고 하였다. 내가 살펴보건대 고광기의 說이 옳으니, 지금 이에 의거하여 삭제하였다.

21-149 而吏不能禁하니 此政之亂也니이다 王之弱亂은 非越之下也어늘 而欲伐越하니

관리들이 금하지 못하니 이는 정사가 어지러운 것입니다. 왕의 군사가 약하고 정사가 어지러운 것이 월나라보다 못하지 않거늘 월나라를 정벌하려고 하니

○先愼曰 乾道本에 欲上脫而字라 盧文弨云 張凌本에 有라하니라 先愼案 御覽引亦有일새 今據補하노라

○王先愼 : 乾道本에 '欲'자 위에 '而'자가 탈락되었다. 盧文弨는 "張本과 凌本에는 '而'자가 있다."라고 하였다. 내가 살펴보건대 ≪太平御覽≫에 이 글을 인용하면서 '而'자가 있

기 때문에 지금 이에 의거하여 보충하였다.

21-150 **此智之如目也**니이다하니 **王乃止**하다 **故知之難**은 **不在見人**이요 **在自見**이라 **故曰 自(見)〔知〕之謂明**[46]이라하니라

이것이 지혜가 눈과 같다는 것입니다."라고 하니 왕이 정벌 계획을 멈추었다. 그러므로 아는 것의 어려움은 남을 보는 데 있지 않고 스스로를 보는 데에 있다. 이 때문에 ≪老子≫에 "스스로를 아는 것을 '明'이라고 한다."라고 하였다.

○**顧廣圻曰 傅本及今道經**에 **之謂二字作者**라 **傅本末有也字**니 **下句同**이라 **先愼曰 自見**은 **老子作自知**라 **此文上言臣患智之如目也**라하고 **又言此智之如目也**라하니 **卽以莊王事喩老子自知之謂明句**요 **道經自知**는 **卽承知人者智也**[47]**而言**이니 **無作見之本**이라 **此見字**는 **卽緣上兩見字而誤**니 **非韓子所見本有不同也**라 **當依老子作知**라

○顧廣圻 : 傅奕本과 지금의 ≪道經≫에는 '之謂' 두 자가 '者'로 되어 있다. 傅奕本에는 끝에 '也'자가 있으니 아래 구문도 마찬가지다.

王先愼 : '自見'은 ≪老子≫에 '自知'로 되어 있다. 이 글은 위에서 "신은 지혜가 눈과 같음을 두려워합니다.〔臣患智之如目也〕"라 말하고, 또 "이것이 지혜가 눈과 같다는 것입니다.〔此智之如目也〕"라 말하였으니, 이는 곧 莊王의 일을 가지고 ≪老子≫의 '自知之謂明' 구를 비유한 것이고, ≪道經≫의 '自知'는 곧 '知人者智也(다른 사람을 아는 것이 智이다.)'를 이어받아 말한 것이니, 〈≪老子≫ 중에〉 '見'자로 되어 있는 책은 없다. 여기에 '見'자는 바로 위에서 나온 두 '見'자에 기인하여 잘못된 것이니, 韓子가 본 책에 다른 점이 있어서가 아니다. 응당 ≪老子≫에 의거하여 '知'가 되어야 한다.

21-151 **子夏見曾子**할새 **曾子曰 何肥也**오라하니 **對曰 戰勝**이라 **故肥也**라하니라

子夏가 曾子를 만났을 적에 증자가 말하기를 "어찌하여 살이 쪘습니까?"라고 하니, 자하가 대답하기를 "싸움에서 승리하였기 때문에 살이 쪘습니다."라고 하였다.

---

46) 自(見)〔知〕之謂明 : 통행본 ≪道德經≫ 33장에 보인다.

47) 知人者智也 : ≪道德經≫ 33장에 '知人者智 自知者明'으로 되어 있다.

○先愼曰 御覽三百七十八引無也字라

○王先愼 : ≪太平御覽≫ 권378에 이 글을 인용한 곳에는 '也'자가 없다.

子夏(≪聖賢像讚≫)

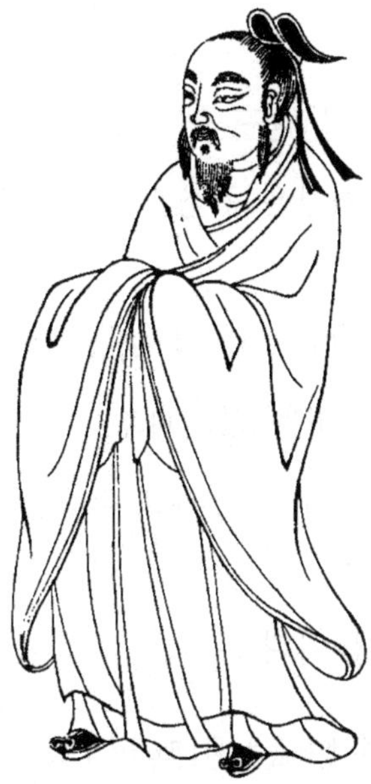

曾子(≪聖賢像讚≫)

21-152 **曾子曰 何謂也**오라하니 **子夏曰 吾入見先王之義**하면 **則榮**[48]**之**요 **出見富貴之樂**하면 **又榮之**니 **兩者戰於胸中**하야 **未知勝負**라 **故臞**라 **今先王之義勝**이라 **故肥**라하니라

증자가 말하기를 "무엇을 말씀하시는 것입니까?"라고 물으니, 자하가 대답하기를 "내가 집에 들어가서 先王의 의리를 보면 그것을 기뻐하였고, 집을 나가서 부귀한 자의 즐거움을 보면 또 그것을 기뻐하였으니, 이 두 가지가 마음속에서 싸워 그 승부를 알 수 없었기 때문에 여위었습니다. 그런데 지금은 선왕의 의리가 이겼기 때문에 살이 쪘습니다."라고 하였다.

48) 榮 : ≪韓非子新校注≫ 陳奇猷의 설에 의거하여 '悅(기뻐하다)'로 번역하였다.

21-153 **是以志之難也**는 **不在勝人**이요 **在自勝也**라 **故曰 自勝之謂强**[49)]이라하니라

이 때문에 뜻을 세우기 어려운 것은 남을 이기는 데에 있지 않고 스스로를 이기는 데에 있는 것이다. 이 때문에 ≪老子≫에 "스스로를 이기는 것을 '强'이라 한다."라고 하였다.

○先愼曰 以上見三十三章이라

○王先愼 : 이상은 ≪老子≫ 33장에 보인다.

21-154 **周有玉版**이러니 **紂令膠鬲索之**어늘 **文王不予**하고 **費仲來求**에 **因予之**[50)]라 **是膠鬲賢而費仲無道也**니라

周나라에 玉版이 있었는데 紂가 膠鬲으로 하여금 그것을 찾아오도록 했지만 文王이 내주지 않았고, 費仲이 와서 요구하자 내주었다. 이는 교격이 어질고 비중이 無道하였기 때문이다.

○先愼曰 事類賦九引無而字라

○王先愼 : ≪事類賦≫ 권9에 이 글을 인용한 곳에는 '而'자가 없다.

21-155 **周惡賢者之得志也**라 **故予費仲**이라

周나라로서는 어진 자가 紂의 마음을 얻는 것을 미워하였으므로 無道한 費仲에게 내준 것이다.

21-156 **文王擧太公於渭濱者**는 **貴之也**요 **而資費仲玉版者**는 **是愛之也**라 **故曰**

---

49) 自勝之謂强 : 통행본 ≪道德經≫ 33장에 "다른 사람을 아는 사람은 지혜로운 사람이고 스스로를 아는 사람은 밝은 사람이다. 남을 이기는 사람은 힘 있는 사람이고 스스로를 이기는 사람은 강한 사람이다.〔知人者智 自知者明 勝人者有力 自勝者强〕"라고 하였다.

50) 周有玉版……因予之 : 玉版은 옥에 문자를 새긴 圖版으로 귀중하게 전해지는 보물이다. 膠鬲은 폭군 紂를 섬기던 신하로 어질고 현명하였으며, 費仲은 紂의 횡포를 방조한 간신이었다. ≪竹書紀年≫에 "帝辛 40년에 왕이 膠鬲을 사신으로 보내어 周나라로부터 玉을 요구하였다.〔帝辛四十年 王使膠鬲求玉于周〕"라고 한 내용이 보인다.

不貴其師하고 **不愛其資**하면 **雖知**라도 **大迷**리라

文王이 渭水 가에서 太公을 천거한 것은 그를 귀하게 여겼기 때문이고, 費仲에게 玉版을 내주어 바탕으로 삼은 것은 그를 아꼈기 때문이다. 이 때문에 ≪老子≫에 "그 스승을 귀하게 여기지 않고 그 바탕을 아끼지 않으면 비록 지혜롭더라도 크게 미혹될 것이다.

○**先愼曰 知**는 **讀爲智**라 **趙本大作太**니 **誤**라

○王先愼 : '知'는 '智(지혜롭다)'로 읽는다. 趙本에 '大'자는 '太'로 되어 있으니 잘못되었다.

21-157 **是謂要妙**라하니라

이를 일러 要妙라 한다."라고 하였다.

○**顧廣圻曰 傅本**에 **是作此**니 **與各本全異**라 **先愼曰 河上公注**에 **能通此意**면 **是謂知微妙要道也**라하니라 **見二十七章**이라

○顧廣圻 : 傅奕本에 '是'자가 '此'자로 되어 있으니 각 본들과 완전히 다르다.

王先愼 : 河上公의 注에 "능히 이 뜻에 통달하면, 이를 일러 미묘한 이치를 아는 긴요한 방법이라고 한다."라고 하였다. 이는 ≪老子≫ 27장에 보인다.

第二十二 說林 上篇 제22편 설림 상

'說林'은 역사서에 기록된 故事와 口傳하는 민간의 전설과 韓非子가 창작한 寓言 등을 대량으로 모아 기록한 것이 숲처럼 많다고 하여 붙여진 이름이다. 71條의 說話가 上·下 두 篇으로 나누어 수록되어 있는데, 이는 한비가 자기의 글을 지어 立論하기에 필요한 자료를 수집하여 編成한 說話集이라 할 수 있다. 그중에는 古代의 역사서에서 발췌한 고사로 사료적 가치가 높은 것이 많아 다른 史書의 내용과 참고할 만한 내용이 있다. 또 민간의 전설에 속하는 것으로 자기가 창작한 우언이라 할 수 있어서 사료적 가치가 없는 것도 있다. 하나하나의 고사가 짤막짤막하기는 하지만 말은 간략하면서도 뜻은 구비되고 機智가 생동감 있게 표현되어 문학적인 특색이 있다. 이 때문에 後世 中國 筆記小說의 濫觴으로 여겨졌으며, 그중의 우언고사는 일찍부터 중국문학사의 중요한 지위를 차지하고 있음을 인정받고 있다. 이 편에 수집해놓은 고사 중의 일부는 다른 여러 편에도 중복하여 실려 있어서 서로 대조해보면 한비자가 최초의 자료를 사용하여 펼친 理論을 엿볼 수 있다. <說林篇>은 고사집이지만 단지 일반적인 고사집에 그치지 않고 子書의 특징이 많다고 할 수 있다. 또한 사료의 가치가 있으면서도 역사가가 기록한 實錄과도 같지 않고, 문학적 색채가 있으면서도 소설가의 허구와도 같지 않은 점이 있다.

○盧文弨曰 藏本은 卷七起라 先愼曰 索隱云 說林者는 廣說諸事하야 其多若林이라 故曰說林也라하니라

○盧文弨 : 藏本은 권7에서 시작한다.

王先愼 : ≪史記索隱≫에 "〈說林〉은 여러 일들을 광범위하게 말하여 그것이 마치 숲처럼 많다. 그러므로 〈說林〉이라고 했다."라고 하였다.

22-1 湯以伐桀이나

湯王이 이미 夏桀을 정벌하였으나

○先愼曰 以已同이라

○王先愼 : '以'자는 '已'와 같다.

22-2 而恐天下言己爲貪也일까하야 因乃讓天下於務光[1)]하다 而恐務光之受之也하야 乃使人說(세)務光하야 曰 湯殺君而欲傳惡聲于子라 故讓天下於子니라

천하 사람들이 자기를 탐욕스럽다고 말할까 우려하여 이에 천하를 務光에게 讓位하려고 하였다. 그러나 무광이 참으로 받아들일까 우려하여 곧 사람을 보내어 무광을 이렇게 설득하게 하였다. "湯이 임금을 죽이고 나쁜 명성을 그대에게 떠넘기려고 하기 때문에 그대에게 천하를 양보하는 것이오."

○先愼曰 言湯欲嫁名於務光이라 故讓務光以天下니 受湯之天下면 是竝弑君之名而受之라

○王先愼 : 湯이 무광에게 임금을 시해했다는 惡名을 전가하려고 했기 때문에 무광에게 천하를 양보하려 한 것이다. 湯이 양보하는 천하를 받으면 이는 임금을 시해했다는 악명을 함께 받는 것이라고 말한 것이다.

22-3 務光因自投於河하다

무광이 이 때문에 스스로 河水에 몸을 던져 죽었다.

22-4 秦武王令甘茂[2)]로 擇所欲爲於僕[3)]與行[4)](事)한대

---

1) 務光 : 고대의 隱士이다. 商湯이 夏桀을 치기 전에 계책을 내달라고 요청하였으나 거절하였고, 다른 사람을 추천해달라고 하였으나 거절하였다. 湯王이 商나라를 세운 뒤에 왕위를 務光에게 양보하였으나 거절하고는 이를 수치로 여겨 등에 돌을 지고 스스로 廬水에 빠져죽었다고 한다.

2) 甘茂 : 전국시대 秦나라 下蔡 사람이다. 秦 武王 때 左相이 되어 韓나라 宜陽을 탈취하였다. 昭王 때 참소를 당하여 齊나라로 망명하였다.

3) 僕 : 太僕을 말한다. 태복은 王의 服位와 王命의 출납과 왕의 수레를 모는 御를 담당하였다.

4) 行 : ≪韓非子新校注≫ 兪樾과 陳奇猷의 설을 따라 '行人'으로 번역하였다. 행인은 군주의 측근으로 朝聘과 外賓을 관장하는 벼슬이다.

秦 武王이 甘茂에게 僕과 行人 중에 하고 싶은 벼슬을 선택하도록 하자,

○兪樾曰 事字衍文이라 下文曰 公佩僕璽而爲行事라하니 是僕與行爲官名이니 言佩僕之璽而爲行之事也라 讀者誤以行事連讀하야 遂於此文에 亦增事字矣라

○兪樾 : '事'자는 衍文이다. 아래 글에 "公은 僕의 官印을 차고 行人의 일을 할 것이다."라고 하였다. 이는 僕과 行이 官名이니, 僕의 관인을 차고 行人의 일을 행함을 말한 것이다. 읽는 사람들이 '行事'로 잘못 이어 읽어서 마침내 이 문장에도 '事'를 더한 것이다.

22-5 孟卯曰 公不如爲僕이니 公所長者는 使也라

孟卯가 감무에게 "公은 僕이 되는 것이 나으니, 공의 뛰어난 장기는 使臣의 업무이다.

○先愼曰 長音直良切이라

○王先愼 : '長'의 音은 直과 良의 反切이다.

22-6 公雖爲僕이라도 王猶使之於公也리라

공이 僕이 되더라도 王은 마찬가지로 공에게 사신의 임무를 맡길 것이다.

○先愼曰 言雖受僕之職이라도 而行之事는 猶使公이라

○王先愼 : 僕의 관직을 받더라도 行人의 일은 마찬가지로 公에게 시킬 것임을 말한 것이다.

22-7 公佩僕璽而爲行事하리니 是兼官也니라

공은 僕의 官印을 차고 行人의 일을 할 것이니 이는 두 가지 관직을 겸하게 되는 것이오."라고 하였다.

22-8 子圉見孔子於商太宰[5]하다 孔子出커시늘 子圉入하야 請問客하다 太宰曰

5) 商太宰 : 宋나라 太宰를 말한다. 송나라는 商나라의 후예이기 때문에 商이라고 하였다. 太宰는 殷代에 둔 벼슬로, 周나라의 冢宰에 해당한다. 王을 도와 邦國을 다스리는 일을 관장하였다.

吾已見孔子하고 **則視子**호니 **猶蚤蝨之細者也**로다 **吾今見之於君**호리라 **子圉恐孔子貴於君也**하야 **因謂太宰曰**

子圉가 孔子를 인도하여 宋나라 太宰를 만나게 하였다. 공자가 나오자 자어가 들어가서 태재에게 공자에 대한 견해를 물었다. 태재는 "내 이미 공자를 만나고 나서 자네를 보니 자네는 마치 벼룩이나 이〔蝨〕처럼 조그만 사람같이 보이는구려. 나는 지금 공자를 임금에게 만나게 할 것이오."라고 하였다. 자어는 공자가 임금에게 존중을 받을까 두려워하여 그 때문에 태재에게

○先愼曰 各本에 謂作請하니 緣上文請字而誤라 御覽九百五十一에 引作謂어늘 今據正하노라

○王先愼 : 각 본에 '謂'자가 '請'으로 되어 있으니, 윗글의 '請'자에 연유하여 잘못된 것이다. ≪太平御覽≫ 권951에 이 글을 인용하면서 '謂'자로 되어 있기에 지금 이에 의거하여 고쳤다.

22-9 **君已見孔子**하시면 **亦將視子猶蚤蝨也**리이다

"임금께서 공자를 만나시고 나면 임금께서도 장차 당신을 벼룩이나 이처럼 보실 것입니다."라고 하였다.

○先愼曰 乾道本에 重孔子二字하고 趙本에 視子作視之라 盧文弨云 已는 張凌本에 作君하고 凌本에 不重孔子하며 藏本凌本에 之作子라 顧廣圻云 今本에 下子字作之는 誤라 按孔子二字不當更有라 先愼案 趙本에 君亦作已하니 誤라 御覽에 不重孔子二字어늘 今據刪하노라

○王先愼 : 乾道本에 '孔子' 두 글자가 거듭 있고, 趙本에 '視子'가 '視之'로 되어 있다. 盧文弨는 "'已'자는 張本과 凌本에 '君'으로 되어 있고, 凌本에 '孔子'가 거듭 있지 않았으며, 藏本과 凌本에 '之'자가 '子'로 되어 있다."라고 하였다. 顧廣圻는 "今本에 아래의 '子'자가 '之'로 된 것은 오자이다. 살펴보건대 '孔子' 두 글자가 다시 있는 것은 합당하지 않다."라고 하였다. 내가 살펴보건대 趙本에 '君'자가 역시 '已'로 되었으니 오자이다. ≪太平御覽≫ 권951에 '孔子' 두 글자가 거듭 있지 않기에 지금 이에 의거하여 삭제하였다.

22-10 太宰因弗復見也하다

태재가 이 때문에 공자를 다시 宋君에게 만나게 하지 않았다.

22-11 魏惠王爲臼里之盟하야

魏 惠王이 臼里에서 會盟을 주관하여

○顧廣圻曰 臼는 戰國韓策作九라

○顧廣圻 : '臼'는 ≪戰國策≫ 〈韓策〉에 '九'로 되어 있다.

22-12 將復立於天子하다

天子의 지위를 회복시키려고 하였다.

○先愼曰 立於二字는 當衍이니 策無라

○王先愼 : '立於' 두 글자는 응당 衍文이니, ≪戰國策≫ 〈韓策〉에 없다.

22-13 彭喜謂鄭君[6)]曰

彭喜가 鄭君(韓나라 왕)에게

○顧廣圻曰 彭은 策作房하고 鄭君은 策作韓王이라 按房當是旁之誤니 彭旁同字也요 鄭卽韓也라 韓策에 有謂鄭王曰章하고 本書七術篇에 魏王謂鄭王曰 又困梁鄭이라하며 六微篇에 公叔因內(납)齊軍於鄭이라하니 皆可證也라

○顧廣圻 : '彭'은 ≪戰國策≫ 〈韓策〉에 '房'으로 되어 있고, '鄭君'은 ≪戰國策≫ 〈韓策〉에 '韓王'으로 되어 있다. 살펴보건대 '房'은 응당 '旁'의 오자이니, '彭'과 '旁'은 같은 글자이고, '鄭'은 곧 '韓'이다. ≪戰國策≫ 〈韓策〉에 '謂鄭王曰'이라는 章이 있고, 본서 〈內儲說 上 七術篇〉에 "魏王이 鄭王에 일러 말하기를"이라 하였고, 또 "梁(魏)나라와 鄭(韓)나라를 困厄에 빠뜨렸다."라고 했으며, 〈內儲說 下 六微篇〉에 "公叔이 이어서 齊軍을 鄭(韓)나라에 들였다."라고 하였으니, 모두 이를 증명할 수 있다.

---

6) 鄭君 : B.C. 375년 韓나라가 鄭나라를 멸망시키고 陽翟에서 新鄭으로 천도하였다. 이후 韓나라를 '鄭'으로 표기하는 경우가 있다. 아래 ≪戰國策≫의 '鄭王'은 韓 宣惠王을 가리킨다.

22-14 **君勿聽**하소서 **大國惡**(오)**有天子**하고 **小國利之**니이다

"임금께서는 魏 惠王의 말을 따르지 마십시오. 큰 나라는 천자가 있는 것을 싫어하고 작은 나라들만 이롭게 여깁니다.

○**先愼曰 惡**는 **烏路反**이라

○王先愼 : '惡(싫어하다)'는 烏와 路의 反切이다.

22-15 **若君與大不聽**이면 **魏焉能與小立之**리잇가

만일 임금께서 큰 나라들과 함께 魏 惠王의 말을 따르지 않으면 魏나라가 어찌 작은 나라들과 함께 천자의 지위를 회복시켜 세울 수 있겠습니까?"라고 하였다.

○**先愼曰 策**에 **大小下**에 **竝有國字**라

○王先愼 : ≪戰國策≫ 〈韓策〉에 '大'자와 '小' 아래에 모두 '國'자가 있다.

22-16 **晉人伐邢**[7)]한대

晉나라 사람이 邢나라를 토벌하자,

○**顧廣圻曰 與左傳不同**이라 **先愼曰 乾道本**은 **連上**이나 **今從趙本**하야 **提行**하노라

○顧廣圻 : ≪春秋左氏傳≫의 내용과 같지 않다.
王先愼 : 乾道本은 윗글과 이어졌으나 지금 趙本을 따라 줄을 바꾸었다.

22-17 **齊桓公將救之**하다 **鮑叔曰 太蚤**로소이다 **邢不亡**이면 **晉不敝**요 **晉不敝**면 **齊不重**이니이다 **且夫持危之功**은 **不如存亡之德大**니이다 **君不如晩救之**하야 **以敝晉**하고 **齊**[8)]**實利**하며

---

7) 晉人伐邢 : ≪春秋≫ 莊公 32년(B.C. 622)에 狄이 邢나라를 토벌하자, 閔公 元年(B.C. 661)에 齊나라가 邢나라를 구원한 것으로 기록되어 있다. 여기서 晉나라가 邢나라를 토벌했다는 것은 사실과 다르다.

8) 齊 : 王先愼은 '其'자의 오자라 하였으나, "齊나라는 자기를 이르는 말이다."라고 한 ≪韓非子新校注≫ 陳奇猷의 설에 의거하여 '우리'로 번역하였다.

齊 桓公이 구원하려고 하였다. 鮑叔이 “아직 너무 이릅니다. 邢나라가 망하지 않으면 晉나라가 피폐해지지 않을 것이고, 晉나라가 피폐해지지 않으면 齊나라의 지위도 귀중해지지 않습니다. 또 危難에 처한 나라를 도와 지켜주는 功은 망해가는 나라를 보존해주는 큰 은덕만은 못한 것입니다. 임금께서는 늦게 구원하여 晉나라는 피폐하게 함으로써 우리가 실리를 얻으며,

○先愼曰 齊는 當爲其之誤라 下其名美하고 此言其實利니 明不當作齊라

○王先愼 : '齊'자는 응당 '其'자의 오자가 되어야 하니, 아래 글에 '其名美(그 명성이 아름답다.)'라 하고 여기에서 '其實利(그 실제로 이롭다)'라고 말한 것이니, '齊'자로 되어 있어서는 안 되는 것이 분명하다.

22-18 待邢亡而復存之하야 其名(實)美니이다

邢나라가 망하기를 기다려 다시 보존시켜주어서 아름다운 명성을 얻느니만 못합니다.”라고 하였다.

○王渭曰 實字衍이라

○王渭 : '實'자는 衍文이다.

22-19 桓公乃弗救라

환공은 이에 邢나라를 구원하지 않았다.

22-20 子胥出走러니

伍子胥가 달아나고 있었는데

○顧廣圻曰 燕策云張丑(추)라 先愼曰 吳越春秋에 作伍子胥하니 與此同이라

○顧廣圻 : ≪戰國策≫ 〈燕策〉에 말한 張丑이다.
王先愼 : ≪吳越春秋≫ 권1에 '伍子胥'로 되어 있으니, 여기와 같다.

22-21 邊候[9)]得之하다

邊候가 그를 잡았다.

○先愼曰 候는 吏也니 吳越春秋에 作關吏欲執之라

○王先愼 : '候'는 관리이니, ≪吳越春秋≫ 권1에 '關吏欲執之(關吏가 잡으려고 하였다.)'로 되어 있다.

22-22 子胥曰 上索我者는 以我有美珠也어늘 今我已亡之矣라 我且曰 子取呑之라호리라 候因釋之하다

오자서는 "임금이 나를 수색하여 체포하려는 것은 내가 아름다운 구슬을 가지고 있기 때문인데 지금 나는 벌써 구슬을 잃어버렸다. 나는 장차 네가 구슬을 빼앗아 삼켜버렸다고 말할 것이다."라고 하니 변후는 이 때문에 오자서를 놓아주었다.

○先愼曰 藝文類聚八十四에 引候上有邊字하고 因字作憂而二字하니 誤라 吳越春秋에 作關吏因舍焉하니 正作因字라

○王先愼 : ≪藝文類聚≫ 권84에 이 글을 인용하면서 '候'자 위에 '邊'자가 있고, '因'자가 '憂而' 두 글자로 되어 있으니 잘못이다. ≪吳越春秋≫ 권1에 '關吏因舍焉(관리가 이 때문에 놓아주었다.)'으로 되어 있으니, 바로 '因'자로 되어 있다.

22-23 慶封爲亂於齊而欲走越한대

慶封이 齊나라에서 亂을 일으키고 越나라로 도망치려고 하자,

○顧廣圻曰 左傳云 奔吳라 先愼曰 舊連上이어늘 今提行이라

○顧廣圻 : ≪春秋左氏傳≫ 昭公 20년(B.C. 520)에 "吳나라 달아났다."라고 하였다.
王先愼 : 예전에는 윗글과 이어져 있었는데, 지금 줄을 바꾸었다.

22-24 其族人曰 晉近이어늘 奚不之晉고 慶封曰 越遠하야 利以避難이니라 族人曰 變是心也면 居晉而可요 不變是心也면 雖遠越이라도 其可以安乎잇가

9) 邊候 : 변경을 지키는 관리이다. 關吏라고도 한다.

그의 親族 사람이 "晉나라와의 거리가 가까운데 어찌 晉나라로 가지 않습니까?"라고 묻자, 경봉은 "越나라는 거리가 멀어서 難을 피하기가 이롭기 때문이다."라고 대답했다. 친족 사람이 "난을 일으키려는 마음〔是心〕을 바꾸면 晉나라에 살더라도 괜찮을 것이고, 난을 일으키려는 마음을 바꾸지 않으면 越나라보다 더 먼 곳에 가더라도 어찌 편안할 수 있겠습니까."라고 하였다.

22-25 智伯索地於魏宣子호되

智伯이 魏宣子에게 땅을 나누어달라고 하였으나,

○顧廣圻曰 宣은 策作桓하고 說苑權謀篇에 作宣이라 先愼曰 十過篇에 作宣하니 與此同이라

○顧廣圻 : '宣'이 ≪戰國策≫ 〈魏策〉에는 '桓'으로 되어 있고, ≪說苑≫ 〈權謀篇〉에는 '宣'으로 되어 있다.

王先愼 : 本書 〈十過篇〉에 '宣'으로 되어 있으니, 여기와 같다.

22-26 魏宣子弗予하다 任章[10)]曰

魏宣子가 주지 않았다. 任章이

○顧廣圻曰 說苑權謀篇에 作任增이라 按魏策은 與此同이요 古今人表中中에 有任章이라 先愼曰 淮南人間訓에 作任登하니 登增聲近이라 本書外儲說左上篇에 作王登하니 王卽壬之誤라 任壬古通하니 章登은 蓋一人而二名耳라

○顧廣圻 : ≪說苑≫ 〈權謀篇〉에는 '任增'으로 되어 있다. 살펴보건대 ≪戰國策≫ 〈魏策〉에는 여기와 같고, ≪漢書≫ 〈古今人表〉 中中 등급에 '任章'이 있다.

王先愼 : ≪淮南子≫ 〈人間訓〉에 '任登'으로 되어 있으니, '登'과 '增'은 音이 비슷하다. 本書 〈外儲說 左上篇〉에 '王登'으로 되어 있으니, '王'자는 곧 '壬'의 오자이다. '任'과 '壬'이 예전에 통용하였으니, '任章'과 '任登'은 한 사람인데 이름이 둘이다.

---

10) 任章 : 전국시대 魏宣子의 家臣이다. 智謀가 있어서 위선자를 핍박하는 智伯을 멸망하게 하였다. 任增으로도 쓴다.

22-27 何故不予잇고 宣子曰 無故(請)〔索〕地하니 故弗予로라

"무슨 까닭으로 주지 않습니까?"라고 물었다. 宣子는 "까닭도 없이 땅을 달라고 하기 때문에 주지 않았노라."라고 대답하였다.

○先愼曰 請은 當爲索이니 上下文에 竝作索하고 策亦作索이라

○王先愼 : '請'자는 응당 '索'이 되어야 하니, 위아래 글에 모두 '索'으로 되어 있고, ≪戰國策≫ 〈魏策〉에도 '索'으로 되어 있다.

22-28 任章曰 無故索地면 隣國必恐이요 彼重欲無厭하니 天下必懼리이다 君予之地하시면 智伯必驕而輕敵이요 隣邦必懼而相親하리이다 以相親之兵으로 待輕敵之國이면 則智伯之命不長矣리이다

임장은 "아무 까닭도 없이 땅을 달라고 하면 이웃 나라들이 반드시 두려워할 것이고, 저 사람은 탐욕이 많아 만족함이 없으니 천하 사람들이 반드시 두려워할 것입니다. 주군께서 그에게 땅을 주시면 지백은 반드시 교만해져서 敵國을 얕볼 것이고, 이웃 나라들은 반드시 두려워하여 서로 친근해질 것입니다. 서로 친근해진 나라의 군대를 거느리고 적국을 얕보는 나라를 상대하면 지백의 명운은 오래가지 못할 것입니다.

○盧文弨曰 伯은 張凌本에 作氏라 先愼曰 策亦作氏라

○盧文弨 : '伯'은 張本과 凌本에 '氏'로 되어 있다.
王先愼 : ≪戰國策≫ 〈魏策〉에도 '氏'로 되어 있다.

22-29 周書[11)]曰 將欲敗之인댄 必姑輔之요 將欲取之인대 必姑予之라하니

≪周書≫에 '앞으로 상대를 패배시키려 한다면 반드시 우선 그를 도와주고, 앞으로 상대를 빼앗으려 한다면 반드시 우선 그에게 주어라.'라고 하였습니다.

○先愼曰 王應麟疑此爲蘇秦所讀周書陰符[12)]之類라

11) 周書 : 현재의 ≪書經≫ 〈周書〉에는 이 내용이 없으니, ≪逸周書≫인 듯하다.

○王先愼：王應麟은 "이 글은 蘇秦이 읽은 ≪周書≫와 ≪陰符≫의 종류인 듯하다."라고 하였다.

22-30 君不如予之以驕智伯이니이다 且君何釋以天下圖智氏하시고 而獨以吾國爲智氏質乎잇가

주군께서는 땅을 떼어 주어 지백을 교만하게 하느니만 못합니다. 또 주군께서는 어찌 천하의 힘으로 지백을 도모할 생각은 버리시고 우리나라만을 智氏의 표적이 되게 하십니까."라고 하였다.

○先愼曰 質은 的也니 存韓篇에 則秦必爲天下兵質矣라하니 義正同이라

○王先愼：'質'은 '的(표적)'이니, ≪韓非子≫ 〈存韓篇〉에 '則秦必爲天下兵質矣(진나라는 반드시 천하 제후 군대의 표적이 될 것이다.)'라고 하였으니, 그 뜻이 똑같다.

22-31 君曰 善하다하고 乃與之萬戶之邑하다 智伯大悅하야 因索地於趙호되 弗與하니 因圍晉陽하다 韓魏反之外하고 趙氏應之內하니 智氏(自)〔遂〕亡하다

宣子는 "좋다."라 하고는 마침내 1만 戶가 사는 한 고을을 지백에게 내주었다. 지백은 크게 기뻐하면서 이어 趙氏에게 땅을 달라고 하였으나, 趙氏가 땅을 주지 않으니 그대로 趙氏의 晉陽을 포위하였다. 韓과 魏는 성 밖에서 지백을 배반하고 趙氏는 성안에서 호응하니 智氏는 결국 멸망하였다.

○先愼曰 策自作遂하고 說苑亦作遂라

○王先愼：≪戰國策≫ 〈魏策〉에 '自'자가 '遂'로 되어 있고, ≪說苑≫ 〈權謀篇〉에도 '遂'로 되어 있다.

---

12) 王應麟……周書陰符：王應麟은 南宋의 經史學者이다. 호는 深寧居士 또는 厚齋로 進士에 급제하고 다시 博學宏詞科에 급제하였다. 여러 벼슬을 거쳐 禮部尙書 兼給事中 등을 지냈으나 權臣의 뜻을 거슬러 파직되자 20여 년 동안 오로지 저술에 전념하여 수많은 저술을 남겼다. 經史와 天文, 地理, 전고제도에 밝고 考證에 뛰어났다. 저서에 ≪玉海≫·≪困學紀聞≫·≪三字經≫ 등이 있다. 이 내용은 왕응린의 ≪곤학기문≫에 보이는데, ≪陰符≫는 太公의 兵書라고 한다.

22-32 秦康公築臺三年이러니 荊人起兵하야 將欲以兵攻齊하다 任妄曰 饑召兵하고 疾召兵하며 勞召兵하고 亂召兵이니이다 君築臺三年이어늘 今荊人起兵하야 將攻齊하니이다 臣恐其攻齊爲聲이요 而以襲秦爲實也일까하노니 不如備之니이다 戍東邊한대 荊人輟行하다

秦 康公이 3년 동안 樓臺를 축조하고 있었는데 楚나라 사람이 군사를 일으켜 군사를 거느리고 가서 齊나라를 공격하려고 하였다. 任妄이 "기근이 들면 敵兵을 불러들이고 질병이 유행하면 적병을 불러들이며, 백성이 노역에 지치면 적병을 불러들이고 나라가 어지러우면 적병을 불러들이는 것입니다. 임금님께서 3년 동안 누대를 축조하느라 〈국력을 소모하고 계시는데〉 이제 楚나라가 군사를 일으켜 齊나라를 공격하려고 합니다. 臣은 그들이 齊나라를 공격한다고 소리만 내고 실상은 우리 秦나라를 습격하려는 것이 아닌지 우려되오니, 대비하느니만 못합니다."라고 하였다. 이에 秦나라가 동쪽 변경을 지키자 楚나라 사람이 군사 행동을 철회하였다.

○先愼曰 輟은 一本作輒하니 非라

○王先愼 : '輟'은 一本에 '輒'으로 되어 있으니 잘못되었다.

22-33 齊攻宋한대 宋使臧孫子로 南求救於荊하다

齊나라가 宋나라를 공격하자 宋나라는 臧孫子를 남쪽의 楚나라로 보내어 구원을 요청하게 하였다.

○顧廣圻曰 宋衛策에 無孫字라

○顧廣圻 : ≪戰國策≫ 〈宋衛策〉에 '孫'자가 없다.

22-34 荊大說(열)하야 許救之하고 甚(歡)〔勸〕이러라

楚나라는 크게 기뻐하면서 구원해줄 것을 허락하고 매우 勸勉해주는 것이었다.

○顧廣圻曰 歡은 當從策作勸이니 高注에 勸은 力也라하니라

○顧廣圻 : '歡'자는 응당 ≪戰國策≫ 〈宋衛策〉을 따라 '勸'이 되어야 하니, 高誘의 注에

"'勸'은 '力(힘쓰다)'이다."라고 하였다.

22-35 **臧孫子憂而反**이러니 **其御曰 索救而得**이어늘 **今子有憂色**하니 **何也**잇고 **臧孫子曰 宋小而齊大**라 **夫救小宋而惡於大齊**는 **此人之所以憂也**언마는 **而荊王說**하니

臧孫子가 근심하면서 宋나라로 돌아가는데, 그의 마부가 "구원을 요구하여 뜻을 이루었는데 지금 당신께서 근심스러운 기색이 있으니 무엇 때문입니까?"라고 물었다. 장손자는 "宋나라는 작고 齊나라는 크다. 작은 송나라를 구원하느라 큰 제나라에 미움을 사는 일은 바로 사람들이 근심하는 일이건만 楚王이 기뻐하고 있으니,

○**先愼曰 策**은 **說下**에 **有甚字**라

○王先愼 : ≪戰國策≫ 〈宋衛策〉은 '說'자 아래에 '甚'자가 있다.

22-36 **必以堅我也**라 **我堅而齊敝**면 **荊之所利也**니라 **臧孫子乃歸**하다 **齊人拔五城於宋**이나 **而荊救不至**하다

이는 필시 우리에게 방어하기를 견고하게 하려는 것이다. 우리가 방어하기를 견고하게 하여 齊나라가 피폐해지면 楚나라에 이익이 되기 때문이다."라고 하였다. 臧孫子는 이내 宋나라에 돌아왔다. 齊나라 사람이 宋나라를 공격하여 다섯 城을 함락시켰으나 楚나라의 구원병은 오지 않았다.

22-37 **魏文侯借道於趙而攻中山**이러니 **趙肅侯**[13)]**將不許**하다 **趙刻曰**

魏 文侯가 趙나라에 길을 빌려 中山을 공격하려고 했는데 趙 肅侯가 허락하지 않으려고 하였다. 趙刻이

---

13) 趙肅侯 : ≪韓非子新校注≫에 松皐圓은 "魏 文侯와 趙 肅侯의 시간 거리는 60년이나 차이가 나기 때문에 肅侯는 烈侯가 되어야 한다."라고 하였고, 陳奇猷는 "≪戰國策≫ 〈趙策〉에 이 내용을 烈侯의 밑에 달아놓았다."라고 하였다.

○顧廣圻曰 刻은 趙策에 作利라

○顧廣圻 : '刻'자는 ≪戰國策≫ 〈趙策〉에 '利'로 되어 있다.

22-38 君過矣로소이다 魏攻中山而弗能取면 則魏必罷(피)니 罷則魏輕이요 魏輕則趙重이리이다 魏拔中山이라도 必不能越趙而有中山也니 是用兵者는 魏也요 而得地者는 趙也리니 君必許之而大(歡)〔勸〕이면

"임금께서는 잘못하고 계십니다. 魏나라가 中山을 공격하여 빼앗지 못하면 위나라는 반드시 피폐해질 것이니, 피폐해지면 위나라는 약해지고 위나라가 약해지면 우리 趙나라는 강해질 것입니다. 위나라가 중산을 함락시키더라도 반드시 우리 조나라를 넘어가서 중산을 소유하지 못할 것입니다. 그러니 이는 출병하여 전쟁한 나라는 魏이고 땅을 얻는 나라는 趙이니 임금님께서는 반드시 허락하십시오. 허락하시되 크게 권면하시면

○顧廣圻曰 藏本今本에 重許之하니 策有라 歡은 當從策作勸이라

○顧廣圻 : 藏本과 今本에 '許之'가 거듭 되어 있으니, ≪戰國策≫ 〈趙策〉에 거듭 되어 있다. '歡'자는 응당 ≪戰國策≫ 〈趙策〉을 따라 '勸'자가 되어야 한다.

22-39 彼將知君利之也하고 必將輟行하리이다 君不如借之道호되 示以不得已也하소서

저들이 임금께서 앞으로 이익을 얻으리라는 것을 알고는 틀림없이 출병을 철회할 것입니다. 임금께서는 길을 빌려주시되 어쩔 수 없이 빌려주는 것처럼 보이느니만 못합니다."라고 하였다.

22-40 鴟夷子皮事田成子하다

鴟夷子皮는 田成子를 섬겼다.

○顧廣圻曰 墨子非儒篇의 乃樹鴟夷子皮於田常之門이 卽其事也라 說苑臣術

篇에 陳成子謂鴟夷子皮라

○顧廣圻 : ≪墨子≫ 〈非儒篇〉의 "이에 田常의 집에 鴟夷子皮를 넣어두었다."라고 한 것이 바로 그 일이다. ≪說苑≫ 〈臣術篇〉에 "陳成子가 鴟夷子皮에게 말했다."라고 하였다.

22-41 田成子去齊하야 走而之燕할새 鴟夷子皮負傳[14)]而從하다 至望邑하야 子皮曰 子獨不聞涸澤之蛇乎잇가 澤涸하야

田成子가 齊나라를 떠나 燕나라로 달아날 적에 鴟夷子皮는 傳을 짊어지고 따랐다. 望邑에 당도하여 치이자피가 "당신 혼자만 마른 연못의 뱀에 대한 이야기를 듣지 못하셨습니까? 연못에 물이 말라서

○先愼曰 各本에 作涸澤하니 誤倒라 藝文類聚九十六과 御覽九百三十三과 事類賦二十八에 引作澤涸어늘 今據乙하노라

○王先愼 : 각 본에 〈'澤涸'가〉 '涸澤'으로 되어 있으니 잘못 글자가 바뀌었다. ≪藝文類聚≫ 권96과 ≪太平御覽≫ 권933과 ≪事類賦≫ 권28에 이 글을 인용하면서 '澤涸'으로 되어 있기에 이에 의거하여 순서를 바꿨다.

22-42 蛇將徙러니 有小蛇謂大蛇曰 子行而我隨之면 人以爲蛇之行者耳라하야 必有殺子者리이다 子不如相銜負我以行이니

뱀들이 다른 곳으로 옮겨가려고 했는데, 작은 뱀이 큰 뱀에게 '당신이 앞서가고 내가 뒤따라가면 사람들은 그저 뱀이 지나가는 것일 뿐이라고 여겨서 반드시 당신을 죽이는 자가 있을 것입니다. 그러니 서로 꼬리를 문채 당신이 나를 등에 업고 가느니만 못합니다. 그리하면

○先愼曰 各本에 脫子者二字하니 文不成句라 藝文類聚御覽에 引有子字하고 無者字하니 亦誤라 今依事類賦引하야 補子者二字하노라

○王先愼 : 각 본에 '子者' 두 글자가 탈락되었으니 문장이 句를 이루지 못한다. ≪藝文

---

14) 傳 : 옛날 關門이나 나루를 통과할 때 역참에 숙박하고 역참의 車馬를 사용하도록 허가하는 증명서로 비단〔繒帛〕이나 나무로 만든 符信(棨)이라고 한다.

類聚≫ 권96과 ≪太平御覽≫ 권933에 이 글을 인용하면서 '子'자는 있고 '者'자는 없으니 이 역시 잘못되었다. 지금 ≪事類賦≫ 권28의 인용문에 의거하여 '子者' 두 글자를 보충하였다.

22-43 **人必以我爲神君也**라하리이다

사람들은 반드시 우리를 神靈이라 여길 것입니다.'라고 하였습니다.

○先愼曰 乾道本에 無必字라 盧文弨云 人下에 脫必字하니라 先愼案 藝文類聚御覽事類賦에 引有必字어늘 今據補하노라

○王先愼 : 乾道本에는 '必'자가 없다. 盧文弨는 "'人'자 아래에 '必'자가 탈락되었다."라고 하였다. 내가 살펴보건대 ≪藝文類聚≫ 권96과 ≪太平御覽≫ 권933과 ≪事類賦≫ 권28에 이 글을 인용하면서 '必'자가 있기에 지금 이에 의거하여 보충하였다.

22-44 **乃相銜負以越公道而行**하니

이에 뱀들이 서로 꼬리를 물고 큰 뱀이 작은 뱀을 등에 업고 큰 길〔公道〕을 건너가니,

○先愼曰 乾道本에 無而行二字라 顧廣圻云 藏本今本은 道下에 有而行二字나 按不當有라하니라 先愼案 而行二字를 不當省이니 藝文類聚御覽事類賦에 引亦有어늘 今據補하노라

○王先愼 : 乾道本에 '而行' 두 글자가 없다. 顧廣圻는 "藏本과 今本은 '道'자 아래에 '而行' 두 글자 있으나, 살펴보건대 '而行'이 있는 것은 합당치 않다."라고 하였다. 내가 살펴보건대 '而行' 두 글자를 생략하는 것은 합당치 않으니, ≪藝文類聚≫ 권96과 ≪太平御覽≫ 권933과 ≪事類賦≫ 권28에 이 글을 인용하면서 역시 '而行'이 있기에 지금 이에 의거하여 보충하였다.

22-45 **人皆避之曰 神君也**라하니이다 **今子美而我惡**하니 **以子爲我上客**이면 **千乘之君也**요 **以子爲我使者**면 **萬乘之卿也**리니 **子不如爲我舍人**이니이다 **田成子因負傳而隨之**하다 **至逆旅**하니 **逆旅之君待之甚敬**하고 **因獻酒肉**하다

이를 본 사람들이 모두 피하면서 '神靈이다.'라고 하였답니다. 지금 당신은 훌륭한 모습이고 저는 추악한 모습입니다. 당신을 저의 上客으로 삼으면 사람들은 저를 千乘의 작은 나라 군주로 간주할 것이고, 당신을 저의 侍從으로 삼으면 사람들은 저를 萬乘의 큰 나라 卿으로 간주할 것입니다. 그러니 당신은 저의 舍人이 되는 것만 못합니다."라고 하였다. 田成子는 이 때문에 傳을 짊어지고 鴟夷子皮의 뒤를 따랐다. 여관에 당도하니 여관 주인이 매우 공경히 접대하였고 아울러 술과 고기까지 바쳤다.

22-46 溫人之周[15)]러니 周不納客하다

溫邑의 어떤 사람이 東周에 갔는데 東周는 溫邑에서 온 이 客을 받아들이지 않았다.

○顧廣圻曰 句絶이라

○顧廣圻 : 句를 끊어야 한다.

22-47 問之曰 客耶아 對曰 主人이니라

〈關門을 지키는 관리가〉 "그대는 객지 사람인가?"라고 물었다. 溫邑 사람이 "이곳 사람〔主人〕이오."라고 대답하였다.

○顧廣圻曰 周策에 無問之曰客四字하고 耶作卽하니 非라 姚校에 一本同此者是라

○顧廣圻 : ≪戰國策≫ 〈東周策〉 권1에 '問之曰客' 네 글자가 없고, '耶'자는 '卽'으로 되어 있으니 잘못되었다. 姚宏이 校注한 ≪戰國策續注≫에 "≪戰國策≫의 어떤 본이 ≪韓非子≫의 이 글과 같다."라고 하였으니, 옳다.

22-48 問其巷而不知也어늘

관리가 그의 마을 사람에게 이 사람을 물었으나 알지 못하자

15) 周 : 東周 시대의 洛陽을 말한다.

○先愼曰 各本巷下에 衍人字라 周策에 作問其巷而不知也라하야 無人字어늘 此涉上文而誤라 御覽六百四十二에 引此無人字어늘 今據刪하노라

○王先愼 : 각 본의 '巷'자 아래에 있는 '人'자는 衍文이다. ≪戰國策≫ 〈東周策〉 권1에 '問其巷而不知也'라고 되어 있어서 '人'자가 없는데, 이곳에 '人'자가 있는 것은 윗글에 연관되어 잘못된 것이다. ≪太平御覽≫ 권642에 이 글을 인용하면서 '人'자가 없기에 지금 이에 의거하여 삭제하였다.

22-49 吏因囚之하다 君使人問之曰 子非周人也어늘 而自謂非客은 何也오 對曰 臣少也에 誦詩호니 曰 普天之下 莫非王土요 率土之濱이 莫非王臣이라호이다

관리가 그대로 잡아 가두었다. 東周君이 사람을 보내어 "그대는 東周 사람이 아닌데 스스로 객지 사람이 아니라고 말한 것은 무엇 때문인가?"라고 물었다. 溫邑 사람은 "제가 젊었을 때 ≪詩經≫을 읽었는데, 그 시에 '모든 하늘 아래는 왕의 영토가 아닌 곳이 없고, 땅 끝을 따라 사는 것은 왕의 신하가 아닌 사람이 없다.'라고 하였습니다.

○先愼曰 詩小雅北山之篇이라

○王先愼 : 이 시는 ≪詩經≫ 〈小雅 北山篇〉이다.

22-50 今君이 天子면 則我天子之臣也니 豈有爲人之臣而又爲之客哉잇가 故曰 主人也라하니이다 君使出之하다

지금 임금께서 天子이면 저는 천자의 신하이니, 어찌 남의 신하된 사람이 또 객지 사람이 될 수 있겠습니까. 그러므로 제가 이곳 사람이라고 말한 것입니다."라고 대답하였다. 東周君은 그를 석방하게 하였다.

22-51 韓宣王謂樛(규)留曰

韓 宣王이 樛留에게

○顧廣圻曰 樛는 韓策에 作摎라 案樛摎同字니 本書難一篇에 作樛라 先愼曰 乾道本에 連上이나 今從趙本提行하노라

○顧廣圻 : '樛'자는 ≪戰國策≫ 〈韓策〉에 '摎'로 되어 있다. 살펴보건대 '樛'와 '摎'는 같은 글자이니, 本書 〈難一篇〉에 '樛'로 되어 있다.

王先愼 : 乾道本에 윗글과 이어져 있으나 지금 趙本을 따라 줄을 바꾸었다.

22-52 吾欲兩用公仲公叔하노니 其可乎아 對曰 不可하니이다 晉用六卿而國分하고 簡公兩用田成闞(감)止而簡公殺(시)하며 魏兩用犀首張儀而西河之外亡하니이다

"나는 公仲과 公叔을 둘 다 임용하고 싶은데 괜찮겠소?"라고 물었다. 樛留는 "안 됩니다. 晉나라는 六卿을 임용하여 나라가 나뉘었고, 齊 簡公은 田成과 闞止를 둘 다 임용하여 簡公이 시해당하였으며, 魏나라는 犀首와 張儀를 둘 다 임용하여 西河 밖의 땅을 잃었습니다.

○先愼曰 難一篇에 犀首張儀作樓翟하고 餘亦不同이라

○王先愼 : 本書 〈難一篇〉에 '犀首'와 '張儀'가 '樓'와 '翟'으로 되어 있고, 나머지 내용도 이곳과 같지 않다.

22-53 今王兩用之면 其多力者는 樹其黨하고

지금 왕께서 이 둘을 다 임용하시면 그중 세력이 큰 사람은 자기의 私黨을 심을 것이고,

○顧廣圻曰 此樹上에 脫內字하니 策有라

○顧廣圻 : 이곳의 '樹'자 위에 '內'자가 탈락되었으니, ≪戰國策≫ 〈韓策〉에는 '內'자가 있다.

22-54 寡力者는 借外權하리니 群臣有內樹黨하야

세력이 작은 사람은 나라 밖의 세력을 빌려 도움을 받을 것입니다. 群臣이 안으로 사당을 심어서

○顧廣圻曰 有는 策作或이라 按或有同字라

○顧廣圻 : '有'자는 ≪戰國策≫ 〈韓策〉에 '或'으로 되어 있다. 살펴보건대 '或'과 '有'는 같은 글자이다.

22-55 以驕主(內)하고

임금에게 교만을 부리고

○顧廣圻曰 此衍內字니 策無라 先愼曰 此內字는 卽上文樹上內字 錯而在此라

○顧廣圻 : 이곳의 '內'자는 衍文이니, ≪戰國策≫ 〈韓策〉에는 없다.
王先愼 : 이곳의 '內'자는 곧 윗글 '樹'자 위의 '內'자가 錯簡되어 이곳에 있는 것이다.

22-56 有外爲交以削地면

나라 밖의 세력과 교제하여 영토를 분할하는 일이 있다면

○王念孫曰 削地는 當爲列地니 列은 古裂字①라 裂은 分也니 言借外權以分地也라 韓策에 作或外爲交以裂其地하니 是其明證이라 列字本作𠜵(렬)이니 形與削相似하야 因誤爲削이라 說文에 𠜵은 分解也니 從刀요 𡿪聲이라하고 製은 繒餘也니 從衣요 𠜵聲이라하니라 今九經中에 分列之字多作裂하니 未必非後人所改라 此列字若不誤爲削이면 則後人亦必改爲裂矣리라

① 艮九三曰 艮其限이라 列其夤(인)이라하고 大戴禮曾子天圓篇曰 割列禳瘞(양예)라하고 管子五輔篇曰 博帶梨大袂列이라하고 荀子哀公篇曰 兩驂列兩服入廏라하니라
≪周易≫ 艮卦 九三 爻辭에 "그 한계에 그쳤기에 그 등골뼈가 분할〔列〕되었다."라 하였고, ≪大戴禮記≫ 〈曾子天圓篇〉에 "희생을 베고 갈라서〔列〕 四面에 禳齋를 하고 희생을 묻는다."라 하였으며, ≪管子≫ 〈五輔篇〉에 "넓은 띠를 베어서 좁게 만들고 큰 소매를 쪼개어〔列〕 작게 만든다."라 하고, ≪荀子≫ 〈哀公篇〉에 "두 驂馬는 고삐를 끊어〔列〕 달아나고 두 服馬는 수레를 끌고 마구간으로 들어가버렸다."라고 하였다.

○王念孫 : '削地'는 응당 '列地'가 되어야 하니, '列'은 옛 '裂'자이다. '裂'은 '分(나눔)'이니, 나라 밖의 세력을 빌려 영토를 나눔을 말한다. ≪戰國策≫ 〈韓策〉에 '或外爲交以裂其

地(혹 나라 밖과 교제하여 그 영토를 분할하는 일이 있다면)'로 되어 있으니, 이것이 그 증명이다. '列'자는 본디 𠜱로 되어 있으니 字形이 '削'과 서로 비슷하기 때문에 잘못 써서 '削'이 된 것이다. ≪說文解字≫에 "𠜱은 分解함이니, 刀部(刂)를 따르고 𡿪의 音이다."라고 하였고, "裂은 비단[繒]의 나머지이니, 衣部를 따르고 𠜱의 음이다."라고 하였다. 지금의 九經 중에 '分列'의 글자가 대부분 '裂'자로 되어 있으니, 반드시 후세 사람이 고친 것은 아니다. 그러나 이 '列'자가 만일 잘못 '削'자가 되지 않았다면 후세 사람이 또 반드시 '裂'자로 고쳤을 것이다.

22-57 **則王之國危矣**리이다

왕의 나라가 위험하게 될 것입니다."라고 대답하였다.

22-58 **紹績昧醉寐而亡其裘**하다

紹績昧가 술에 취해 잠을 자다가 갖옷을 잃어버렸다.

○**先愼曰 御覽四百九十七**에 **引績作緇**하고 **無寐字**라

○王先愼 : ≪太平御覽≫ 권497에 이 글을 인용하면서 '績'자는 '緇'로 되어 있고, '寐'자가 없다.

22-59 **宋君曰**

宋君이

○**先愼曰 御覽**에 **引宋作梁**이라

○王先愼 : ≪太平御覽≫ 권497에 이 글을 인용하면서 '宋'자는 '梁'으로 되어 있다.

22-60 **醉足以亡裘乎**아 **對曰 桀以醉亡天下**하니이다 **而康誥曰 毋彝酒**라하니

"술에 취하면 갖옷조차 잃어버릴 수 있는가?"라고 물었다. 紹績昧는 "夏桀은 술에 취하여 천하를 잃었습니다. ≪書經≫ 〈周書 康誥〉에 '彝酒하지 말라.'고 하였으니,

○盧文弨曰 而字는 孫云衍이라 先愼曰 今在酒誥中이라 楊子法言問神篇云 昔之說書者序以百이어늘 而酒誥之篇은 俄空焉하니 今亡夫인저 是漢時已無酒誥요 而康誥亦有佚文이어늘 後人纂輯酒誥에 竝康誥佚句亦併錯入하니 當據此訂正이라

○盧文弨 : '而'자는 孫志祖가 衍文이라고 하였다.

王先愼 : 〈'毋彝酒'는〉 현재의 ≪書經≫ 〈周書 酒誥〉 안에 들어 있다. ≪楊子法言≫ 〈問神篇〉에 "예전에 ≪書經≫을 해설한 자가 1백 편의 序(小序)를 지었는데, 〈酒誥〉의 篇은 돌연 비어있으니 이제 없어진 것이다."라고 하였다. 이는 漢代에 이미 〈酒誥〉가 없어졌고, 〈康誥〉에도 散逸된 글이 있는데 後人이 〈酒誥〉를 纂輯할 때 〈康誥〉의 산일된 문구까지 아울러 함께 섞어 넣은 것이니, 응당 이에 의거하여 바로잡아야 한다.

22-61 彝酒者는 常酒也라

彝酒는 평소에 늘 술을 마시는 것입니다.

○盧文弨曰 者字는 舊誤在上彝酒下러니 孫移正이라 先愼曰 孫移是어늘 今從之하노라 常酒는 謂常飮酒也라

○盧文弨 : '者'자는 예전에 위에 있는 '彝酒' 아래에 있었는데, 孫志祖가 이곳에 옮겨서 바로잡았다.

王先愼 : 〈'者'자를〉 孫志祖가 이곳에 옮긴 것이 옳기에 지금 따랐다. '常酒'는 평소에 늘 술을 마신다는 뜻이다.

22-62 常酒者는 天子失天下하고 匹夫失其身이니이다

평소에 늘 술을 마시는 자는 天子이면 천하를 잃게 되고 匹夫이면 자기의 몸을 잃게 됩니다."라고 대답하였다.

22-63 管仲隰朋이 從桓公伐孤竹이러니

管仲과 隰朋이 齊 桓公을 따라 孤竹國을 정벌했는데,

○先愼曰 各本은 桓上에 有於字하고 伐上에 有而字라 意林及御覽四百九十事類

賦三十에 引竝無於字而字어늘 今據刪하노라

○王先愼 : 각 본에는 '桓'자 위에 '於'자가 있고 '伐'자 위에 '而'자가 있다. ≪意林≫ 권1과 ≪太平御覽≫ 권490과 ≪事類賦≫ 권30에 이 글을 인용하면서 모두 '於'자와 '而'자가 없기에 지금 이에 의거하여 삭제하였다.

22-64 春往冬反이라가 迷惑失道하다 管仲曰 老馬之智可用也니이다 乃放老馬而隨之하야 遂得道하다 行山中無水어늘 隰朋曰 蟻冬居山之陽하고 夏居山之陰하니 蟻壤寸而有水니이다

봄에 出征하여 겨울에 돌아오다가 헷갈리어 길을 잃고 갈팡질팡하게 되었다. 관중이 "늙은 말의 지혜를 이용할 만합니다."라고 하였다. 곧 늙은 말을 풀어놓고 뒤를 따라가서 마침내 길을 찾았다. 산속을 가는 중에 물이 떨어져 없자 습붕이 "개미는 겨울에는 산 남쪽에 살고 여름에는 산 북쪽에 사는데 개미집의 높이가 한 치〔寸〕쯤 되면 그 아래에 물이 있습니다."라고 하였다.

○先愼曰 各本은 寸上有一字하고 而下有仞字라 意林及御覽卷三十七又九百四十七과 事類賦에 引無一字仞字어늘 今據刪하노라

○王先愼 : 각 본에는 '寸'자 위에 '一'자가 있고 '而'자 아래에 '仞'자가 있다. ≪意林≫ 권1과 ≪太平御覽≫ 권37·권947과 ≪事類賦≫ 권30에 이 글을 인용하면서 '一'자와 '仞'자가 없기에 지금 이에 의거하여 삭제하였다.

22-65 乃掘地하야 遂得水하다 以管仲之聖而隰朋之智로도 至其所不知하얀 不難師於老馬與蟻어늘 今人不知以其愚心으로 而師聖人之智하니 不亦過乎아

곧 땅을 파서 마침내 물을 찾았다. 관중의 슬기와 습붕의 지혜로도 그가 알지 못하는 것에 대해서는 늙은 말과 개미에게 배우는 일을 꺼리지 않았다. 그런데 지금 사람들은 그의 어리석은 마음을 가지고서 聖人의 지혜를 배울 줄을 모르니 어찌 잘못된 일이 아닌가.

○先愼曰 乾道本은 聖人上에 無師字라 顧廣圻云 藏本今本에 有라하니라 先愼案

此謂管仲隰朋之聖智로도 尙師老馬與蟻之所知어늘 而今人不知己之愚로 以師聖人之智하니 是謂過矣라 師老馬與蟻與師聖人之智로 相比成文하니 聖人上에 不當無師字일새 今據藏本今本補하노라

○王先愼：乾道本은 '聖人' 위에 '師'자가 없다. 顧廣圻는 "藏本과 今本에 '師'자가 있다."라고 하였다. 내가 살펴보건대 이 글은 "管仲과 隰朋의 슬기와 지혜로도 오히려 늙은 말과 개미가 알고 있는 것을 배운다. 그런데 지금 사람들은 자기의 어리석음으로 聖人의 지혜를 배울 줄을 모르니, 이것을 잘못이라고 한다."라고 말한 것이다. 늙은 말과 개미에게 배우는 것과 성인의 지혜를 배우는 것으로 서로 비유하여 문장을 이루었으니, '聖人' 위에 '師'자가 없는 것은 합당하지 않기 때문에 지금 藏本과 今本에 의거하여 '師'자를 보충하였다.

22-66 有獻不死之藥於荊王[16]者어늘 謁者操之以入하다 中射之士問曰 可食乎아 曰 可니라 因奪而食之하다 王大怒하야 使人殺中射之士한대 中射之士使人說王曰 臣問謁者러니

楚王에게 不死藥을 바치는 자가 있었는데 謁者가 그 약을 가지고 안으로 들어갔다. 侍衛하던 관리가 "먹을 수 있는 것이냐?"라고 물었다. 謁者가 "먹을 수 있는 겁니다."라고 대답했다. 그러자 侍衛하던 관리는 그 약을 낚아채 먹어버렸다. 초왕이 크게 노하여 사람을 보내 侍衛하던 관리를 죽이게 하자, 侍衛하던 관리는 사람을 시켜서 왕에게 해명하여 "臣이 謁者에게 물었더니

○先愼曰 楚策에 三重謁者二字[17]하니 是也라 此脫하니라

○王先愼：≪戰國策≫〈楚策〉에 '謁者' 두 글자가 세 번 거듭 나오니 그것이 옳다. 이곳은 탈락되었다.

22-67 曰 可食이라커늘 臣故食之하니 是臣無罪요 而罪在謁者也니이다

그가 '먹어도 된다.'라고 하기에 신은 그 때문에 먹었습니다. 그러니 신은 죄가

16) 荊王：≪戰國策≫〈楚策〉에 頃襄王으로 되어 있다.

17) 三重謁者二字：≪戰國策≫〈楚策〉에 '謁者'가 두 번 거듭 나오는데, 여기에서 '세 번 거듭'이라고 한 것은 착오이거나 '三'이 '二'의 오자인 듯하다.

없고 謁者에게 죄가 있습니다.

○先愼曰 謁者漫云可食이라 故食者는 不任罪라

○王先愼：謁者가 저를 속여서 "먹어도 된다."라고 말했기 때문에 먹은 사람은 죄를 짓지 않았다는 말이다.

22-68 且客獻不死之藥이어늘 臣食之而王殺臣이면 是死藥也니 是客欺王也니이다 夫殺無罪之臣하야 而明人之欺王也론 不如釋臣이니이다 王乃不殺하다

또 客이 불사약을 바쳤는데 신이 그것을 먹었다 하여 왕께서 신을 죽이시면 이것은 〈불사약이 아니라〉 死藥이니, 이는 객이 왕을 속이는 것입니다. 죄가 없는 신을 죽여서 어떤 사람이 왕을 속였음을 드러내는 것보다는 신을 놓아주는 것만 못합니다."라고 하자, 이에 초왕은 그를 죽이지 않았다.

22-69 田駟欺鄒君하니 鄒君將使人殺之하다 田駟恐하야 告惠子하다 惠子見鄒君曰 今有人見君하고 則㫸(섬)其一目이면 奚如니잇고

田駟가 鄒君을 속이니, 추군이 사람을 시켜 그를 죽이려고 하였다. 전사가 두려워하여 惠子에게 도와달라고 말하였다. 혜자는 추군을 만나 "만일 어떤 사람이 임금님을 뵙고 한쪽 눈을 감고 있으면 어떻게 하시겠습니까?"라고 물었다.

○先愼曰 㫸은 御覽三百六十六에 引作䁋(협)하니 下同이라 注云 大叶切이니 閉目也라하니 蓋卽韓子舊注라 玉篇에 䁋은 閉一目也라하니 本此爲訓이라 㫸爲目旁하니 毛義稍隔[18]이라

○王先愼：'㫸'자는 《太平御覽》 권366에 이 글을 인용하면서 '䁋'자로 되어 있으니, 아래의 글자도 같다. 그 注에 "〈'䁋'자는 音이〉 大와 叶의 反切이니, 눈을 감음이다."라고 하였으니, 바로 《韓非子》의 舊注인 듯하다. 《玉篇》에 "'䁋'은 한쪽 눈을 감음이다."라고 하였으니, 이곳에 근본하여 새긴 것이다. '㫸'은 '目'의 偏旁으로 되었으니, '毛'의 偏旁

18) 毛義稍隔：'毛'의 偏旁을 따른 '㲗(睫과 같음)'과 '目'의 偏旁을 따른 '㫸'의 뜻이 같지 않다는 말이다.

에 쓴 글자의 뜻과는 조금 차이가 있다.

22-70 君曰 我必殺之호리라 惠子曰 瞽는 兩目瞑이어늘 君奚爲不殺이니잇고

추군이 "나는 반드시 그를 죽일 것이다."라고 대답하였다. 혜자가 "장님은 두 눈을 감고 있는데 임금님께서는 어찌 그를 죽이지 않습니까?"라고 하였다.

○先愼曰 藝文類聚十七에 引作瞽瞑兩目 君奚不殺이라

○王先愼 : ≪藝文類聚≫ 권17에 이 글을 인용하면서 '瞽瞑兩目 君奚不殺'로 되어 있다.

22-71 君曰 不能勿瞑이니라 惠子曰 田駟東欺齊侯하고

추군이 "눈을 감지 않을 수가 없기 때문이다."라고 하였다. 혜자는 "田駟는 동쪽에 가서는 齊侯를 속이고

○先愼曰 各本에 欺作慢이라 顧廣圻云 慢은 讀爲謾이라하니라 先愼案 藝文類聚御覽에 引慢竝作欺하니 是也라 下駟之欺人이 正承此欺字言明하니 不當作慢일새 今據改하노라

○王先愼 : 각 본에는 '欺'자가 '慢'으로 되어 있다. 顧廣圻는 "'慢'은 '謾'자로 읽어야 된다."라고 하였다. 내가 살펴보건대 ≪藝文類聚≫ 권17과 ≪太平御覽≫ 권366에 이 글을 인용하면서 '慢'이 모두 '欺'로 되어 있으니, 이것이 옳다. 아래의 '駟之欺人'이 바로 이 '欺'자를 이어 받아 말한 것이 분명하니, '慢'이 되어서는 안 되기 때문에 지금 이에 의거하여 고쳤다.

22-72 南欺荊王하니 駟之於欺人은 瞽也어늘 君奚怨焉이니잇고

남쪽에 가서는 楚王을 속였습니다. 전사가 남을 속이는 것은 항상 눈을 감고 있는 장님과 같은데, 임금님께서는 어찌 그에게 원한을 품으십니까."라고 하였다.

○先愼曰 瞽는 以閉目爲常하고 駟는 以欺人爲常하니 習與性成이라 又何尤焉이리오

○王先愼 : 장님은 눈을 감고 있는 것으로 정상을 삼고 田駟는 남을 속이는 것으로 정상을 삼으니, 습관이 天性을 이룬 것이다. 또 무엇을 탓하겠는가.

22-73 鄒君乃不殺하다

추군이 마침내 그를 죽이지 않았다.

22-74 魯穆公使衆公子로 或宦於晉하고 或宦於荊하다

魯 穆公이 여러 公子들을 보내어 혹은 晉나라에서 벼슬살이하고 혹은 楚나라에서 벼슬살이하게 하였다.

○先愼曰 欲結援晉楚라 故使公子宦焉이라 乾道本에 上宦字는 作窅이어늘 據趙本改라

○王先愼 : 晉나라 · 楚나라와 援助하는 관계를 결성하려고 하였다. 그러므로 公子들을 보내어 벼슬살이하게 한 것이다. 乾道本에 위의 '宦'자는 '窅'으로 되어 있는데, 趙本에 의거하여 고쳤다.

22-75 犁鉏曰 假人於越而救溺子하면 越人雖善遊라도 子必不生矣요 失火而取水於海면 海水雖多라도 火必不滅矣니 遠水不救近火也니이다 今晉與荊雖强이나 而齊近하니 魯患其不救乎인저

犁鉏가 "먼 越나라에서 사람을 빌려와 물에 빠진 어린 자식을 구하려 한다면 월나라 사람이 아무리 헤엄을 잘 치더라도 어린 자식을 반드시 살려내지 못할 것입니다. 불이 났는데 바다에서 물을 길어다가 불을 끄려고 한다면 바닷물이 아무리 많아도 불을 반드시 끄지 못할 것이니, 멀리 있는 물로는 가까운 곳의 불을 끌 수 없기 때문입니다. 지금 晉나라와 楚나라가 强大하기는 하지만 齊나라와 우리 魯나라의 거리가 가까우니, 〈만일 齊나라가 魯나라를 침공한다면 두 나라는〉 우리 魯나라의 禍患을 구원해주지 못할 것입니다."라고 하였다.

22-76 嚴遂不善周君하야

嚴遂가 周君과의 관계가 좋지 않아

○盧文弨曰 周君二字當重이라

○盧文弨 : '周君' 두 글자는 응당 거듭 있어야 한다.

22-77 患之하니 馮沮曰

〈周君이〉 근심하니 馮沮가

○顧廣圻曰 卽周策之馮且(저)也니 沮且同字라

○顧廣圻 : 곧 ≪戰國策≫ 〈東周策〉의 '馮且'이니, '沮'와 '且'는 같은 글자이다.

22-78 嚴遂相而韓傀貴於君하니

"嚴遂는 재상이지만 韓傀가 임금에게 더 존귀한 대우를 받고 있으니,

○顧廣圻曰 與本書六微篇及韓策不同이라

○顧廣圻 : 本書 〈六微篇〉과 ≪戰國策≫ 〈韓策〉의 내용과 같지 않다.

22-79 不如行賊於韓傀니 則君必以爲嚴氏也리이라

韓傀에게 자객을 보내 암살하느니만 못합니다. 그러면 韓君은 반드시 嚴氏가 한 짓이라고 여길 것입니다."라고 하였다.

22-80 張譴相韓이라가 病將死러니 公乘無正懷三十金而問其疾하다 (居一月公)〔君一日〕[19)]에 自問張譴曰

張譴이 韓나라의 재상 노릇을 하다가 병이 들어 죽게 되었는데, 公乘無正이 삼십 金의 돈을 싸가지고 가서 問病을 하였다. 韓君이 하루가 지난 뒤에 직접 장견에게

○先愼曰 各本에 無公字하고 拾補에 自改君이라 顧廣圻云 居는 當作君이요 月은 當

19) (居一月公)〔君一日〕: 이 부분은 王先愼의 說을 따르지 않고, 顧廣圻의 설이 옳다고 한 ≪韓非子新校注≫ 陳奇猷의 주장을 따라 '居'와 '月'은 '君'과 '日'의 오자로, '公'은 衍文으로 간주하여 번역하였다.

作日이라하니라 先愼案 居一月與下孟孫條[20] 及六微篇居三月은 文法正同이라 盧顧二家不知自上脫公字라 故改上下文以就其義하니 皆非也라 御覽八百十에 引有公字어늘 今據補하노라

○王先愼：각 본에 '公'자가 없고, ≪群書拾補≫에 '自'자를 '君'으로 고쳤다. 顧廣圻는 "'居'자는 응당 '君'이 되어야 하고, '月'자는 응당 '日'이 되어야 한다."라고 하였다. 내가 살펴보건대 '居一月'과 아래 '孟孫'의 條目 및 〈內儲說 下 六微篇〉의 '居三月'은 문법이 똑같다. 盧文弨와 顧廣圻 두 분이 '自'자 위에 '公'자가 탈락한 줄을 몰랐다. 그러므로 위와 아래의 글자를 고쳐서 그 뜻을 이루고자 하였으니 모두 잘못되었다. ≪太平御覽≫ 권810에 이 글을 인용하면서 '公'자가 있기에 지금 이에 의거하여 보충하였다.

22-81 若子死면 將誰使代子오 答曰 無正重法而畏上이니이다

"만일 그대가 죽는다면 누구를 그대 대신 재상으로 삼아야 되겠소?"라고 물었다. 장견은 "公乘無正이 법을 중시하고 君主를 敬畏합니다.

○先愼曰 御覽에 引無重字라

○王先愼：≪太平御覽≫ 권810에 이 글을 인용하면서 '重'자가 없다.

22-82 雖然이나 不如公子食我之得民也니이다 張譴死하니 因相公乘無正하다

그렇기는 하지만 公子 食我의 민심을 얻은 것만은 못합니다."라고 대답하였다. 장견이 죽자 韓君은 그대로 公乘無正을 재상으로 삼았다.

22-83 樂羊爲魏將而攻中山에

樂羊이 魏나라의 장수가 되어 中山國을 공격할 때에

○先愼曰 治要御覽六百四十五初學記十七에 引無而字하고 中山策亦無하며 說苑貴德篇에 而作以라

○王先愼：≪群書治要≫·≪太平御覽≫ 권645·≪初學記≫ 권17에 이 글을 인용하면

---

20) 孟孫條：본서 367쪽 22-91에 보인다.

서 '而'자가 없고 ≪戰國策≫ 〈中山策〉에도 없으며, ≪說苑≫ 〈貴德篇〉에는 '而'자가 '以'자로 되어 있다.

22-84 其子在中山하다 中山之君이 烹其子而遺之羹한대 樂羊坐於幕下而啜之하야 盡一杯하다

그의 아들이 中山國에 있었다. 中山의 임금이 그의 아들을 삶아서 그 국을 악양에게 보내자 악양은 장막 옆에 앉아서 그 국 한 사발을 모두 마셨다.

○先愼曰 藝文類聚七十三御覽初學記에 引啜竝作饗하고 淮南人間訓에 作啜三杯라

○王先愼 : ≪藝文類聚≫ 권73 · ≪太平御覽≫ 권645 · ≪初學記≫ 권17에 이 글을 인용하면서 '啜'자가 모두 '饗'자로 되어 있고, ≪淮南子≫ 〈人間訓〉에는 '啜三杯'로 되어 있다.

樂羊이 노여워하며 中山에서 보내온 국을 마시다
(≪增像全圖東周列國志≫)

22-85 文侯謂堵師贊曰

魏 文侯가 堵師贊에게

○顧廣圻曰 堵는 魏策에 作覩하니 姚校云 後語作堵라하니라

○顧廣圻 : '堵'자는 ≪戰國策≫ 〈魏策〉에 '覩'로 되어 있는데, 姚宏이 校注한 ≪戰國策續注≫에 "≪後語≫에 '堵'로 되어 있다."라고 하였다.

22-86 **樂羊以我故而食其子之肉**이로다 **答曰 其子而食之**하니 **且誰不食**이리잇가 **樂羊罷中山**한대

"樂羊이 나 때문에 그 아들의 고기를 먹었구나."라고 하였다. 堵師贊이 "그 자식의 고기까지 먹었으니 장차 누구인들 먹지 못하겠습니까."라고 대답하였다. 악양이 中山國에서 돌아오자

○**先愼曰 吳語韋注**에 **罷**는 **歸也**라하니 **謂樂羊歸自中山也**라

○王先愼 : ≪國語≫ 〈吳語〉의 韋昭 注에 "'罷'는 '歸(돌아옴)'이다."라고 하였으니, 樂羊이 中山에서 돌아옴을 이른다.

22-87 **文侯賞其功而疑其心**하다 **孟孫獵得麑**(예)하야

魏 文侯가 그가 세운 功에 賞을 주면서도 그의 마음을 의심하였다. 孟孫이 사냥을 나가 사슴 새끼를 잡아서

○**先愼曰 各本**은 **孟下**에 **提行**이나 **治要連上**하야 **自樂羊爲將**으로 **至秦西巴以有罪益信**[21)]히 **爲一條**하니 **是也**일새 **今據改**하노라

○王先愼 : 각 본은 '孟'자 아래에서 줄을 바꾸었으나 ≪群書治要≫에 윗글과 연결하여 '樂羊爲將'에서 '秦西巴以有罪益信'까지 한 조항으로 만들었으니, 그것이 옳기 때문에 지금 이에 의거하여 고쳤다.

22-88 **使秦西巴持之歸**러니

秦西巴에게 사슴 새끼를 가지고 먼저 돌아가게 하였는데

○**先愼曰 各本**에 **持之歸作載之持歸**라 **案載之持歸語重複**이라 **蓋一本作載之歸**하고 **一本作持之歸**하니 **校者誤合爲一**이요 **又誤乙持字於之字下耳**라 **治要藝文類聚六十六御覽八百二十二**에 **引無載字**요 **說苑亦無**어늘 **今據改**하노라 **淮南子**에 **作持歸烹之**하니라

21) 自樂羊爲將 至秦西巴以有罪益信 : '樂羊爲將'은 본서 364쪽 22-83에 보이며, '秦西巴以有罪益信'은 368쪽 22-92에 보인다.

○王先愼 : 각 본에 '持之歸'가 '載之持歸'로 되어 있다. 살펴보건대 '載之持歸'는 말이 중복된다. 어떤 본에 '載之歸'로 되어 있고, 어떤 본에는 '持之歸'로 되어 있으니, 교정하는 자가 잘못 하나로 합한 것이고, 또 잘못 '持'자를 '之'자 아래에 바꾸어놓았다. ≪群書治要≫・≪藝文類聚≫ 권66・≪太平御覽≫ 권822에 이 글을 인용하면서 '載'자가 없고, ≪說苑≫ 〈貴德篇〉에도 '載'자가 없기에 지금 이에 의거하여 고쳤다. ≪淮南子≫ 〈人間訓〉에 '持歸烹之(〈사슴 새끼를〉 가지고 돌아가 삶았다.)'로 되어 있다.

22-89 其母隨之而啼하니 秦西巴弗忍而與之하다

그 어미가 뒤따라오면서 울부짖으니 秦西巴는 차마 잔인한 마음으로 대하지 못하여 사슴 새끼를 어미에게 되돌려주었다.

○先愼曰 藝文類聚御覽에 引之字作其母二字라

○王先愼 : ≪藝文類聚≫ 권66・≪太平御覽≫ 권822에 이 글을 인용하면서 '之'자가 '其母' 두 글자로 되어 있다.

22-90 孟孫(適至)〔歸하야 至〕而求麑[22)]한대

孟孫이 돌아와 집에 도착하여 사슴 새끼를 찾자

○先愼曰 各本에 適은 作歸라 案歸至二字複이니 今據藝文類聚御覽引改라 淮南子作孟孫歸求麑安在하니라

○王先愼 : 각 본에 '適'자는 '歸'로 되어 있다. 살펴보건대 '歸'와 '至' 두 글자가 중복되니, 지금 ≪藝文類聚≫ 권66・≪太平御覽≫ 권822에 인용한 글에 의거하여 고쳤다. ≪淮南子≫ 〈人間訓〉에는 '孟孫歸求麑安在(맹손이 돌아와서 사슴 새끼는 어디 있느냐고 찾았다.)'로 되어 있다.

22-91 答曰 余弗忍而與其母니이다 孟孫大怒하야 逐之하다 居三月에 復召하야 以

---

22) (適至)〔歸 至〕而求麑 : 王先愼은 '歸'자를 ≪藝文類聚≫ 권66・≪太平御覽≫ 권822에 의거하여 '適'자로 고쳤으나, ≪韓非子新校注≫에 陳奇猷는 '孟孫歸 至而求麑'로 읽어야 하니, '歸'는 돌아감의 시작이고 '至'는 비로소 도착함을 말한다 하였다.

爲其子傅하다

秦西巴는 “제가 잔인한 마음을 차마하지 못하여 그 어미에게 돌려주었습니다.”라고 대답하였다. 孟孫이 크게 노하여 그를 내쫓아버렸다. 3개월이 지난 뒤에 孟孫은 그를 다시 불러 아들의 스승으로 삼았다.

○**先愼曰 淮南子說苑**에 **居三月**이 **作居一年**이라

○王先愼 : ≪淮南子≫ 〈人間訓〉과 ≪說苑≫ 〈貴德篇〉에 ‘居三月’이 ‘居一年’으로 되어 있다.

22-92 **其御曰 曩將罪之**러니 **今召以爲子傅**는 **何也**잇고 **孟孫曰 夫不忍麑**어늘 **又且忍吾子乎**아 **故曰 巧詐不如拙誠**이라 **樂羊以有功見疑**하고 **秦西巴以有罪益信**하니라

그의 마부가 “지난번에는 죄를 주려 하시더니 지금 그를 불러 아들의 스승으로 삼은 것은 무엇 때문입니까?”라고 물었다. 孟孫은 “저 사람은 사슴 새끼도 차마 잔인한 마음으로 대하지 못하는데 장차 내 아들에게 차마 잔인한 마음으로 대하겠는가.”라고 하였다. 그러므로 “姦巧와 詐欺는 졸렬함과 성실함만 못하다”라고 하는 것이다. 樂羊은 功을 세운 일 때문에 의심을 받았고, 秦西巴는 죄가 있는 일 때문에 더욱 신임을 얻은 것이다.

○**先愼曰 各本**에 **西巴作巴西**라 **案上兩云西巴**하니 **此誤**라 **治要**에 **正作西巴**어늘 **今據改**하노라 **藝文類聚**에 **引竝上亦誤作巴西**라

○王先愼 : 각 본에 ‘西巴’가 ‘巴西’로 되어 있다. 살펴보건대 위의 두 군데에 ‘西巴’라고 하였으니, 이는 잘못된 것이다. ≪群書治要≫에 바로 ‘西巴’로 되어 있기에 지금 이에 의거하여 고쳤다. ≪藝文類聚≫ 권66에 이 글을 인용하면서 위의 이름과 함께 ‘巴西’로 잘못되어 있다.

22-93 **曾從子**는 **善相劍者也**라 **衛君怨吳王**한대 **曾從子曰 吳王好劍**하고 **臣相劍者也**니이다 **臣請爲吳王相劍**하야 **拔而示之**라가 **因爲君刺之**하노이다 **衛君曰 子爲**

之是也는 **非緣義也**요 **爲利也**라 **吳强而富**하고 **衛弱而貧**하니 **子必往**이면 **吾恐子爲吳王用之於我也**하노라 **乃逐之**하다

曾從子는 劍의 감정을 잘하는 사람이다. 衛君이 吳王에게 원한을 품고 있자, 증종자가 "오왕은 검을 좋아하고, 臣은 검을 감정하는 사람입니다. 신이 오왕을 위해 검을 감정해주면서 검을 뽑아 보여주다가 그 틈을 이용하여 임금님을 위해 찔러 죽이겠습니다."라고 하였다. 위군은 "그대가 이 일을 하려는 것은 의리 때문이 아니라 이익을 위해서이다. 오나라는 강대하면서 부유하고 우리 위나라는 약소하면서 가난하다. 그대가 만일 오나라에 간다면 나는 그대가 오왕을 위해서 나에게 이 방법을 쓰지나 않을까 두렵다." 하고는 이내 그를 쫓아내었다.

○**先愼曰 乾道本**에 **無之字**라 **顧廣圻云 藏本今本**에 **逐下有之字**라하야늘 **今據補**라

○王先愼 : 乾道本에 '之'자가 없다. 顧廣圻는 "藏本과 今本에 '逐'자 아래에 '之'자가 있다." 하였기에 지금 이에 의거하여 보충하였다.

22-94 **紂爲象箸而箕子怖**하야

紂가 상아로 젓가락을 만들자 箕子가 두려워하면서

○**先愼曰 乾道本**에 **無而字**라 **盧文弨云 脫**이니 **淩本有**라하니라 **先愼案 御覽七百六十**에 **引有而字**하고 **喻老亦有**[23]어늘 **今據補**하노라

○王先愼 : 乾道本에는 '而'자가 없다. 盧文弨는 "'而'자가 탈락되었으니 淩本에 '而'자가 있다."라고 하였다. 내가 살펴보건대 ≪太平御覽≫ 권760에 이 글을 인용하면서 '而'자가 있고, 本書 〈喻老篇〉에도 '而'자가 있기에 지금 이에 의거하여 보충하였다.

22-95 **以爲象箸**면 **必不盛羹於土鉶**(형)이니

생각하기를, '상아 젓가락을 쓰면 반드시 질그릇〔土鉶〕에 국을 담아 먹지 않을 것이다.

23) 喻老亦有 : 본서 306쪽 21-80과 21-81에 보인다.

○先愼曰 乾道本에 不上에 無必字하고 鉶作簋라 盧文弨云 凌本에 有必字라하니라 先愼案 喩老에 亦有必字하고 簋作鉶하며 御覽七百五十九에 引同이어늘 今據改하노라

○王先愼 : 乾道本에는 '不' 위에 '必'자가 없고 '鉶'은 '簋'로 되어 있다. 盧文弨는 "凌本에 '必'자가 있다."라고 하였다. 내가 살펴보건대 本書 〈喩老篇〉에도 '必'자가 있고 '簋'자는 '鉶'으로 되어 있으며, ≪太平御覽≫ 권759에 인용한 글도 이와 같기에 지금 이에 의거하여 고쳤다.

22-96 **則必犀玉之杯**요 **玉杯象箸**엔 **必不盛菽藿**이니 **則必旄象豹胎**요 **旄象豹胎**엔 **必不衣短褐而舍茅茨之下**니

그러면 반드시 犀角이나 玉으로 만든 술잔을 함께 쓸 것이고, 玉杯와 상아 젓가락을 쓸 경우엔 반드시 콩잎 같은 음식을 담아 먹지 않을 것이니, 반드시 旄牛·코끼리·표범의 胎를 먹으려 할 것이고, 旄牛·코끼리·표범의 胎를 먹을 경우엔 반드시 짧은 거친 베옷을 입거나 띠로 지붕을 인 집에 살려고 하지 않을 것이니,

○先愼曰 喩老篇에 作而食於茅屋之下[24)]라

○王先愼 : ≪韓非子≫ 〈喩老篇〉에는 '而食於茅屋之下'로 되어 있다.

22-97 **則必錦衣九重**하며 **高臺廣室也**라 **稱此以求**면 **則天下不足矣**리라 **聖人見微以知萌**하고

반드시 비단옷을 아홉 겹으로 껴입고 높고 넓은 집에서 살려고 할 것이다. 여기에 걸맞은 생활을 구한다면 천하의 물건으로도 부족할 것이다.'라고 여겼다. 聖人은 미세한 일을 보고서 일의 싹을 알고

○顧廣圻曰 萌은 當作明이라

○顧廣圻 : '萌'자는 응당 '明'이 되어야 한다.

---

24) 喩老篇 作而食於茅屋之下 : 본서 307쪽 21-83에 보인다.

22-98 **見端以知末**이라 **故見象箸而怖**하야 **知天下不足也**니라

일의 실마리를 보고 그 결말을 안다. 그러므로 상아 젓가락을 보고 두려워하면서 천하의 물건으로도 그의 탐욕에 채우기에 부족할 것임을 안 것이다.

○**先愼曰 知不滿其欲也**라

○王先愼 : 그의 탐욕을 채우지 못할 줄을 안 것이다.

22-99 **周公旦已勝殷**하고 **將攻商蓋**이러니

周公 旦이 이미 殷나라를 쳐 이기고 商蓋를 공격하려고 하니

○**江聲**[25)] **曰 商蓋**은 **商奄也**라

○江聲 : '商蓋'은 商奄이다.

22-100 **辛公甲曰**

辛公甲이

○**先愼曰 卽辛甲**으로 **周太史**니 **見左襄四年傳**이라 **一曰辛尹**이니 **晉語所謂文王訪於辛尹者也**라

○王先愼 : 곧 辛甲으로 周나라의 太史이니, ≪春秋左氏傳≫ 襄公 4년(B.C. 491)에 보인다. 일설에는 辛尹이니, ≪國語≫ 〈晉語〉에 이른바 "文王이 辛尹을 방문했다."는 것이다.

22-101 **大難攻**하고 **小易服**하니 **不如服衆小以劫大**니이다 **乃攻九夷而商蓋服矣**려라

"큰 나라는 공격하기 어렵고 작은 나라는 정복하기 쉬우니, 여러 작은 나라를 정복하여 큰 나라를 겁박하는 것만 못합니다."라고 하니, 이에 九夷를 공격하여 차지하자 商蓋이 굴복하였다.

---

25) 江聲 : 淸 乾隆 연간의 학자로 江蘇省 常熟縣 사람이다. 墨竹을 잘 그렸고, 책을 좋아하여 秘本의 校勘이 정확하다는 칭송을 받았다. 저서에 ≪艶葉齋稿≫가 있다.

22-102 紂爲長夜之飮하야 (懼)〔懽〕以失日이라

紂가 밤을 새워 술을 마시느라 그 즐거움으로 날짜마저 잊어버렸다.

○顧廣圻曰 懼는 當作懽이라

○顧廣圻 : '懼'는 응당 '懽(즐거워하다)'이 되어야 한다.

22-103 問其左右호되 盡不知也어늘 乃使人問箕子하다 箕子謂其徒曰

그의 좌우의 측근에게 물었으나 모두 알지 못하자 곧 사람을 보내어 箕子에게 묻게 하였다. 箕子가 그의 시종에게

○先愼曰 御覽四百九十七에 引徒作從이라

○王先愼 : ≪太平御覽≫ 권497에 이 글을 인용하면서 '徒'는 '從'으로 되어 있다.

22-104 爲天下主而一國皆失日하니 天下其危矣요 一國皆不知而我獨知之하니 吾其危矣로다하고 辭以醉而不知하니라

"천하의 주인이 되어 온 나라 사람이 모두 날짜를 잊었으니 천하가 장차 위태롭게 되겠구나. 온 나라가 모두 날짜를 모르는데 나만이 알고 있으니 내가 장차 위태로울 것이다."라고 하고 핑계하여 술에 취해 모른다고 하였다.

22-105 魯人身善織屨하고 妻善織縞러니

魯나라 사람 중에 자신은 짚신을 잘 삼고 아내는 흰 비단을 잘 짰는데

○先愼曰 禮王制正義云 生絹曰縞라

○王先愼 : ≪禮記正義≫ 〈王制〉에 "生絹(누이지 않은 生絲로 짠 비단)을 '縞'라 한다."라고 하였다.

22-106 而欲徙於越하다 或謂之曰 子必窮矣리라 魯人曰 何也오 曰 屨爲履之也어늘

越나라로 이사해 살려고 하였다. 어떤 이가 "그대는 반드시 곤궁해질 것이다."라고 하였다. 魯나라 사람이 "무엇 때문에 그런가?"라고 물었다. 그는 "짚신은 발에 신는 것인데

○先愼曰 說文에 屨는 履也라하고 履는 足所依也라하니 是履爲足踐之通稱이라

○王先愼 : ≪說文解字≫에 "'屨'는 '履'라고 하고, '履'는 발이 의지하는 것이다."라고 하였으니, 바로 '履'는 발로 밟는 것의 통칭이다.

22-107 而越人跣行하고 縞爲冠之也어늘

越나라 사람은 맨발로 다니고, 縞는 冠을 만드는 것인데

○先愼曰 禮王制鄭注에 殷尙白而縞衣裳이라하니 是周以前衣裳皆用縞라 玉藻에 縞冠素紕[26)]는 旣祥之冠也라하니 則周人惟冠用縞耳라

○王先愼 : ≪禮記≫ 〈王制〉의 鄭玄 注에 "殷나라는 흰색을 숭상하여 흰 비단〔縞〕 衣裳을 입었다."라고 했으니, 이는 周나라 이전에는 衣裳을 지을 때 모두 흰 비단을 쓴 것이다. ≪禮記≫ 〈玉藻〉에 "흰 천으로 가선한 縞冠은 祥祭를 마친 다음에 쓰는 冠이다."라고 하였으니, 周나라 사람은 冠에만 흰 비단을 썼을 뿐이다.

22-108 而越人被髮이라 以子之所長으로 游於不用之國이면 欲使無窮인들 其可得乎아

越나라 사람은 〈冠을 쓰지 않고〉 머리를 풀고 지낸다. 그대의 장기를 가지고 그것을 쓰지 않는 나라에 간다면 곤궁함이 없고자 한들 어떻게 가능하겠는가."라고 하였다.

22-109 陳軫貴於魏王하다

---

26) 縞冠素紕 : 縞冠은 冠身(관의 모자 부분)과 冠武(관 아래쪽의 머리에 쓰는 부분)를 누이지 않은 흰 비단〔縞〕으로 만들고 그 가장자리만 흰 천으로 선을 두른 冠飾을 말한다. 祥祭(大祥 제사)를 마친 뒤에 이 冠을 쓰는 것은 대번에 吉服을 입을 수 없기 때문에 차츰차츰 吉服으로 나아가는 점진적 의미를 붙인 것이다.

陳軫이 魏 惠王에게 존중을 받았다.

○顧廣圻曰 魏策云 田需라하니 按田陳同字라 軫은 當依策作需라

○顧廣圻 : ≪戰國策≫ 〈魏策〉에 '田需'라고 하였으니, 살펴보건대 '田'과 '陳'은 같은 글자이다. '軫'은 응당 ≪戰國策≫ 〈魏策〉에 의거하여 '需'가 되어야 한다.

22-110 惠子曰 必善事左右하라 夫楊은 橫樹之卽生하고 倒樹之卽生하며

惠子가 "반드시 왕의 측근들과 잘 지내십시오. 버들은 가로눕혀 심어도 살고 거꾸로 심어도 살며

○先愼曰 策에 卽作則하니 二字通이라

○王先愼 : ≪戰國策≫ 〈魏策〉에 '卽'자가 '則'자로 되어 있으니, 두 글자는 통용한다.

22-111 折而樹之又生이라 然使十人樹之라도 而一人拔之면 則毋生楊矣니라

꺾어서 심어도 역시 살지요. 그러나 열 사람을 시켜 그것을 심게 하더라도 한 사람이 뽑아버리면 살아나는 버들이 없지요.

○先愼曰 乾道本에 無矣字라 盧文弨云 淩本에 則作卽하고 楊下有矣字라하니라 先愼案 策에 亦有일새 今據補하노라

○王先愼 : 乾道本에 '矣'자가 없다. 盧文弨는 "淩本에 '則'자가 '卽'으로 되어 있고, '楊'자 아래에 '矣'자가 있다."라고 하였다. 내가 살펴보건대 ≪戰國策≫ 〈魏策〉에도 '矣'자가 있기 때문에 지금 이에 의거하여 보충하였다.

22-112 (至)[27]以十人之衆으로

열 사람이나 되는 많은 인원으로

○盧文弨曰 淩本에 至作夫라 先愼曰 策作故라

27) (至) : 저본에는 '至'가 있으나, "'至'는 '矣'자의 誤字이다."라고 한 ≪韓非子新校注≫ 陳奇猷의 설에 의거하여 衍文으로 처리하였다.

○盧文弨：凌本에 '至'자가 '夫'로 되어 있다.
王先愼：≪戰國策≫ 〈魏策〉에는 '故'로 되어 있다.

22-113 **樹易生之物**이어늘 **而不勝一人者**는 **何也**오 **樹之難而去之易也**일새라 **子雖工自樹於王**이라도 **而欲去子者衆**이면 **子必危矣**리라

살기 쉬운 버들을 심었는데 뽑는 한 사람을 감당하지 못하는 것은 무엇 때문이겠습니까? 심는 일은 어려우나 뽑아 없애기는 쉽기 때문이지요. 그대가 자신을 왕에게 심는 일이 뛰어나더라도 그대를 뽑아 없애려는 자가 많으면 그대는 반드시 위험해질 것입니다."라고 하였다.

22-114 **魯季孫新弑其君**에 **吳起仕焉**하다 **或謂起曰 夫死者**는 **始死而血**하고 **已血而衄**(뉵)[28)]하며

魯나라 季孫이 새로 막 임금을 시해했을 적에 吳起가 그곳에서 벼슬하고 있었다. 어떤 이가 오기에게 "죽은 사람이 처음 죽음을 당하면 피가 흐르고 피가 흐르고 나면 피가 변해서 썩으며

○**先愼曰 乾道本**에 **衄上無而字**라 **顧廣圻云 藏本今本**에 **有**라하니라 **先愼案 依上下文**하면 **當有而字**일새 **今據補**하노라 **衄乃衄之俗字**니 **廣雅釋言**에 **衄**은 **縮也**라하고 **又朒之假借**하니라 **說文朒下云 朔而月見東方**을 **謂之縮朒**이라하니라 **衄朒**은 **竝音女六反**이요 **義相近故**로 **通用**이라 **此言人血盡則皮肉皆縮**이라

○王先愼：乾道本에 '衄' 위에 '而'자가 없다. 顧廣圻는 "藏本과 今本에 '而'자가 있다."라고 하였다. 내가 살펴보건대 윗글과 아래 글에 의거하면 응당 '而'자가 있어야 되기 때문에 지금 이에 의거하여 보충하였다. '衄'자는 곧 '衄'자의 俗字이니, ≪廣雅≫ 〈釋言〉에 '衄'은 '縮(오그라들다)'이라 하였고, 또 '朒(朒)'의 假借字라고 하였다. ≪說文解字≫의 '朒'자 아래에 "초하루에 달이 東方에 나타나는 것을 '縮朒'이라 한다."라고 하였다. 衄과 朒은 音이 둘 다 女와 六의 反切이고, 뜻이 서로 비슷하기 때문에 통용한다. 이는 사람의

---

28) 衄(뉵)：王先愼은 '縮(살이 오그라들다)'이라고 하였으나, '敗血(피가 썩는다)'이라고 한 ≪韓非子新校注≫ 陳奇猷의 설을 따라 번역하였다.

피가 다 흐르고 나면 살이 모두 오그라듦을 말한다.

22-115 已䘏而灰하고 已灰而土니 及其土也하야는 無可爲者矣니라

피가 썩고 나면 재가 되고 재가 되고 나면 흙이 되니, 흙이 되고 나서는 아무 재앙도 부릴 수가 없는 것이오.

○先愼曰 言不能爲祟也라 趙本에 及作反하니 誤라

○王先愼 : 재앙을 부리지 못한다는 말이다. 趙本에 '及'자가 '反'으로 되어 있으니 오자이다.

22-116 今季孫乃始血이나 其毋乃未可知也오 吳起因去之晉하다

지금 季孫이 막 임금을 시해하여 피가 흐르지만 이후의 결과는 혹 알 수가 없는 일이 아니겠소."라고 하였다. 吳起는 이 때문에 魯나라를 떠나 晉나라로 갔다.

22-117 隰斯彌

隰斯彌가

○先愼曰 見人表第五라

○王先愼 : ≪漢書≫ 〈古今人表〉 제5등급(中中)에 보인다.

22-118 見(현)田成子한대 田成子與登臺四望하다 三面皆暢이어늘 南望하니 隰子(家之)〔之家〕樹蔽之러라

田成子를 뵙자 田成子가 그와 함께 누대에 올라 사방을 바라보았다. 삼면은 모두 확 트여 있는데 남쪽을 바라보니 隰斯彌의 집에 있는 나무가 시야를 가리고 있었다.

○王先謙曰 家之二字誤倒라

○王先謙 : '家之' 두 글자는 잘못 뒤바뀌어 있다.

22-119 **田成子亦不言**하다 **隰子歸**하야 **使人伐之**러니 **斧離數創**에

田成子는 그러나 아무 말도 하지 않았다. 隰斯彌는 집에 돌아와서 사람을 시켜 나무를 베게 하였는데 도끼로 나무를 찍어 몇 군데 상처가 났을 때

○**先愼曰 離**는 **割也**니 **見儀禮士冠禮注**라 **數**는 **音所矩反**이니 **言斧割其數創未多也**라

○王先愼 : '離'는 '割(벰)'이니, ≪儀禮≫ 〈士冠禮〉 '離肺實于鼎(돼지의 폐를 베어 鼎에 담는다.)'의 注에 보인다. '數'는 음이 所와 矩의 反切이니, 도끼로 몇 군데를 찍어 상처가 많이 나지 않음을 말한다.

22-120 **隰子止之**하다 **其相室曰 何變之數**(삭)**也**잇고

隰斯彌가 나무 베는 일을 중지시켰다. 相室(집안 관리인)이 "어찌 그리 〈마음이〉 빨리 변하십니까?"라고 물었다.

○**先愼曰 數**은 **急也**라

○王先愼 : '數'은 '急(빠름)'이다.

22-121 **隰子曰 古者有諺曰 知淵中之魚者不祥**이라하니라 **夫田子將有大事**어늘

隰斯彌는 "예전 속담에 '깊은 연못 속의 물고기를 아는 사람은 不吉하다.'라고 하였다. 田成子는 장차 큰일을 하려고 하는데

○**盧文弨曰 大事二字 張〔本〕**[29]**作事事大三字**라

○盧文弨 : '大事' 두 글자가 張本에는 '事事大' 세 글자로 되어 있다.

22-122 **而我示之知微**면 **我必危矣**리라 **不伐樹**는 **未有罪也**어니와 **知人之所不言**은 **其罪大矣**니라 **乃不伐也**하다

내가 그의 숨겨진 뜻을 알아차린 것을 보인다면 나는 반드시 위험해질 것이다.

29) 〔本〕 : 저본에는 '本'이 없으나, ≪韓非子新校注≫ 陳奇猷의 설에 의거하여 보충하였다.

나무를 베지 않은 것은 죄가 되지 않겠지만 남이 말하지 않은 비밀을 알아차리는 것은 그 죄가 큰 것이다."라고 대답하였다. 마침내 나무를 베지 않았다.

22-123 楊子[30]過於宋이라가 (東之)〔宿於〕逆旅러니

楊子가 宋나라를 지나가다가 여관에서 묵었는데

○先愼曰 莊子山木篇에 楊作陽이라 釋文에 司馬云 陽朱也라하니라 案楊陽二字古通하니 本書自作楊하야 下楊朱之弟[31]及此皆作楊이라 東之는 當依莊子作宿於요 下重逆旅字라

○王先愼 : ≪莊子≫ 〈山木篇〉에 '楊'자가 '陽'으로 되어 있다. ≪莊子≫ 〈山木篇〉의 ≪釋文≫에 "司馬彪가 '陽朱이다.'라고 하였다." 하였다. 살펴보건대 '楊'과 '陽' 두 글자는 옛날 통용했는데, 本書에는 본래 '楊'자로 되어 있어서 아래의 '楊朱之弟'와 여기의 '楊子'가 모두 '楊'자로 되어 있다. '東之'는 응당 ≪莊子≫ 〈山木篇〉에 의거하여 '宿於'가 되어야 하고, 그 아래에 '逆旅' 두 글자가 거듭 있어야 한다.

22-124 有妾二人하야 其惡者貴하고 美者賤이라 楊子問其故한대 逆旅之父 答曰

〈여관 주인에게〉 두 명의 첩이 있어서 그중 못생긴 여자는 존귀하고 아름다운 여자는 비천하였다. 楊子가 그 까닭을 묻자, 여관 주인은

○先愼曰 莊子에 作逆旅小子對曰이라

○王先愼 : ≪莊子≫ 〈山木篇〉에 '逆旅小子對曰(여관의 나이 어린 종이 대답하기를)'로 되어 있다.

22-125 美者自美하니 吾不知其美也요 惡者自惡하니 吾不知其惡也로라 楊子謂弟子曰 行賢而去自賢之心이면 焉往而不美리오

"아름다운 여자는 스스로 아름답다고 여겨 〈교만하니〉 나는 그가 아름다운 줄

---

30) 楊子 : 孟子가 자신만을 위한다고 비판한 이기주의자 楊朱를 말한다.

31) 下楊朱之弟 : 본서 395쪽 23-27에 보인다.

을 알지 못하겠고, 못생긴 여자는 스스로 못생겼다고 여겨 〈유순하니〉 나는 그가 못생긴 줄을 알지 못하겠소."라고 대답하였다. 楊子가 제자에게 일러 "품행이 어질면서 스스로 어질다는 마음을 버리면 어디를 간들 찬미 받지 않겠는가."라고 하였다.

○先愼曰 行은 音下孟反이요 去는 音起呂反이라

○王先愼 : '行'은 音이 下와 孟의 反切이고, '去'는 音이 起와 呂의 反切이다.

22-126 衛人嫁其子而教之曰 必私積聚하라 爲人婦而出은 常也요 其成居는 幸也니라

衛나라 사람이 딸을 시집보내면서 가르치기를 "반드시 남몰래 재물을 모아두어라. 남의 집 며느리가 되어 쫓겨나는 것은 항상 있는 일이고 죽을 때까지 함께 사는 것은 요행이다."라고 하였다.

○先愼曰 書益稷鄭注에 成은 猶終也라하고 國語周語에 成은 德之終也라하니 終與同室을 未可必也라

○王先愼 : ≪書經≫ 〈虞書 益稷〉 鄭玄의 注에 "'成'은 '終(마치다)'과 같다."라고 하였고, ≪國語≫ 〈周語〉에 "'成'은 德之終(덕의 마침)이다."라고 하였으니, 끝까지 한 집에서 사는 것을 기필할 수 없다는 말이다.

22-127 其子因私積聚러니 其姑以爲多私而出之하니 其子所以反者 倍其所以嫁러라

그의 딸이 가르침을 따라 남몰래 재물을 모았는데 그의 시어머니가 사적인 재물이 많다고 여겨 내쫓았다. 그의 딸이 가지고 돌아온 재물이 시집갈 때 가지고 간 재물의 갑절이 되었다.

○盧文弨曰 反上에 脫自字하니 張凌本有라 先愼曰 御覽五百四十一에 引此正同이라 張凌本은 涉下文而衍自字耳라

○盧文弨 : 反자 위에 '自'자가 탈락 되었으니 張本과 凌本에 '自'자가 있다.

王先愼 : ≪太平御覽≫ 권541에 이 글을 인용하면서 여기의 文句와 똑같다. 張本과 凌本은 아래 글과 연관되어 '自'자가 衍文으로 들어간 것이다.

22-128 其父不自罪於教子非也하고 而自知其益富러라

그녀의 아버지는 딸을 잘못 가르친 점에 대해서는 자기의 죄라고 여기지 않고, 재물이 더욱 부유해진 것이 자기의 지혜 때문이라고 여겼다.

○顧廣圻曰 知는 讀爲智라

○顧廣圻 : '知'자는 '智'자로 읽어야 한다.

22-129 (令)〔今〕[32] 人臣之處官者도 皆是類也니라

지금의 벼슬자리에 있는 신하들은 모두 이런 무리들이다.

○先愼曰 人主令臣聚斂附益하야 傷損國體 與教其嫁子로 無異也라

○王先愼 : 임금이 신하에게 세금을 더 걷어 재산을 늘리게 하여 나라의 체모를 손상시키는 것이 그의 딸을 시집보내면서 〈남몰래 재물을 모으라고〉 가르친 일과 다름이 없다는 뜻이다.

22-130 魯丹三說(세)中山之君而不受也어늘 因散五十金하야 事其左右하다 復見(현)하야 未語어늘 而君與之食하다 魯丹出하야 不反舍하고

魯丹이 세 차례나 中山國의 君主에게 유세하였으나 받아들이지 않자 곧 오십 金의 돈을 뿌려 뇌물로 그 군주의 측근들을 섬겼다. 다시 군주를 뵙고서 아직 말도 하지 않았는데 군주가 그에게 식사를 대접하였다. 노단은 물러나와 숙소로 돌아가지 않고

○先愼曰 各本에 不上有而字라 御覽八百十에 引無일새 今據刪하노라

○王先愼 : 各本에 '不'자 위에 '而'자가 있다. ≪太平御覽≫ 권810에 이 글을 인용하면

32) (令)〔今〕 : 저본에는 '令'으로 되어 있으나, ≪韓非子新校注≫ 陳奇猷의 설에 따라 '今'으로 바로잡았다.

서 '而'자가 없기에 지금 이에 의거하여 삭제하였다.

22-131 **遂去中山**하다 **其御曰 及見**(현)한대 **乃始善我**어늘

마침내 中山國을 떠나려고 하였다. 그의 마부가 "다시 뵙자 비로소 우리를 잘 대해주었는데

○**先愼曰 乾道本**에 **及作反**이라 **顧廣圻云 藏本今本**에 **反作及**이라하니라 **先愼案 及反形相近**하고 **又涉上文而誤**일새 **今據改**하노라 **御覽**에 **引及見二字作交**하니라

○王先愼 : 乾道本에 '及'자가 '反'으로 되어 있다. 顧廣圻는 "藏本과 今本에 '反'자가 '及'으로 되어 있다."라고 하였다. 내가 살펴보건대 '及'과 '反'은 字形이 서로 비슷하고, 또 윗글과 연관되어 잘못되었기 때문에 지금 이에 의거하여 고쳤다. ≪太平御覽≫ 권810에 이 글을 인용하면서 '及見' 두 글자가 '交'로 되어 있다.

22-132 **何故去之**니잇고 **魯丹曰 夫以人言善我**면

무엇 때문에 떠나려고 하십니까?"라고 물었다. 魯丹은 "남이 말한 것 때문에 우리를 잘 대해준다면

○**先愼曰 意林**에 **有者字**[33]라

○王先愼 : ≪意林≫에 '者'자가 있다.

22-133 **必以人言罪我**니라

반드시 남이 말한 것 때문에 우리를 죄줄 것이다."라고 하였다.

○**先愼曰 意林**에 **有也字**[34]라

○王先愼 : ≪意林≫에 '也'자가 있다.

---

33) 意林 有者字 : 四庫全書本 ≪意林≫에는 '者'가 없다.

34) 意林 有也字 : 四庫全書本 ≪意林≫에는 '也'가 없고, '必' 위에 '亦'이 있으며, '罪'가 '惡'으로 되어 있다.

22-134 **未出境**에 **而公子惡之**하야 **曰 爲趙來間中山**이니이다 **君因索而罪之**하다

아직 국경을 나가지 않았을 때 公子가 그를 헐뜯어 "魯丹은 趙나라를 위해 이곳에 와서 中山國을 염탐한 것입니다."라고 하였다. 중산국의 君主는 이 때문에 그를 수색하여 죄를 주었다.

22-135 **田伯鼎好士而存其君**[35)]하고 **白公好士而亂荊**[36)]하니 **其好士則同**이나 **其所以爲則異**니라

田伯鼎은 선비를 좋아하여 그의 임금을 보존하였고, 白公은 선비를 좋아하여 楚나라를 혼란하게 하였으니, 그들이 선비를 좋아한 것은 같았으나 선비를 좋아한 까닭은 다르다.

○**先愼曰 以下**에 **當有好士之三字**라 **此謂其好士則同**이나 **其所以好士之爲則異**라 **下文**의 **其自刑則同**이나 **其所以自刑之爲則異**와 **其東走則同**이나 **其所以東走之爲則異 與此語句一律**이니 **明此脫好士之三字**라 **淮南時則訓注**에 **爲**는 **故也**라하니라

○王先愼 : '以'자 아래에 응당 '好士之' 세 글자가 있어야 한다. 이는 선비를 좋아한 일은 같으나 그들이 선비를 좋아한 까닭은 다름을 말한 것이다. 아래 글의 '其自刑則同 其所以自刑之爲則異'와 '其東走則同 其所以東走之爲則異'가 이 語句와 동일한 형식이니, 여기에 '好士之' 세 글자가 탈락된 것이 분명하다. ≪淮南子≫ 〈時則訓〉의 注에 "'爲'는 '故(까닭)'이다." 하였다.

22-136 **公孫(友)〔支〕自刖而尊百里**[37)]하고

---

35) 田伯鼎好士而存其君 : 田伯鼎은 人名인데 어떤 방법으로 임금을 보존했는지 알 수 없다.

36) 白公好士而亂荊 : 白公은 춘추시대 楚 平王의 太子 建의 아들로 이름은 勝이고, 백공은 그의 號이다. 태자 건이 費無極의 모함을 받아 鄭나라로 도망쳤다가 정나라 사람에게 살해당하자 백공 승은 吳나라로 도망쳤다. 초나라의 令尹 子西가 초나라로 백공을 불러들여 巢邑大夫로 삼았다. 백공은 아버지의 원한을 갚기 위하여 用兵을 좋아하고 선비를 예우하였다. 백공이 자서에게 정나라를 토벌하자고 건의하자 자서는 이를 동의하고서도 머뭇거리며 出兵하지 않았다. 마침 晉나라가 정나라를 공격했는데 자서는 도리어 정나라를 구원하였다. 이에 백공은 "정나라가 원수가 아니라, 자서가 원수이다." 하고는 자서를 살해하여 초나라가 어지럽게 되었다.

公孫支는 자기의 다리를 베어 百里奚를 존귀하게 하였고,

○**盧文弨曰 友**는 **當作支**라 **先愼曰 盧說是**라 **左傳**에 **作枝**하니 **枝支同字**라

○盧文弨 : '友'자는 응당 '支'가 되어야 한다.

王先愼 : 盧文弨의 설이 옳다. ≪春秋左氏傳≫에 '枝'로 되어 있으니, '枝'와 '支'는 같은 글자이다.

22-137 **豎刁自宮而諂桓公**[38]하니 **其自刑則同**이나 **其所以自刑之爲則異**니라

豎刁는 자신을 去勢하여 桓公에게 아첨하였다. 그들이 자기의 몸에 형벌을 시행한 것은 같았으나 자기의 몸에 형벌을 시행한 까닭은 다르다.

○**先愼曰 乾道本**에 **無以字**라 **盧文弨云 所下**에 **脫以字**하니 **張淩本有**라하니라 **先愼案 此與上下文法一律**일새 **今據補**하노라

○王先愼 : 乾道本에 '以'자가 없다. 盧文弨는 "'所'자 아래에 '以'자가 탈락 되었으니, 張本과 淩本에 '以'자가 있다."라고 하였다. 내가 살펴보건대 이 文句는 위아래 글의 문법과 같은 형식이기 때문에 지금 이에 의거하여 보충하였다.

22-138 **慧子曰**

慧子는

○**盧文弨曰 慧惠同**이라

○盧文弨 : '慧'와 '惠'는 같다.

---

37) 公孫(友)〔支〕自刖而尊百里 : 공손지는 춘추시대 秦 穆公 때의 大夫로 字는 子桑이다. 인재를 알아보는 식견이 있어서 다섯 마리 양가죽으로 百里奚를 사서 등용하도록 추천하여 上卿을 삼게 하고, 자신은 그 아래의 次卿을 맡아 목공이 霸業을 이루도록 보필하였다. 공손지가 자기의 다리를 벤 일은, 자기가 맡은 일이 아닌 일을 요청했다가 죄를 얻어 백리해가 관리에게 그를 처벌하게 하자 스스로 다리를 베었다 한다.

38) 豎刁自宮而諂桓公 : 수조는 춘추시대 齊 桓公의 宦官이었던 寺人 貂를 멸시하여 일컫는 말이다. 수조는 환공에게 접근하기 위하여 스스로 宮刑을 하고 환관이 되어 온갖 아첨으로 환공의 신임을 얻었다. 管仲이 죽은 뒤 易牙와 함께 公子들과 결탁하여 亂을 일으켰다.

22-139 狂者東走면

"미치광이가 동쪽으로 달아나면

○先愼曰 趙本에 狂作往이라

○王先愼 : 趙本에 '狂'자가 '往'으로 되어 있다.

22-140 逐者亦東走하니 其東走則同이나 其所以東走之爲則異라 故曰 同事之人이라도 不可不審察也니라

追捕하는 사람도 동쪽으로 달려가니, 그들이 동쪽으로 달려가는 것은 같지만 동쪽으로 달려가는 까닭은 다르다. 그러므로 '같은 일을 하는 사람일지라도 자세히 살펴보지 않으면 안 된다.'고 하는 것이다." 하였다.

第二十三 說林 下篇　제23편 설림 하

〈說林 上〉에 이어서 총 37가지의 고사에 대해 자세히 설명하였다. 예컨대 첫 번째 나오는 고사는 "원숭이를 우리 안에 가두어두면 돼지와 똑같다."라는 惠子의 말을 인용하여, 아무리 재능이 뛰어난 사람이라도 형세가 불리하면 능력을 제대로 펼칠 수 없음을 설명하였다. 마지막 고사는 ≪韓非子≫ 〈說難篇〉에도 소개되었던 유명한 고사이다. 어느 집안의 아들이 도둑을 막기 위해 집의 담장을 수리하라고 충고하였는데, 이웃 사람도 똑같이 충고를 하였다. 그런데 과연 도둑이 들자 집안사람들은 그 집의 아들은 매우 지혜롭다고 칭찬하면서 한편으로는 충고를 했던 이웃 사람을 외려 도둑으로 의심하였다.

○顧廣圻曰 藏本連前爲卷이니 非라

○顧廣圻 : 藏本에는 앞의 글과 이어서 한 卷으로 엮어놓았으니 잘못되었다.

23-1 伯樂敎二人相踶馬하야 相與之簡子廐觀馬라 一人擧踶馬하고 其一人(擧踶馬其一人)은

伯樂이 두 사람에게 발길질 잘하는 말을 감정하는 법을 가르치고서 그들과 함께 簡子의 마구간에 가서 말을 살펴보았다. 한 사람은 발길질 잘 하는 말을 지목하였고, 또 한 사람은

○顧廣圻曰 今本無此六字라 按有者는 衍也라 先愼曰 此六字는 當在下文自以爲失相上이요 上衍此字라 其는 猶之也니 古人其之通用이라 呂氏春秋音初篇注云 之는 其也라하니 之는 可訓爲其요 其는 亦可訓爲之라 擧踶馬其一人은 卽謂擧踶馬之一人이어늘 因傳寫誤衍此字하니 又不知其之同義라 故移於上以爲疊句니라 趙本知其誤나 而不知其所以誤하야 遂刪此六字耳라 蓋一人擧踶馬하고 一人自後循撫而馬不踶라 故擧踶馬之一人自以爲失相하고 而自後循撫之一人解之曰 子非失

相也라하니라 文字極爲從順이어늘 一經譌誤하야 遂不可讀이라

○顧廣圻 : 今本에는 '擧踶馬其一人' 여섯 자가 없다. 살펴보건대 이 여섯 자가 있는 것은 衍文이다.

王先愼 : 이 여섯 자는 응당 아래 글의 '自以爲失相(스스로 감정을 잘못하였다.)' 위에 있어야 하고 아래 글의 '此自以爲失相'에서 '此'자는 衍文이다. '其'는 '之'와 같으니 古人은 '其'와 '之'를 통용하였다. ≪呂氏春秋≫ 〈音初篇〉의 注에서 이르기를 "'之'는 '其'이다."라고 했으니, '之'는 '其'의 뜻으로 읽을 수 있고 '其' 또한 '之'의 뜻으로 읽을 수 있다. '擧踶馬其一人'은 곧 '擧踶馬之一人(발길질 잘하는 말을 지목한 한 사람)'을 가리키는데, 전사하다가 '此'자를 衍文으로 잘못 넣었으니 또한 '其'와 '之'가 똑같은 뜻이라는 것을 몰랐다. 그래서 윗글에 옮겨서 疊句로 만든 것이다. 趙本에서는 잘못된 점은 알았지만 잘못된 이유는 알지 못한 채 결국 이 여섯 자를 삭제하였다. 한 사람은 발길질 잘하는 말을 지목하고 또 한 사람은 뒤로 돌아가 말의 엉덩이를 쓰다듬었는데도 말이 발길질을 하지 않았기 때문에 발길질 잘하는 말을 지목한 사람이 스스로 감정을 잘못하였다고 생각하였고, 뒤로 돌아가 말의 엉덩이를 쓰다듬은 사람은 해명하며 말하기를 "그대가 감정을 잘못한 것이 아니다.〔子非失相也〕"라고 하였다. 글이 매우 순리적인데도 한 번의 잘못으로 인해 마침내 읽을 수 없게 된 것이다.

23-2 從後而循之하야 三撫其尻而馬不踶하니 (此)〔擧踶馬其一人〕自以爲失相이라 其一人曰 子非失相也라

뒤로 돌아가서 세 번 말의 엉덩이를 쓰다듬었는데도 말이 발길질을 하지 않으니, 발길질 잘하는 말을 지목한 사람은 스스로 감정을 잘못하였다고 생각하였다. 그 사람이 말하기를 "그대가 잘못 감정한 것이 아닙니다.

○先愼曰 乾道本에 無曰字라 顧廣圻云 今本에 人下有曰字라하니 今據補하노라

○王先愼 : 乾道本에는 '曰'자가 없다. 顧廣圻는 "今本에는 '人'자 아래에 '曰'자가 있다."라고 하였으니, 지금 이에 의거하여 보충하였다.

23-3 此其爲馬也踒肩而腫膝이라 夫踶馬也者는 擧後而任前이어늘 腫膝不可任也라 故後不擧니라 子巧於相踶馬나 而拙於(任)〔在〕腫膝이라하니라

이것은 그 말이 어깨가 굽었고 무릎이 부었기 때문입니다. 발길질 잘하는 말은 뒷발을 들어 올릴 때 앞발에 체중을 싣는데 〈지금 이 말은〉 무릎이 부어서 체중을 실을 수 없기 때문에 뒷발을 들어 올리지 못한 것입니다. 그대는 발길질 잘하는 말을 감정하는 데는 뛰어나지만 무릎을 살피는 데는 서툽니다."라고 하였다.

○顧廣圻曰 乾道本에 任下有在腫膝而不任掘於八字[1]라 按有者는 衍也라 兪樾曰 乾道本錯誤不可讀이요 各本皆作子巧於相踶馬而拙於任腫膝이니 顧氏識(지)誤從之라 然上文云 夫踶馬也者는 擧後而任前이어늘 腫膝不可任也라하니 是任膝者馬也요 非相馬者也어늘 安得云巧於相踶馬拙於任腫膝乎리오 疑韓子原文本作子巧於相踶馬而拙於在腫膝이니 在者는 察也라 蓋徒知其爲踶馬요 而不能察知其腫膝之不可任하니 是巧於相踶馬而拙於在腫膝也라 乾道本에 在腫膝三字는 不誤나 但在上又有任字니 則是因任與在形似요 又涉上下文諸任字而誤衍耳라 其下又有而不任拙於腫膝七字어늘 全無意義하니 則卽上句之複文으로 傳寫又錯誤니 當刪去無疑라 乃各本皆作而拙於任腫膝은 則徒知乾道本之誤하야 而以意刪改之하니 仍無當也라 先愼曰 趙本에 任下無在字니 是誤以在字爲衍文이요 而不知衍任字也라 又無而不任拙於腫膝七字니 與兪說合일새 今據刪하노라

○顧廣圻 : 乾道本에 '任'자 아래에 '在腫膝而不任掘於' 여덟 자가 있다. 살펴보건대 〈이 여덟 자가 있는 것은〉 衍文이다.

兪樾 : 乾道本은 착오가 있어 읽을 수 없고, 각 본에는 모두 '子巧於相踶馬而拙於任腫膝'로 되어 있으니 顧廣圻의 ≪韓非子識誤≫에서는 이를 따랐다. 그러나 윗글에서 이르기를 "발길질 잘하는 말은 뒷발을 들어 올릴 때 앞발에 체중을 싣는데 무릎이 부어서 체중을 실을 수 없다."라고 하였으니, 여기서 무릎에 체중을 싣는 것은 말이요 말을 감정한 사람이 아닌데, 어떻게 "발길질 잘하는 말을 감정하는 데는 뛰어나지만 무릎에 체중을 싣는 데는 서툴다."고 말할 수 있단 말인가. 아마도 ≪韓非子≫의 본래 글에는 '子巧於相踶馬而拙於在腫膝(그대는 발길질 잘하는 말을 감정하는 데는 뛰어나지만 무릎을 살피는 데는 서툴다.)'로 되어 있은 듯하니, 여기서 '在'는 '察(살핌)'이다. 이는 발길질 잘하는 말만 알아보고 무릎이 부어서 체중을 싣지 못함은 살피지 못한다는 것이니, 이것이 바로 '子巧於相踶馬而拙於在腫膝'인 것이다. 乾道本에 '在腫膝' 세 자는 잘못되지 않았으나 다만 '在'자 위

1) 乾道本 任下有在腫膝而不任掘於八字 : 乾道本에는 '子巧於相踶馬 而拙於任在腫膝 而不任拙於腫膝'로 되어 있다.

에 또 '任'자가 있으니 이것은 '任'자와 '在'자가 모양이 비슷하기 때문이고, 또 윗글과 아래 글에 나오는 몇 개의 '任'자에 관계되어 잘못 衍文으로 들어간 것이다. 그 아래에 또 '而不任拙於腫膝' 일곱 자가 있는데 전혀 뜻이 맞지 않으니, 이는 곧 위 구절이 중복된 글로 전사 과정에서 잘못된 것이다. 의심할 것 없이 삭제해야 한다. 각 본에서 모두 '而拙於任腫膝'로 되어 있는 것은 乾道本의 잘못만 알아서 임의대로 삭제하여 고친 것이니 합당하지 않다.

王先愼 : 趙本에는 '任'자 아래에 '在'자가 없으니 이것은 '在'자를 衍文으로 잘못 보고 '任'자가 衍文임을 알지 못한 것이다. 또 '而不任拙於腫膝' 일곱 자가 없으니 兪樾의 說과 부합하기 때문에 지금 이에 의거하여 삭제하였다.

23-4 夫事有所必歸니 而以有所

무릇 사물은 반드시 귀결되는 바가 있으니

○先愼曰 語意不完하니 疑有脫文이라

○王先愼 : 語意가 완전하지 않으니 탈락된 글이 있는 듯하다.

23-5 腫膝而不任은 智者之所獨知也라 惠子曰 置猿於柙(합)中이면 則與豚同이라하니라

무릎이 부어서 체중을 실을 수 없는 것은 智者가 홀로 아는 것이다. 惠子가 말하기를 "원숭이를 우리 안에 가두어두면 돼지와 똑같다."라고 하였다.

○先愼曰 意林에 柙中二字作檻이라

○王先愼 : ≪意林≫에 '柙中' 두 자가 '檻'으로 되어 있다.

23-6 故勢不便이면 非所以逞能也니라

그러므로 형세가 불리하면 능력을 제대로 펼칠 수 없는 것이다.

23-7 衛將軍文子見曾子러니 曾子不起而延於坐席하고 正身見於奧라

衛나라 將軍 文子가 曾子를 만났는데, 증자가 일어나지 않고 그를 자리로 인도하고 자신은 높은 자리에서 몸을 바르게 하고 만나보았다.

○先愼曰 各本無見字어늘 御覽一百八十八引身下有見字하니 今據補하노라 說文에 奧는 宛也니 室之西南隅라하니 謂藏室之尊處也라 己處於尊하고 客坐於旁이라 故文子以爲侮而不敬也라

○王先愼 : 각 本에는 '見'자가 없는데, ≪太平御覽≫ 권188에서 이 글을 인용하면서 '身'자 아래에 '見'자가 있으니, 지금 이에 의거하여 보충하였다. ≪說文解字≫에 "'奧'는 '宛(모퉁이)'이니 방의 서남쪽 모퉁이를 말한다."라고 하였으니 藏室 가운데 높은 자리를 가리킨다. 자신은 높은 자리에 앉고 객은 그 곁에 앉혔기 때문에 文子가 자신을 업신여겨서 공경하지 않는다고 생각하였다.

23-8 文子謂其御曰 曾子는 愚人也哉인저 以我爲君子也인댄 君子安可毋敬也리오 以我爲暴(포)人也인댄 暴人安可侮也리오 曾子不僇은 命也로라하니라

문자가 마부에게 말하기를 "증자는 어리석은 사람이로구나. 나를 君子로 생각했다면 君子를 어찌 공경하지 않을 수 있는가. 나를 暴人으로 생각했더라도 暴人이라고 해서 어찌 업신여길 수 있는가. 증자가 죽임을 당하지 않은 것은 운명이로구나."라고 하였다.

23-9 鳥有翢(주)翢者하니

새 가운데 翢翢라는 것이 있으니

○盧文弨曰 文選阮嗣宗詠懷詩에 周周尙銜羽라하니 李善注에 引此亦作周周라 顧廣圻曰 翢周는 同字라 集韻又云 翢(주)는 弱羽者라하니 卽此라

○盧文弨 : ≪文選≫의 阮嗣宗이 지은 〈詠懷詩〉에 "周周尙銜羽(周周는 깃을 무네)"라고 하였으니, 李善의 注에 이 글을 인용하면서 또한 '周周'로 되어 있다.

顧廣圻 : '翢'와 '周'는 똑같은 글자이다. ≪集韻≫에 또 이르기를 "翢는 약한 깃이다."라고 하였으니, 바로 이것이다.

23-10 重首而屈尾하야 將欲飮於河인댄 則必顚하야 乃銜其羽而飮之라 人之所有飮不足者는 不可不索其羽也라

머리는 무겁고 꼬리는 굽어 있어서 물가에서 물을 마시려고 하면 반드시 고꾸라져서 다른 새가 그 깃을 물고 있어야 물을 마실 수 있다. 사람도 만족스럽게 마실 수 없는 경우는 자신을 도와줄 이를 찾지 않을 수 없다.

○趙用賢曰 疑有脫文이라

○趙用賢 : 탈락된 글이 있는 듯하다.

23-11 鱣(전)似蛇요

드렁허리는 뱀과 비슷하고

○先愼曰 鱣은 即鱓叚字라

○王先愼 : '鱣'은 '鱓'의 通假字이다.

23-12 蠶似蠋이라 人見蛇하면 則驚駭요 見蠋하면 則毛起라

누에는 애벌레와 비슷하다. 사람이 뱀을 보면 놀라고 애벌레를 보면 소름이 끼친다.

蠶(≪三才圖會≫)

23-13 漁者持鱣하고

어부는 드렁허리를 잡고

○先愼曰 事類賦二十九引持作取라 下七術篇作握이라

○王先愼 : ≪事類賦≫ 권29에 이 글을 인용하면서 '持'가 '取'로 되어 있다. 아래 〈內儲說 上 七術篇〉에는 '握'으로 되어 있다.

23-14 婦人拾蠶이라 利之所在에 皆爲賁諸[2)]라

부인은 누에를 줍는다. 이익이 있는 곳에는 모두 孟賁이나 專諸가 된다.

○先愼曰 事類賦에 賁諸作賁育이라

○王先愼 : ≪事類賦≫ 권29에 '賁諸'가 '賁育(孟賁과 夏育)'으로 되어 있다.

23-15 伯樂이 教其所憎者相千里之馬하고 教其所愛者相駑馬하니

伯樂이 자신이 미워하는 자에게는 천리마의 감정법을 가르쳤고, 자신이 사랑하는 자에게는 노둔한 말의 감정법을 가르쳤으니,

23-16 以千里之馬時一有하야

천리마는 어쩌다 한 마리가 있어서

○先愼曰 各本無以字有字라 藝文類聚九十三御覽八百九十六引竝有以字有字일새 今據增하노라

○王先愼 : 각 本에는 '以'자와 '有'자가 없다. ≪藝文類聚≫ 권93과 ≪太平御覽≫ 권896에서 이 글을 인용하면서 모두 '以'자와 '有'자가 있기 때문에 지금 이에 의거하여 더하였다.

23-17 其利緩이요 駑馬日售하야 其利急이라 此周書所謂下言而上用者는 (惑)〔或〕也니라

그 이익은 더디고, 노둔한 말은 날마다 팔려 그 이익은 빠르다. 이것은 ≪周書≫의 이른바 "아랫사람의 말을 윗사람이 쓰는 경우는 간혹〔或〕 그렇다."는 것이다.

---

2) 賁諸 : 孟賁과 專諸를 가리키니 둘 다 勇士이다. 孟賁은 전국시대의 용사로 물속에서는 교룡을 피하지 않았고, 육지에서는 호랑이를 피하지 않았으며, 怒聲을 발하면 하늘까지 울렸다고 한다. ≪帝王世紀≫에는 "秦 武王이 용사를 좋아하여 齊나라 맹분의 무리가 무왕을 찾아갔는데 맹분은 소뿔을 산 채로 뽑을 수 있었다." 하였다. 專諸는 춘추시대 吳나라 사람이다. 오나라 공자 光을 위하여 王僚를 죽이고자 비수를 고기 뱃속에 숨겨가지고 들어가 그를 찔러 죽였으나 자기도 그 자리에서 잡혀 죽임을 당하였다.(≪史記≫ 권86 〈刺客列傳〉)

○孫詒讓曰 此所引蓋逸周書佚文이라 淮南子氾論訓云 昔者周書有言曰 上言者下用也요 下言者上用也로되 上言者常也요 下言者權也라하니라 高注에 用은 可否相濟也요 常은 謂君常也요 權은 謀也라 謀度事宜하야 不失其道라하니라 兩文同出一原이어늘 而意恉皆不甚明晰이라 以高說推之컨대 似謂上言而下用之者爲事之常이요 下言而上用之者則爲權時暫用이라 權은 與常相對爲文이라 故文子道德篇亦云 上言者常用也요 下言者權用也라하니 卽隱襲淮南書語니 蓋尙得其恉라 此云下言而上用者 惑也라하니 惑은 古字與或通用이요 或은 亦不常用之言이니 與淮南子文子言權略同이라 韓子引之者는 以況千里馬時一有하야 其利緩은 猶下言上用之不可爲常耳라

○孫詒讓 : 여기서 인용한 글은 ≪逸周書≫의 佚文이다. ≪淮南子≫ 〈氾論訓〉에 이르기를 "옛날 ≪周書≫에 다음과 같은 말이 있다. '윗사람의 말을 아랫사람이 쓰고 아랫사람의 말을 윗사람이 쓰는데, 윗사람의 말은 법도이고 아랫사람의 말은 권모이다.〔上言者下用也 下言者上用也 上言者常也 下言者權也〕'"라고 하였다. 高誘의 注에 "'用'은 가부를 조정하는 것이고, '常'은 군주의 법도이고, '權'은 권모이다. 일의 마땅함을 헤아려서 그 도를 잃지 않는 것이다."라고 하였다. 두 개의 글이 출처가 같은데, 그 뜻이 모두 매우 분명하지 않다. 고유의 설로 미루어보건대, 윗사람의 말을 아랫사람이 쓰는 것은 일의 법도가 되고, 아랫사람의 말을 윗사람이 쓰는 것은 임시적으로 잠시 쓴다는 것을 말한 것 같다. '權'은 '常'과 상대하여 문장을 이룬다. 그러므로 ≪文子≫의 〈道德篇〉에 또 이르기를 "윗사람의 말은 항상 쓰고 아랫사람의 말은 임시적으로 쓴다.〔上言者常用也 下言者權用也〕"라고 하였으니 곧 ≪淮南子≫의 말을 은근히 인습한 것이라 오히려 그 뜻을 얻었다. 여기서 '下言而上用者 惑也'라고 하였는데, 惑은 古字에 '或'자와 通用이고, '或'은 또한 항상 쓰지 않는다는 말이니, ≪淮南子≫와 ≪文子≫에서 말한 '權'의 뜻과 대략 같은 것이다. 韓非子가 이 글을 인용한 것은, 천리마가 어쩌다 한 마리만 있어 그 이익이 더딘 것은 아랫사람의 말을 윗사람이 쓰는 경우가 항상 있지 않는 것과 같음을 드러내기 위한 것이다.

23-18 桓赫曰

桓赫이 말하기를

○顧廣圻曰 桓赫은 未詳이라 或桓當是杜也라

○顧廣圻 : 桓赫은 미상이다. 혹자는 '桓'이 응당 '杜'라고 한다.

23-19 刻削之道에 鼻莫如大요 目莫如小라 鼻大可小나 小不可大也요 目小可大요 大不可小也라하니라 擧事亦然이니 爲其後可復者也면 則事寡敗矣리라

"새기고 깎는 방법에 코는 크게 만들어놓는 것만 같은 것이 없고 눈은 작게 만들어놓는 것만 같은 것이 없다. 코를 크게 만들어놓으면 작게 만들 수는 있지만 작게 만들어놓으면 크게 만들 수가 없고, 눈을 작게 만들어놓으면 크게 만들 수는 있지만 크게 만들어놓으면 작게 만들 수가 없다."고 하였다. 일을 처리하는 것 또한 그러하니, 뒤에 다시 할 수 있도록 조치한다면 일이 실패하는 경우는 드물 것이다.

○先愼曰 乾道本에 後作不이라 盧文弨云 不字衍이라하니라 先愼案 張榜本에 不作後일새 今從之하노라

○王先愼 : 乾道本에 '後'자가 '不'자로 되어 있다. 盧文弨는 "'不'자는 衍文이다."라고 하였다. 내가 살펴보건대 張榜本에 '不'이 '後'로 되어 있기 때문에 지금 이를 따랐다.

23-20 崇侯惡來[3)]는 知不適紂之誅也나

崇侯와 惡來는 紂에게 죽임을 당하지 않을 것은 알았지만

○先愼曰 書大傳一注에 適은 得也라하니라

○王先愼 : ≪尙書大傳≫의 어떤 注에 "'適'은 '得(얻음)'이다."라고 하였다.

23-21 而不見武王之滅之也라 比干子胥는 知其君之必亡也나 而不知身之死也라

---

3) 崇侯惡來 : 崇侯는 殷나라 사람으로 紂의 신하였다. 그는 서백 昌을 紂에게 참소하였는데, 서백은 유폐되었던 羑里에서 탈출하여 돌아와 崇侯 虎를 치고 豐邑을 만들었다. 惡來 또한 紂를 섬긴 간신으로, 그의 아비인 飛廉은 달리기를 잘했으며 그도 힘이 장사였다고 한다. 이들은 妲己를 紂에게 바쳐 紂가 실정하여 나라를 망치게 하였다.

武王이 〈殷나라를〉 멸망시킬 것은 알지 못했다. 比干과 伍子胥는 그 군주가 반드시 망할 것은 알았지만 자신이 죽임을 당할 것은 알지 못했다.

23-22 **故曰 崇侯惡來**는 **知心而不知事**요

그러므로 "崇侯와 惡來는 군주의 마음은 알았지만 일의 형세는 알지 못한 것이고

○**先愼曰 二人窺見紂心之喜怒**나 **而不明國事廢興**이라

○王先愼 : 두 사람은 紂의 기쁘고 성난 마음은 짐작했으나 國事의 흥폐에는 어두웠다.

23-23 **比干子胥**는 **知事而不知心**이라하니라

比干과 伍子胥는 일의 형세는 알았지만 군주의 마음은 알지 못했다."라고 하였다.

○**先愼曰 二人能料國事之成敗**나 **而不知己之生死**라

○王先愼 : 두 사람은 국사의 성패는 헤아렸지만 자신의 생사는 몰랐다.

23-24 **聖人其備矣**라

聖人은 두 가지를 겸비하고 있다.

23-25 **宋太宰貴而主斷**이라 **季子將見**(현)**宋君**한대 **梁子聞之曰 語必可與太宰三坐乎**인저

宋나라 太宰가 존귀해지자 정치를 독단하였다. 季子가 송나라 군주를 알현하고자 하였는데, 梁子가 이를 듣고 말하길 "말은 반드시 태재와 함께 세 사람이 있는 자리에서 해야 할 것입니다.

○**顧廣圻曰 三讀爲參**이라 **高誘注戰國策云 參**은 **三人竝也**라하니라

○顧廣圻 : '三'은 '參'으로 읽어야 한다. ≪戰國策≫ 高誘의 注에 "'參'은 세 사람이 함께 있는 것이다."라고 하였다.

23-26 不然이면 將不免하리이다하니라 季子因說(세)以貴(主)〔生〕而輕國이라

그렇게 하지 않으면 장차 화를 면하지 못할 것입니다."라고 하였다. 이에 季子는 생명을 소중히 하고 나라는 하찮게 여길 것을 유세하였다.

○顧廣圻曰 主는 當作生이라 呂氏春秋에 有貴生하니 卽其義라 宋君貴重其生하고 輕賤其國하니 則太宰長擅宋이라 故參坐而無惡於太宰矣라

○顧廣圻 : '主'는 응당 '生'이 되어야 한다. ≪呂氏春秋≫에 '貴生'으로 되어 있으니 바로 그 뜻이다. 宋나라 군주가 자신의 생명을 소중히 하고 나라는 하찮게 여기니, 太宰가 오랫동안 송나라를 제멋대로 하였다. 그러므로 太宰에게 미움을 받는 일이 없고자 세 사람이 있는 자리에서 유세하였다.

23-27 楊朱之弟楊布 衣素衣而出이라 天雨에 解素衣하야 衣緇衣而反이러니 其狗不知而吠之라 楊布怒하야 將擊之어늘 楊朱曰 子毋擊也하라 子亦猶是하니 曩者使女狗白而往이라가 黑而來면 子豈能毋怪哉리오하니라

楊朱의 아우 楊布가 흰옷을 입고 외출했다. 비가 내려서 흰옷을 벗고 검은옷을 입고 돌아왔는데, 개가 양포를 몰라보고 짖었다. 양포가 노하여 개를 때리려고 했는데, 양주가 말하기를 "너는 개를 때리지 마라. 너 또한 마찬가지일 것이니, 이전에 만약 너의 개가 흰색으로 나갔다가 검은색으로 돌아오면 네가 어찌 이상하게 여기지 않겠는가."라고 하였다.

23-28 惠子曰 羿執(鞅)〔決〕持扞하야

惠子가 말하기를 "羿가 깍지를 끼고 팔찌를 대어

○王引之曰 鞅은 爲馬頸靼(달)이니 非射所用이라 鞅은 當爲決이라 決은 誤爲泱이요 後人因改爲鞅耳라 決은 謂韘(섭)也니 箸於右手大指하야 所以鉤弦也라 扞은 謂韝也니 或謂之拾이요 或謂之遂라 箸(착)於左臂하야 所以扞弦也라 故曰 執決持扞하야 操弓關機라하니라 衛風芄蘭篇童子佩韘에 毛傳曰 韘은 玦也라하고 小雅車攻篇決拾旣佽에 毛傳曰 決은 鉤弦也요 拾은 遂也라하니라 周官에 繕人掌王之用弓弩矢箙(복)

矰(증)弋抉拾이라하니 鄭注引鄭司農云 抉은 謂引弦彄(구)也요 拾은 謂韝扞也라하니라 鄕射禮에 袒決遂라하니 鄭注曰 決은 猶闓(개)也니 以象骨爲之하야 箸右大擘指以鉤弦이라 闓는 體也요 遂는 射韝也라 以韋爲之하야 箸左臂所以遂弦也라하니라 內則曰 右佩玦捍이라하고 賈子[4]春秋篇曰 丈夫釋玦靬이라하니 抉玦은 竝與決同이요 捍靬은 竝與扞同이라

○王引之 : '鞅'은 말 목에 두르는 가죽이니 활 쏘는 도구가 아니다 '鞅'은 응당 '決'이 되어야 한다. '決'은 '泱'으로 잘못되었고 후인이 이를 '鞅'이라고 고친 것이다. '決'은 활깍지〔韘〕를 말하니, 오른쪽 엄지손가락에 끼워서 시위를 당기는 것이다. '扞'은 팔찌〔韝〕를 말하니, 이를 '拾'이라고 하고 '遂'라고도 한다. 왼쪽 팔에 끼워서 시위를 당기는 것이다. 그러므로 "활깍지를 끼고 팔찌를 대어 활을 힘껏 당긴다.〔執決持扞 操弓關機〕"라고 하였다. 〈衛風 芄蘭篇〉에 "동자가 깍지를 차고 있도다.〔童子佩韘〕"라고 한 것에 대해 毛亨의 傳에서는 "'韘'은 깍지〔玦〕이다."라고 하였고, 〈小雅 車攻篇〉에 "깍지와 팔찌가 이미 나란하다.〔決拾旣佽〕"라고 한 것에 대해 毛亨의 傳에서는 "'決'은 시위를 당기는 것이고, '拾'은 '遂'이다."라고 하였다. ≪周官≫에 "繕人은 왕이 사용하는 弓弩·矢箙·矰弋·抉拾 등을 담당한다.〔繕人掌王之用弓弩矢箙矰弋抉拾〕"라고 하였으니 鄭玄의 注에 鄭司農의 말은 인용하여 "'抉'은 시위를 당겨 활고자에 건다는 말이고, '拾'은 팔찌를 끼운다는 말이다."라고 하였다. ≪儀禮≫ 〈鄕射禮〉에 "어깨를 벗고 깍지와 팔찌를 한다.〔袒決遂〕"라고 하였으니 鄭玄의 注에 "'決'은 '闓'와 같으니 象骨로 만들어서 오른쪽 엄지손가락에 끼워서 시위를 당긴다. '闓'는 몸통이고 '遂'는 활깍지이다. 가죽으로 만들어서 왼쪽 팔에 끼워서 시위를 갖다 댄다."라고 하였다. ≪禮記≫ 〈內則〉에서 "오른쪽에 깍지와 팔찌를 찬다.〔右佩玦捍〕"라고 하고 ≪新書≫ 〈春秋篇〉에서 "丈夫가 차고 있던 깍지와 팔찌를 벗는다.〔釋玦靬〕"라고 하였으니, '抉'과 '玦'은 모두 '決'과 같고, '捍'과 '靬'은 모두 '扞'과 같다.

23-29 操弓關機하면 越人爭爲持的이라 弱子(扞)〔扜〕弓하면 慈母入室閉戶라

활을 힘껏 당기면 越나라 사람이라도 다투어 과녁을 잡을 것이다. 어린 자식이 활을 당기면 자애로운 어미라도 방에 들어가 문을 닫을 것이다.

○王引之曰 扞弓은 當作扜弓이라 扜字는 從于요 不從干이라 扜弓은 引弓也라 說文에 弙(오)는 滿弓有所鄕也라하니 字或作扜라 大荒南經에 有人方扜弓射黃蛇라하니 郭注

4) 賈子 : 漢나라 賈誼의 ≪新書≫를 가리킨다.

曰 扜는 挽也요 音은 紆라하니라 呂氏春秋壅塞篇에 扜弓而射之라하니 高注曰 扜는 引也라하니라 淮南原道篇에 射者扜烏號[5]之弓이라하니 高注曰 扜는 張也라하니라 弱子扜弓하면 則矢必妄發이라 故慈母入室閉戶라 若作扞禦之扞이면 則義不可通①이라

① 今本呂覽淮南에 扜字皆誤扞이요 惟山海經不誤하니 則賴有郭音也라
今本의 ≪呂氏春秋≫와 ≪淮南子≫에는 '扜'자가 모두 '扞'으로 잘못되어 있고 오직 ≪山海經≫에서만 잘못되어 있지 않으니, 郭象이 말한 音을 따라서이다.

○王引之 : '扞弓'은 응당 '扜弓'이 되어야 한다. '扜'자는 '于'자를 따르고 '干'자를 따르지 않는다. '扜弓'은 활을 당기는 것이다. ≪說文解字≫에 "'弙'는 활을 힘껏 당겨 앞으로 향하게 하는 것이다."라고 하였으니 글자가 '扜'로 되어 있기도 하다. ≪山海經≫ 〈大荒南經〉에 "어떤 사람이 활을 당겨 누런 뱀에게 화살을 쏘았다.〔有人方扜弓射黃蛇〕"라고 하였으니 郭象의 注에서 "扜는 당김이요, 音은 紆이다."라고 하였다. ≪呂氏春秋≫ 〈壅塞篇〉에 "활을 당겨 화살을 쏜다.〔扜弓而射之〕"라고 하였으니 高誘의 注에서 "扜는 당김이다."라고 하였다. ≪淮南子≫ 〈原道篇〉에 "화살을 쏘는 자가 烏號로 만든 활을 당긴다.〔射者扜烏號之弓〕"라고 하였으니 高誘의 注에서 "扜는 당김이다."라고 하였다. 어린 자식이 활을 당기면 화살이 반드시 잘못 날아갈 것이기 때문에 자애로운 어미라도 방에 들어가 문을 닫는다. 만약 막는다〔扞禦〕는 뜻의 '扞'으로 되어 있으면 뜻이 통하지 않는다.

23-30 故曰 可必이면 則越人이라도 不疑羿요 不可必이면 則慈母라도 逃弱子라하니라

그러므로 말하기를 '기필할 수 있으면 越나라 사람이라도 羿를 의심하지 않고, 기필할 수 없으면 자애로운 어미라도 어린 자식에게서 달아난다.'라고 하였다." 하였다.

23-31 桓公問管仲하야 富有涯乎아하니라

齊나라 桓公이 管仲에게 묻기를 "富에 끝나는 곳이 있는가?"라고 하였다.

---

5) 烏號 : 활 이름이다. ≪淮南子≫ 〈原道訓〉에 "활을 쏘는 자는 烏號弓을 집어 들고 綦衛箭을 먹여 쏜다."라고 하였다. 그 注에 "오호는 뽕나무인데, 재질이 탄력성이 강하다. 까마귀가 뽕나무 가지에 앉았다가 날아가려고 하면 그 가지가 아래로 휘어졌다가 다시 원위치로 돌아가므로 까마귀가 감히 날지 못하고 그 가지에서 운다. 사람들이 그 가지를 베어 활을 만들어 오호궁이라고 이름을 붙였다."라고 하였다.

○先愼曰 說文厓下云 山邊也라하고 又崖는 高邊也라하니 皆有邊義라 新附[6]云涯는 水邊이라하니 水至於邊이면 則無水矣라 是涯爲水之止境이라 許書收韓子而無涯字니 疑脫文이라

○王先愼 : ≪說文解字≫의 '厓'자 아래에 이르기를 "산의 가장자리이다."라고 하였고 또 "'崖'는 높은 가장자리이다."라고 하였으니 모두 가장자리의 뜻이다. ≪설문해자≫에 새롭게 덧붙인 곳에 "'涯'는 물의 가장자리이다."라고 하였으니 물이 가장자리에 이르면 물이 없어진다. 여기서의 '涯'는 물이 멈추는 곳이다. 許愼의 글에 ≪韓非子≫를 수록하였는데 '涯'자의 항목이 없으니, 아마도 빠진 글자가 있는 듯하다.

23-32 答曰 水之以涯면 其無水者也요 富之以涯면

관중이 대답하기를 "물이 끝나는 곳에 이르면 물이 없어지는 것이고, 富가 끝나는 곳에 이르면

○先愼曰 乾道本에 富上有以字어늘 顧廣圻云 今本無上以字라하니 今據刪하노라

○王先愼 : 乾道本에 '富'자 위에 '以'자 있는데, 顧廣圻는 "今本에는 '無'자 위에 '以'자가 없다."라고 하였으니 지금 이에 의거하여 삭제하였다.

23-33 其富已足者也니이다 人不能自止於足일새 而亡其富之涯乎인저라하니라

富가 이미 충족한 것입니다. 사람은 스스로 충족한 데서 멈출 수 없기 때문에 富가 끝이 남을 잊어버립니다."라고 하였다.

○先愼曰 亡은 讀爲忘이니 謂欲富無厭이라 故忘其涯也라

○王先愼 : '亡'은 '忘'으로 읽어야 하니, 富에 욕심을 부리면 만족함이 없기 때문에 그 끝이 남을 잊어버림을 말한 것이다.

---

6) 新附 : 宋나라 太宗 때 徐鉉 등에게 명하여 ≪說文解字≫를 重刊하게 하였는데, 이때 본래 ≪설문해자≫에 수록되지 않은 글자를 보충하고 이를 '新附字'라고 하였다.(≪四庫全書總目提要≫ 〈說文解字〉)

23-34 宋之富賈有監止子者러니 **與人爭買百金之璞玉**이라가

宋나라에 부유한 장사꾼 監止子라는 자가 있었는데, 사람들과 百金의 값어치가 있는 璞玉을 다투어 사려다가

○**先愼曰 御覽八百二十八引無玉字**하니라

○王先愼 : ≪太平御覽≫ 권828에서 이 글을 인용한 곳에는 '玉'자가 없다.

23-35 因佯失而毁之하야 **負其百金**하고

거짓으로 떨어뜨려 璞玉에 흠집을 내어 그 百金을 배상하고

○**孫詒讓曰 負其百金者**는 **謂償其値百金**이라 **負**는 **猶後世言陪也**①라 **魏書刑法志云 盜官物一備五**요 **私物一備十**이라하고 **通鑑宋紀胡三省注云 備**는 **陪償**이라하니라 **今人多云陪**라하니 **備負陪**는 **聲近字通**이라 **陪**는 **今俗作賠**어늘 **古無此字**라

① **韓詩外傳**에 **子産之治鄭一年**에 **而負罰之過省**이라하니라
≪韓詩外傳≫에 "子産이 鄭나라를 다스린 지 1년이 되었을 때 죄의 경중에 따라 贖罪시켰다."라고 하였다.

○孫詒讓 : '負其百金者'라는 것은 百金의 값어치를 배상했다는 말이다. '負'는 後世의 '陪(배상하다)'와 같다. ≪魏書≫ 〈刑法志〉에 "官物 하나를 훔치면 다섯으로 배상하고, 私物 하나를 훔치면 열로 배상한다.〔盜官物一備五 私物一備十〕"라고 하였고, ≪資治通鑑≫ 〈宋紀〉의 胡三省의 注에 "'備'는 '陪償(배상함)'이다."라고 하였다. 지금 사람들은 대부분 '陪'라고 이르니, '備'·'負'·'陪'는 소리가 비슷하여 글자가 통용된다. '陪'는 지금의 세속에서는 '賠'로 되어 있는데 옛날에는 이 글자가 없었다.

23-36 而理其毁瑕하야 **得千溢焉**이라

그 흠집이 난 곳을 수리하여 千溢을 벌었다.

○**顧廣圻曰 今本溢作鎰**하니 **誤**라 **先愼曰 御覽引作得十鎰焉**이라

○顧廣圻 : 今本에 '溢'은 '鎰'로 되어 있으니 잘못되었다.
王先愼 : ≪太平御覽≫에 이 글을 인용한 곳에는 '得十鎰焉'로 되어 있다.

23-37 事有擧之而有敗라도 而賢其毋擧之者니 負之時也라

일에는 그것을 시행하다가 실패하더라도 그것을 시행하지 않는 것보다는 나은 경우가 있으니, 그것은 제때 배상을 했기 때문이다.

23-38 有欲以御見(현)荊王者러니 衆騶妒之라 因曰 臣能撽鹿이라하니라

말 부리는 재주로 楚나라 왕을 뵙고자 하는 자가 있었는데, 다른 마부들이 그를 시기하였다. 그래서 그는 일부러 "신은 사슴을 때려잡을 수 있습니다."라고 하였다.

○盧文弨曰 撽音竅(교)니 旁擊也라

○盧文弨 : 撽의 音은 竅이니 '旁擊(검 등으로 내리침)'이다.

23-39 見(현)王이라 王爲御에 不及鹿이어늘 自御하야 及之라 王善其御也하니 乃言衆騶妒之라하니라

왕을 뵙게 되었다. 왕이 말을 몰았으나 사슴을 따라잡지 못했는데, 그가 직접 말을 몰아 사슴을 따라잡았다. 왕이 그의 말 부리는 재주를 칭찬하니, 그제야 많은 마부들이 자기를 시기했다고 말했다.

23-40 荊令公子將伐陳이러니

楚나라가 公子로 하여금 군사를 거느리고 陳나라를 정벌하게 하였는데,

○先愼曰 左哀十六年傳에 楚公孫朝帥師伐陳이라하니 杜注에 子西子라하니라 此言公子는 當卽公孫朝라

○王先愼 : ≪春秋左氏傳≫ 哀公 16년(B.C. 479) 傳에 "楚나라 公孫朝가 군사를 거느리고 陳나라를 정벌하였다."라고 하였으니 杜預의 注에 "子西의 아들이다."라고 하였다. 여기서 말한 公子는 응당 公孫朝이다.

23-41 丈人送之曰 晉强하니 不可不愼也라 公子曰 丈人奚憂오 吾爲丈人破

晉호리이다 **丈人曰 可**라 **吾方廬陳南門之外**호리이다

어떤 노인이 그를 전송하며 말하기를 "晉나라가 강하니 조심하지 않으면 안 됩니다."라고 하였다. 公子가 말하기를 "노인은 무엇을 걱정합니까. 제가 노인을 위해 晉나라를 격파하겠습니다."라고 하였다. 노인이 말하기를 "좋습니다. 그럼 나는 南門 밖에 여막을 만들고 있겠습니다."라고 하였다.

○**先愼曰 公子方伐陳**에 **丈人卽爲廬於南門之外**하니 **較公子所說爲更易矣**라

○王先愼 : 公子가 陳나라를 정벌할 적에 노인은 곧 南門 밖에 여막을 만들었으니 이는 公子가 말한 것과 비교하면 더욱 쉬운 일이기 때문이다.

23-42 **公子曰 是何也**오 **曰 我笑句踐也**라 **爲人之如是其易**(이)**也**어늘 **己獨何爲密密十年難乎**아

公子가 말하기를 "이는 무슨 말입니까?"라고 하였다. 노인이 대답하기를 "나는 越王 句踐을 비웃는 것입니다. 공자와 같이 남을 위해 하는 일이 이처럼 쉬운 일인데, 구천 자신은 유독 어째서 십년 동안이나 힘쓰고 노력했겠습니까."라고 하였다.

許由(≪高士傳≫)

23-43 **堯以天下讓許由**할새 **許由逃之**하야 **舍於家人**이러니 **家人藏其皮冠**이라 **夫棄天下**어늘 **而家人藏其皮冠**하니 **是不知許由者也**라

堯임금이 천하를 許由에게 물려

주려고 하자 허유는 도망하여 민가에서 살았는데 민가의 사람이 자신의 값진 皮冠을 숨겼다. 천하를 포기한 허유이거늘 민가 사람은 자신의 皮冠을 숨겼으니, 이는 그가 허유를 알지 못한 것이다.

23-44 三蝨食彘相與訟이러니

세 마리의 이가 돼지를 뜯어 먹으며 서로 말로 다투고 있었는데,

○先愼曰 各本無食彘二字나 御覽九百五十一引有일새 今據補하노라

○王先愼 : 각 본에는 '食彘' 두 자가 없으나 ≪太平御覽≫ 권951에 이 글을 인용한 곳에는 '食彘' 두 자가 있기 때문에 지금 이에 의거하여 보충하였다.

23-45 一蝨過之하야

한 마리의 이가 그곳을 지나가면서

○先愼曰 御覽引過作遇라

○王先愼 : ≪太平御覽≫ 권951에 이 글을 인용한 곳에는 '過'가 '遇'로 되어 있다.

23-46 曰 訟者奚說고하니라 三蝨曰 爭肥饒之地라하니 一蝨曰 若亦不患臘之至而茅之燥耳(야)아

말하길 "다투는 것이 어떤 내용이오?"라고 하였다. 세 마리의 이가 말하길 "살찌고 넉넉한 부위를 다투고 있는 중이오."라고 하니, 한 마리의 이가 말하길 "그대들은 臘祭日이 다가와서 띠풀로 불사르는 것을 걱정하지 않는가.

○先愼曰 說文에 臘은 冬至後三戌臘祭百神이라하니라 詩汝墳釋文에 楚人名火曰燥라하니라 耳는 讀爲耶라 言若不患臘祭之日至而人之燥以茅耶아하니라

○王先愼 : ≪說文解字≫에 "'臘'은 冬至가 지난 후 第三戌日에 百神에게 臘祭를 지내는 것이다."라고 하였다. ≪詩經≫ 〈周南 汝墳〉의 ≪釋文≫에 "楚나라 사람은 불사르는 것을 燥라 한다."라고 하였다. '耳'는 '耶'로 읽어야 한다. 그대들은 臘祭日이 다가와서 사람들이 띠풀로 불사르는 것을 걱정하지 않느냐고 말한 것이다.

23-47 若又奚患이리오하니 於是乃相與聚嘬其身而食之라

그대들은 또 무슨 걱정을 한단 말이오."라고 하였다. 이에 세 마리의 이는 함께 모여들어 돼지를 물어뜯고 먹었다.

○先愼曰 各本身作母어늘 御覽引作身是일새 今據改하노라

○王先愼 : 각 본에는 '身'이 '母'로 되어 있는데, ≪太平御覽≫ 권951에 이 글을 인용하면서 '身'으로 되어 있는 것이 옳기 때문에 지금 이에 의거하여 고쳤다.

23-48 彘臞(구)일새 人乃弗殺하다

돼지가 비쩍 말라버렸기 때문에 사람들은 돼지를 죽이지 않았다.

○顧廣圻曰 卷首至此히 藏本脫이라

○顧廣圻 : 권수부터 여기까지 藏本에는 탈락되어 있다.

23-49 蟲有蚘(회)者하니

蚘라는 벌레가 있으니

或作蜕(회)라

舊注 : '蜕'로 되어 있기도 하다.

23-50 一身兩口하야 爭食相齕이라가 遂相殺也라

한 몸에 입이 두 개라 먹이를 다투다가 서로 물어뜯어 결국은 서로 죽이고 만다.

○先愼曰 乾道本에 蚘作就요 爭下無食字요 齕下有也字요 遂相殺下無也字요 有因自殺三字라 張趙本에 蚘作蜕요 遂相殺下有食自殺三字라 盧文弨云 蜕虺는 皆非니 據顏氏家訓勉學篇改正作蚘라 爭下脫食字하니 顏有요 張本同이라 齕下也字衍이요 遂相下食因自三字衍이니 俱依顏改요 下蜕字當倂改라 顧廣圻云 古今字詁에 蚘는 亦古之虺字라하니 舊注當云或作虺라 藏本今本皆作蜕라하니라 王渭云 洪興祖楚辭注[7]引과 及柳子厚天對[8]亦作蚘也라 藏本에 爭下有食字라하니라 先愼案

御覽九百五十一引正作蜿字요 爭下有食字是也일새 今據改하노라

○王先愼：乾道本에 '蜿'는 '就'로 되어 있고 '爭' 아래에 '食'자가 없고 '齕'아래에 '也'자가 있고 '遂相殺' 아래에 '也'자가 없고 '因自殺' 세 자가 있다. 張本과 趙本에 '蜿'는 '蚘'로 되어 있고 '遂相殺' 아래에 '食自殺' 세 자가 있다. 盧文弨는 "蚘와 蚵는 모두 잘못되었으니, ≪顔氏家訓≫ 〈勉學篇〉에 의거하여 바로잡아 '蜿'로 고쳤다. '爭' 아래에 '食'자가 탈락되었으니 ≪안씨가훈≫에도 있고 張本도 마찬가지이다. '齕' 아래 '也'자는 衍文이고 '遂相' 아래에 '食因自' 세 자는 衍文이니 모두 ≪안씨가훈≫에 의거하여 고쳤으며, 아래의 '蚘'자도 응당 모두 바꾸어야 한다."라고 하였다. 顧廣圻는 "≪古今字詁≫에 '蜿는 또한 옛날의 「蚵」자이다.'라고 하였으니 舊注는 응당 '或作蚵'가 되어야 한다. 藏本과 今本에 모두 '蚘'로 되어 있다."라고 하였다. 王渭는 "洪興祖의 ≪楚辭≫ 注에 인용한 글과 柳子厚의 〈天對〉에도 '蜿'로 되어 있다. 藏本에 '爭' 아래에 '食'자가 있다."라고 하였다. 내가 살펴보건대 ≪太平御覽≫ 권951에서 이 글을 인용하면서 바로 '蜿'자로 되어 있고 '爭' 아래에 '食'자가 있는 것이 옳기 때문에 지금 이에 의거하여 고쳤다.

23-51 人臣之爭事而亡其國者는 皆蜿類也라

신하들이 권세를 다투다가 그 나라를 망하게 하는 것은 모두 蜿의 부류이다.

○先愼曰 乾道本에 蜿作就하니 說見上이라

○王先愼：乾道本에 '蜿'는 '就'로 되어 있으니, 설명은 위에 보인다.

23-52 宮有堊(악)하고 器有滌하면 則潔矣라 行身亦然하니 無滌堊之地면 則寡非矣리라

궁실에 백토를 바르고 그릇을 깨끗이 씻으면 청결해진다. 사람의 몸가짐 또한 그러하니, 깨끗이 씻어내고 백토를 바를 점을 없게 한다면 과실이 적을 것이다.

23-53 公子糾[9]將爲亂할새

---

7) 洪興祖楚辭注：洪興祖의 ≪楚辭補注≫를 가리키는데, 해당 구절은 〈招魂〉의 '雄虺九首'에 대한 주석에 보인다.

8) 柳子厚天對：柳宗元의 〈天對〉 가운데 '蜿蝨已毒'을 가리킨다.

公子 糾가 장차 난을 일으키려 하자

○先愼曰 乾道本連上이나 今依趙本提行하노라

○王先愼 : 乾道本에는 윗글과 이어져 있으나 지금은 趙本에 의거하여 행을 바꿨다.

23-54 桓公使使者視之라 使者報曰 笑不樂하고 視不見하니 必爲亂하리이다하니라 乃使魯人殺之하다

齊 桓公이 使者를 보내어 지켜보게 하였다. 使者가 돌아와서 보고하기를 "웃어도 즐거워하지 않고 보아도 제대로 보지 않으니 필시 난을 일으킬 것입니다."라고 하였다. 이에 魯나라 사람을 시켜 糾를 죽였다.

23-55 公孫弘이 斷髮而爲越王騎러니 公孫喜使人絶之曰 吾不與子爲昆弟矣라하니라 公孫弘曰 我斷髮이나 子斷頸而爲人用兵하니 我將謂子何리오하니라 周南之戰에 公孫喜死焉[10)]하다

公孫弘이 머리카락을 자르고 越王의 騎兵이 되었는데, 公孫喜가 사람을 보내 그와 절교하며 말하기를 "나는 그대와 형제가 될 수 없다."라고 하였다. 공손홍이 말하기를 "나는 머리카락을 잘랐으나 그대는 목이 잘려가면서까지 남을 위해 전쟁을 하니, 나는 장차 그대에게 무엇을 말하리오."라고 하였다. 周나라의 남쪽 경계에서 벌어진 전투에서 공손희는 죽었다.

23-56 有與悍者隣하야 欲賣宅而避之하니

포악한 사람이 이웃에 살아서 집을 팔고 피하려고 하였다.

---

9) 公子糾 : 齊 桓公의 이복형으로, 管仲과 함께 魯나라에 피신해 있었다.

10) 周南之戰 公孫喜死焉 : ≪史記≫ 〈韓世家〉에 韓 僖王 3년 공손희가 周나라와 魏나라의 군대를 거느리고 秦나라를 공격하였는데, 진나라가 한나라의 24만 군대를 패배시키고 伊闕에서 공손희를 사로잡았다고 하였다.

23-57 人曰 是其貫[11]將滿矣리니

어떤 사람이 말하길 "이 포악한 사람은 죄악이 장차 가득찰 것이니

○先愼曰 乾道本에 滿下有也遂去之故曰勿之八字라 盧文弨云 下遂去之或曰勿之矣八字를 從凌本删이라하니라 先愼案 八字涉下文而複衍이라 顧廣圻謂也當作矣라하니 是也라 御覽一百八十引無也遂去之故曰勿之八字일새 今據删하노라

○王先愼 : 乾道本에는 '滿' 아래에 "也遂去之故曰勿之" 여덟 자가 있다. 盧文弨는 "아래의 '遂去之或曰勿之矣' 여덟 자를 凌本에 따라 삭제하였다."라고 하였다. 내가 살펴보건대 이 여덟 자는 아래 글과 관계되어 중복된 衍文이다. 顧廣圻가 "'也'는 응당 '矣'가 되어야 한다."라고 말한 것은 옳다. ≪太平御覽≫ 권180에서 이 글을 인용한 곳에는 '也遂去之故曰勿之' 여덟 자가 없기 때문에 지금 이에 의거하여 삭제하였다.

23-58 子姑待之라하니 答曰 吾恐其以我滿貫也라하고 遂去之라

그대는 잠시 기다려보시오."라고 하니, 대답하기를 "나는 그가 나 때문에 죄악을 가득 채울 것이 두렵소."라고 하고 마침내 떠났다.

○先愼曰 乾道本에 脫之字라 盧文弨云 之字는 張凌本有라하니라 先愼案 御覽引有之字일새 今據補하노라

○王先愼 : 乾道本에는 '之'자가 탈락되어 있다. 盧文弨는 "'之'자는 張本과 凌本에는 있다."라고 하였다. 내가 살펴보건대 ≪太平御覽≫ 권180에 이 글을 인용한 곳에 '之'자가 있기 때문에 지금 이에 의거하여 보충하였다.

23-59 故曰 物之幾者에 非所靡[12]也라하니라

그러므로 말하기를 "사물의 기미가 보이면 머뭇거려서는 안 된다."라고 하였다.

23-60 孔子謂弟子曰 孰能導子西[13]之釣名也리오하니 子貢曰 賜也能호리이다하니라

---

11) 貫 : ≪韓非子新校注≫ 陳奇猷의 說에 의거하여 '罪惡'으로 번역하였다.

12) 靡 : ≪韓非子新校注≫ 陳奇猷의 說에 의거하여 '遲(머뭇거리다)'로 번역하였다.

13) 子西 : 楚나라 公子 申으로 字가 子西이다.

乃導之하니 **不復疑也**라 (孔子)〔子西〕曰 **寬哉**라 **不被於利**여 **絜哉**라 **民性有恆**이여 **曲爲曲**이요 **直爲直**이라하니라

孔子가 弟子에게 이르기를 "누가 子西가 명예를 구하도록 인도할 수 있겠는가." 라고 하니, 子貢이 말하기를 "제가 할 수 있습니다."라고 하였다. 이에 그를 인도하니 그는 다시는 의심하지 않았다. 자서가 말하기를 "관대하도다, 이익에는 관심이 없다. 깨끗하도다, 사람의 성품에는 항상된 성품이 있다. 굽은 것은 굽게 하고 곧은 것은 곧게 한다."라고 하였다.

○先愼曰 數句當是子西對子貢言이니 孔子二字疑子西之誤라 子貢導其釣名하니 子西曰寬哉不被於利는 何必釣名이리오 絜哉民性有恆은 謂我有恆性이니 無庸導也라 恆性若何오 曲者則爲曲이요 直者則爲直이니 此其恆性也라 皆子西對子貢之言이라 下直於行者曲於欲은 卽指子西曲爲曲直爲直之語라 此孔子聞之하야 而知其不免也라 今誤子西爲孔子일새 義不可通이라

○王先愼 : 몇 구는 응당 子西가 子貢에게 대답한 말이니, '孔子' 두 자는 '子西'의 오류인 듯하다. 자공이 명예를 구하도록 인도하니, 자서가 "관대하도다, 이익에는 관심이 없다."라고 말한 것은 어찌 명예를 꼭 구하리오라는 뜻이다. "깨끗하도다, 사람의 성품에는 항상된 성품이 있다."라고 말한 것은 자신에게는 항상된 성품이 있으니 남이 함부로 인도할 수 있는 것이 아니라는 뜻이다. 항상된 성품은 무엇인가. 굽은 것은 굽게 하고 곧은 것은 곧게 하는 이것이 바로 항상된 성품이다. 이는 모두 자서가 자공에게 대답한 말이다. 아래의 "행실을 곧게 하는 자는 자신의 욕심을 굽힌다.〔直於行者曲於欲〕"는 곧 자서가 "굽은 것은 굽게 하고 곧은 것은 곧게 한다."라고 한 말을 가리킨 것이다. 이를 孔子가 듣고 그가 화를 면하지 못할 것을 알았다. 지금 '子西'가 '孔子'로 잘못되어 있기 때문에 의미가 통하지 않는다.

23-61 孔子曰

공자가 말하기를

○先愼曰 各本同이라 孫星衍孔子集語[14]引此云 宋本提行이라하니 誤라

14) 孫星衍孔子集語 : 孫星衍은 清代 고증학자이다. 그의 저서로 ≪孔子集語≫, ≪孫子集語≫,

○王先愼 : 각 본이 똑같다. 孫星衍의 ≪孔子集語≫에서 이 글을 인용하면서 이르기를 "宋本에는 행을 바꾸었다."라고 했으니 잘못되었다.

23-62 子西不免하리라하니라 白公之難에 子西死焉하다 故曰 直於行者는 曲於欲[15]이라하니라

"자서는 화를 면하지 못할 것이다."라고 하였다. 白公의 난리 때 자서는 죽었다. 그러므로 말하기를 "행실을 곧게 하는 자는 자신의 욕심을 굽힌다."라고 하였다.

23-63 晉中行(항)文子出亡이라가 過於縣邑이라 從者曰 此嗇夫[16]는 公之故人이어늘 公奚不休舍且待後車리잇가하니 文子曰 吾嘗好音에 此人遺我鳴琴하고 吾好珮에 此人遺我玉環이라 是振我過者也요

晉나라 中行文子가 도망을 가다가 어떤 고을을 지나게 되었다. 종자가 말하기를 "이 고을의 嗇夫는 공과 친분이 있는 사람인데, 공께서는 어째서 쉬었다가 다음에 오는 수레를 기다리지 않습니까."라고 하니, 中行文子가 말하기를 "내가 일찍이 음악을 좋아하게 되자 이 사람이 내게 거문고를 보내주었고, 내가 패옥을 좋아하게 되자 이 사람이 내게 옥환을 보내주었다. 이는 나의 잘못을 조장한 것이고

○先愼曰 孟子趙注에 振은 揚也라하니라

○王先愼 : ≪孟子≫ 趙岐의 注에 "'振'은 '揚(조장함)'이다."라고 하였다.

23-64 以求容於我者라 吾恐其以我求容於人也로라하고 乃去之라 果收文子後車二乘하야 而獻之其君矣라

≪尙書今古文注疏≫ 등이 있다.

15) 直於行者 曲於欲 : ≪韓非子新校注≫에서 陳奇猷는 "이 글은 자신의 행실을 곧게 하는 자는 자기의 욕심을 굽힌다는 뜻이다. 사람의 욕심은 모두 그 생명을 위한 것인데, 지금 행실을 곧게 하여 그 생명을 잃게 하였기 때문에 '욕심을 굽힌다.'라고 한 것이다." 하였다.

16) 嗇夫 : 하급의 벼슬 이름이다. 작은 고을에 嗇夫 한 사람을 두어 백성의 생활 상태와 부세에 관한 일을 전담하게 하였다.

내 마음에 들려고 하는 수단이다. 나는 그가 또 나를 이용하여 다른 사람의 마음에 들려고 하는 것이 두렵다."라고 하고 그곳을 떠났다. 과연 그는 中行文子 뒤에 오는 수레 두 대를 가져다 자신의 군주에게 바쳤다.

23-65 周趮[17)]

周趮가

○顧廣圻曰 趮는 魏策作肖라 按又作霄하니 皆同字라

○顧廣圻 : '趮'는 ≪戰國策≫ 〈魏策〉에 '肖'로 되어 있다. 살펴보건대 또 '霄'로 되어 있으니 모두 같은 자이다.

23-66 謂宮他曰 爲我謂齊王曰 以齊資我於魏면 請以魏事王하리이다 宮他曰 不可니 是示之無魏也라 齊王必不資於無魏者하야 而以怨有魏者라 公不如曰 以王之所欲으로 臣請以魏聽王하리이다 齊王必以公爲有魏也하야 必因公하리라

宮他에게 다음과 같이 말했다. "나를 위해서 齊나라 왕에게 말하기를 '제나라의 힘으로 나를 魏나라에 쓰일 수 있도록 도와준다면 위나라 하여금 제나라 왕을 섬기도록 청하겠습니다.'라고 해주시오." 宮他가 말하기를 "불가합니다. 이는 그대가 위나라에 세력이 없다는 점을 보여주는 꼴입니다. 제나라 왕은 필시 위나라에 세력이 없는 자를 도와서 위나라에 세력이 있는 자에게 원망을 사려고 하지 않을 것입니다. 그러하니 공은 '왕이 하고자 하는 바를 가지고 신이 위나라로 하여금 왕이 하고자 하는 바를 들어주도록 청하겠습니다.'라고 말하는 것만 못합니다. 그렇게 하면 제나라 왕은 필시 공이 위나라에 세력이 있다고 생각하여 필시 공에게 의지하게 될 것입니다.

○先愼曰 策作必資公矣라

○王先愼 : 〈'必因公'은〉 ≪戰國策≫ 〈魏策〉에 '必資公矣'로 되어 있다.

---

17) 周趮 : 魏나라 사람인 듯하나 미상이다.

23-67 **是公有齊也**니 **因以**(有齊)〔齊有〕**魏矣**라하니라

이는 공이 제나라의 세력을 얻는 것입니다. 이로 인해 공은 제나라의 힘으로 위나라에 세력을 얻게 될 것입니다."라고 하였다.

○顧廣圻曰 有齊當作齊有라 策云 以齊有魏也라하니 可證이라

○顧廣圻 : '有齊'는 응당 '齊有'가 되어야 한다. ≪戰國策≫ 〈魏策〉에 '以齊有魏也'라고 하였으니 그 증거이다.

23-68 **白圭**[18]**謂宋令尹曰 君長自知政**하면 **公無事矣**라 **今君少主也而務名**일새 **不如令荊賀君之孝也**니 **則君不奪公位**하고 **而大敬重公**이라 **則公常用宋矣**라하니라

白圭가 宋나라 令尹에게 말하기를 "군주가 장성하여 스스로 정사를 다스리면 공은 세력이 없어질 것입니다. 지금 군주는 나이가 어리고 명성을 얻는 데 힘쓰고 있기 때문에 楚나라로 하여금 군주의 효성을 칭찬하게 하는 것만 못하니, 그렇게 되면 군주는 공의 지위를 빼앗지 않고 공을 크게 존중할 것입니다. 그렇게 되면 공은 오래도록 송나라에서 정권을 잡을 것입니다." 하였다.

23-69 **管仲鮑叔相謂曰 君亂甚矣**니 **必失國**이라 **齊國之諸公子其可輔者**는 **非公子糾**면 **則小白也**라 **與子人事一人焉**하야 **先達者相收**라하니라

管仲과 鮑叔이 서로 말하기를 "군주의 분란함이 심하니 필시 나라를 잃게 될 것이다. 齊나라 여러 公子들 가운데 보좌할 만한 자는 公子 糾가 아니면 小白이다. 그대와 함께 각자 한 사람씩 섬겨서 먼저 성공한 자가 나머지 한 사람을 거두도록 하자."라고 하였다.

○先愼曰 乾道本에 先作相이라 顧廣圻云 藏本今本에 上相字作先이라하니라 先愼

---

18) 白圭 : 전국시대 사람으로 이름은 丹, 圭는 그의 자이다. 백규가 孟子에게 稅法을 묻고 나서 治水에 대하여 "나의 홍수를 다스리는 것이 夏禹보다 낫지요?" 하자, 맹자는 "하우는 사해를 물이 빠지는 구렁으로 삼았는데, 자네는 이웃 나라를 물이 빠지는 구렁으로 삼았는걸."이라고 한 일이 있다.

案 作先者是일새 今據改하노라

○王先愼 : 乾道本에 '先'은 '相'으로 되어 있다. 顧廣圻는 "藏本과 今本에는 위의 '相'자가 '先'으로 되어 있다."라고 하였다. 내가 살펴보건대 '先'으로 되어 있는 것이 옳기 때문에 지금 이에 의거하여 고쳤다.

23-70 管仲乃從公子糾하고 鮑叔從小白이라 國人果弑君하야 小白先入爲君이러니 魯人拘管仲而效之어늘 鮑叔言而相之하다

管仲은 公子 糾를 따르고 鮑叔은 小白을 따랐다. 나라 사람이 과연 군주를 시해하여 소백이 먼저 들어와 군주가 되었다. 魯나라 사람이 관중을 붙잡아 바쳤는데 포숙이 진언하여 관중을 재상으로 삼았다.

23-71 故諺曰 巫咸[19]雖善祝이나 不能自祓也요 秦醫雖善除나

옛 속담에 이르기를 "巫咸이 비록 남을 위해 잘 빈다고 하지만 자신의 화는 피하지 못하고, 秦나라 名醫 扁鵲이 비록 남의 병은 잘 치료하지만

○先愼曰 乾道本에 秦上有養字라 顧廣圻云 藏本今本에 無養字니 按未詳이라하니라 先愼案 養字涉上下文善字而誤衍이라 此與上巫咸雖善祝對文이니 不當有養字일새 今據各本刪하노라

○王先愼 : 乾道本에는 '秦' 위에 '養'자가 있다. 顧廣圻는 "藏本과 今本에는 '養'자가 없으니, 생각건대 미상이다."라고 하였다. 내가 살펴보건대 '養'자는 위아래 글에 있는 '善'자와 관계되어 잘못 들어간 衍文이다. 여기(秦醫雖善除)는 위의 '巫咸雖善祝'과 상대되는 구문이니 응당 '養'자가 있어서는 안 되기 때문에 지금 각 본에 의거하여 삭제하였다.

23-72 不能自彈[20]也라하니라 以管仲之聖而待鮑叔之助니 此鄙諺所謂虜自賣

19) 巫咸 : 고대의 신령한 무당으로 殷나라 中宗 때 하늘에서 내려왔다고 한다. ≪書經≫ 〈周書 君奭〉에 "무함이 왕가를 다스렸다.〔巫咸乂王家〕" 하였다. 韓愈의 〈嘲鼾睡〉에 "비록 무함을 시켜 불러도 혼백은 다시 돌아오기 어려워라.〔雖令巫咸招 魂爽難復在〕" 하였다.

20) 彈 : ≪韓非子新校注≫ 陳奇猷의 說에 의거하여 '砭鍼治病(침술로 치료함)'으로 번역하였다.

袠而不售요 **士自譽辯而不信者也**라

자신은 침술로 치료하지 못한다."라고 하였다. 관중과 같은 훌륭한 재능으로도 포숙의 도움이 필요했으니, 이것이 속담에 이른바 "노예가 스스로 갖옷을 팔려고 해도 남들이 사주지 않고, 선비가 스스로 말솜씨를 자랑하려고 해도 남들이 믿어 주지 않는다."라는 것이다.

○**先愼曰 御覽八百二十八引庸作傭**이요 **袠作衣**라

○王先愼 : ≪太平御覽≫ 권828에 이 글을 인용하면서 '庸'가 '傭'으로 되어 있고 '袠'는 '衣'로 되어 있다.

23-73 **荊王伐吳**러니 **吳使沮衛蹷**(궐)**融犒於荊師**라

楚나라 왕이 吳나라를 공격하였는데 오나라에서 沮衛와 蹷融을 보내어 초나라 군사를 위로하였다.

○**顧廣圻曰 未詳**이라 **左傳云蹷由**라하고 **餘多不同**이라 **先愼曰 御覽三百三十八引作吳使沮衛獻蟲𧑒**(두)**於荊師**라

○顧廣圻 : 미상이다. ≪春秋左氏傳≫에서는 '蹷由'라 하였고 나머지에서는 대부분 같지 않다.

王先愼 : ≪太平御覽≫ 권338에 이 글을 인용하면서 "吳使沮衛獻蟲𧑒於荊師(吳나라에서 沮衛를 보내어 楚나라 군사에게 蟲𧑒를 바쳤다.)"로 되어 있다.

23-74 **荊將軍曰**

초나라 장군이 말하기를

○**先愼曰 乾道本荊作而**라 **顧廣圻云 今本而作荊**이라하니 **今據改**하노라

○王先愼 : 乾道本에 '荊'이 '而'로 되어 있다. 顧廣圻는 "今本에 '而'가 '荊'으로 되어 있다."라고 하였으니 이에 의거하여 고쳤다.

23-75 **縛之**하야 **殺以釁鼓**하라 **問之曰 汝來卜乎**아 **答曰 卜**이라 **卜吉乎**아 **曰 吉**이라

"그를 잡아 죽여서 그 피를 북에 발라라."라고 하였다. 그에게 묻기를 "너는 올 때 점을 쳐보았느냐?"라고 하니, 그가 대답하기를 "점을 쳐보았다."라고 하였다. 초나라 장군이 "점괘가 길하였느냐?"라고 물으니, "길하였다."라고 대답하였다.

○先愼曰 乾道本無乎曰吉三字라 顧廣圻云 藏本今本有乎曰吉三字라하니 今據補하노라

○王先愼 : 乾道本에 '乎曰吉' 세 자가 없다. 顧廣圻는 "藏本과 今本에 '乎曰吉' 세 자가 있다."라고 하였으니 지금 이에 의거하여 보충하였다.

23-76 荊人曰 今荊將以女釁鼓어늘 其何也오

楚나라 사람이 말하기를 "지금 초나라가 그대를 죽여 그 피를 북에 바르려고 하는데 〈점괘가 길하다니〉 어째서인가?"라고 하였다.

○先愼曰 乾道本以作欲이라 盧文弨云 欲은 張凌本作以라하니 今據改하노라

○王先愼 : 乾道本에 '以'가 '欲'으로 되어 있다. 盧文弨가 이르기를 "'欲'은 張本과 凌本에 '以'로 되어 있다."라고 하였으니 지금 이에 의거하여 고쳤다.

23-77 答曰 是故其所以吉也라 吳使人來也는 固視將軍(怒)이라

대답하기를 "이 때문에 점괘가 길한 것이다. 오나라가 사람을 초나라로 보낸 것은 본디 장군을 살피려는 것이었다.

○盧文弨曰 人은 凌本作臣이라 怒字衍이라

○盧文弨 : '人'은 凌本에 '臣'으로 되어 있다. '怒'자는 衍文이다.

23-78 將軍怒인댄 將深溝高壘하고 將軍不怒인댄 將懈怠라 今也將軍殺臣하면 則吳必警守矣라 且國之卜은 非爲一臣卜이라 夫殺一臣而存一國인댄 其不言吉이요 何也오 且死者無知인댄 則以臣釁鼓無益也요 死者有知也인댄 臣將當戰之時하야 臣使鼓不鳴호리라하니라 荊人因不殺也라

장군이 성을 내면 〈오나라는〉 장차 해자를 깊이 파고 보루를 높일 것이며, 장군이 성을 내지 않으면 장차 수비를 느슨하게 할 것이다. 지금 장군이 신을 죽이면 오나라는 필시 경계하며 수비할 것이다. 또 나라가 점을 치는 것은 한 사람의 신하를 위해 점을 치는 것이 아니다. 무릇 한 사람의 신하를 죽이고 한 나라를 보존한다면 이를 길하다고 말하지 않고 무슨 말을 하겠는가. 또 죽은 자가 지각이 없다면 신의 피를 북에 바른들 아무런 보탬이 없을 것이고, 죽은 자가 지각이 있다면 신은 장차 전쟁이 벌어질 때 신은 북이 울리지 않도록 도울 것이다."라고 하였다. 이에 초나라 사람이 그를 죽이지 않았다.

23-79 知伯將伐仇由어늘

知伯이 장차 仇由를 공격하려고 했는데

○顧廣圻曰 戰國策作厹(구)由하니 注或作仇首라하니라 史記樗里子傳作仇猶라 首者는 酋之誤라 本書說林上篇作仇由[21)]하니 同此라 吳師道引此由作繇하고 呂氏春秋權勳篇作夙繇하니 高誘注或作仇酋라하니라 夙은 厹之誤也니 當互正이라하니라 說文云 臨淮有厹猶縣이라하니 漢書地理志同이라

○顧廣圻 : ≪戰國策≫ 〈西周策〉에 '厹由'로 되어 있으니, 그 注에 "'仇首'로 되어 있는 것도 있다."라고 하였다. ≪史記≫ 〈樗里子列傳〉에는 '仇猶'로 되어 있다. '首'라는 글자는 '酋'자의 오자이다. 본서 〈說林 上篇〉에는 '仇由'로 되어 있으니 이곳과 마찬가지이다. 吳師道가 이 글을 인용한 곳에는 '由'가 '繇'로 되어 있고, ≪呂氏春秋≫ 〈權勳篇〉에는 '夙繇'로 되어 있으니 高誘의 注에 "'仇酋'로 되어 있는 것도 있다."라고 하였다. '夙'은 '厹'의 오류이니 응당 '厹'로 바로잡아야 한다. ≪說文解字≫에 "臨淮에 厹猶縣이 있다."라고 했으니, ≪漢書≫ 〈地理志〉에도 마찬가지이다.

23-80 而道難不通[22)]이라

---

21) 本書說林上篇作仇由 : 〈說林 上篇〉에는 보이지 않고, 〈喩老篇〉에 '知伯將襲仇由'라 하였다. 자세한 내용은 본서 294쪽 21-43 참조.

22) 道難不通 : 王先愼은 '難'과 '不' 두 자 중 하나는 衍文이라고 하였으나, "'道難不通'은 '道險不通'이다."라고 한 ≪韓非子新校注≫ 孫子書의 說에 따라 번역하였다.

길이 험난하여 갈 수가 없었다.

○先愼曰 呂氏春秋作而無道也라 此難不二字는 疑衍其一이라

○王先愼 : ≪呂氏春秋≫에는 '而無道也'로 되어 있다. 이 '難不' 두 자는 그 하나가 衍文인 듯하다.

23-81 乃鑄大鍾遺仇由之君하니 仇由之君大說(열)하야 除道將內(납)之라

그래서 큰 종을 주조하여 仇由의 군주에게 보내니, 구유의 군주는 크게 기뻐하여 큰 종이 들어올 수 있도록 길을 정비하려고 하였다.

23-82 赤章曼枝曰

赤章曼枝가 말하길

○顧廣圻曰 曼은 呂氏春秋作蔓이라 先愼曰 枝는 御覽五百七十五引作之하니 下同이라

○顧廣圻 : '曼'은 ≪呂氏春秋≫에 '蔓'으로 되어 있다.

王先愼 : '枝'는 ≪太平御覽≫ 권575에서 이 글을 인용하면서 '之'로 되어 있으니 아래도 마찬가지이다.

23-83 不可니이다 此小之所以事大也어늘 而今也大以來에 卒必隨之하리니

"안 됩니다. 이는 작은 나라가 큰 나라를 섬기는 방법인데, 지금은 반대로 큰 나라가 오게 되면 군사들이 반드시 따라올 것이니

○先愼曰 乾道本必作以라 顧廣圻云 藏本今本以作必하고 呂氏春秋作必이라하니라 先愼案 御覽引正作必일새 今據改하노라

○王先愼 : 乾道本에 '必'이 '以'로 되어 있다. 顧廣圻는 "藏本과 今本에 '以'가 '必'로 되어 있고, ≪呂氏春秋≫에 '必'로 되어 있다."라고 하였다. 내가 살펴보건대 ≪太平御覽≫에 이 글을 인용하면서 바로 '必'로 되어 있기 때문에 지금 이에 의거하여 고쳤다.

23-84 不可內也라하니라

들어오게 해서는 안 됩니다."라고 하였다.

23-85 仇由之君不聽하고 遂內之라 赤章曼枝因斷轂而驅하야 至於齊하고 七月而仇由亡矣라

仇由의 군주는 말을 듣지 않고 마침내 〈지백의 군사를〉 들어오도록 하였다. 赤章曼枝는 수레의 굴대를 잘라내고 말을 몰아 齊나라로 갔고, 7개월 만에 구유는 멸망하였다.

○顧廣圻曰 月當作日이라 呂氏春秋云 至衛七日이라하니라 先愼曰 御覽引作十月이라

○顧廣圻 : '月'은 응당 '日'이 되어야 한다. ≪呂氏春秋≫에 "至衛七日(수비한 지 7일이 되다.)"이라고 하였다.

王先愼 : ≪太平御覽≫에 이 글을 인용하면서 '十月'로 되어 있다.

23-86 越已勝吳하고 又索卒於荊而攻晉이라 左史倚相謂荊王曰 夫越破吳어늘 豪士死요 銳卒盡이요 大甲傷이니이다 今又索卒以攻晉은 示我不病也니 不如起師與分吳니이다하니라

越나라가 吳나라를 이긴 다음 또 楚나라에게 군사를 요청하여 晉나라를 공격하려고 하였다. 左史 倚相이 초나라 왕에게 말하기를 "월나라가 오나라를 격파하였는데, 빼어난 용사는 죽고 정예의 군사들도 모두 없어졌으며 중무장한 군대도 손상을 입었습니다. 지금 또 초나라에게 군사를 요청하여 진나라를 공격하려는 것은 자신이 건장하다는 것을 보여주려는 속셈이니, 군사를 일으켜 〈월나라를 공격하여 그들과〉 오나라를 나눠가지는 것만 못합니다."라고 하였다.

○顧廣圻曰 藏本同이라 今本與作以하니 誤라 盧文弨曰 以는 張凌本作與라

○顧廣圻 : 藏本도 마찬가지이다. 今本에 '與'가 '以'로 되어 있으니 잘못되었다.

盧文弨 : '以'는 張本과 凌本에 '與'로 되어 있다.

23-87 荊王曰 善이라하고 因起師而從越이라 越王怒하야 將擊之할새 大夫種曰 不可니이다 吾豪士盡이요 大甲傷일새 我與戰必不克이니 不如賂之니이다하니라

초나라 왕이 “좋다.”라고 말하고 군사를 일으켜 월나라를 추격했다. 월나라 왕이 노하여 초나라를 공격하려고 하자 大夫 種이 말하기를 “안 됩니다. 우리의 빼어난 용사는 죽고 중무장한 군대도 손상을 입었기 때문에 우리가 그들과 싸우면 반드시 이기지 못할 것이니 뇌물을 보내는 것만 못합니다.”라고 하였다.

23-88 乃割露山之陰五百里하야

이에 露山의 북쪽 5백 리 땅을 할양하여

○顧廣圻曰 說苑權謀篇云 遂取東國이라하니라

○顧廣圻 : ≪說苑≫ 〈權謀篇〉에 “마침내 東國을 취하였다.〔遂取東國〕”라고 하였다.

23-89 以賂之하다

뇌물로 주었다.

23-90 荊伐陳할새

楚나라가 陳나라를 공격할 때

○先愼曰 說苑指武篇云 楚莊王이라하니라 案倚相子期는 與莊王不同時라

○王先愼 : ≪說苑≫ 〈指武篇〉에 “楚나라 莊王이다.”라고 하였다. 살펴보건대 倚相과 子期는 莊王과 동시대 인물이 아니다.

23-91 吳救之하니 軍間三十里라 雨十日에 夜星이라

吳나라가 구원하러 가니 두 군대의 거리가 30리였다. 비가 10일 동안 내리고 밤에 개었다.

○顧廣圻曰 說苑指武篇云 雨十日十夜晴이라하니라 按星正字作姓(청)이라 說文에

雨而夜除星見也라하고 集韻에 有姓晴暒(청)三文이라 先愼曰 姓星疊韻[23)]이니 古文本通用星이라 毛詩에 星言夙駕라하고 韓詩云 星者는 精也라하니라 精은 今晴字라 漢書天文志孟康注에 暒은 精明也라하고 韋昭注에 精은 淸朗也라하고 郭璞爾雅釋天注에 暒은 雨止無雲也라하니 是暒姓精皆今之晴字라 而詩作星은 與本書同이니 明古文通用星字라

○顧廣圻：≪說苑≫ 〈指武篇〉에 "밤낮으로 열흘 동안 비가 내린 뒤에 그쳤다.〔雨十日十夜晴〕"라고 하였다. 살펴보건대 '星'의 正字는 '姓'이다. ≪說文解字≫에 "비가 내리다가 밤에 그치자 별이 보인다.〔雨而夜除星見也〕"라고 하였고, ≪集韻≫에는 '姓'・'晴'・'暒' 세 글자가 있다.

王先愼：'姓'과 '星'은 疊韻이니 古文에서 본래 '星'과 통용이다. ≪毛詩≫ 〈鄘風 定之方中〉에 "별을 보고 일찍 멍에하다.〔星言夙駕〕"라고 하였고, ≪韓詩外傳≫에 "'星'이라는 것은 '精明(맑게 개다)'이다."라고 하였다. '精'은 지금의 '晴(개다)'자이다. ≪漢書≫ 〈天文志〉 孟康의 注에 "'暒'은 '精明(맑고 환하다)'이다."라고 하였고, 韋昭의 注에 "'精'은 '淸朗'이다."라고 하였고, ≪爾雅≫ 〈釋天〉 郭璞의 注에 "'暒'은 비가 그쳐 구름이 없는 것이다."라고 하였으니, '暒'・'姓'・'精'은 모두 지금의 '晴'자와 같다. ≪毛詩≫의 '星'자는 본서와 똑같은 뜻이니, 古文에 '星'자를 통용한 것이 분명하다.

23-92 左史倚相謂子期曰 雨十日에 甲輯而兵聚하니 吳人必至하리니 不如備之라하니 乃爲陳이라 陳未成也而吳人至어늘 見荊陳而反이라

左史 倚相이 子期에게 말하기를 "10일 동안 비가 내려 갑옷과 무기를 한데 모아두기만 하고 〈전쟁 준비를 하지 않았기 때문에〉 오나라 군사가 필시 쳐들어올 것이니 반드시 대비를 해야 합니다."라고 하였다. 이에 진을 쳐서 대비하였다. 진을 미처 다 치기도 전에 오나라 군사가 쳐들어왔는데 초나라의 진을 보고 되돌아갔다.

○先愼曰 御覽十引陳作有戒라

○王先愼：≪太平御覽≫ 권10에서 이 글을 인용하면서 '陳'이 '有戒'로 되어 있다.

---

23) 疊韻：두 글자나 몇 개 글자의 韻母가 서로 같은 것이다.

23-93 左史曰 吳反覆六十里니 其君子必休요 小人必食이라 我行三十里에 擊之니 必可敗也라하니라 乃從之하야 遂破吳軍하다

左史가 말하기를 "오나라 군사는 60리를 왕복하였으니 군관들은 반드시 쉬고 있고 병졸들도 반드시 식사를 하고 있을 것입니다. 우리는 30리만 행군하고서 공격할 수 있으니 반드시 패배시킬 수 있습니다."라고 하였다. 이에 추격하여 마침내 오나라 군사를 격파하였다.

23-94 韓趙相與爲難이라 韓(子)索兵於魏하야

韓나라와 趙나라가 싸움을 벌였다. 한나라가 魏나라에게 군사를 요청하며

○王渭曰 子字衍이니 策無라 孫詒讓曰 存韓篇亦云 書言韓子之未可擧라하니 則子字似非衍이라 先愼曰 子字不當有하니 存韓篇亦誤라 孫說은 非라

○王渭 : '子'자는 衍文이니 ≪戰國策≫ 〈魏策〉에 '子'자가 없다.

孫詒讓 : ≪韓非子≫ 〈存韓篇〉에 또한 "書言韓子之未可擧(올린 글에 韓나라를 쳐서는 안 된다고 말하였다.)"라고 했으니 '子'자는 衍文이 아닐 듯하다.

王先愼 : '子'자는 응당 있어서는 안 되니, 〈存韓篇〉 또한 잘못된 것이다. 孫詒讓의 說은 잘못되었다.

23-95 曰 願借師以伐趙라하니 魏文侯曰 寡人與趙兄弟일새 不可以從이라하니라 趙又索兵攻韓하니 文侯曰 寡人與韓兄弟일새 不敢從이라하니라 二國不得兵하야 怒而反이라 已乃知文侯以搆於己하고 乃皆朝魏라

말하기를 "바라건대 군사를 빌려 趙나라를 치고자 합니다."라고 하니, 魏 文侯가 말하길 "과인은 조나라와 형제처럼 지내기 때문에 요구를 따를 수 없다."라고 하였다. 이번에는 조나라가 또 군사를 요청하여 한나라를 치려고 하니, 문후가 말하기를 "과인은 한나라와 형제처럼 지내기 때문에 감히 요구를 따를 수 없다."라고 하였다. 한나라와 조나라 두 나라는 군사를 얻지 못하여 성을 내고 되돌아갔다. 얼마 뒤에 문후가 자기들을 강화시킨 것을 알고 모두 위나라로 조회를 갔다.

○顧廣圻曰 搆는 策作講(구)라 按搆講는 同字라

○顧廣圻 : '搆'는 ≪戰國策≫ 〈魏策〉에 '講'로 되어 있다. 살펴보건대 '搆'와 '講'은 같은 글자이다.

23-96 齊伐魯하고 索讒鼎[24)]하니

齊나라가 魯나라를 정벌하고 讒鼎을 요구하니

○顧廣圻曰 呂氏春秋審己篇新序節士篇云 岑鼎이라하니라

○顧廣圻 : ≪呂氏春秋≫ 〈審己篇〉과 ≪新序≫ 〈節士篇〉에는 '岑鼎'으로 되어 있다.

23-97 魯以其贋往이라 齊人曰 贋也라하니 魯人曰 眞也라하니라 齊曰 使樂正子春[25)]來하라

魯나라는 가짜를 가지고 갔다. 齊나라 군주가 말하기를 "이것은 가짜다."라고 하니, 魯나라 군주가 말하기를 "이것은 진짜다."라고 하였다. 齊나라 군주가 말하기를 "樂正子春을 오라고 하라.

○顧廣圻曰 呂氏春秋新序云 柳下季라하니라

○顧廣圻 : ≪呂氏春秋≫와 ≪新序≫에는 '柳下季'로 되어 있다.

23-98 吾將聽子라하니라

내 그 사람의 애기를 듣겠다."라고 하였다.

23-99 魯君請樂正子春이어늘 樂正子春曰 胡不以其眞往也잇가라하니 君曰 我愛之라하니라

魯나라 군주가 악정자춘에게 〈진짜라고 말해주기를〉 청하였는데, 악정자춘이

24) 讒鼎 : 춘추시대에 魯나라를 상징하였던 솥 이름이다.

25) 樂正子春 : 曾子의 제자로 효성으로 이름이 났다.

말하기를 “어째서 진짜를 가지고 가지 않았습니까?”라고 하니, 군주가 말하기를 “내가 讒鼎을 사랑해서이다.”라고 하였다.

○先愼曰 各本之下有信字라 兪樾云 信字는 衍文이라 君曰我愛之의 之字는 指鼎而言이니 君固愛鼎不愛信也라 涉下句而衍信字니 則義不可通이라 先愼案 兪說是라 御覽四百三十引正無信字일새 今據刪하노라

○王先愼 : 각 본에는 ‘之’자 아래에 ‘信’자가 있다. 兪樾은 “‘信’자는 衍文이다. ‘君曰我愛之’의 ‘之’자는 讒鼎를 가리키는 말이니, 군주는 본디 참정을 사랑하고 신의는 사랑하지 않았다. 아래 구와 연계되어 ‘信’자가 衍文으로 들어간 것이니, 뜻이 통하지 않는다.”라고 하였다. 내가 살펴보건대 유월의 說이 옳다. ≪太平御覽≫ 권430에서 이 글을 인용하면서 바로 ‘信’자가 없기 때문에 지금 이에 의거하여 삭제하였다.

23-100 答曰 臣亦愛臣之信이라하니라

악정자춘이 대답하기를 “그렇다면 신 역시 신하의 신의를 사랑하겠습니다.”라고 하였다.

23-101 韓咎[26)]立爲君이나 未定也라 弟在周하야 周欲重之나 而恐韓咎不立也라 綦(기)毋恢曰 不若以車百乘送之니이다 得立인댄 因曰爲戒라하고 不立인댄 則曰來效賊也라하니라

韓咎가 군주의 자리에 올랐지만 아직 안정되지 못하였다. 그의 아우가 周나라에서 머물고 있어서 주나라는 그를 중히 예우하려고 했지만 한구가 확고하게 君位를 지키지 못할까 걱정하였다. 綦毋恢가 말하기를 “백 대의 전차와 함께 그를 보내는 것만 못합니다. 만약 한구가 군주의 자리를 지켜내면 아우를 위해 경호했다고 말하고, 만약 군주의 자리를 지켜내지 못하면 역적을 바치러 왔다고 말하면 됩니다.

○先愼曰 效는 致也라 咎爲韓君이면 以兵車爲其弟之戒요 否則咎爲韓賊이면 則以

26) 韓咎 : 韓나라의 公子로 襄王의 아들이다.

兵車致賊於韓也라

○王先愼 : '效'는 '致(바치다)'이다. 韓咎가 확고하게 韓나라의 군주가 되면 兵車로 그의 아우를 위해 경호한 것이고, 한구가 확고하게 군주가 되지 못하면 한구의 아우가 한나라의 역적이 되는 것이니, 그렇게 되면 병거로 한나라에게 역적을 바친 것이다.

23-102 靖郭君[27)]將城薛이어늘

靖郭君이 薛 땅에 성을 쌓으려고 했는데

○先愼曰 乾道本君下有曰字라 顧廣圻云 今本無曰字요 齊策無라 新序雜事同이어늘 將作欲이라하니라 先愼案 無曰字是니 御覽一百九十二引正無曰字일새 今據刪하노라

○王先愼 : 乾道本에 '君'자 아래에 '曰'자가 있다. 顧廣圻는 "今本에 '曰'자가 없고, ≪戰國策≫ 〈齊策〉에도 '曰'자가 없다. ≪新序≫ 〈雜事〉에도 마찬가지인데, '將'은 '欲'으로 되어 있다."라고 하였다. 내가 살펴보건대 '曰'자가 없는 것이 옳으니 ≪太平御覽≫ 권192에 이 글을 인용하면서 바로 '曰'자가 없기 때문에 지금 이에 의거하여 삭제하였다.

23-103 客多以諫者라 靖郭君謂謁者曰 毋爲客通하라하니라 齊人有請見(현)者曰 臣請三言而已호리니 過三言이면 臣請烹하노이다하니 靖郭君因見之라 客趨進曰 海大魚라하고 因反走라 靖郭君曰 請聞其說이라하니 客曰 臣不敢以死爲戲라하니라 靖郭君曰 願爲寡人言之하라하니 答曰 君聞大魚乎잇가 網不能止요 繳不能絓(괘)也나 蕩而失水면 螻蟻得意焉이니이다 今夫齊亦君之海也라 君長有齊하면 奚以薛爲잇가 君失齊하면 雖隆薛城至於天이라도 猶無益也리이다하니라 靖郭君曰 善이라하고 乃(輟)〔輒〕不城薛하다

이에 대해 간하는 문객이 많았다. 정곽군이 謁者에게 말하기를 "문객을 들이지 말라."라고 하였다. 정곽군을 뵙기를 청하는 어떤 齊나라 사람이 말하기를 "신은 세 마디 말만 고할 것이니, 세 마디 말을 넘으면 신을 삶아 죽이십시오."라고 하

---

27) 靖郭君 : 전국시대 齊나라 재상인 田嬰의 諡號이다.

니 정곽군이 그를 만나보았다. 그 문객이 달려 나와 말하기를 "海大魚"라고 하고 바로 뒤돌아 달아났다. 정곽군이 말하기를 "그 이야기를 들었으면 한다."라고 하니, 그 문객이 말하기를 "신은 감히 목숨을 걸고 장난칠 수는 없습니다."라고 하였다. 정곽군이 말하기를 "과인을 위해 말해주시오."라고 하니, 그 문객이 말하기를 "그대는 큰 물고기를 들어보셨습니까? 그물로도 잡을 수 없고 주살로도 잡을 수 없으나 어쩌다가 풀쩍 뛰어올라 물을 벗어나면 개미 따위에게도 꼼짝을 못 합니다. 지금 齊나라 또한 그대의 바다인지라 그대가 제나라에서 오랫동안 세력을 잡고 있다면 어찌 薛 땅이 문제이겠습니까. 그러나 그대가 제나라에서 세력을 잃게 된다면 비록 설 땅의 성을 하늘에 닿을 정도로 높게 쌓더라도 아무런 이익이 없을 것입니다."라고 하였다. 정곽군이 "좋구나."라고 말하고 곧 薛 땅에 성을 쌓지 않았다.

○盧文弨曰 城上不字衍이니 齊策無라 顧廣圻曰 新序作罷民弗城薛也라 先愼曰 此當各依本書라 輟은 乃輒之譌니 本書輟輒은 多互亂이라 御覽一百九十二引乃不城薛이라하니 蓋不審輟爲輒之誤하야 而誤刪之也라

○盧文弨 : '城' 위에 '不'자는 衍文이니 ≪戰國策≫ 〈齊策〉에 '不'자가 없다.

顧廣圻 : ≪新序≫ 〈雜事〉에 '罷民弗城薛也(백성을 중지시켜 薛 땅에 성을 쌓지 않았다.)'라고 하였다.

王先愼 : 이는 응당 각 본에 의거해야 한다. '輟'은 '輒'의 오류이니 본서에 '輟'과 '輒'은 혼용해서 쓴 경우가 많다. ≪太平御覽≫ 권192에 이 글을 인용하면서 '乃不城薛'이라고 하였으니, '輟'이 '輒'의 오류라는 것을 살피지 않아 〈'不'자를〉 잘못 삭제한 것이다.

23-104 荊王弟在秦이러니

楚나라 왕의 아우가 秦나라에 있었는데

○先愼曰 說苑權謀篇云 楚公子午라하니라

○王先愼 : ≪說苑≫ 〈權謀篇〉에 "楚나라 公子 午이다."라고 하였다.

23-105 秦不出也라 中射之士曰

秦나라가 그를 돌려보내주지 않았다. 侍衛하던 관리가 말하기를

○先愼曰 御覽八百十引射作尉라

○王先愼 : ≪太平御覽≫ 권810에 이 글을 인용하면서 '射'가 '尉'로 되어 있다.

23-106 資臣百金하면 臣能出之니이다하니 因載百金之晉하야 見叔向曰 荊王弟在秦이어늘 秦不出也니이다 請以百金委叔向하노이다하니라 叔向受金하고 而以見(현)之晉平公하니 曰 可以城壺丘矣니이다

"백금을 준다면 신은 그를 나가게 할 수 있습니다."라고 하였다. 그렇게 하여 백금을 수레에 싣고 晉나라로 가서 叔向을 만나 말하기를 "楚나라 왕의 아우가 秦나라에 있는데, 秦나라가 돌려보내지 않고 있습니다. 이 백금을 그대에게 드리고자 합니다."라고 하였다. 숙향이 백금을 받고는 그가 晉 平公을 만나 뵐 수 있게 하니, 그가 말하기를 "壺丘에 성을 쌓는 것이 좋겠습니다."라고 하였다.

○先愼曰 乾道本壺作壼(곤)이어늘 今據趙本改하노니 下同이라 說苑正作壺라 左傳 彭城降晉하니 晉人以宋五大夫在彭城者歸하야 寘諸瓠丘라하니 注瓠丘는 晉地니 河東東垣東南有壺丘라하니라

○王先愼 : 乾道本에 '壺'는 '壼'으로 되어 있는데, 지금은 趙本에 의거하여 고쳤으니 아래도 마찬가지이다. ≪說苑≫에는 바로 '壺'로 되어 있다. ≪春秋左氏傳≫ 襄公 元年 조에 "彭城이 晉나라에 항복하니 晉人이 팽성에 있던 宋나라의 다섯 大夫를 잡아 가지고 돌아가서 瓠丘에 안치하였다."라고 하였으니 그 注에 "瓠丘는 晉나라 땅이니 河東 東垣縣 동남쪽에 壺丘가 있다."라고 하였다.

23-107 平公曰 何也오라하니 對曰 荊王弟在秦이어늘 秦不出也니이다

平公이 말하기를 "어째서인가?"라고 하니, 다음과 같이 대답하였다. "楚나라 왕의 아우가 秦나라에 있는데 秦나라는 그를 돌려보내주지 않고 있습니다.

○先愼曰 御覽無也字라

○王先愼 : ≪太平御覽≫ 권810에는 '也'자가 없다.

23-108 **是秦惡荊也**니 **必不敢禁我城壺丘**니이다 **若禁之**인댄 **我曰 爲我出荊王之弟**하면 **吾不城也**라하고 **彼如出之**하면 **可以得荊**이요 **彼不出**하면 **是卒惡也**니 **必不敢禁我城壺丘矣**리이다하니라 **公曰 善**이라하고 **乃城壺丘**하야 **謂秦公曰 爲我出荊王之弟**하면 **吾不城也**라하니라 **秦因出之**하니 **荊王大說**하야 **以鍊金百鎰遺晉**하다

이는 秦나라가 楚나라를 미워해서니 반드시 감히 우리(晉)가 壺丘에 성을 쌓는 것을 막지 못할 것입니다. 만약 막는다면 우리는 '우리를 위해 楚나라 왕의 아우를 돌려보내준다면 우리는 성을 쌓지 않겠다.'라고 하고, 만약 저들이 그를 돌려보내주면 晉나라는 楚나라와의 우호를 얻을 수 있고, 저들이 그를 돌려보내주지 않는다면 이는 秦나라와 楚나라 사이의 증오가 이루어지는 것이니 반드시 감히 우리가 곤구에 성을 쌓는 것을 막지 못할 것입니다." 平公이 "좋구나."라고 하고 곤구에 성을 쌓으며 秦나라 군주에게 말하기를 "우리를 위해 楚나라 왕의 아우를 돌려보내준다면 우리는 성을 쌓지 않겠다."라고 하였다. 이에 秦나라가 그를 돌려보내 楚나라 왕은 크게 기뻐하여 순금 백 鎰을 晉나라로 보냈다.

○**顧廣圻曰 藏本鍊作諫**이요 **鎰作溢**이라 **按作溢是也**요 **諫當作練**이니 **練鍊同字也**라 **先愼曰 御覽同**이라 **藏本誤**니 **不可從**이라 **淮南子云 秦以一鎰爲一金而重一斤**이요 **漢以一斤爲一金**이라하니 **以百鎰鍊金遺晉**이 **語自可通**이니 **毋庸改字**라

○顧廣圻 : 藏本에 '鍊'이 '諫'으로 되어 있고, '鎰'은 '溢'로 되어 있다. 살펴보건대 '溢'로 되어 있는 것이 옳고, '諫'은 응당 '練'이 되어야 하니 '練'과 '鍊'은 같은 글자이다.

王先愼 : ≪太平御覽≫도 마찬가지이다. 藏本이 잘못되었으니 따를 수 없다. ≪淮南子≫에 "秦나라는 1鎰을 1金으로 삼고 그 무게는 1斤이며, 漢나라는 1斤을 1金으로 삼는다."라고 하였으니, 백 鎰의 순금을 晉나라로 보냈다는 것이 말이 자연스러워 통하니 함부로 글자를 고쳐서는 안 된다.

23-109 **闔廬攻郢**하야 **戰三勝**하고 **問子胥曰 可以退乎**아하니

闔廬가 郢을 공격하여 싸움에 세 번 이기고 伍子胥에게 묻기를 "이제 물러나도 되겠는가?"라고 하니

23-110 子胥對曰 溺人者一飮而止면 則無(逆)〔遂〕者니이다

오자서가 대답하기를 "사람을 물에 빠뜨리는 자가 한 번 물을 삼키게 하고 그친다면 끝내 완수하지 못할 것입니다.

○顧廣圻曰 藏本今本逆作溺이라 按所改誤也라 逆當作遂니 形近之誤라 十過篇云 不可遂라하고 又云 子其使遂之라하니라

○顧廣圻 : 藏本과 今本에 '逆'이 '溺'으로 되어 있다. 살펴보건대 고친 것은 잘못되었다. '逆'은 응당 '遂'가 되어야 하니, 모양이 비슷해서 생긴 오류이다. ≪韓非子≫ 〈十過篇〉에 '不可遂(연주를 다 마치게 해서는 안 된다.)'라 하고, 또 '子其使遂之(그대는 연주를 마치도록 하라.)'라고 하였다.

23-111 以其不休也니 不如乘之以沈之니이다하니라

〈완수하려면〉 계속 물에 빠뜨려놓아야 하니, 기세를 타서 계속 가라앉게 하는 것만 못합니다."라고 하였다.

23-112 鄭人有一子러니 將宦에

鄭나라 사람에게 아들 하나가 있었는데, 그가 벼슬하러 나가면서

○先愼曰 說難篇에 鄭作宋이라

○王先愼 : ≪韓非子≫ 〈說難篇〉에 '鄭'이 '宋'으로 되어 있다.

23-113 謂其家曰 必築壞牆하라 是不善이면 人將竊이라하고 其巷人亦云이라 不時築하야 而人果竊之하다

집안사람에게 말하기를 "반드시 무너진 담장을 정비하여 쌓아라. 잘 정비하지 않으면 남이 도둑질하러 들어올 수 있다."라고 하였고, 그 이웃 사람도 똑같이 말했다. 그런데 곧 담장을 쌓지 않아서 남이 과연 도둑질을 하였다.

23-114 〔其家〕以其子爲智요

집안사람은 그 아들을 지혜롭다고 여기고

○先愼曰 以上當有其家二字니 說難篇에 作其家甚智其子라하니라

○王先愼 : '以' 위에 응당 '其家' 두 자가 있어야 하니, 〈說難篇〉에 '其家甚智其子(그 집안에서는 자신의 아들을 지혜롭다고 여겼다.)'라고 되어 있다.

23-115 以巷人告者爲盜라

일러준 이웃 사람을 도둑으로 여겼다.

1. ≪韓非子集解 2≫ 圖版目錄

2. ≪韓非子集解≫ 解題

• QR코드를 스캔하면 ≪韓非子集解≫ 解題를 볼 수 있습니다.

• 집필 : 鄭東和(한국고전번역원 책임연구원)

論文 및 譯書 - ≪春秋繁露義證≫
〈退溪 山水詩의 形象化에 대하여〉
〈도학적 시 세계의 한 국면〉

3. ≪韓非子集解≫ 總目次

• QR코드를 스캔하면 ≪韓非子集解≫ 總目次를 볼 수 있습니다.

4. ≪韓非子≫ 講義 紹介

• 전통문화연구회 사이버서원(http://hm.cyberseodang.or.kr)

• 한비자 특강(유료)

• 강사 : 金藝鎬

論文 및 譯書 - ≪한비자 법치로 세상을 바로 세운다≫
〈한비자 법치론의 연구 - 법치론 수립의 논리체계 분석〉
〈고대중국의 사상문화와 법치철학〉

責任飜譯者

許鎬九

父親 晦山公과 秋淵 權龍鉉 先生 師事
檀國大學校 東洋學硏究院 招聘敎授(現)
韓國古典飜譯院 附設 古典飜譯敎育院 講師(現)
傳統文化硏究會 理事(現)

論文 및 譯書

譯書 ≪說苑≫ ≪菊潭先生文集≫ ≪拓齋文集≫
共譯 ≪朱註論語≫ ≪朱註孟子≫ ≪國語≫ ≪退溪先生文集≫ 등

共同飜譯者

鄭東和

高麗大學校 國語國文學科 博士課程 修了
檀國大學校 東洋學硏究院 漢韓大辭典編纂室 編纂팀장
韓國古典飜譯院 責任硏究員(現)

論文 및 譯書

論文 〈退溪 山水詩의 形象化에 대하여〉 〈도학적 시 세계의 한 국면〉
共譯 ≪春秋繁露義證≫ 등

權津鈺

高麗大學校 國語國文學科 博士課程 卒業
檀國大學校 東洋學硏究院 古典飜譯硏究室 先任硏究員(現)

論文 및 譯書

論文 〈澤堂 李植의 騈文·古文 연찬과 산문 창작의 실제〉
〈橘山 李裕元의 學問 性向과 類書·筆記 編纂에 관한 硏究〉
共譯 ≪樂全堂集≫ ≪於于集≫ 등

東洋古典譯註叢書 97

譯註 韓非子集解 2 정가 43,000원

2017년 12월 30일 초판 발행
2024년 10월 24일 초판 3쇄

著者 韓非 集解 王先愼
責任譯者 許鎬九
共同譯者 鄭東和 權津鈺
潤文校訂 朴勝珠 李孝宰 郭成龍 金曉東
編 輯 東洋古典飜譯編輯委員會

發行人 金 炫

發行處 社團法人 傳統文化硏究會
서울 종로구 삼봉로 81 두산위브파빌리온 1332호
전화 : (02)762-8401 전송 : (02)747-0083
전자우편 : juntong@juntong.or.kr
홈페이지 : juntong.or.kr
사이버書堂 : cyberseodang.or.kr
온라인서점 : book.cyberseodang.or.kr
등록 : 1989. 7. 3. 제1-936호

인쇄처 : 한국법령정보주식회사(02-462-3860)
총 판 : 한국출판협동조합(070-7119-1750)

ISBN 979-11-5794-162-9 94150
978-89-85395-71-7(세트)

※ 이 책은 2017년도 교육부 고전문헌 국역지원사업 지원비에 의해 초판(비매품) 간행.

전통문화연구회 도서목록

新編 基礎漢文教材·漢文讀解捷徑

新編 四字小學·推句	고전교육연구실 編譯	11,000원
新編 啓蒙篇·童蒙先習	고전교육연구실 編譯	11,000원
新編 明心寶鑑	李祉坤·元周用 譯註	15,000원
新編 擊蒙要訣	咸賢贊 譯註	12,000원
新編 註解千字文	李忠九 譯註	13,000원
新編 原文으로 읽는 故事成語	元周用 編譯	15,000원
新編 唐音註解選	權卿相 譯註	22,000원
漢文독해 기본패턴	고전교육연구실 著	15,000원
四書독해첩경	고전교육연구실 著	20,000원
한문독해첩경 文學篇	朴相水 李和春 李祉坤 元周用 著	17,000원
한문독해첩경 史學篇	朴相水 李和春 李祉坤 元周用 著	17,000원
한문독해첩경 哲學篇	朴相水 李和春 李祉坤 元周用 著	17,000원

東洋古典國譯叢書

大學·中庸集註 - 개정증보판	成百曉 譯註	10,000원
論語集註 - 개정증보판	成百曉 譯註	27,000원
孟子集註 - 개정증보판	成百曉 譯註	30,000원
詩經集傳 上·下	成百曉 譯註	各 35,000원
書經集傳 上·下	成百曉 譯註	各 35,000원
周易傳義 上·下	成百曉 譯註	各 40,000원
小學集註	成百曉 譯註	30,000원
古文眞寶 後集	成百曉 譯註	32,000원

五書五經讀本

論語集註 上·下	鄭太鉉 譯註	各 25,000원
孟子集註 上·下	田炳秀·金東柱 譯註	各 30,000원
大學·中庸集註	李光虎·田炳秀 譯註	15,000원
小學集註 上·下	李忠九 外 譯註	各 25,000원
詩經集傳 上·中·下	朴小東 譯註	各 30,000원
書經集傳 上·中·下	金東柱 譯註	各 30,000원
周易傳義 元·亨·利·貞	崔英辰 外 譯註	各 30,000원
詳說古文眞寶大全後集 上·下	李相夏 外 譯註	各 32,000원
春秋左氏傳 上·中·下	許鎬九 外 譯註	各 36,000원~38,000원
禮記 上·中·下	成百曉 外 譯註	各 30,000원

東洋古典譯註叢書

〈經部〉

十三經注疏		
周易正義 1~4	成百曉·申相厚 譯註	各 32,000원~44,000원
尙書正義 1~7	金東柱 譯註	各 25,000원~46,000원
毛詩正義 1~8	朴小東 外 譯註	各 32,000원~40,000원
禮記正義 1~3, 中庸·大學	李光虎 外 譯註	各 20,000원~30,000원
論語注疏 1~3	鄭太鉉·李聖敏 譯註	各 35,000원~44,000원
孟子注疏 1~4	崔彩基·梁基正 譯註	各 29,000원~33,000원
孝經注疏	鄭太鉉·姜珉廷 譯註	35,000원
周禮注疏 1~4	金容天·朴禮慶 譯註	各 27,000원~34,000원
春秋左傳正義 1~2	許鎬九 外 譯註	各 27,000원~32,000원
春秋公羊傳注疏 1	宋基采 外 譯註	37,000원
春秋左氏傳 1~8	鄭太鉉 譯註	各 28,000원~35,000원
禮記集說大全 1~6	辛承云 外 譯註	各 25,000원~40,000원
東萊博議 1~5	鄭太鉉·金炳愛 譯註	各 25,000원~38,000원
韓詩外傳 1~2	許敬震 外 譯註	各 29,000원~36,000원
說文解字注 1~5	李忠九 外 譯註	各 32,000원~38,000원

〈史部〉

思政殿訓義 資治通鑑綱目 1~23	辛承云 外 譯註	各 18,000원~37,000원
通鑑節要 1~9	成百曉 譯註	各 18,000원~44,000원
唐陸宣公奏議 1~2	沈慶昊·金愚政 譯註	各 35,000원~45,000원
貞觀政要集論 1~4	李忠九 外 譯註	各 25,000원~32,000원
列女傳補注 1~2	崔秉準·孔勤植 譯註	各 30,000원~38,000원
歷代君鑑 1~4	洪起殷·全百燦 譯註	各 30,000원~38,000원

〈子部〉

孔子家語 1~2	許敬震 外 譯註	各 39,000원/40,000원
管子 1~4	李錫明·金帝蘭 譯註	各 29,000원~33,000원
近思錄集解 1~3	成百曉 譯註	各 35,000원~36,000원
老子道德經注	金是天 譯註	30,000원
大學衍義 1~5	辛承云 外 譯註	各 26,000원~30,000원
墨子閒詁 1~6	李相夏 外 譯註	各 32,000원~53,000원
說苑 1~2	許鎬九 譯註	各 25,000원
世說新語補 1~5	金鎭玉 外 譯註	各 29,000원~42,000원
荀子集解 1~7	宋基采 譯註	各 30,000원~42,000원
心經附註	成百曉 譯註	35,000원
顔氏家訓 1~2	鄭在書·盧暻熙 譯註	各 22,000원/25,000원
揚子法言 1	朴勝珠 譯註	24,000원
列子鬳齋口義	崔秉準·孔勤植·權憲俊 共譯	34,000원
二程全書 1~6	崔錫起·姜導顯 譯註	各 32,000원~44,000원
莊子 1~4	安炳周·田好根 共譯	各 31,000원~39,000원
政經·牧民心鑑	洪起殷·全百燦 譯註	27,000원
韓非子集解 1~5	許鎬九 外 譯註	各 32,000원~40,000원
武經七書直解		
孫武子直解·吳子直解	成百曉·李蘭洙 譯註	45,000원
六韜直解·三略直解	成百曉·李鍾德 譯註	45,000원
尉繚子直解·李衛公問對直解	成百曉·李蘭洙 譯註	45,000원
司馬法直解	成百曉·李蘭洙 譯註	45,000원

〈集部〉

古文眞寶 前集	成百曉 譯註	30,000원
唐詩三百首 1~3	宋載卲 外 譯註	各 33,000원~39,000원
唐宋八大家文抄 韓愈 1~3	鄭太鉉 譯註	各 22,000원/28,000원
〃 歐陽脩 1~7	李相夏 譯註	各 25,000원~35,000원
〃 王安石 1~2	申用浩·許鎬九 共譯	各 20,000원/25,000원
〃 蘇洵	李章佑 外 譯註	25,000원
〃 蘇軾 1~5	成百曉 譯註	各 22,000원
〃 蘇轍 1~3	金東柱 譯註	各 20,000원~22,000원
〃 曾鞏	宋基采 譯註	25,000원
〃 柳宗元 1~2	宋基采 譯註	各 22,000원
明淸八大家文鈔 1 歸有光·方苞	李相夏 外 譯註	35,000원
〃 2 劉大櫆·姚鼐	李相夏 外 譯註	35,000원
〃 3 梅曾亮·曾國藩	李相夏 外 譯註	38,000원
〃 4 張裕釗·吳汝綸	李相夏 外 譯註	50,000원

東洋古典新譯

당시선	송재소·최경렬·김영죽 편역	24,000원
손자병법	성백효 역주	14,000원
장자	안병주·전호근·김형석 역주	13,000원
고문진보 후집	신용호 번역	28,000원
노자도덕경	김시천 역주	15,000원
고문진보 전집 上·下	신용호 번역	각 22,000원
신식 비문척독	빅상수 번역	25,000원
안씨가훈	김창진 편역	근간

동양문화총서

동양사상 해설과 원전	정규훈 外 저	22,000원
화합의 길 《중용》 읽기	금장태 저	20,000원
호설과 시장	신용호 저	20,000원
어느 노학자의 젊은 시절 - 《고문진보》 選譯	심재기 저	22,000원

문화문고

경전으로 본 세계종교 그리스도교	이정배 편저	10,000원
〃 도교	이강수 편역	10,000원
〃 천도교	윤석산·홍성엽 편저	10,000원
〃 힌두교	길희성 편역	10,000원
〃 유교	이기동 편저	10,000원
〃 불교	김용표 편저	10,000원
〃 이슬람	김영경 편역	10,000원
논어·대학·중용 / 맹자	조수익·박승주 공역	각 10,000원
소학	박승주·조수익 공역	10,000원
십구사략 1~2	정광호 저	각 12,000원
무경칠서 손자병법·오자병법	성백효 역	10,000원
〃 육도·삼략	성백효 역	10,000원
〃 사마법·울료자·이위공문대	성백효 역	10,000원
당시선	송재소·최경렬·김영죽 편역	10,000원
한문문법	이상진 저	13,000원
한자한문전통교재	조수익·이성민 공역	13,000원
士小節 선비 집안의 작은 예절	이동희 편역	12,000원
儒學이란 무엇인가	이동희 저	10,000원
동아시아의 유교와 전통문화	이동희 저	13,000원
현대인, 동양고전에서 길을 찾다	이동희 저	10,000원
100자에 담긴 한자문화 이야기	김경수 저	12,000원
우리 설화 1~2	김동주 편역	각 10,000원
대한민국 국무총리	이재원 저	10,000원
백운거사 이규보의 문학인생	신용호 저	14,000원